SOLIDARITÉ
ET DÉTERMINATION

DES MÊMES AUTEURS

JACQUES ROUILLARD

Guide d'histoire du Québec, Méridien, 1993.

Histoire du syndicalisme québécois, Boréal, 1989.

Le Québec en textes. Anthologie 1940-1986 (avec la collaboration de Gérard Bois-
menu et Laurent Mailhot), Boréal, 1986.

*Ah les États! Les travailleurs canadiens-français dans l'industrie textile de la Nou-
velle-Angleterre*, Boréal, 1985.

Histoire de la CSN 1921-1981, Boréal/CSN, 1981.

Les Syndicats nationaux au Québec, 1900-1930, Presses de l'Université Laval, 1981.

Les Travailleurs du coton au Québec, 1900-1915, Presses de l'Université du Québec,
1974.

HENRI GOULET

Histoire du Syndicat des chargé(e)s de cours de l'Université de Montréal, 1978-1998,
collection « Études et documents », RCHTQ, 1998.

Henri Goulet
Jacques Rouillard

SOLIDARITÉ
ET DÉTERMINATION

Histoire de la Fraternité des policiers et policières
de la Communauté urbaine de Montréal

préface d'Alain Simoneau

Boréal

Les Éditions du Boréal remercient le Conseil des Arts du Canada ainsi que le ministère du Patrimoine canadien et la SODEC pour leur soutien financier.

Illustration de la couverture : La « marche du respect » (*La Presse,* 13 février 1992).

Diffusion au Canada : Dimedia
Diffusion et distribution en Europe : Les Éditions du Seuil

Données de catalogage avant publication (Canada)

Rouillard, Jacques, 1945-

    Solidarité et détermination : Histoire de la Fraternité des policiers et policières de la Communauté urbaine de Montréal

    Comprend des réf. bibliogr.

    ISBN 2-89052-958-4

    1. Fraternité des policiers et policières de la Communauté urbaine de Montréal – Histoire. 2. Syndicats – Police – Québec (Province) – Montréal, Agglomération de. I. Goulet, Henri, 1946- . II. Titre.

HV8160.M6R68   1999   331.88'113632'0971428   C99-940300-1

« Non, messieurs les Policiers, NOTRE FRATERNITÉ n'est pas née sans les douleurs de la maternité. Il y a eu comme dans tout accouchement des contractions utérines, des luttes internes et externes. Comme tout organisme qui se crée, nos pionniers ont dû affronter et vaincre des obstacles de toutes sortes pour faire valoir leurs droits de s'associer qui sont devenus nos droits à l'autodétermination, notre pouvoir de négocier pour la première fois un contrat de travail pour le bien-être de tous les membres syndiqués ou non. […] »

« Aux membres actifs qui en bénéficient le plus aujourd'hui, il ne faudra pas qu'ils oublient que leur bien-être est dû aux efforts constants, aux luttes soutenues depuis plus de 25 ans, et que le sort du policier de demain se joue aujourd'hui, comme le leur se jouait hier et que, dans un quart de siècle, ce sera également de l'histoire. »

PAUL-ÉMILE NAUD, policier
(*Revue des agents de police*, mars 1975, p. 52)

Préface

Un livre n'est pas écrit une fois pour toutes :
quand il est un vraiment grand livre, l'histoire
des hommes y vient ajouter sa passion propre.

LOUIS ARAGON

Raconter les cinquante premières années de la Fraternité des policiers et policières de la Communauté urbaine de Montréal, c'est passer en revue chaque fait marquant qui a contribué à préparer l'avenir de tous les policiers et policières passés, présents et futurs.

À chaque page de ce livre, nous découvrons les passions, les convictions, les actions et, surtout, l'engagement de policiers qui ont défendu ardemment et parfois chèrement le droit de leurs confrères et consœurs d'appartenir à un syndicat. Par leurs efforts constants, ils ont amarré solidement le droit des policiers et policières à une défense juste et équitable, à des conditions de travail décentes et au respect de leur profession.

Les personnages célèbres pour nous ont été de toutes les batailles. Chaque décennie a apporté sa particularité. C'est ainsi que l'on voit, tour à tour, des tentatives de syndicalisation des policiers et le début de négociations de conventions collectives (1918-1950).

Après cette période, on s'attarde davantage à créer des services directs aux membres afin de leur permettre à eux aussi de se procurer biens et services. L'époque des années 1950-1965 est marquée d'un gain important, soit le rapatriement du fonds de pension.

Les années houleuses 1965-1975 nous ramènent à une période de grande instabilité politique et sociale. Les policiers, qui doivent à la fois contenir les agitations de divers groupes et vivre l'intégration de toutes les forces policières de l'île de Montréal, exigent beaucoup de leur Fraternité. Ils bousculent les règles établies en adoptant deux réformes majeures aux Statuts et Règlements.

Avec les positions de la CUM qui vise la réduction des services, les années 1975-1988 verront une nette baisse des effectifs, mais apporteront également une amélioration sensible des conditions de travail des membres. Ces années feront de la Fraternité le syndicat le plus puissant au Canada en raison du militantisme, de la fermeté et de la détermination de ses membres.

La décennie 1988-1998 s'entame avec autant de problèmes que les précédentes, le contexte économique et social ne s'étant pas amélioré. Ces années seront importantes pour la famille policière puisque non seulement on gruge dans les effectifs, mais également on attaque farouchement la profession policière. La Fraternité se donne alors une direction vigoureuse, notamment en médiatisant plusieurs dossiers dont celui de la défense systématique de tous ses membres. En même temps, elle opère des changements importants dans son fonctionnement, et ce pour donner un nouveau souffle au militantisme et favoriser une plus grande participation de ses membres.

Bien que les lois aient forcé la Fraternité à faire cavalier seul, ses actions ont eu un impact non seulement pour son membership, mais également pour l'amélioration des conditions de vie et de travail de divers groupes syndiqués au Québec.

La Fraternité des policiers et policières de la CUM a gagné, au fil des ans, ses lettres de noblesse. La qualité de ses interventions en a fait un partenaire d'intérêt dans le monde des relations de travail.

La Fraternité, telle qu'elle est présentée dans le présent historique, est le fruit de tous ses membres. Il est certain que son histoire est ponctuée de hauts et de bas, de gains et de pertes. Mais le plus grand gain de ces cinquante dernières années est sans contredit notre SOLIDARITÉ.

Cette solidarité est l'aboutissement non pas d'un mouvement passionné et isolé, mais d'actions quotidiennes entreprises par nos dirigeants visionnaires pour bâtir un noyau autour duquel tous les membres se rassemblent. C'est par elle que nos grandes batailles, nos grèves, nos revendications ont été entendues, écoutées et négociées. Pour certains, elle est légendaire. Pour nous, elle est le pilier sur lequel reposent nos fondations. Elle nous pousse à agir et à veiller au bien de tous nos membres. Après un demi-siècle, malgré l'adversité rencontrée, elle a survécu, elle est toujours présente. C'est donc par elle que nous poursuivrons notre action.

Les années à venir ne seront pas exemptes de grandes réformes qui provoqueront des luttes importantes. Il nous faut donc entretenir ce lien de confraternité et poursuivre le développement de notre syndicat tout en tenant compte du rajeunissement de nos membres. Il nous appartient de maintenir nos efforts pour continuer et améliorer sans cesse notre réponse à leurs besoins. Avec les deux générations qui se croisent, nous entrerons dans le nouveau millénaire en préparant les cinquante prochaines années!

Alain Simoneau, président

Avant-propos

En ce début de millénaire, la Fraternité des policiers et policières de la Communauté urbaine de Montréal célèbre son cinquantième anniversaire, cinquante ans de solidarité et de persévérance pour la défense et la promotion des intérêts des policiers de l'île de Montréal. Avec environ quatre mille cent membres, la Fraternité est maintenant un syndicat aux assises solides qui réussit à bien représenter et à défendre efficacement les intérêts de ses membres. En retour, les policiers montréalais lui témoignent un attachement dont l'intensité n'a guère d'équivalent dans d'autres organisations syndicales. Cette forte solidarité n'est pas née spontanément, elle est au contraire le résultat d'une longue expérience syndicale bâtie dans l'adversité.

Les autorités de la Ville de Montréal ont fait la vie dure au syndicat naissant, qui n'a pu finalement faire reconnaître le droit à la négociation collective qu'après deux grèves, l'une en 1918, l'autre en 1943. Par la suite, son histoire a été jalonnée d'autres moments forts, où ses membres ont manifesté un esprit de corps remarquable, comme le débrayage d'octobre 1969, la marche vers le site des Jeux olympiques en avril 1975, l'application unilatérale de l'horaire de travail de quatre jours en janvier 1978, le recours à des moyens de pression en décembre 1984 et février 1994, et « la marche du respect » en février 1992.

Ces actions ont cependant valu aux policiers, au cours des deux dernières décennies, de fréquentes critiques : on leur a reproché notamment de détenir un pouvoir trop considérable et de s'en servir au détriment de l'intérêt public. L'image est souvent véhiculée selon laquelle la Fraternité serait un syndicat égoïstement « corporatiste » qui se servirait de la position privilégiée de ses membres dans la société pour obtenir de généreuses conditions de travail. Qu'en est-il vraiment?

C'est à cette question et à d'autres que nous avons voulu répondre dans le présent volume en nous situant dans une perspective historique. Comment les policiers ont-ils pu améliorer leurs conditions de travail depuis qu'ils ont adhéré à un syndicat? Dans quelles circonstances ont-ils pu se regrouper et négocier collectivement leurs conditions de travail? Quelles sont les étapes qui ont marqué la vie de leur syndicat? Comment la Fraternité a-t-elle pu bâtir son pouvoir de négociation? Comment s'en est-elle servie? Comment a-t-elle pu concilier la défense et l'amélioration du sort de ses membres avec le travail essentiel de maintien de l'ordre? Quelle a été la réaction des pouvoirs publics? En cet anniversaire, il importe de le rappeler à la mémoire de ses membres et de la société montréalaise.

Cet historique est le fruit d'une recherche que le Conseil de direction de la Fraternité nous a demandé de rédiger, il y a deux ans, pour marquer la célébration du cinquantième anniversaire de la Fraternité. Comme historiens du syndicalisme, nous estimions intéressant de suivre l'itinéraire d'un syndicat réunissant un groupe de travailleurs aux caractéristiques bien particulières, mais qui, à l'origine, a eu des liens étroits avec le reste du mouvement syndical. Il ne s'en est détaché qu'en 1944 lorsque le législateur l'a forcé à faire bande à part. Le militantisme que ses membres ont manifesté depuis le milieu des années 1960 a également piqué notre curiosité car il n'a pas d'équivalent chez les autres corps policiers canadiens. Enfin, à mesure que notre recherche progressait, l'histoire de la Fraternité nous est apparue plus complexe que prévu, fascinante à plusieurs égards, fertile en événements de toutes sortes et riches en revirements.

Le présent ouvrage n'est en rien une histoire officielle de la Fraternité, même s'il répond à une demande du syndicat. Il a été lu par certains dirigeants de la Fraternité, mais nous avions toute la latitude voulue d'accepter ou non leurs remarques. Nous sommes les seuls responsables des faiblesses comme des mérites du texte. Nous remercions le secrétaire-trésorier de la Fraternité, Jacques Dinel, pour son appui, de même que les artisans de la Fraternité qui ont accepté de nous donner une entrevue. Enfin, nous espérons que ce rappel historique permettra aux membres et à la direction de la Fraternité une meilleure compréhension de la situation présente et les aidera à faire des choix judicieux devant les défis et les enjeux des années à venir.

Henri Goulet, Jacques Rouillard
Janvier 1999

CHAPITRE PREMIER

La conquête du droit à la négociation collective (1918-1950)

Même si la Fraternité est officiellement fondée le 3 avril 1950 dans des circonstances que nous relaterons plus loin, les policiers de Montréal ont déjà apprivoisé le syndicalisme à deux occasions. Dès 1918, un groupe de policiers fonde un premier syndicat, l'Union ouvrière fédérale des policiers, n° 62, qui réussit à améliorer quelque peu les conditions de travail de ses membres. La Ville de Montréal s'acharne contre l'Union qu'elle veut éliminer. Ses effectifs s'effritent au milieu des années 1920, mais une poignée de membres s'y accrochent jusqu'à sa disparition en 1940. Trois ans plus tard, un nouveau syndicat est mis sur pied, l'Association des policiers de Montréal, qui se joint à d'autres syndicats de policiers municipaux du Québec pour donner naissance l'année suivante à la Fraternité canadienne des policiers. Le mariage entre policiers de villes différentes se prolonge jusqu'en 1950 alors qu'une loi du gouvernement du Québec l'interdit formellement. La Fraternité doit se conformer à la loi, et l'association est dissoute le 3 avril 1950.

Les policiers montréalais réunis en assemblée fondent alors la Fraternité des policiers de Montréal, qui deviendra la Fraternité des policiers de la Communauté urbaine de Montréal (FPCUM) avec la fusion des corps de police municipaux de l'île de Montréal en 1972. La fondation de la FPCUM est donc le résultat d'un long processus de maturation qui remonte au début du siècle. Il convient dans un premier chapitre d'esquisser rapidement l'historique des premières tentatives de syndicalisation des policiers montréalais.

L'Union ouvrière fédérale des policiers, n° 62 (1918-1940)

Ce syndicat, auquel vont adhérer la grande majorité des policiers montréalais, est fondé le 10 septembre 1918 ; trois mois plus tard, il déclenche un arrêt de travail de 33 heures qui laisse les autorités municipales stupéfaites et les force à trouver un compromis avec le syndicat. La Ville de Montréal compte alors 1 025 policiers, en très grande majorité francophones. L'effectif policier s'est accru considérablement depuis le début de la décennie car la Ville a annexé, depuis 1905, pas moins de 19 municipalités adjacentes à son territoire, notamment Saint-Henri, Sainte-Cunégonde, Rosemont, Côte-des-Neiges, Notre-Dame-de-Grâce, Ahuntsic, Maisonneuve, etc. Ces annexions et la croissance de la ville elle-même font plus que doubler la population pendant les deux premières décennies du xxe siècle. En 1921, elle atteint 618 506 habitants, dont 63 % d'origine francophone et 24 % d'origine britannique.

Ces années constituent l'âge d'or de Montréal, marqué par une croissance économique exceptionnelle qui la confirme comme métropole industrielle et financière du Canada. Son port bourdonne d'activités, les grandes compagnies de chemins de fer en font la plaque tournante du réseau ferroviaire, les entreprises manufacturières poussent comme des champignons et le centre-ville se couvre d'immeubles de bureaux. La Première Guerre (1914-1918) contribue fortement à accélérer cette prospérité puisque les pays alliés s'approvisionnent au Canada. Montréal en profite plus que toute autre ville canadienne grâce à sa structure industrielle et à son port qui permet aux navires de grande taille de pénétrer à l'intérieur du continent nord-américain. De cette prospérité cependant, les travailleurs salariés ne profitent guère, surtout les employés du secteur public.

Au début du siècle, le Service de police de Montréal est plutôt mal en point. En 1909, le rapport de la Commission royale d'enquête Cannon révèle son inefficacité, son manque d'effectifs et sa tolérance envers la prostitution et les maisons de jeu. Les nombreuses annexions ont rendu ces problèmes plus aigus car les nouveaux territoires exigent à la fois des effectifs plus nombreux et l'intégration des forces policières existantes[1]. En outre, la croissance de la population urbaine suscite de nouveaux problèmes pour lesquels le Service de police est mal préparé : hausse de la criminalité, prostitution, contrôle de la circulation automobile, etc. Il faut dire aussi que le mode de recrutement des policiers, leur formation et l'instabilité des effectifs concourent à rendre le système peu efficace. En effet, les nouveaux policiers, jusqu'en 1912, n'ont

Bureau de direction de l'Association de bienfaisance et de retraite de la police de Montréal en 1937. Son président d'office est le directeur du Service de police, Fernand Dufresne, absent de la photo. Assis, de gauche à droite : le constable E. Magean, le capitaine E.-A. Lebeau, l'inspecteur J. Lefebvre et M. W. Ranger. Debout, de gauche à droite : le capitaine Napoléon Laporte, le sergent-intérimaire T. Joyal, le sergent-détective W. Phillips et le sergent Charlemagne Durocher, trésorier de l'association (*La Presse*, 12 février 1937).

pas de formation bien définie (l'École de police est formée en 1923) et le favoritisme dans l'embauche est monnaie courante.

Au tournant du siècle, les policiers sont embauchés à un âge assez avancé (plus de 27 ans pour la majorité) et les recrues, en général, ont déjà accumulé d'autres expériences de travail, comme celles de forgeron, de menuisier, de boucher, de journalier ou de conducteur de tramway. Comme les conditions de travail et les salaires sont peu reluisants, la rotation des effectifs est importante et bon nombre quittent la profession après moins de dix ans de service. Cette tendance s'est renversée après la Première Guerre mondiale, les policiers étant plus nombreux à faire une longue carrière[2].

Avant la formation du syndicat, d'autres formes d'association ont émergé chez les policiers. C'est le cas de l'Association de bienfaisance et de retraite de la police de Montréal (toujours vivante) qui voit le jour en 1892 à l'instigation du chef de police Hughes afin que soit offerte une rente de retraite aux policiers et que soient secourus ceux qui ne peuvent accomplir leur travail pour cause de maladie ou d'accident. Le Bureau de direction est composé de neuf personnes, qui, à l'exception du chef de police, sont élues, quatre membres par les officiers et quatre autres par les constables. Ce n'est qu'en 1924 que le président et tous les membres du Bureau de direction sont élus par l'assemblée générale des policiers. Et, jusqu'en 1935, seuls les policiers contribuent véritablement à la caisse.

La seconde organisation à regrouper des policiers, baptisée Association athlétique amateure de la police de Montréal, est fondée en 1903 par le caporal Pierre Bélanger. Elle se propose d'améliorer la condition physique des policiers en les incitant à pratiquer des activités sportives. Pour stimuler l'esprit de corps parmi les policiers, il est même prévu que des équipes peuvent participer à des compétitions réunissant des policiers d'autres villes canadiennes et américaines. L'Association athlétique et l'Association de bienfaisance ont la bénédiction des autorités de la Ville car elles améliorent l'efficacité du travail policier et l'attrait pour la profession. Mais il en va tout autrement de l'Union ouvrière fédérale des policiers fondée en septembre 1918.

La fondation du syndicat

Cette formation survient à un moment de très forte agitation ouvrière à Montréal[3]. Le syndicalisme connaît une formidable expansion, et pas moins de 63 grèves sont déclenchées dans la métropole en 1919. Cette année-là représente un sommet en termes de jours de travail perdus au Québec, sommet qui ne sera dépassé qu'en 1966 avec les grèves des secteurs public et parapublic. De nombreux groupes de salariés, qui n'ont jamais été touchés par la syndicalisation, cherchent à se regrouper et à négocier des conventions collectives de travail. « L'ouvrier, note l'éditorialiste d'un quotidien de Montréal en 1919, a cessé d'être quelque chose ; il est devenu quelqu'un... Des unions ont surgi plusieurs à la fois et les gouvernements ont dû compter avec ces associations[4]. »

Comme dans de nombreuses villes canadiennes, les travailleurs salariés montréalais manifestent leur mécontentement en cette fin de Première Guerre mondiale. En premier lieu, ils subissent les effets d'une forte poussée inflationniste qui fait monter le prix des produits de consommation courante (le coût de la vie augmente de 41 % de 1916 à 1919) alors que les salaires restent stables. La guerre génère aussi une pénurie de main-d'œuvre qui renforce le pouvoir de négociation des salariés dans les entreprises. Enfin, l'imposition de la conscription en 1917 laisse beaucoup de rancœur, et le sentiment est largement répandu à la fin de la guerre qu'une société nouvelle, plus équitable et plus démocratique, doit surgir du conflit. Un fort courant d'opinion conclut que la classe ouvrière, dont plusieurs des fils ont succombé sur les champs de bataille, n'a pas bénéficié des fruits de la croissance industrielle et qu'un nouvel ordre industriel s'impose pour faire justice aux travailleurs. La reconnaissance syndicale apparaît alors aux travailleurs comme un moyen privilégié pour parvenir à ce nouvel équilibre social.

La syndicalisation des policiers à Montréal s'est faite en même temps que celle d'autres employés des services municipaux : ouvriers de l'aqueduc et de l'incinération, employés de bureaux et aussi conducteurs de tramway, œuvrant cependant à l'époque pour l'entreprise privée. Elle fait partie d'un vaste mouvement d'organisation des policiers qu'on retrouve à la fin de la guerre dans plusieurs autres grandes villes nord-américaines qui ont surtout pour objectif de relever leur condition salariale (1917 : Ottawa, London [Ont.] ; 1918 : Vancouver, Winnipeg, Philadelphie ; 1919 : Boston, Toronto, Québec, etc.). À Montréal, il est probable que les syndicats internationaux, c'est-à-dire américains, y sont mêlés puisque à la première assemblée convoquée pour mettre sur pied le syndicat, le 10 septembre 1918, on retrouve deux de leurs organisateurs parmi les principaux orateurs, Jos Wall de l'American Federation of Labor, et J.-P. Flasbery de l'Union internationale des agents de police d'Amérique[5]. À la fin de l'assemblée à laquelle assistent 400 policiers, il est question d'ailleurs de demander une charte d'affiliation à l'American Federation of Labor. Mais, probablement pour ne pas prêter le flanc à l'accusation d'être manipulé de l'étranger, le nouveau syndicat de policiers, contrairement à celui des pompiers, choisit de ne pas s'affilier à une organisation internationale[6]. Il sollicite plutôt l'affiliation au Congrès des métiers et du travail du Canada (CMTC), organisme dont le rôle, plutôt politique, consiste à acheminer les revendications des syndicats qui lui sont affiliés vers le gouvernement fédéral et celui des provinces. Cependant, il lui arrive, à l'occasion, d'affilier directement des syndicats en attendant qu'ils puissent joindre une union internationale. Plusieurs syndicats de policiers créés de 1917 à 1919 au Canada obtiennent ainsi une charte du CMTC qui leur donne le nom d'Union ouvrière fédérale des policiers. Le syndicat montréalais prend le nom d'Union ouvrière fédérale des policiers, local n° 62.

Le 14 septembre, au cours de deux assemblées, l'une pour les agents en service de nuit, l'autre pour ceux en service de jour, les policiers élisent le premier exécutif de leur syndicat. Le capitaine Albert Carle, qui a milité le plus activement pour la formation du syndicat, est choisi comme président. Les principaux membres de l'exécutif sont Élie Brooks, vice-président, Édouard Lebeau, secrétaire archiviste, et Arthur Bouchard, correspondant et trésorier. Les nouveaux dirigeants expriment le désir de veiller aux intérêts de leurs membres tout en contribuant à rendre plus efficace l'administration policière et à assurer un meilleur service aux Montréalais[7].

À l'origine de la fondation du syndicat, outre la mise à pied de certains officiers dont nous reparlerons plus loin, il y a un certain nombre de griefs dont le principal concerne la rémunération des policiers. Celle-ci a augmenté depuis le début de la guerre, mais à un rythme qui leur apparaît encore insuffisant. Un policier de première classe (après trois ans de services) touche 1 150 $ par an, salaire inférieur, pour la même catégorie de policiers, à ceux de plusieurs grandes villes nord-américaines, dont Toronto (1 300 $), Winnipeg (1 479 $) et Vancouver (1 500 $). À Montréal, les salaires des policiers sont à l'époque supérieurs à ceux des journaliers (831 $), comparables à ceux des ouvriers de la construction (1 100 $) et des conducteurs de tramway (1 154 $), mais inférieurs à ceux d'ouvriers qualifiés comme les mouleurs (1 443 $) ou les machinistes (1 512 $[8]). Leur rémunération est aussi inférieure à ce que le ministère fédéral du Travail évalue comme revenu nécessaire pour répondre aux besoins d'une famille de cinq enfants (1 558 $[9]). Bien que cette question ne fasse l'objet d'aucune revendication en 1918, il faut souligner que les heures de travail sont beaucoup plus élevées chez les policiers que pour toute autre catégorie de salariés : 84 heures par semaine comparativement à 50-54 heures en moyenne chez les salariés. Les policiers doivent être au travail sept jours par semaine, douze heures par jour, avec une journée de congé tous les quinze jours.

Le syndicat revendique aussi un système de promotion équitable — un problème aigu à l'époque —, l'intégrité des membres du corps de police, la fourniture d'équipements adéquats (retard à recevoir des uniformes) de même que l'assurance de pouvoir travailler dans des postes de police propres et salubres[10].

Une fois formé, le syndicat, dont fait partie la grande majorité des policiers, désire entrer en négociation avec les autorités de la Ville qui sont alors sous la gouverne, non du Conseil municipal, mais d'une Commission administrative dont les cinq membres ont été nommés par le gouvernement du Québec. Depuis le début de 1918, la Ville est en tutelle, en effet, car elle connaît d'importants problèmes financiers. Le maire et le Conseil de ville sont toujours en place, mais ils ont vu leur rôle passablement émondé; ils n'ont plus de pouvoir sur le budget et les dépenses de la Ville. Le gouvernement québécois a donné comme tâche à la Commission administrative de mettre de

L'Exécutif et les principaux signataires à l'origine de l'Union ouvrière fédérale des policiers, n° 62 (1918). En bas au centre, le président Albert Carle (archives du Musée de la Police de la CUM).

l'ordre dans les finances et de réduire les dépenses[11]. Dès les premiers jours de son entrée en fonction, la Commission impose un régime d'austérité, réformant les services et congédiant des employés. Au service de la sécurité publique, un nouveau directeur, Joseph Tremblay, est nommé le 1er juillet 1918 avec pour mandat de réorganiser l'administration de la police. Un mois à peine après son entrée en fonction, il congédie 23 officiers, dont 6 capitaines, 9 lieutenants et un sergent[12]. Les constables ne sont pas touchés, mais la mesure génère sûrement une grande insécurité dans le corps de police. Quelques semaines plus tard, le syndicat est fondé, en incluant les officiers, qui y adhèrent massivement. Il y a lieu de croire que les congédiements ont joué le rôle de catalyseur dans la prise de conscience syndicale chez les policiers montréalais.

Au cours des mois d'octobre et de novembre 1918, le syndicat des policiers présente un projet de contrat de travail et rencontre à quelques reprises le directeur de la Sûreté publique de la Ville et le président de la Commission administrative, Ernest Décary. La grande majorité des policiers, y compris les officiers jusqu'au rang de capitaine, en font partie, soit plus de huit cents

GRANDIOSE MANIFESTATION POUR LA FETE DES MORTS

Mgr Lepailleur préside à la cérémonie et les sermons de circonstance sont prononcés par MM. les abbés Rolland et Flood.

ON PRIE POUR LES SOLDATS

Une foule nombreuse de près de 5,000 personnes s'est rendue, hier après-midi, au cimetière de la Côte des Neiges pour prier pour les morts et prendre part à la cérémonie religieuse annuelle de la commémoration des défunts qui dorment au cimetière leur dernier sommeil. Des sermons furent prêchés en français et en anglais, après lesquels un libera fut chanté par Mgr Lepailleur. Des prières spéciales furent ensuite récitées pour le repos des soldats tombés sur le champ de bataille.

M. l'abbé Oscar Rolland, vicaire à l'église Notre-Dame, fit le sermon en français et dit, entre autres choses, que la ville de Montréal étant une ville catholique, tous les catholiques de la ville aussi bien ceux qui sont retenus au foyer par la maladie que ceux qui le sont par leurs devoirs domestiques, devaient s'unir pour implorer du ciel la délivrance des chers disparus. Vieux ou jeunes, ces disparus occupent une place d'honneur dans notre coeur.

LEÇON DE LA MORT

A la douce évocation qu'en a faite hier M. l'abbé Rolland bien des larmes ont répondu. Les fronts se sont penchés sur les tombes fraîchement recouvertes de l'herbe de l'oubli, pour verser une larme à la mémoire du parent ou de l'ami défunt et méditer la grande leçon de la mort.

Cette leçon, M. l'abbé Rolland a su en extraire tous les souvenirs vivifiants en tant que la mort peut nous entretenir dans la voie de la justice et nous éviter le péché. Cette leçon de la mort nous fait souvenir que nous mourrons nous-même aussi un jour et que nous aurons, nous aussi, besoin de prières. La charité nous ordonne donc de ne pas oublier nos morts. Cet oubli ne se peut d'ailleurs concevoir au point de vue humain.

POUR NOS HEROS

Le prédicateur parla en termes touchants des soldats tombés sur le champ de bataille en France. Il parla avec éloquence du moment où la mort inévitable, et celui où ils recevaient leur baptême de sang. "Nous ne pouvons parler d'eux", dit-il, "sans éprouver un sentiment de vénération".

M. l'abbé Rolland parla ensuite du bonheur de ceux qui reposent dans la terre de la patrie, près du foyer familial au pied d'une croix modeste, mais suffisante pour assurer leur identité, durant leur long repos.

Lors de la récitation des prières pour les soldats tombés en France, le peuple répondit aux prières.

Le sermon anglais a été prêché par M. l'abbé James Flood, de la paroisse Saint-Antoine. Il fit aussi un éloquent tableau de la mort et des enseignements qu'elle comporte. Il dit que la commémoration des morts est une fête qui était célébrée anciennement à une date plus reculée, mais que pour des raisons climatériques on était obligé de la célébrer maintenant en septembre.

Le chant du libera, chanté par la foule, auquel officiait Mgr Lepailleur, termina la cérémonie et la foule se dispersa emportant un souvenir impérissable de cette imposante fête funèbre.

LE LABOUR DES JARDINS DE GUERRE

Un tracteur mécanique est à la disposition des jardiniers de Montréal.

UN DON PRECIEUX

Le ministre de l'Agriculture de la province de Québec a décidé de mettre gratuitement à la disposition de la société Saint-Jean-Baptiste de Montréal pour labourer les jardins de Guerre, un tracteur muni de trois charrues et qui sera mis dès cette semaine en opération dans la ville de Montréal.

Il est entendu cependant que ce tracteur ne pourra servir qu'à labourer des terrains ne mesurant pas moins d'une acre de superficie.

Que tous ceux qui désirent bénéficier de l'avantage qui leur est offert de faire labourer gratuitement leurs terrains, veuillent bien s'adresser immédiatement soit au secrétaire de leur comité local, ou soit encore mieux au s'adressant au comité central des Jardins de Guerre, à la chambre 16, Monument National, boulevard Saint-Laurent, Montréal, téléphone Main 1079.

S'il en est parmi les intéressée

rement publiés dans les journaux quotidiens, des démonstrations sur la mise en conserve des fruits, légumes et viandes en même temps qu'ils mettront gratuitement en conserve toute la quantité de produits dont ils seront capables.

Il est entendu que les locaux et récipiente devront être apportés par les intéressés. Nous conseillons de préférence les bocaux fermant à l'aide de broches à ressorts, les bocaux à fermeture vissée étant peu recommandables.

Voilà le projet dans ses grandes lignes; les détails suivront sous peu. Quant à l'ajournement il a été convenu que le comité central serait convoqué ces jours-ci afin de procéder à l'organisation des sous-comités.

AUGMENTATION AUX EMPLOYES DU TELEGRAPHE

Le jugement du "Canadian Railway Board" leur donne entière satisfaction.

CONDITIONS DE L'ENTENTE

Les télégraphistes du Pacifique Canadien ont reçu du tribunal de conciliation auquel ils avaient sou-

---

ELECTION A L'UNION DE LA POLICE

Les policiers composent le bureau d'officiers de leur nouvelle union.

GRAVES DECLARATIONS

L'union des agents de la police municipale, de Montréal, a définitivement complété son organisation, samedi après-midi. Deux assemblées ont eu lieu, l'une à 3 h. p.m., pour les hommes en service de jour, aux quartiers généraux de l'union des employés de tramways, 217 Sainte-Catherine est.

D'abord, il a été entendu et réaffirmé que cette association portera le nom d'union fédérale, avec le No 62 et est affiliée au Congrès des métiers et du travail, du Canada.

Les officiers suivants furent élus: Président, le lieutenant Albert Carle; vice-président, Elie Brooks; secrétaire-archiviste, Edouard Lebeau; secrétaire financier, corres-

LE LIEUTENANT ALBERT CARLE qui a été élu président de la nouvelle union fédérale de tous les agents de la police municipale de Montréal.

pondant et trésorier, Arthur Bouchard; gardien, Louis Morel; conducteur, Marcel Bergeron; directeurs, MM. Alfred Ouimet, pour la division ouest; Wilbrod Laflamme, pour la division est; J.-B.-N. Collin, pour la division d'Outremont; Eugène Martin, pour la division des détectives; les syndics sont MM. Albert Carle, Edouard Lebeau et Wilbrod Carpenter.

Les deux séances étaient présidées par M. A. Lacombe, président de l'union des employés des tramways.

Durant tout le cours des assemblées, le plus grand enthousiasme a régné pour le succès de l'union. Tour à tour, les nouveaux officiers ont remercié leurs confrères et exprimé le désir que la nouvelle union soit dirigée de manière à donner la plus grande somme de satisfaction, aux membres à la ville et au public: aux membres d'abord, en sauvegardant leurs intérêts individuels et collectifs, en toutes circonstances; à la ville, en contribuant à rendre plus efficace l'administration du département de la police; au public en encourageant les membres de l'union à donner le meilleur service possible auquel le public ait droit de s'attendre, de la part du corps de police. D'autres discours furent prononcés par MM. Jos. Wall, Louis Morel, Aurèle Lacombe, Léon Bourbonnière. MM. A. Carle, E. Brooks et E. Lebeau ont été élus délégués au Congrès des métiers et du travail, et sont partis hier soir pour Québec, pour assister à l'ouverture du ce Congrès, qui a eu lieu, ce matin.

Le capitaine (et non pas lieutenant) Albert Carle, premier président de l'Union ouvrière fédérale des policiers, nº 62. Il est exclus du Service de police en 1923 en grande partie à cause de son rôle dans la fondation du syndicat (*La Presse*, 16 septembre 1918).

membres sur un corps de police qui en compte 1 025[13]. Après des rencontres infructueuses où Décary refuse de discuter de leur demande avant d'avoir déposé son budget pour l'année 1919, les syndiqués réunis en assemblée générale, le 25 novembre, endossent le projet de soumettre le litige au processus de conciliation et d'arbitrage selon la loi fédérale des différends industriels. Le sous-ministre du Travail du Québec répond favorablement à la demande syndicale, mais il faut le consentement de la partie patronale pour former le conseil de conciliation. Le président Décary fait savoir au ministère qu'il ne peut s'engager dans le processus avant d'avoir terminé la préparation de son budget.

Deux événements vont durcir les positions du syndicat au début du mois de décembre : la Commission met à pied 54 employés de la municipalité, dont plusieurs pompiers ayant de longues années d'expérience. Même si aucun policier n'est touché, le syndicat serre les rangs derrière les trois autres syndicats d'employés municipaux : pompiers, employés de l'aqueduc et de l'incinération, et ingénieurs-mécaniciens. D'autre part, on découvre que les trois principaux dirigeants du Service de la sécurité publique nommés récemment par la Commission administrative, MM. Joseph Tremblay, directeur, Arthur

Drapeau de l'Union ouvrière fédérale des policiers (1918). Peint à la main, il arbore dans le coin gauche l'Union Jack, drapeau britannique, de même que des feuilles d'érable, symbole du caractère canadien de l'organisation (Musée de la Police de la CUM).

Mann, sous-directeur, et J.-A.-A. Bélanger, chef du bureau des détectives, ont omis de mentionner, en remplissant leur formulaire d'embauche, qu'ils ont déjà fait l'objet de condamnations pour assauts et vols par effraction[14]. Le directeur et le sous-directeur du Service de la sécurité ne jouissent déjà pas tellement de la sympathie des policiers car ils proviennent du Service des incendies et n'ont aucune expérience de l'administration de la police. Le syndicat demande leur congédiement immédiat, considérant que leur passé douteux les rend indignes de diriger le corps de police.

La grève de décembre 1918

Le 7 décembre, les quatre syndicats décident de faire front commun et convoquent leurs membres à deux assemblées générales (l'une pour les travailleurs du jour et l'autre pour ceux du soir), où ils approuvent presque à l'unanimité la proposition de déclencher une grève le mercredi 11 décembre, à midi, si leurs demandes ne sont pas satisfaites. Les policiers syndiqués, qui participent nombreux aux assemblées, votent en totalité (833) pour le congédiement des trois officiers supérieurs[15]. La menace fait évoluer le président Décary qui est maintenant prêt à soumettre à l'arbitrage la question des salaires, tout en faisant valoir que la démission des dirigeants de la police ne relève pas du syndicat mais de la seule juridiction de la Commission. Il demande aux policiers de se contenter d'une augmentation de 110 $, ce qui portera leurs salaires, selon les trois classes de policier, à 1 010 $, 1 160 $ et 1 260 $[16]. Le syndicat réclamait 1 300 $, 1 400 $ et 1 500 $ et il estime qu'il est trop tard pour soumettre le litige à un tribunal d'arbitrage.

À la veille du débrayage, le premier ministre du Québec, Lomer Gouin, intervient personnellement et obtient des grévistes un délai de 24 heures. Tout comme l'archevêque de Montréal, Mgr Bruchési, il presse les grévistes d'accepter l'arbitrage. Mais la grève éclate néanmoins le 12 décembre, suivie par la grande majorité des policiers, pompiers et employés municipaux. Les autorités municipales font appel à l'armée et à des détectives privés, et les milieux d'affaires de la métropole organisent des équipes de « volontaires » pour assurer la sécurité de la Ville. L'absence de force constabulaire occasionne pillages et vandalisme et des grévistes s'en prennent aux « scabs ». La foule vide de ses « volontaires » deux postes de police et saccage une station de pompiers. Situation pour le moins inhabituelle, tous les échevins et le maire, Médéric Martin, donnent leur appui aux grévistes et exigent le départ des trois dirigeants de la police, heureux de mettre dans l'embarras la Commission administra-

La Presse, 12 décembre 1918.

tive qui leur a ravi le pouvoir municipal. Mgr Bruchési, la direction du Conseil des métiers et du travail de Montréal, organisme syndical auquel les syndicats en grève sont affiliés, et un Comité de protection des citoyens proche du milieu des affaires de Montréal *(Board of Trade)* offrent leur médiation.

Trente-trois heures après le début du débrayage, les grévistes retournent au travail après avoir obtenu l'assurance, via l'archevêque de Montréal, que les trois directeurs de la police seront démis de leurs fonctions[17]. En outre, ils acceptent que leur litige sur les conditions de travail soit soumis à l'arbitrage et promettent, comme la Ville d'ailleurs, de se conformer à la décision du tribunal.

Le tribunal d'arbitrage est composé de cinq personnes, deux nommées par les employés municipaux, deux autres par le Comité de protection des citoyens (avec l'approbation de la Ville), et la troisième, le président, choisie

Le caricaturiste du journal *La Patrie* évoque la puissance du syndicat des policiers à Montréal en représentant son président, le capitaine Carle, terrassant le président de la Commission administrative, Ernest Décary, et obtenant la démission des trois directeurs du Service de police (*La Patrie*, 23 décembre 1918).

par les quatre premiers arbitres[18]. Leur rapport, qui est rendu public à la fin de janvier 1919, fixe le cadre de la première convention collective des policiers, dont certains éléments sont encore présents dans la convention collective actuelle de la Fraternité[19]. La rémunération annuelle passe à 1 400 $ pour un policier de première classe, soit une augmentation de 21 %, mais il faudra deux années de plus pour y parvenir (cinq années de services au lieu de trois). Le syndicat réclamait, devant le tribunal 1 600 $, pour cette catégorie de policiers.

D'autres avantages significatifs sont obtenus : une journée de congé par quinzaine de travail, 15 jours de vacances annuelles, un système de promotion basée sur « l'habileté, le mérite et l'ancienneté », des règles précises, avec droit d'appel, lors de l'imposition de mesures disciplinaires, la fourniture annuelle de vêtements à date précise, des mesures pour assurer la propreté et l'hygiène dans les postes de police, etc. Les policiers obtiennent ainsi des salaires et des conditions de travail comparables à ceux des ouvriers syndiqués de l'époque et une procédure de promotion qui évite l'arbitraire et le favoritisme. Leur rémunération est cependant encore inférieure de 100 $ environ à celle des policiers des autres grandes villes canadiennes[20].

En outre, le tribunal fait obligation à la Ville de rencontrer les représentants du syndicat lorsqu'ils le désirent et de prendre rapidement une décision sur les questions portées à son attention. La Ville est ainsi forcée de reconnaître le syndicat et, si ce n'est de négocier, à tout le moins de discuter avec ses représentants des conditions de travail des policiers[21]. Par contre, le tribunal ne

Tableau 1.1 — Échelle de rémunération annuelle des policiers de Montréal (1918-1919)

	Salaires annuels en vigueur en 1918	Salaires demandés par le syndicat au Conseil d'arbitrage	Décision arbitrale pour 1919
Capitaines		2 000 $	1 800 $
Lieutenants		1 800 $	1 700 $
Sergents		1 700 $	1 600 $
Détectives (1re classe)		2 000 $	1 700 $
Détectives (2e classe)		1 900 $	1 600 $
Détectives (3e classe)		1 800 $	1 500 $
Détectives (4e classe)			1 400 $
Constables (1re classe)	1 150 $	1 600 $	1 400 $
Constables (2e classe)	1 050 $	1 500 $	1 300 $
Constables (3e classe)	900 $	1 400 $	1 200 $
Constables (4e classe)			1 100 $
Constables (5e classe)			1 000 $
Hommes d'écuries		1 200 $	1 000 $

Source : Archives de la Ville de Montréal, Décision du Bureau chargé de l'arbitrage relativement aux salaires et conditions de travail en rapport avec certains employés du département de la police de Montréal et la Corporation de la Ville de Montréal, 27 janvier 1919, p. 12-13 ; *La Patrie,* 9 décembre 1918, p. 12.

permet plus au syndicat de policiers, comme dans le cas de celui des pompiers d'ailleurs, de s'affilier à « aucune autre association, société ou union »car de tels liens, selon le rapport du tribunal, « pourraient les restreindre ou les embarrasser dans l'exercice et l'accomplissement de leurs fonctions et de leurs devoir ». La tâche des policiers, précise-t-on, est de maintenir la sécurité publique pour « toutes les classes de la société[22] ». Sans le dire clairement, le tribunal répond ainsi à une appréhension des dirigeants politiques et économiques qui craignent que les relations du syndicat des policiers avec le reste du mouvement syndical ne puissent déboucher sur une situation explosive où les policiers refuseraient d'intervenir à l'occasion de manifestations ouvrières ou de conflits de travail. Leur souci est de s'assurer que les policiers n'obéissent qu'aux seules autorités municipales[23].

La grève est un succès pour les syndiqués. Même si le tribunal d'arbitrage leur refuse le droit d'affiliation syndicale, la Ville est néanmoins obligée de reconnaître le principe de la négociation collective. Le tribunal accorde également une augmentation salariale intéressante et d'autres conditions de travail avantageuses. Signe d'un rapport de force à l'avantage des syndiqués, la Commission administrative accepte de payer les salaires des grévistes durant l'arrêt de travail. Mais le vent va tourner rapidement.

Au début de l'année suivante, le syndicat fait parvenir une lettre au président de la Commission administrative pour former un comité qui élaborera un système de promotion comme l'a recommandé le tribunal d'arbitrage. Le président y met comme condition que le syndicat brise ses liens avec toute autre organisation ainsi que l'a exigé le tribunal d'arbitrage. Suit un chassé-croisé de lettres où le syndicat maintient qu'il se conforme à la sentence arbitrale puisque le Congrès des métiers et du travail du Canada (CMTC), auquel il est rattaché, a pour rôle unique de représenter les syndiqués auprès du gouvernement du Canada et qu'il n'a pas de pouvoir sur les syndicats qui lui sont affiliés. La Ville objecte pour sa part que le CMTC a effectivement accordé une charte d'affiliation au syndicat et que la sentence permet uniquement aux policiers de former une association et non pas une union ouvrière[24]. Contrairement au syndicat des policiers de Toronto, qui abandonne son affiliation au CMTC en 1919, celui de Montréal s'obstine et refuse toujours de se défaire de ses liens avec le CMTC et le reste du mouvement syndical.

Ce refus permet au président Décary de rejeter la demande syndicale d'un nouvel arbitrage des conditions de travail à la fin de 1919. Il dit avoir trouvé une façon plus « équitable » et plus « scientifique » de classifier les policiers et de déterminer leurs salaires en suivant les recommandations d'une firme-conseil de New York. Le syndicat proteste, mais les policiers ne sont pas prêts à renouer avec la grève. L'intransigeance de la Ville détermine le syndicat, l'année suivante, à rétablir des liens avec les autres syndicats d'employés municipaux que la Ville tente aussi d'éliminer[25]. En 1920, tous ces syndicats forment la Fédération des employés municipaux de Montréal afin de forcer la municipalité à négocier collectivement. Outre les salaires, le syndicat des policiers s'intéresse particulièrement à la préparation d'un manuel établissant les normes de promotion et de discipline, et il préconise l'établissement d'une école de police pour laquelle le syndicat soumet un mémoire en juin 1920[26]. Mais la municipalité refuse toujours de rencontrer les représentants du syndicat. Le président Décary répond aux lettres des dirigeants syndicaux, non en tant que représentants des policiers, mais en tant que membres du corps de police.

Il faut dire qu'à partir du milieu de l'année 1920 et en 1921 le contexte économique à Montréal a passablement changé. Une grave crise économique frappe le Canada après que les pays européens ont retrouvé leur capacité de production et réduit leurs importations. Le chômage, accentué par la démobilisation des soldats, fait alors un bond important. En 1921, les syndicats au Québec rapportent que le quart de leurs membres sont sans travail[27]. Évidemment, un chômage aussi massif crée une pression à la baisse sur les salaires, et les syndicats voient leur rapport de force s'effriter dans les entreprises. À Montréal, ils perdent plus du quart de leurs effectifs en 1921. Dans de telles circonstances, les attentes des syndiqués s'émoussent passablement, et les policiers, comme nous le verrons, se montrent extrêmement patients dans leurs relations avec l'employeur.

Un certain nombre d'événements survenus en 1919 incitent également les administrations municipales au Canada et aux États-Unis à se montrer plus répressives envers le syndicalisme policier. Dans un contexte de militantisme accru en milieu ouvrier, elles craignent que les policiers ne s'allient à des organisations qui luttent pour faire avancer la cause ouvrière ou pour renverser l'ordre social. Pendant la grève générale de Winnipeg en été 1919, la Commission de police de la Ville redoute que les policiers ne suivent les directives du comité des grévistes et qu'ils participent à une grève de sympathie[28]. C'est pourquoi elle exige qu'ils signent un serment de loyauté sous peine de renvoi. La grande majorité des policiers refusent, promettant toutefois d'être fidèles aux directives des autorités municipales et de faire respecter la loi et l'ordre. Ce n'est pas suffisant pour rassurer la Commission qui commence à embaucher des constables spéciaux. Les 240 policiers permanents qui n'ont pas prêté le serment seront licenciés, remplacés par 1 800 membres de la force spéciale. Ces constables sont aux côtés des agents de la Gendarmerie royale qui répriment la grève à la fin de juin. Ces événements sont publicisés dans la presse montréalaise tout comme la grève des policiers de Boston la même année[29].

La grève de Boston, déclenchée en septembre 1919 pour protester contre le licenciement de 19 policiers pour activités syndicales, a un impact spectaculaire sur l'opinion publique et les autorités municipales en Amérique du Nord. Pendant quatre jours, la Ville est le théâtre de pillages et d'une émeute au cours de laquelle sept personnes sont tuées. Pour le président américain Wilson, la grève représente un « crime contre la civilisation » et le gouverneur de l'État, Calvin Coolidge, futur président, prononce une phrase souvent reprise par la suite aux États-Unis pour nier le droit à la syndicalisation et à la grève des policiers : « *There is no right to strike against the public safety by anybody, anytime, anywhere*[30]. » La garde nationale est appelée sur les lieux, et les 1 200 policiers en grève démis de leur fonction (aucun n'est réembauché). À partir de ce moment, une forte opposition grandit dans les villes américaines contre la présence de syndicats de policiers. Ils disparaissent presque partout aux États-Unis pour ne renaître que dans les années 1940. Comme nous le verrons, les policiers montréalais subissent les effets de ce mouvement répressif.

La Loi des grèves et contre-grèves de 1921

Sur le plan législatif, le gouvernement du Québec se dote en 1921 d'une loi spécifique pour réglementer le droit de grève dans les services publics. Les employés municipaux qui désirent un arbitrage gouvernemental en cas de conflit de travail ont tendance jusque-là à recourir aux tribunaux mis sur pied par le gouvernement fédéral selon la loi des différends industriels de 1907. Cette loi prévoit la conciliation obligatoire avant le déclenchement d'une grève ou d'un lock-out dans le secteur minier et les entreprises de services publics. Durant la période d'enquête, les arrêts de travail sont interdits, mais les parties ont le choix d'accepter ou de refuser la décision arbitrale. Cependant, ce recours pose un problème de juridiction, car selon la constitution canadienne les municipalités relèvent des provinces. Le gouvernement provincial se décide finalement à agir à la suite de plusieurs conflits parmi les employés municipaux du Québec.

La grève des employés municipaux montréalais de décembre 1918 est suivie de celle des travailleurs de l'aqueduc qui, seuls cette fois, abandonnent de nouveau leur travail en janvier 1920. La ville de Québec est aussi le théâtre de

Officier de police se rapportant à son poste (*La Presse*, 14 avril 1927).

relations de travail tendues : les pompiers, qui font partie d'un syndicat, viennent bien près de déclencher des grèves en septembre 1918 et en avril 1920. Un certain nombre d'employés municipaux cessent effectivement le travail en mai 1920. Les policiers, qui ont aussi à se plaindre de leur rémunération, forment en 1919 une association qui devient l'Union nationale des policiers l'année suivante.

Sanctionnée le 19 mars 1921, la Loi des grèves et contre-grèves (lock-out) municipales n'interdit pas les arrêts de travail, mais elle oblige les parties à soumettre leur litige à un conseil d'arbitrage avant de pouvoir y recourir. Le conseil est composé de trois membres dont l'un est nommé par l'employeur,

Serment prêté par les officiers de l'Union ouvrière fédérale des policiers (années 1920)

Frères, levez tous la main droite, et répétez après moi l'obligation suivante, substituant votre nom au mien, partout où il est nécessaire :

Je......... m'engage ici sur parole et sur honneur à remplir fidèlement tous les devoirs de mon office tels que prescrit par les lois de l'Union Fédérale des policiers n° 62 ; je m'engage à transmettre à mon successeur à l'expiration de la teneur de mon office tous les livres, papiers et documents, propriété de l'Union, alors en ma possession.

J'obéirai aux lois de l'union et je ferai tout en mon possible pour que tous les autres les respectent également.

Je promets solennellement d'observer toutes ces choses, conscient que violer ce serment, me fera passer aux yeux de tous, pour un homme sans principes et dénué de tout honneur.

* * *

Frères, la plus haute ambition à laquelle un homme peut aspirer, c'est de gagner la confiance de ces semblables.

Vous avez été élus aux postes que vous êtes appelés à remplir grâce à la confiance que vous avez su inspirer aux autres membres, vos collègues, soyez à juste titre fiers de la confiance qu'ils mettent en vous et par votre assiduité et votre travail, montrez-leur que vous êtes en tous points dignes de l'honneur qu'ils vous ont fait et que leur confiance n'a pas été mal placée. Vous pouvez maintenant prendre les places qui vous sont réservées et commencer à remplir les fonctions qui vous sont assignées.

Source : AFPCUM, Procès-verbaux de l'Union fédérale des policiers n° 62.

---

le deuxième par les employés, tandis que le troisième représentant est désigné par les deux premiers ou, à défaut d'entente, par le ministre responsable de l'application de la loi. Le conseil a cinq jours pour rendre une décision qui n'est pas exécutoire, et les parties retrouvent, une fois le jugement rendu, leur droit de grève et de lock-out.

Les policiers de Québec font appel à l'arbitrage moins de deux mois après la sanction de la loi. Le Conseil municipal, bien à contrecœur, consent à déléguer un représentant au conseil d'arbitrage, mais il refuse d'endosser les recommandations. Le 25 juin 1921, les policiers et les pompiers débrayent pendant quatre jours. La Ville fait appel à la milice pour assurer la sécurité publique et lance des mandats d'arrestation contre les dirigeants syndicaux[31]. Menacés d'être remplacés définitivement par les briseurs de grève, les policiers consentent finalement à retourner au travail après avoir obtenu également l'assurance que la Ville se soumettrait aux conclusions du conseil d'arbitrage. Le syndicat se maintient, mais la Ville reste toujours ferme sur sa position de ne pas le reconnaître et de ne pas négocier collectivement les conditions de travail de ses policiers. Comme nous le verrons, c'est aussi la voie suivie par la Ville de Montréal.

L'Union ouvrière fédérale des policiers de Montréal parachève son organisation en février 1921 en se dotant d'une constitution et de règlements pour régir son fonctionnement[32]. Pour ses membres, elle propose comme objectif d'obtenir un traitement équitable de la part des supérieurs, un système de promotion selon le mérite et une rémunération comparable à celle d'emplois analogues et suffisante pour permettre aux policiers de faire vivre leurs familles de façon convenable. Aux autorités de la Ville, le syndicat promet de maintenir un corps de police efficace tout en les assurant de sa coopération pour maintenir la discipline et soumettre des projets de réformes. Enfin, il promet aux Montréalais d'encourager ses membres à s'acquitter en tout temps de leurs responsabilités avec loyauté, sincérité et politesse.

Peuvent faire partie du syndicat les policiers de sexe masculin n'occupant pas un grade supérieur à celui de capitaine. Les candidatures des nouveaux membres doivent être acceptées en assemblée générale et obtenir l'appui des deux tiers des policiers présents. On prévoit une cérémonie d'initiation selon le rituel du Congrès des métiers et du travail du Canada et un serment d'installation des nouveaux officiers. La cotisation est fixée à 1 $ par mois. Le Conseil de direction comprend un président, un vice-président, un secrétaire archiviste, un secrétaire-trésorier, un conducteur (il vérifie si les membres présents à l'assemblée sont en règle), un gardien, trois syndics, des représentants du syndicat dans chaque poste de police et, éventuellement, un agent d'affaires. Il y a aussi d'autres fonctions électives : les trois membres du comité des griefs, les trois membres du comité de publicité et de propagande, et les représentants du syndicat auprès de la Fédération des employés municipaux et du Conseil des métiers et du travail de Montréal. Les assemblées générales du syndicat sont fréquentes, deux par mois, et le Conseil de direction doit aussi se réunir entre ces assemblées. Comme c'est le cas dans les constitutions de plusieurs syndicats internationaux à l'époque, un article des règlements précise qu'aucun sujet de nature religieuse ne peut être discuté dans les assemblées.

Casser le syndicat

En 1921, le gouvernement du Québec met fin à la tutelle de Montréal par la Commission administrative et lui redonne son autonomie politique. La population consultée par référendum se rallie à la formule d'un Comité exécutif formé de cinq échevins choisis par et parmi les membres du Conseil municipal. Le maire ne conserve qu'une fonction représentative, le pouvoir réel étant concentré entre les mains du Comité exécutif qui gère le budget, nomme les fonctionnaires et détermine leur salaire. Le Comité doit toutefois faire approuver le budget et les règlements par le Conseil municipal, lequel, par contre n'a pas le droit de présenter des propositions[33]. Les dirigeants du syndicat imaginent peut-être que, sous cette structure plus démocratique, la Ville va se montrer plus conciliante. C'est s'illusionner. Le nouveau Comité exécutif, sous la présidence de l'échevin J.-A.-A. Brodeur, entreprend d'éliminer purement et simplement l'Union des policiers.

Dès que le Comité exécutif est mis en place après l'élection municipale d'octobre 1921, le syndicat lui remet un mémoire où il a établi la liste de ses réclamations. La principale exigence ne touche pas la rémunération des policiers mais leur jour de congé. On veut que celui-ci soit accordé chaque semaine plutôt que tous les quinze jours (mesure en place depuis trois ans). Pour toute réponse, le Comité, deux mois plus tard, ordonne la suppression du congé bimensuel. Le syndicat proteste, demande une entrevue, mais peine perdue, les autorités de la Ville ignorent complètement leur requête.

Pour faire bouger la Ville, les policiers réclament alors l'arbitrage en vertu de la loi provinciale des grèves et contre-grèves de 1921. Au départ, la Ville acquiesce au processus en acceptant de nommer son représentant au conseil d'arbitrage. Puis, au moment où les arbitres doivent se réunir, elle décide de faire traîner les choses en longueur en abusant de procédures judiciaires. Le président du Comité exécutif avouera plus tard qu'il a ordonné à ses représentants de ne pas participer au conseil d'arbitrage pour ne pas donner l'impression de reconnaître le syndicat[34]. La Ville obtient d'abord un bref de prohibition d'un juge alléguant que le conseil d'arbitrage n'est pas constitué conformément à la loi. Déboutée le mois suivant et condamnée à payer tous les frais, elle décide d'en appeler de ce jugement devant la Cour du Banc du Roi qui confirme la décision de la Cour supérieure[35]. Elle est alors bien obligée de participer au conseil d'arbitrage dont le rapport est rendu public à la fin de décembre 1922. L'amélioration la plus importante apportée aux conditions de travail touche la restauration du congé bimensuel qui deviendra hebdomadaire en 1924[36].

La décision de la Ville de porter la cause en appel crée un vif mécontentement en été 1922 parmi les dirigeants du syndicat. Le trésorier de l'Union des policiers, le sergent Arthur Bouchard, dénonce le comportement de l'administration municipale au cours d'une réunion du Conseil des métiers et du travail où il représente son syndicat. Il laisse entendre que la Ville veut retourner au patronage des jours anciens où les policiers devaient payer pour entrer au service de la Ville ou obtenir des promotions[37]. Les échevins et le Comité exécutif n'apprécient guère la déclaration. Convoqué par le chef de police, Bouchard est sommé de confirmer qu'il a véritablement porté cette accusation. Comme il nie, le chef lui demande de répéter les paroles qu'il a prononcées. Il s'y refuse, expliquant qu'il lui faut du temps pour se souvenir exactement de ses propos et suggère plutôt de lui soumettre un rapport écrit et de le faire approuver par l'assemblée du Conseil des métiers et du travail. Le chef accepte, mais, dans la soirée, il le convoque de nouveau à son bureau car, selon toute vraisemblance, le Comité exécutif n'est pas satisfait de l'entente. Il lui faut, séance tenante, signer un rapport où il consignera ses propos. Comme il s'y oppose, il est immédiatement démis de ses fonctions pour indiscipline[38]. Le syndicat demande sa réinstallation, mais en vain.

Le mois suivant, le 12 juillet 1922, la Fédération des employés municipaux, à laquelle appartient l'Union des policiers, convoque deux assemblées générales (après-midi et soir) auxquelles assistent environ 1500 syndiqués. Ils y adoptent une résolution où ils menacent la Ville de cesser le travail si elle n'accorde pas une « attention immédiate » à leurs griefs. Il n'y a pas que les policiers à se plaindre de l'attitude du Comité exécutif de la Ville. Les pompiers lui reprochent de refuser d'appliquer l'échelle de leurs salaires établie l'année précédente ; les employés de l'incinération, de supprimer les vacances annuelles ; les employés de l'aqueduc, d'ignorer leurs réclamations[39]. Le Comité exécutif ne veut absolument pas transiger avec tous les syndicats de ses employés.

Ces derniers posent un ultimatum en juillet 1922, mais la Ville ne bronche pas, consciente d'être en position de force. Comme nous l'avons fait remarquer plus tôt, le contexte économique a changé depuis la récession de 1920-1921 et le chômage demeure toujours élevé en 1922. Les attentes des syndiqués se sont émoussées et leur solidarité n'est plus aussi forte. D'autre part, la Ville s'est appliquée à mieux rémunérer ses employés. Elle augmente ainsi, en 1921, le salaire des policiers de première classe de 1 464 $ à 1 700 $ (rémunération néanmoins inférieure à celle des policiers torontois : 1 950 $[40]). Au lendemain des assemblées d'employés municipaux, un observateur fait remarquer aux autorités de la Ville que la grève n'est pas à craindre car « le travail se [fait] rare » et que les policiers ne vont pas débrayer uniquement pour obtenir un congé bimensuel[41]. Le Comité exécutif de la Ville peut ainsi se permettre de garder la ligne dure.

En réponse à l'assemblée du 12 juillet de la Fédération des employés municipaux, le Conseil municipal forme une commission spéciale d'échevins chargée d'enquêter sur les accusations des syndicats de ses employés. Remis à la fin de juillet, le rapport signé par dix échevins, dont cinq sont membres du Comité exécutif, s'élève contre l'existence même de la Fédération des employés municipaux. Il ne voit pas non plus l'intérêt d'un syndicat de policiers suggérant, pour lui comme pour les autres syndicats d'employés de la Ville, qu'ils se transforment en « association[s] de bienfaisance[42] ». Les autorités de la ville avouent ainsi publiquement pour la première fois leur intention d'éliminer le syndicalisme chez leurs employés et à plus forte raison chez les policiers.

Au début de l'année suivante — le hasard fait bien les choses —, un capitaine, Théodule Bellefleur, prend l'initiative de solliciter les officiers de quitter le syndicat. La discipline, dit-il, et une bonne administration dans la police l'exigent. Il est un ami personnel et un protégé de l'échevin Desroches, membre du Comité exécutif. Une soixantaine d'officiers sur 150 signeront le document. Pour le capitaine Carle, ex-président de l'Union des policiers, les instigateurs du mouvement cherchent à gagner la faveur du Comité exécutif dans l'espoir d'obtenir une promotion. En réplique à l'initiative du capitaine Bellefleur, le secrétaire du syndicat, le sergent J.-M. Duguay, fait parvenir aux journaux un communiqué dénonçant un capitaine (Bellefleur?) pour avoir essayé, dans le passé, de corrompre un policier[43]. Duguay est suspendu de même que le sergent A. Poirier pour avoir critiqué un supérieur. La répression des dirigeants syndicaux touchera plus tard le capitaine Carle, fondateur du syndicat et devenu son secrétaire, qui est renvoyé du Service de police en juin 1923 pour le seul motif de s'être absenté sans permission de son poste pendant une demi-heure (il a 15 ans de service[44]).

L'initiative du capitaine Bellefleur est discutée au Conseil municipal à sa réunion du 19 mars 1923. Un échevin y présente une motion réprouvant la conduite des officiers de police qui veulent que leurs confrères démissionnent du syndicat. Les policiers, comme les autres travailleurs, argumente-t-il, ont le droit de former un syndicat. Le président Brodeur du Comité exécutif explique pour la première fois clairement son point de vue sur le syndicalisme policier. Pour lui, les policiers n'ont pas un statut comparable à celui des autres travailleurs, c'est pourquoi on leur demande de prêter serment. Assimilant leur fonction à celle d'une milice de l'intérieur (les militaires étant la milice de l'extérieur), il lui apparaît indispensable pour que la discipline soit assurée qu'il n'y ait qu'une seule ligne d'autorité dans le Service de police. En acceptant la présence d'un syndicat, « on admet, dit-il, par le fait même deux autorités. Ce principe est tout à fait contre l'essence même d'un corps de police.

En 1923, des officiers cherchent à diviser le syndicat en écartant les officiers (*La Patrie*, 20 février 1923).

Comment les simples agents dans ce cas pourraient-ils être impartiaux ? Comment pourraient-ils conséquemment faire tout devoir ? Ils ne peuvent vraiment être qu'infidèles au serment qu'ils ont prêté[45] ». Un syndicat de policiers devient donc, à ses yeux, une source d'indiscipline et une menace pour la sécurité publique. Il ne tolérerait qu'une société de bienfaisance parmi les policiers. Un débat s'engage alors entre les échevins, et finalement la motion est repoussée par 24 voix contre 8.

La volonté du Comité exécutif d'éradiquer le syndicalisme chez les policiers se manifeste concrètement dans les mois qui suivent par deux mesures qui font mal au syndicat. En premier lieu, le Comité exige, en mars 1923, des cinquante nouveaux policiers embauchés qu'ils promettent de ne pas faire partie du syndicat[46]. Puis, à la fin de novembre 1923, le chef de police, qui suit une directive du Comité exécutif, convoque les capitaines et les lieutenants pour leur signaler que le Conseil municipal désire que les policiers quittent le syndicat. Il ajoute même que le syndicat a huit jours pour liquider ses biens. Certains d'entre eux retransmettent le message aux constables en laissant entendre qu'ils pourraient perdre leur emploi s'ils ne se conforment pas à cette directive.

...lire à haute voix, en présence de son secrétaire.
... Lavallée, l'article qui a créé une si vive sensation
...ns les cercles policiers.
... Le chef Bélanger dont l'intérêt s'accroît à mesure
...u'il poursuit sa lecture, saute d'un passage à l'autre,
...erchant les points les plus saillants, et désirant se
...rmer une idée rapide de l'ensemble de l'article.
... Puis, après avoir lu les trois-quarts de l'article, il
...met le journal à notre représentant en lui disant :
Je lirai le reste ce soir chez moi. C'est un peu long
...our tout lire d'un trait."
... —Eh ! bien, chef, que pensez-vous des démarches

—Je suis heureux chef, de constater que vous lisez
la "Patrie" aussi attentivement. Que pensez-vous de
cet article ?
—Vous savez, dit le chef Lepage, il est inutile de
m'interroger. Je ne veux rien dire et je ne dirai rien.
—Vos hommes ont-ils été approchés ?
—Je n'ai pas un mot à dire si ce n'est que tout va
bien au bureau de la sûreté.
Il est inutile d'insister. A toute question le chef
répond : "Vous ne saurez rien de moi."
Le chef Lepage, évidemment, est d'avis que le
silence est d'or.

L'OPINION DES INTÉRESSÉS

CE QUE PENSENT LES OFFICIERS DE POLICE

LE CAPITAINE MERCIER

Le capitaine Hector Mercier, du
bureau de la sûreté, nous reçoit
avec son affabilité coutumière.
Après les salutations d'usage il
nous déclare sans ambage qu'il a lu
tout au long le fameux article de la
"Patrie" et que cet article l'a vive-
ment intéressé.
—Au bureau de la Sûreté, dit-il,
nous avons décidé de rester neutres. Nous avons été bien traités
par le comité exécutif, qui a réajus-
té nos salaires, et nous préférons
attendre les événements. Je puis
vous dire qu'au bureau de la sûreté
personne n'a quitté l'union."

LE CAPITAINE TOURANGEAU

Au moment où notre représen-

LE SERGENT ARTHUR BOU-
CHARD, trésorier du syndicat
des policiers qui déclare qu'on a
tenté d'intimider les officiers de
police pour les faire sortir des
rangs de l'union. (Cliché Albert
Dumas). rue Sainte-Catherine

LA LISTE DE DÉMISSION N'A PAS ÉTÉ SIGNÉE AU BUREAU DE LA SÛRETÉ

On nous informe que le capitaine Théodule Bellefleur
a subi un échec au bureau de la Sûreté lorsqu'il a présenté sa liste contre l'union des policiers. Les détectives
ayant décidé de rester neutres, pas un seul n'a signé cette
liste. Les détectives qui étaient membres de l'union le sont
encore. Par détectives nous entendons tous les membres
du bureau de la Sûreté: capitaines-détectives, sergents-
détectives et détectives-adjoints.
Le chef de la Sûreté, comme on le sait, ne peut, d'après
les règlements, faire partie de l'union.
On dit que c'est le capitaine Bellefleur lui-même qui
a présenté sa requête au bureau de la Sûreté.

---

tant se présente au poste No 3, le
capitaine A. Tourangeau est à lire
les différentes entrevues publiées
par la "Patrie" sur la situation de
l'union ouvrière fédérale de la police.
—Eh.! bien, capitaine, n'avez-
vous pas vous aussi, une opinion à
exprimer ?
—Je préfère dans les circonstances me montrer quelque peu réti-
cent, cependant si je n'envisage que
le côté de l'union, il me semble que
l'on a tort de vouloir semer de la
désunion.
"Nous avons combattu longtemps
pour revendiquer nos droits, et ce
que l'union a accompli depuis sa
fondation, est suffisant pour démontrer qu'elle doit continuer
d'exister.
"Avant la fondation de notre
union, l'épée de Damoclès était continuellement suspendue sur nos têtes. Vingt officiers furent desti-
tués dans un espace de temps relativement court.
"Aujourd'hui on parle de discipline. Je ne crois pas que les officiers qui ont lancé le mouvement de
vouloir briser l'union, le fassent

serais plutôt porté à croire qu'on
veut créer du désarroi.
"N'est-ce pas l'union qui a fait
obtenir la loi d'arbitrage ? Elle a
été établie entre l'union et la ville.
Le sergent Bouchard, et moi-même,
sommes allés à Ottawa pour demander cette loi. Le ministre du Travail nous a référés à Québec, car
cette demande devait être faite au
ministre du travail provincial.
"L'année dernière, le gouvernement nous accorda notre loi d'arbitrage. Aujourd'hui, il ne peut être
question de grève, car nous nous
soumettons toujours à la décision
des arbitres qui se compose de
trois membres, représentant la ville, le gouvernement et l'union.
"Nous étions unis, dit-il, et pour
ma part je demanderai à ce que
cette dissention disparaisse. Je n'ai
pas signé de requête, parce que j'ai
compris qu'elle était mal inspirée.
D'où vient, un tel mouvement ?
Quand on a fait circuler des listes
dans les postes de police, c'est im-
pérativement que l'on a demandé
aux officiers et aux constables d'ap-
poser leur signature. J'ai compris
que l'on voulait détruire l'union
pour laquelle nous avions travaillé

Le sergent Bouchard, secrétaire-trésorier de l'Union des policiers depuis sa fondation,
est démis de ses fonctions en 1922 pour avoir accusé le Comité exécutif de patronage
dans l'embauche et la promotion des policiers (*La Patrie*, 21 février 1923).

Encore une fois, l'affaire rebondit au Conseil municipal qui demande à la Commission de police (formée d'échevins) d'enquêter. Deux rapports en découlent. Le rapport majoritaire endossé par 10 échevins conclut que l'Union des policiers nuit à l'efficacité du Service de police et qu'elle réduit la protection à laquelle la population a droit. Recommandant que le syndicat ne soit ni reconnu ni toléré par la Ville, il invite plutôt les policiers à former, avec les retraités, une société de secours mutuel[47]. En particulier, on reproche au syndicat de ne pas avoir respecté la décision arbitrale de janvier 1919 qui a recommandé que l'Union des policiers ne soit pas affiliée à une fédération de syndicats. La majorité des membres de la Commission interprètent cette recommandation comme si les policiers ne pouvaient pas faire partie d'un véritable syndicat. Un rapport minoritaire appuyé par six échevins rejette cette interprétation, considérant que le tribunal d'arbitrage a reconnu la possibilité pour les policiers de former un syndicat et que ce dernier ne nuit en rien à la discipline dans le corps de police. Tout au plus le rapport rejette-t-il l'affiliation à la Fédération des employés municipaux. Pour amadouer le Conseil de ville, le syndicat se dit maintenant prêt à abandonner son affiliation à la fédération. Fin décembre, le rapport majoritaire de la Commission est endossé par le Conseil municipal, 22 échevins votant pour, et 10 contre.

Le syndicat riposte en empruntant la voie légale, contestant devant les tribunaux la directive du Comité exécutif et du chef de police des 28 et 29 novembre 1923 qui interdit aux policiers de faire partie du syndicat. Il allègue que la Ville a violé la Loi des grèves et contre-grèves de 1921 qui permet la constitution de syndicats et interdit le renvoi pour activités syndicales. Pour sa part, la Ville prétend ne pas avoir violé cette loi puisque ses résolutions ne sont qu'une expression d'opinion et qu'elle n'a pas mis à pied de policiers pour cette raison. L'affaire traîne en longueur. Le syndicat a gain de cause devant la Cour supérieure et la Cour du Banc du Roi. Mais la Ville en appelle à la Cour suprême qui lui donne raison en 1927 puisque la Ville n'a pas déclaré de contre-grève et qu'elle n'a pas licencié de policiers. Le syndicat veut alors porter la cause devant le Conseil privé de Londres, qui est encore à cette époque la plus haute instance judiciaire au Canada. Mais le Conseil privé refuse de la recevoir[48]. Toutes ces procédures ont coûté une petite fortune au syndicat qui voit ses effectifs diminuer à cette époque[49].

En 1925, l'Union des policiers subit un autre coup dur dans le rapport de la Commission royale d'enquête du juge Coderre sur l'administration de la police à Montréal[50]. Le rapport condamne en bloc le système policier, dirigé par un chef incompétent et soumis à un Comité exécutif qui s'ingère constamment dans les affaires courantes de la police. Il constate en outre que l'indiscipline est généralisée dans le service et que la prostitution commercialisée fleurit sous l'œil bienveillant d'officiers et de détectives. Mal formés et devant souvent leur embauche à l'influence d'un échevin (l'ex-capitaine Carle, devenu épicier, témoigne en ce sens), les policiers, en nombre nettement insuffisant, sont laissés à eux-mêmes, sans contrôle efficace, presque sans surveillance. Des passages du rapport sont réservés à l'Union des policiers dont le juge explique la naissance par l'ingérence des échevins dans la promotion des policiers et par les l'arbitraire des salaires. Mais loin de voir dans le syndicat un élément de réforme de la police, il y voit une cause d'inefficacité et un ferment d'indiscipline. « C'est un État dans l'État dont la présence ne saurait être tolérée au sein d'un corps comme celui de la police, assimilable à l'armée à plus d'un point de vue, à commencer par celui de la discipline. » Il recommande la dissolution immédiate du syndicat et son remplacement par un organisme « dont la première condition d'existence serait la soumission absolue à la discipline et le respect sans réserve de l'autorité ».

Les coups portés par l'administration municipale en 1922 et 1923 affaiblissent sérieusement le syndicat. Comme on l'a vu, le Comité exécutif n'y est pas allé de main morte pour l'éliminer : mise à pied de certains de ses dirigeants, recommandation aux officiers et aux constables de quitter le syndicat en laissant planer la menace du renvoi, et obligation pour les aspirants poli-

« Brigades à bicyclette » apparues durant les années 1930. Elles s'occupent essentiellement de la surveillance, de la circulation au centre-ville et du contrôle du stationnement. Elles disparaissent au milieu des années 1940 (*La Presse*, non datée, section Montréal Police, divers).

ciers de promettre de ne pas en faire partie. La solidarité syndicale n'est pas suffisante pour que l'Union des policiers songe à répliquer par un arrêt de travail. Rappelons que les années 1920 sont une période de taux de chômage élevé et de contraction pour l'ensemble du mouvement syndical. D'autre part, la rémunération des policiers, comparativement à celle des autres travailleurs salariés, ne diminue pas dans les années 1920. Leur pouvoir d'achat se maintient et même s'améliore car l'indice des prix à la consommation a tendance à se replier *(tableau 1.2)*. Pour leur part, les travailleurs salariés au Canada (Montréal suit sensiblement la même tendance) voient leur rémunération moyenne fléchir de 12 % entre 1920 et 1925.

Au début des années 1930, sous le choc de la Grande Dépression, les salaires au Canada diminuent et ce n'est qu'en 1939 qu'ils retrouveront le niveau de 1930. Au même moment, les prix des biens et services accusent eux aussi une baisse (15 %) de sorte que l'augmentation de 100 $ accordée aux policiers en 1930 et le gel de leur salaire par la suite représentent une amélioration de leur pouvoir d'achat. Sans compter que leur relative sécurité d'emploi représente un atout à un moment où le chômage frappe durement l'ensemble des salariés. Cependant, comme nous le verrons, la situation est moins rose pour les jeunes policiers embauchés à cette période, car la Ville ajoute la catégorie cadet (2 ans), très mal rémunérée, et deux nouveaux échelons à l'échelle salariale. Ils ne deviennent ainsi policiers de 1re classe qu'après 9 années de service au lieu de 5 *(voir tableau 1.3, p. 65).*

En outre, en termes d'heures de travail, le corps policier montréalais est parmi les moins favorisés au Canada, loin derrière celui de Toronto qui s'est vu accorder la semaine de 48 heures à la fin de la Première Guerre. En effet, ils travaillent 84 heures par semaine, 12 heures par jour pendant six jours. Que ce soit le jour ou la nuit, les 12 heures de travail se décomposent en blocs de 3 heures qui sont passés en alternance à l'extérieur et à l'intérieur du poste. Lorsqu'ils sont au poste, les policiers doivent répondre aux appels d'urgence tout en trouvant le temps de prendre leur repas. Cet horaire de travail persiste jusqu'en 1942.

Même si elle subit la réprobation des autorités de la Ville, l'Union ouvrière fédérale des policiers poursuit néanmoins ses activités dans les années 1920 et 1930, mais avec un effectif déclinant et en se limitant à gérer une caisse d'assurance-vie. Toujours affiliée à la Fédération des employés municipaux de Montréal et au Congrès des métiers et du travail du Canada, elle ne compte plus que 86 membres en 1934, et 39 en 1936, sur un corps de police à Montréal d'environ 1 300-1 400 agents[51]. En fait, les policiers craignent de perdre leur emploi s'ils adhèrent au syndicat, qui rendra l'âme en 1940. Il est alors dirigé par Charles Larivière qui est resté membre du Conseil de direction presque continuellement depuis 1924, d'abord comme secrétaire puis comme président. Mais le feu couve chez les policiers, mécontents tant de leurs conditions de travail que de la direction du Service de police. Trois ans après la disparition de l'Union des policiers, le syndicalisme va renaître avec vigueur à la faveur encore une fois du mouvement de syndicalisation parmi les employés municipaux.

Tableau 1.2 — Salaires annuels des policiers montréalais (1920-1941)

Années	Salaires annuels des policiers de 1re classe	Indice des salaires au Canada (1939 = 100)
1920	1 464 $	107,0
1921	1 700 $	97,5
1922	1 700 $	91,1
1923	1 700 $	93,6
1924	1 700 $	94,8
1925	1 700 $	93,8
1926	1 700 $	94,4
1927	1 700 $	96,4
1928	1 700 $	97,5
1929	1 700 $	99,2
1930	1 800 $	99,9
1931	1 800 $	96,6
1932	1 800 $	89,7
1933	1 800 $	85,1
1934	1 800 $	85,9
1935	1 800 $	88,4
1936	1 800 $	90,0
1937	1 800 $	96,7
1938	1 800 $	99,6
1939	1 800 $	100,0
1940	1 800 $	103,9
1941	1 800 $	113,1

Source : Ministère du travail du Canada, *Salaires et heures de travail au Canada*, diverses dates, et 1944, p. 9.

L'Association canadienne des policiers de Montréal (1943-1944)

Le 27 août 1943, environ deux cents policiers montréalais réunis en assemblée décident de demander une charte syndicale au Congrès canadien du travail, charte qu'ils obtiennent quatre jours plus tard[52]. Le 8 septembre, ils élisent, par acclamation, leur premier président, l'agent Roger Lavigueur. Leur syndicat prend le nom d'Association canadienne des policiers de Montréal, appellation qu'il conserve jusqu'à ce que, en février de l'année suivante, une loi votée par l'Assemblée législative du Québec le force à rompre avec le Congrès canadien du travail.

En 1943, les policiers renouent avec le syndicalisme dans des circonstances qui ne sont pas sans rappeler celles qui ont présidé à la fondation de l'Union fédérale des policiers à la fin de la Première Guerre mondiale. Le Canada est encore en guerre (1939-1945), la croissance économique demeure vigoureuse, la main-d'œuvre se fait rare, les grèves se multiplient au Québec et les policiers ont l'impression de ne pas profiter de la prospérité autant que les autres salariés. À Montréal, l'administration municipale est encore une fois sous la tutelle du gouvernement provincial depuis 1940. Comme en 1918, les policiers se joignent au concert des employés municipaux pour réclamer une amélioration de leurs conditions de travail et se laissent gagner par le syndicalisme en liaison avec le reste du mouvement syndical. Examinons chacun des ces éléments.

Comme nous l'avons vu, les années 1920 et 1930 sont marquées par deux crises économiques importantes qui ralentissent le développement de la métropole. L'entrée du Canada en guerre va redonner une impulsion formidable à son économie, particulièrement à son industrie manufacturière. En 1941, la population de la Ville atteint plus de neuf cent mille habitants, dont les deux tiers sont francophones. Pour assurer la sécurité de cette population, le Service de police compte alors 1 541 membres, effectif qui a eu tendance à diminuer pendant la guerre. Le recrutement de nouveaux policiers se fait difficile dans un contexte de plein emploi. Le service militaire est obligatoire pour certains jeunes alors que les autres sont attirés par le travail dans les usines de guerre où ils touchent une rémunération supérieure. Pour corriger ce problème, les autorités policières embauchent en 1941 et 1942 plusieurs contingents de cadets-constables, et elles obtiennent aussi du gouvernement fédéral une exemption du service militaire pour les policiers embauchés avant mars 1942[53]. Le recrutement est demeuré un problème considérable jusqu'en 1946. Dans ces circonstances, on comprend que les policiers jouissent d'un meilleur rapport de force avec leur employeur.

Automobiles avec radio-communication. Le Service de police en détient depuis 1932 (*La Presse*, 13 avril 1938).

Le plein emploi place également l'ensemble des travailleurs québécois dans une bien meilleure position pour forcer le patronat à la négociation collective. Le nombre de travailleurs syndiqués double presque de 1941 à 1946, ce qui a pour effet de faire bondir le niveau de syndicalisation au Québec qui passe de 20,7 à 29,3 %[54]. Le syndicalisme gagne massivement l'adhésion des travailleurs de la grande industrie manufacturière et commence à faire des percées significatives dans les services publics (municipalités, hôpitaux, commissions scolaires). L'expansion du syndicalisme est accompagnée d'une recrudescence très importante de l'activité de grève, particulièrement en 1942 et 1943, années où on dénombre pas moins de 244 conflits de travail au Québec. Les policiers et les pompiers montréalais participent eux aussi au mouvement de grève. Face à cette ébullition dans le champ des relations de travail, le gouvernement québécois doit revoir complètement la législation du travail en 1944.

Du côté de la Ville de Montréal, le gouvernement fait face à un grave problème au début de la guerre. Encore une fois, la Ville connaît des problèmes financiers si sérieux qu'elle est mise en tutelle en 1940. Le maire n'a plus qu'un rôle honorifique et les conseillers sont cantonnés dans un rôle secondaire. Le véritable pouvoir est entre les mains de la Commission municipale de Québec qui a droit de veto sur toutes les décisions du Conseil municipal. Non seulement la Commission maîtrise les finances de la Ville, mais elle peut même faire entrer en vigueur toutes les décisions qu'elle juge à propos[55]. C'est elle aussi qui détermine les traitements du personnel et les conditions d'embauche. Son administrateur, Honoré Parent, est le véritable patron de tous les employés municipaux, y compris les policiers. La Commission se montre évidemment réticente à relever les conditions de travail des employés car elle a été nommée pour comprimer les dépenses de la Ville.

Uniformes portés par les policiers au cours des quatre saisons de l'année (*La Presse*, 19 juillet 1944).

La syndicalisation des policiers suit celle d'autres employés des services publics montréalais, notamment les employés de tramways qui adhèrent massivement à la Fraternité canadienne des cheminots et autres employés de transport au début de 1943. À la fin mars de la même année, ils déclenchent d'ailleurs une grève de deux jours qui leur vaut une intéressante prime. Peu après, c'est l'organisation des employés manuels de la Ville qui rallient la Fraternité canadienne des employés municipaux. Ses membres débraient pendant quatre jours en août 1943 quand la Ville congédie cinq employés à cause, pense-t-on, de leurs activités syndicales. Les deux syndicats sont affiliés au Congrès canadien du travail (CCT), lui-même associé à une centrale américaine née en 1938, le *Congress of Industrial Organizations (CIO)*. La centrale et ses fédérations affiliées ont la réputation au Canada et aux États-Unis de bien défendre les travailleurs qu'elles représentent. Comme nous le verrons, les succès remportés par les deux syndicats montréalais ont un effet d'entraînement décisif sur la décision des policiers de se syndiquer et de se joindre au Congrès canadien du travail en septembre 1943.

Le Comité social de la police de Montréal

Déjà en avril 1943, deux policiers, Gildas Galarneau et Lucien Tessier, travaillent à l'organisation d'un syndicat. Mais le projet vient aux oreilles du directeur du Service de la police, Fernand Dufresne, qui émet la directive suivante le 6 mai[56] :

« AUX MEMBRES DU SERVICE DE LA POLICE »

J'apprends que des policiers, sous l'influence de certaines personnes, ont souscrit de l'argent pour l'organisation d'un comité dont le but est de former une « UNION » parmi les membres du Service de la Police.

Il est de mon devoir de vous prévenir contre ce genre d'organisation et de vous demander de ne pas en faire partie.

Les fonctions d'un homme de police sont difficiles et requièrent toute sa liberté d'action et vous perdrez cette liberté si vous vous soumettez à une organisation de l'extérieur.

« Le policier représente la loi et l'autorité. »

« Le policier doit être indépendant. »

« Le policier doit être impartial. »

« Le policier doit être libre de toute attache s'il veut accomplir son devoir avec justice pour tous. »

L'homme de police ne doit pas avoir à choisir entre l'autorité légitime de son pays et de sa ville et l'autorité des chefs d'une organisation extérieure quelconque.

Votre « Association de Bienfaisance » en qui j'ai confiance et en qui vous devriez avoir confiance, devrait continuer à avoir tout votre support. Je suis convaincu qu'elle est assez forte pour vous représenter dignement auprès des autorités et du public.

Votre bon jugement et votre sens du devoir vous feront comprendre, j'en suis certain, quelle ligne de conduite vous devriez suivre dans les circonstances.

Dans ces circonstances et pour éviter des représailles, les deux policiers décident de camoufler leur organisation sous le nom de Comité social de la police de Montréal, avec comme objectif de « coopérer au bien-être social, physique, économique et moral » des policiers et de « promouvoir la protection générale ou individuelle de ses membres[57] ». La charte d'incorporation obtenue le 29 juin est signée par deux avocats (Armand Houle et Léonidas Houle) et un concierge, Jean-Marcel Bibeau. Aucun nom de policier n'y apparaît. À plus ou moins long terme, l'intention de ses fondateurs est bel et bien cependant de relever les conditions de travail des policiers. Grâce à ce subterfuge, on espère attirer l'adhésion d'environ quatre cents membres, un nombre suffisamment imposant pour que la Ville ne puisse les congédier[58]. Ce travail est fait assez rondement car les premiers recrutés sont les policiers en motocyclette dont les déplacements les mettent en contact avec bon nombre de constables et qui ont la réputation d'être discrets. Les frais d'adhésion au Comité sont de 2,00 $. La première réunion publique n'a lieu que le 17 août 1943 afin d'élire une direction. Gildas Galarneau est élu président, Lucien Tessier, premier vice-président, et Roger Lavigueur, dont nous aurons l'occasion de reparler, second vice-président. La constitution prévoit que seuls les constables peuvent occuper les fonctions de direction[59]. Les autorités du Service de police ne pardonnent pas leur initiative aux policiers Galarneau et Tessier : le premier perd son emploi peu de temps après avec une offre dérisoire de pension annuelle au montant de 536 $ alors que le second, qui joue un rôle actif dans l'organisation du syndicat dont nous parlerons plus loin, change plusieurs fois de poste de police de 1944 à 1948 et est suspendu par deux fois, dont une pendant plus de quatre mois sans salaire, échappant de peu à un renvoi[60].

En été 1943, l'organisateur principal du Congrès canadien du travail au Québec (CCT), Paul-Émile Marquette, s'intéresse aux policiers et aux pompiers qui, dit-il, ont besoin de protection et dont plusieurs membres désirent se syndiquer[61]. Le conseiller juridique du groupement, Me Guy Merrill-Desaulniers, affirme de son côté que la Ville ne peut empêcher les pompiers

La fondation du Comité social de la police de Montréal (1943)
(journal du constable Lucien Tessier)

J'entrai au service de la police de Montréal le 10 septembre 1934. Je passai trois mois d'entraînement à l'école de gymnase de la police. Cet entraînement fut très rigoureux et en plus nous n'avions pas d'encouragement du côté du salaire.

Les vieux constables qui étaient déjà en fonction depuis quelques années avaient un salaire fixé par la Cité. Ils entraient au service avec le salaire de 1 400 $ par année, salaire minimum, et il augmentait jusqu'à concurrence de 1 800 $ par année, salaire maximum, qu'ils obtenaient avec cinq années de service. Ils pouvaient prendre leur retraite au bout de vingt ans et vingt-cinq ans de service, chose que nous les cadets, nous ne pouvions faire. Nous, les cadets, avions été engagés avec entente entre la Cité de Montréal et le département de la police. Durant les six premiers mois de notre entrée dans la police, nous devions recevoir 20 $ par mois ; pour les six autres mois, 25 $ par mois ; pour les six autres mois, 45 $ par mois ; pour les six autres mois, 60 $ par mois, ce qui finissait nos deux premières années. Au bout de ces deux années, nous étions supposés recevoir 1400 $ par année. Mais la Cité de Montréal ne tint pas sa promesse et elle fixa le salaire à 1200 $ par année. Nous étions donc en perte de 200 $ par année pendant six ans de temps, ce qui formait un total de 1 200 $ d'arrérages de salaire, en plus d'avoir travaillé pendant deux ans, la première année pour un montant de 270 $ et la deuxième année pour 630 $. Avec un total de 900 $ pour ces deux premières années, c'était pas riche au prix des autres constables qui avaient gagné une somme de 2 900 $ pour les deux même années. Et en plus nous ne pouvions pas prendre une pension avant d'avoir fait 32 ans de service.

L'exécutif de la Cité de Montréal afficha un ordre écrit dans la salle de garde dont tous les cadets devaient prendre connaissance. Il se lisait comme suit : D'après un ordre du comité exécutif de la Cité de Montréal, le salaire des cadets de la police qui devait être de 1 400 $ annuel ne sera que de 1 200 $. Nous étions tous en fureur de voir que cela nous prendrait neuf ans de service dans le département avant de prendre le gros salaire. Et moi qui étais toujours en avant des coups, j'arrachai cet ordre écrit et la mis dans ma poche. Je dis aux autres cadets : ils nous payeront ça un jour. Cela n'a pas manqué car neuf ans plus tard, nous formions la première union dans le département de la police depuis l'autre union qui avait été abolie en 1919 et qui ne s'était jamais relevée depuis.

Nous étions deux constables au début de cette union, le constable Gildas Galarneau et Lucien Tessier (moi-même). Quelque temps plus tard, vinrent se joindre à nous les constables Roger Lavigueur et Lucien Marion. Donc, nous étions quatre chefs d'union. Quelques autres constables entrèrent dans notre mouvement. Nous étions assez pour tenir une élection afin d'élire des officiers pour diriger l'union. Gildas Galarneau fut élu président, Lucien Tessier, premier vice-président, Roger Lavigueur, deuxième vice-président, Lucien Marion, directeur, avec quelques autres constables qui furent eux aussi nommés directeurs. Nous avions comme aviseurs légaux les avocats Houle et Houle, et nous avions nos bureaux à leur local situé au 20, rue Saint-Jacques Est. Nos avocats agissaient aussi comme secrétaires.

L'état-major et l'exécutif de la Cité de Montréal ne regardaient pas d'un bon œil ce qui se passait car il voyait petit à petit disparaître le veau d'or. Car si nous avons réussi à monter un mouvement semblable, c'est que nous avons profité de la haine qui régnait dans le département. Nous étions très mal vus, tous les quatre par l'état-major, car, à les entendre parler, nous étions des taches noires dans le département. Nos officiers supérieurs ne manquaient pas les chances qu'ils avaient de nous prendre en défaut car l'état-major n'attendait que ça pour nous passer la masse.

C'est ce qui m'arriva un beau matin, j'entrai dans une station de taxi pour téléphoner à ma mère. J'ai dû être une quinzaine de minutes environ car la ligne était engagée et j'avais dû attendre. Je fus rapporté par le sergent Levasseur. Je passai à l'état-major pour la première fois depuis mon entrée dans la police. J'ai plaidé coupable à l'accusation de m'être absenté de mon poste. En tout autre temps, j'aurais passé devant le capitaine et je n'aurais eu qu'une réprimande. Mais je fus suspendu indéfiniment, ce qui voulait dire que j'aurais pu être un an dehors. Mais ils furent gênés car ils me réinstallèrent dans mes fonctions au bout de 19 jours. [...]

Je sais très bien que si j'ai été suspendu, c'est parce qu'on a voulu me casser les reins à moi et à mon confrère Marion qui a été suspendu la même journée que moi et dont on avait demandé le renvoi. Il fut réinstallé 24 jours plus tard. Ne trouvez-vous pas ça drôle un peu que deux têtes d'union soient suspendues la même journée. Marion, parce qu'il sentait la boisson. Il aurait bien pu avoir pris une couple de verres de bière avant de venir travailler car il n'était pas en boisson. [...]

Source : AFPCUM, Lucien Tessier, Mes activités au sein du département
de la police de Montréal, 1934-1966, *p. 8-14.*

---

et les policiers de former des syndicats s'ils le souhaitent. Le CCT met sur pied, en juillet, un syndicat de pompiers, l'Association canadienne des services des incendies de Montréal, qui grandit rapidement. On fait valoir la nécessité de s'organiser afin de rattraper les salaires et les conditions de travail des pompiers de Toronto. Les organisateurs du CCT s'intéressent aussi aux policiers qui accusent également un sérieux retard par rapport à leurs homologues torontois.

Les autorités municipales, qui sentent monter le mécontentement, décident de ramener la semaine de travail de 84 à 48 heures en 1942, et elles instaurent la journée de congé hebdomadaire, une vieille réclamation syndicale. La même année, elles consentent aussi à une augmentation générale des salaires de 100 $, ce qui porte la rémunération annuelle des policiers de 1re classe à 1 900 $ (+ 5,5 %). Comme nous l'avons vu, leur rémunération n'a pas bougé depuis 1930. Mais cette augmentation n'est pas suffisante pour compenser la hausse du coût de la vie qui s'est accru au Canada de 15 % de 1939 à 1942, et elle est inférieure à celle obtenue par les salariés en général au cours de cette même période (+ 22,5 %). Les policiers ont alors le sentiment de ne pas profiter de la prospérité engendrée par la guerre au même titre que les autres travailleurs salariés.

L'insatisfaction des policiers est aggravée par le fait que la Ville a ajouté des catégories et des échelons qui ne leur permettent d'atteindre le sommet de leur échelle salariale qu'après plusieurs années de service[62]. Ainsi, elle a institué en 1934 la catégorie cadet-constable avec deux échelons et des salaires ridicules, « les policiers à cinq piastres » par semaine, comme on les appelle, puisqu'ils ne touchent que 20 $ par mois durant les six premiers mois[63]. Elle a également inséré deux autres classes dans l'échelle salariale des constables de sorte qu'en 1942, il faut neuf années de service pour devenir constable de 1re classe au lieu de cinq dans les années 1920. Ce petit jeu éveille la frustration chez les jeunes policiers qui joueront un rôle déterminant dans la fondation du syndicat. Les officiers ont eu droit à un traitement similaire : la Ville, en effet, a ajouté des classes aux rangs de sergent et de capitaine.

Susceptible également d'alimenter le mécontentement des policiers est l'écart salarial qui les sépare de leurs homologues torontois qui touchent un salaire annuel de 2 087 $ en 1941 contre 1 800 $ à Montréal (1re classe). Ces éléments, combinés au climat général de militantisme ouvrier et compte tenu du mouvement de syndicalisation d'autres employés municipaux et du succès de la grève des employés de tramways au début de 1942, créent un contexte favorable au regroupement et à la mobilisation des policiers.

Le coup de pouce décisif à leur syndicalisation générale survient, le 21 août 1943, à l'occasion de l'arrêt de travail des quinze cents cols bleus de la Ville de Montréal, membres de la Fraternité des employés municipaux et affiliés au CCT. Après quatre jours de grève, ils retournent au travail après avoir accepté l'offre de la Commission municipale de soumettre leurs griefs à un tribunal d'arbitrage formé selon la loi des grèves et contre-grèves de 1921. Élément majeur qui soulève l'ire de la Ville, le syndicat réussit à inclure dans cet arbitrage les conditions de travail des pompiers et des policiers, ces derniers ne faisant que commencer à se syndiquer[64]. L'arbitre représentant les employés au tribunal d'arbitrage doit être choisi par les trois représentants, élus en assemblée générale, de chacune des catégories d'employés : les policiers, les pompiers et les travailleurs du service des travaux publics. Depuis juillet 1943, les pompiers ont déjà formé un syndicat, l'Association canadienne des pompiers affiliée au Congrès canadien du travail, lequel à l'annonce de la création du Conseil d'arbitrage voit ses adhésions passer de 57 à 85 % des pompiers montréalais[65].

Pour les dirigeants du CCT, le moment est propice pour mettre définitivement sur pied un syndicat de policiers qui pourra déléguer un représentant au Conseil d'arbitrage. Le 27 août, ils organisent une assemblée à laquelle assistent environ deux cents agents de police dont une centaine signent sur-le-champ une carte d'adhésion[66]. On décide alors de demander une charte d'affiliation au Congrès canadien du travail et on discute longuement, sans en venir à une décision, pour savoir s'il faut admettre ou non les officiers de police dans le syndicat[67]. À une assemblée tenue trois jours plus tard, le constable Roger Lavigueur, qui est vice-président du Comité social de la police dont nous avons parlé plus haut, est élu candidat du syndicat (114 voix contre 36 en faveur de son adversaire) pour choisir celui qui va représenter les policiers au Conseil d'arbitrage[68]. Le lendemain, 31 août, le syndicat de policiers obtient sa charte du CCT sous le nom d'Association canadienne des policiers de Montréal. L'agent Lavigueur de même que le vice-président Lucien Tessier et plusieurs de ses directeurs démissionnent du Comité social de la police qui disparaît peu après[69]. Ils jugent qu'un syndicat affilié au CCT a de meilleures chances de réussir, car la centrale leur apportait d'importantes ressources financières et organisationnelles.

Manchette annonçant la création de l'Association canadienne des policiers de Montréal (*Le Petit Journal*, 29 août 1943).

Charte d'affiliation de la Fraternité canadienne des policiers au Congrès canadien du travail, 31 août 1943 (Archives du Musée de la police).

À l'assemblée générale des policiers tenue au marché Saint-Jacques et supervisée par le ministère du Travail, le 1ᵉʳ septembre, les dirigeants du nouveau syndicat organisent une mise en scène pour inciter les policiers à voter pour Lavigueur plutôt que pour le capitaine Charlemagne Durocher, candidat pressenti par le directeur de la police. À un signal convenu, Lavigueur doit entrer dans la salle, et une vingtaine de membres du syndicat se lever en l'applaudissant. L'effet recherché se produit, les policiers présents se demandant qui peut bien être ce personnage. Les membres du syndicat expliquent qu'il s'agit de Roger Lavigueur, leur « futur président », leur « sauveur »[70]. Ce dernier aurait alors déclaré haut et fort devant l'assemblée où les officiers sont nombreux : « Ça fait assez longtemps qu'on se fait *double-crosser* par les membres de l'état-major, dont un qui est sur le *stage* actuellement ; ils ne nous le feront plus, c'est leur dernier jour d'existence dans ce problème-là[71]. » Les constables présents hurlent leur approbation, désireux de faire sentir les griefs accumulés envers la direction. Par scrutin secret, ils votent massivement pour Lavigueur plutôt que pour Durocher (974 voix contre 413), qui reçoit plutôt l'appui des membres de l'état-major et des agents de la sûreté (détectives). C'est à ce moment que le syndicat fait le plein de membres : il y recrute environ six cents nouveaux adhérents[72].

La semaine suivante, le 8 septembre, au cours de deux réunions, on procède aux mises en nomination pour l'élection de l'exécutif du syndicat. À la présidence, l'agent Roger Lavigueur est élu par acclamation, mais plusieurs candidats se disputent chacun des autres postes. Sont élus la semaine suivante Hormidas Bélair et Gordon Mackenzie, vice-présidents, Urgel Chénier, secrétaire-trésorier, Lucien Tessier, tuileur, et A. Ducharme, garde.

Le Conseil d'arbitrage de 1943

Élu représentant des policiers au Conseil d'arbitrage, le constable Lavigueur détermine avec le représentant des pompiers et celui des employés manuels quelle est la personne qui va les représenter audit conseil. Ces deux représentants sont également présidents de leur syndicat respectif affilié au CCT. Leur choix se porte sur Paul-Émile Marquette, directeur régional du CCT et organisateur des trois syndicats. Le tribunal est présidé par un avocat, Mᵉ Roger Brossard, et la Ville délègue pour la représenter un autre avocat, Mᵉ C.-A. Sylvestre.

Les syndicats déposent un mémoire commun devant le tribunal où ils font valoir que la signature d'une convention collective est le meilleur moyen de résoudre les conflits et de rendre justice aux employés[73]. On met en relief que, depuis 1939, le gouvernement fédéral et plusieurs provinces ont déjà reconnu ce principe. Les policiers et les pompiers doivent aussi pouvoir choisir librement leur organisation syndicale et s'affilier à l'organisme de leur choix, y compris au CCT qui, fait-on valoir, a toujours demandé à ses membres d'accomplir efficacement leur travail et qui n'a pas le pouvoir de déclarer une grève sans l'approbation des membres de chaque syndicat. Le mémoire insiste également pour que les trois syndicats obtiennent l'atelier fermé (obligation de faire partie du syndicat) car tous les employés bénéficient des avantages obtenus par le syndicat. Pour le président Lavigueur, la population n'a rien à craindre de l'affiliation du syndicat au CCT car les policiers respecteront toujours leur serment, y compris en cas de grèves déclenchées par des ouvriers membres de la même centrale qu'eux[74]. En novembre, le syndicat dit compter 1 053 membres sur un total d'environ 1 400 policiers à Montréal[75].

Les autorités municipales déposent aussi un mémoire qui rappelle la grève des policiers en 1918, la formation d'un tribunal d'arbitrage et les résolutions de la Ville, dans les années 1920, s'opposant à la présence d'un syndicat. Depuis ce temps, « les relations entre la Ville et ses employés auraient toujours été cordiales, leurs revendications ayant été étudiées et acceptées dans nombre de cas[76] ». Les employés municipaux, peut-on lire encore dans le mémoire, ne devraient pas se syndiquer car la corporation municipale est un organisme étatique dont le pouvoir est souverain dans les limites de sa juridiction. Contrairement à l'entreprise privée, elle a pour but non le profit, mais « l'intérêt commun de ses administrés » et « elle se souci[e] de satisfaire les justes revendications de ses employés tout en tenant compte des intérêts du contribuable ».

En outre, le syndicalisme est à rejeter car il engendre le mécontentement et représente une cause d'affaiblissement de la discipline parmi les employés. Pour les corps de policiers et de pompiers, la discipline est d'autant plus importante que ses membres sont les « serviteurs du public » et « les protecteurs de leurs biens et de la moralité ». Le syndicalisme est source d'indiscipline dans les forces policières car les ordres des officiers pourraient être discutés dans les réunions syndicales. La discipline dans la police se compare à celle qui prévaut dans l'armée où il n'y a pas de syndicat. Enfin, les syndicats réclament aussi le droit de grève, ce qui ne doit pas être permis dans les services publics.

D'autre part, le mémoire précise que, si le tribunal en vient à permettre aux employés municipaux de faire partie de syndicats, il ne faut pas

Roger Lavigueur, en 1947 (AFPCUM).

leur accorder l'atelier fermé ou permettre leur affiliation à des organisations syndicales extérieures. Ces affiliations pourraient les entraîner à prendre des positions contraires à celles des autorités municipales et signifieraient que des étrangers puissent intervenir dans l'administration de la Ville. En outre, il est à craindre que les policiers puissent, par exemple, être moins sévères pour des grévistes appartenant à la même fédération qu'eux. À ce propos, leur affiliation au CCT, selon la Ville, est particulièrement à craindre car cette centrale vient à son congrès tenu récemment à Montréal d'appuyer un parti politique fédéral, le *Commonwealth Cooperative Federation (CCF)*. Les employés municipaux, pense-t-on, ne peuvent plus alors demeurer neutres sur les questions politiques.

L'appui du CCT au *CCF* (ancêtre du Nouveau Parti démocratique) suscite bien des remous à l'époque car il est réprouvé par les autorités religieuses et perçu par plusieurs comme une organisation quasi communiste. Et l'idée de voir des syndicats de policiers appuyer cette formation fait frémir bien des gens. La crainte est d'autant plus vive que le CCT étend ses ramifications parmi les policiers d'autres municipalités de l'île de Montréal : Westmount, Outremont, Verdun, Lachine, Saint-Pierre, LaSalle, Montréal-Ouest, et même parmi les policiers provinciaux de la région de Montréal. Le Procureur général du Québec et le directeur de la police provinciale ordonnent d'ailleurs à leurs policiers, en novembre 1943, de quitter le syndicat sous peine de congédiement[77]. Pour mieux se faire accepter et éviter un arbitrage défavorable, les syndicats policiers du CCT se disent prêts désormais à insérer dans les conventions collectives des clauses où ils s'engagent à ne pas faire grève pendant la durée du contrat de travail et à ne pas adhérer au *CCF* ou à tout autre parti politique[78].

Le 19 novembre 1943, le Conseil d'arbitrage rend un rapport majoritaire signé par le président Brossard et Paul-Émile Marquette, et un rapport minoritaire soumis par le représentant de la Ville. Le rapport majoritaire reconnaît aux policiers, comme aux autres employés municipaux, le droit de se syndiquer. Repoussant l'objection de la Ville selon laquelle la syndicalisation peut être source d'indiscipline, il estime que la signature d'une convention collective « n'affecte nullement l'autorité qu'[elle] a le droit d'exercer sur ses employés et l'esprit de discipline dont doivent faire preuve à son endroit ses subordonnés[79] ». Le rapport met aussi de l'avant un principe nouveau découlant de la loi *Wagner* aux États-Unis (nous en reparlerons plus loin) et qui commence à être plus largement accepté au Canada et au Québec, à savoir que le droit d'association fait un devoir à tout employeur de consentir à la négociation d'une convention collective avec ses employés. Le rapport étend

Les débuts du syndicalisme chez les policiers montréalais
(extraits d'une entrevue avec Roger Lavigueur en 1968)

Q. Quand vous êtes entré chez les policiers, en 36, est-ce que ça pris du temps pour que vous deveniez une sorte de militant syndicaliste?

R. Immédiatement en entrant. Premièrement le salaire offert était tellement ridicule. Je trouvais que les employeurs prenaient avantage de la crise économique qui sévissait pour exploiter les policiers et exploiter les gens de la race humaine. Et immédiatement je me suis dit, sans vouloir être apôtre, on va faire des changements. Et après quelque temps, je me suis aperçu que les conditions de travail étaient tellement abominables. Il y a avait tellement peu de libertés, que j'ai décidé qu'il devait se faire quelque chose.

Q. Si vous me racontiez un petit peu la journée du policier, son horaire, ses responsabilités?

R. Nous devions nous rapporter à notre officier à 6 heures tous les jours, pour terminer notre travail à 7 heures le lendemain matin. Et le jour suivant, nous recommencions à 6 heures pour terminer à 8 heures. À cette période de temps-là, nous faisions trois heures à l'intérieur et trois heures à l'extérieur. Et le temps que nous travaillions à l'intérieur, en réserve, nous étions toujours sujets aux appels pour des feux, des meurtres. Nous étions au repos, mais sujets à rappel suivant notre mandat d'office. Et nous avions à prendre, à l'intérieur de ça, notre période de repas. Ceci nous faisait faire environ 100 heures de travail par semaine, sans rémunération pour le travail supplémentaire et un congé par 15 jours. Ce qui nous faisait faire des calculs, dans le temps, qui disaient qu'un policier vivait 20 ans dans le poste et 5 ans chez lui.

Q. En 1943, les policiers étaient-ils associés, syndiqués?

R. En 1943, il n'existait aucune union. D'après les ordres que nous avions, il était complètement défendu d'appartenir au syndicat de notre choix. Une personne qui pouvait être prise à faire partie d'un syndicat risquait d'être expulsée. Depuis 1919-1920, il n'y avait pas eu de formation d'union due à la peur qui existait. C'est peut-être drôle de parler de peur dans un service de police, mais ça existe terriblement.

Q. Dû à quoi?

R. Dû à la dernière union de 1919-1920. Il y a tellement eu de représailles de la part des employeurs envers ces policiers que ça a tué la force de l'union pour les prochains 25 ans.

Q. Quels étaient les rapports du corps de police avec l'administration. Étiez-vous en bonne entente ou est-ce que ça allait carrément mal?

R. Non, on ne peut pas dire que les rapports entre les autorités et le personnel étaient très bons. Premièrement, nous n'avions, dans cette période de temps, comme policiers, aucun chapitre dans les conditions de travail. On ne pouvait pas se faire entendre, on ne pouvait pas faire de griefs, on ne devait qu'accepter les bonnes volontés de notre employeur, le corps de police et aussi les autorités de la Ville. Nous étions totalement leurs esclaves.

Q. Si vous aviez un commentaire à faire sur cette grève-là (1943), est-ce que ça été un point marquant chez les policiers?

R. Oui, c'était un point, je peux dire que c'était le tournant. C'était une prise de conscience de la part des policiers qu'en groupe, unis, ils pouvaient toujours obtenir et vaincre. […] Il fallait que ce soit une force monolithique pour être capable de bien avancer… Aujourd'hui, tous les vieux, quand on se rencontre, les vieux disent tous : « C'était le rêve de notre vie, c'était la chose attendue, c'était pour nous une grande bénédiction. » Et pour les citoyens aussi, parce que je peux dire que les citoyens n'ont pas seulement obtenu des augmentations de taxes; ils ont obtenu par l'union une police moderne, que ce soit des véhicules modernes, que ce soit des départements des empreintes, que ce soit quoi que ce soit dans le département. La police est mieux instruite, avec des barèmes plus élevés. Ca a toujours été l'union qui l'a demandée, toujours du commencement à la fin.

Q. Si vous aviez un commentaire général à faire, après cette grève, après la négociation, qu'est-ce que vous ajouteriez?

R. Je dirais qu'en général les gens qui voudraient relever leur classe de société pourraient certainement regarder dans notre propre société [corps de police]… C'est regrettable qu'une société qui doit être protectrice des citoyens ait été contrôlée si longtemps par la peur de l'employeur. Et aussi que cette société de policiers a souvent été contrôlée contrairement à l'intérêt de la population. C'est une obligation de la part de tous les citoyens de voir à ce que leurs officiers de police soient dans une association syndicale. C'est le seul mouvement qui peut les aider à contrebalancer l'effort de la politique qui tente toujours d'utiliser la police pour son bon escient. Tant et aussi longtemps que les policiers seront réunis, il n'y a pas de danger par la police parce que nous avons découvert notre force de frappe. C'est la plus grande récompense que la Providence peut avoir donnée aux policiers de leur avoir permis de se former une union.

Et moi, je suis excessivement content. Je dois quitter probablement dans quelques mois… Moi, je quitte avec un grade de sergent-détective après avoir accompli, je pense bien, une mission assez importante. Le plus grand rêve que j'avais dans ma carrière, c'était de former un syndicat fort.

Source : Entrevue réalisée par Évelyn Dumas, le 5 juin 1968.

ce principe aux employés municipaux, car plusieurs conventions collectives ont été signées par des municipalités québécoises depuis 1940. Les autorités municipales sont invitées à négocier avec les trois syndicats affiliés au CCT (cols bleus, policiers et pompiers), puisque ceux-ci ont l'appui de la grande majorité des employés de chacun de ces groupes. Si les négociations échouent, le rapport suggère de soumettre le litige à un autre tribunal d'arbitrage dont les décisions seraient exécutoires. Enfin, tout en refusant aux syndicats la reconnaissance de l'atelier fermé pour ne pas priver la Ville d'employés compétents qui répugneraient à faire partie d'un syndicat, le rapport fait deux suggestions importantes retenues par le gouvernement dans une loi votée l'année suivante : interdiction des arrêts de travail d'employés municipaux et règlement des conflits par un tribunal du travail qui pourrait déterminer les conditions de travail des salariés.

Exécutif de la Fraternité canadienne des policiers, 1945-1946. Dans la première rangée, assis, de gauche à droite : Georges Cookson, Guy Merrill-Desaulniers (procureur de la Fraternité), Roger Lavigueur, président, et Lucien Marion. Debouts à l'arrière : Albin Turner, André Thuot, Lucien Tessier et Henri Jacques (Archives Lucien Tessier, 12 décembre 1945).

Le rapport minoritaire de Me Sylvestre préconise lui aussi l'interdiction par le gouvernement provincial du droit de grève chez les employés municipaux et son remplacement par un conseil d'arbitrage aux décisions exécutoires. Il va plus loin cependant en ce sens que la Ville pourrait ne pas accepter de négocier une convention collective avec les syndicats de ses employés. De plus, il refuse leur affiliation au CCT parce que la centrale permet la grève de sympathie et qu'elle endosse un parti politique. Pour les policiers, le rapport de Me Sylvestre est plus exigeant : leur syndicat ne peut être affilié à un organisme syndical extérieur car il est impérieux que la force constabulaire d'une ville soit indépendante, principe selon lequel il y aurait danger qu'en cas de grève ou d'émeute les policiers soient portés à accepter une « autorité étrangère » plutôt que « l'autorité constituée[80] ». Le rapport minoritaire relève finalement que le procureur général du Québec a interdit à ses policiers de faire partie d'un syndicat affilié au CCT et qu'il devrait en être de même pour les policiers municipaux qui ont l'obligation de faire respecter les mêmes lois.

La grève de 1943

Selon la loi qui a présidé à la formation du conseil d'arbitrage, les rapports ne sont que des recommandations ; ils n'obligent en rien les parties à s'y conformer. Le ministre québécois du Travail invite cependant les parties à les accepter « en vue du bien commun et pour le respect de nos institutions d'arbitrage » et à s'y conformer « de bonne grâce, à moins de raisons très graves[81] ». La Commission municipale qui administre la Ville tergiverse, refusant notamment de reconnaître le syndicat des policiers parce qu'il est affilié à un organisme syndical extérieur. Cette objection lui apparaît comme une raison suffisamment grave pour qu'elle rejette le rapport d'arbitrage. Elle s'y croit d'autant plus autorisée que le ministre du Travail conseillait un peu plus tôt à la Ville de Trois-Rivières d'exiger du syndicat de ses policiers qu'il ne s'affilie à aucun organisme extérieur.

Trois semaines après le dépôt des rapports, la Ville étudie la possibilité d'améliorer les conditions de travail de ses employés, mais elle ne manifeste aucune intention de négocier avec les représentants syndicaux. Elle adopte ainsi la même indifférence envers les syndicats qu'après le dépôt du rapport d'arbitrage de janvier 1919. Mal lui en prend cependant, les syndiqués sont bien déterminés à contraindre la Ville à s'asseoir à la table de négociation. Le 13 décembre, les trois syndicats, qui ont appris que la Ville va relever leurs salaires sans négocier, lui font parvenir un ultimatum adopté unanimement

La Presse, 14 décembre 1943.

en assemblée générale. Ils lui donnent vingt-quatre heures pour se conformer à la décision arbitrale, et donc les reconnaître comme agents négociateurs, sinon ils déclenchent la grève[82]. Les syndicats empruntent d'autant plus facilement cette avenue qu'ils savent que le ministre du Travail du Québec a conseillé à l'administrateur de la Commission municipale, Honoré Parent, de se conformer au rapport majoritaire d'arbitrage. Le dossier va alors évoluer rapidement. Parent offre de reconnaître le syndicat des employés municipaux et de négocier leurs conditions de travail. Aux policiers et aux pompiers, il propose d'accorder les mêmes conditions de salaire et de travail qui existent à Toronto (augmentation de près de 500 $ par an), mais il refuse de reconnaître les deux syndicats parce qu'ils sont affiliés à une organisation extérieure[83].

L'offre est refusée et la grève déclenchée le mardi 14 décembre à 11 h 45 par les trois groupes d'employés (environ cinq mille). La grande majorité d'entre eux, y compris les policiers, suivent le mot d'ordre de grève. Les présidents des trois syndicats promettent de demeurer solidaires et de n'ordonner de retour au travail que conjointement. Les syndicats de policiers et de pompiers organisent des équipes volantes pour répondre aux appels d'urgence. La Ville, de son côté, fait appel à la police provinciale et à la gendarmerie royale qui occupent des points stratégiques. L'armée aussi est prête à intervenir. Mais il n'y a pas eu d'incidents majeurs pendant le débrayage. L'administrateur de la Ville cède pour reconnaître le syndicat des pompiers, mais reste ferme dans le cas des policiers[84]. C'est pour lui une question de principe et il jouit de l'appui des membres de la Commission municipale, du Comité exécutif de la Ville et des chefs des services municipaux. Mais le gouvernement provincial, qui a une voix déterminante au chapitre puisqu'il a mis la Ville en tutelle, décide alors d'intervenir. Le premier ministre Godbout, après consultation avec le Cabinet, ordonne au président de la Commission municipale, L.-E. Potvin, d'accepter le rapport majoritaire du Conseil d'arbitrage. Ce qu'il fait immédiatement, consacrant ainsi une victoire décisive des syndicats. Désavoué par le gouvernement, l'administrateur de la Ville, Honoré Parent, démissionne de son poste tout en demeurant directeur des services municipaux. Le retour au travail des policiers s'effectue rapidement. L'arrêt de travail a duré un peu plus de quatorze heures.

La négociation sur les conditions de travail peut donc commencer. Les syndicats jugent cependant que la question des salaires des policiers et des pompiers est réglée puisque Honoré Parent a offert pendant la grève les mêmes salaires qu'à Toronto. Néanmoins, ils participent aux délibérations du Conseil d'arbitrage remis sur pied à la fin décembre par le ministère du Travail pour étudier cette fois les conditions de travail des employés de la Ville.

Les arbitres se composent toujours de Me Brossard comme président, de Paul-Émile Marquette comme représentant des employés et de Me C.-A. Sylvestre, délégué par l'administration municipale. Les syndicats y réclament des salaires et des conditions de travail identiques à ceux des policiers et des pompiers de Toronto puisque l'administrateur de la Ville s'y est engagé et que les services à rendre à la population sont aussi difficiles et périlleux à Montréal qu'à Toronto[85]. Pour leur part, les autorités municipales prétendent que l'engagement de d'Honoré Parent ne constitue pas une ordonnance de la Commission municipale et qu'il est « dangereux » de baser les conditions de travail des employés municipaux d'une ville sur celles d'une autre.

Le Conseil d'arbitrage n'ayant toujours pas rendu son rapport deux mois après sa formation, les policiers s'impatientent. Le 23 février, le syndicat organise une assemblée qui approuve un ultimatum fixant au 6 mars le délai pour qu'il rende son rapport, à défaut de quoi il y aurait danger que les policiers « tombent tous malades ensemble[86] ». Ils n'ont pas à mettre leur menace à exécution car le rapport, qui ne concerne que les policiers et les pompiers, est déposé le 4 mars.

Dirigeants de l'Association des policiers de Montréal annonçant la fin de la grève, le 15 décembre 1943. Au micro, Paul-Émile Marquette, organisateur principal du Conseil canadien du travail au Québec ; à sa gauche, Roger Lavigueur, président de l'Association, et Me Guy Merrill-Desaulniers, conseiller juridique (AFPCUM).

Signé par les trois commissaires, le rapport rejette le principe voulant que les membres des services de police et d'incendie de Montréal doivent être rémunérés comme ceux de Toronto. Mais il fait néanmoins de cette ville un point de référence important pour déterminer leurs conditions de travail. En tenant compte de la « valeur reconnue » pour ces services à Toronto et dans d'autres villes d'égale importance aux États-Unis, de la productivité et de la richesse de Montréal par rapport à Toronto, de l'augmentation du coût de la vie, du niveau de taxation, des avantages déjà obtenus par les employés montréalais, etc., le rapport recommande « des salaires se rapprochant de ceux de Toronto », mais sans le paiement du boni de vie chère hebdomadaire de 2,00 $ ou 3,25 $ accordé dans cette ville. En ce qui touche les heures de travail, on suggère le statu quo, la semaine de travail ayant été raccourcie de 84 à 48 heures en 1942. Même recommandation pour le congé hebdomadaire obtenu deux ans plus tôt et pour les deux semaines de vacances dont jouissent déjà les policiers et les pompiers. On recommande finalement de former un comité de griefs et de rendre rétroactive au 1ᵉʳ décembre 1943 les salaires et la classification des policiers.

À ce chapitre, la nouvelle échelle salariale corrige « les jeux d'écriture » auxquels la Ville s'est livrée dans les années 1930. Elle ramène de sept à trois années de service le délai nécessaire pour devenir constable de 1ʳᵉ classe *(voir tableau 1.3)* et la catégorie cadet-constable est réduite de deux à une année de service. Les augmentations proposées sont substantielles et le syndicat ne peut que s'en réjouir.

Les autorités municipales se montrent dans de bonnes dispositions pour mettre le rapport en application. Deux semaines après son dépôt, le 23 mars 1944, le Comité exécutif de la Ville (la tutelle est levée) en approuve les conclusions et se dit prêt à signer une convention collective avec le syndicat des policiers. Mais des délais s'ajoutent puisqu'une nouvelle loi adoptée le 3 février 1944 oblige le syndicat à abandonner sa charte du Congrès canadien du travail et à se faire reconnaître par la Commission des relations ouvrières du Québec. Cette dernière le reconnaît finalement, le 31 mai, comme représentant officiel de tous les policiers salariés de la Ville de Montréal. Le syndicat affirme alors avoir dans ses rangs plus de 60 % de l'effectif policier[87]. Élément important de la décision de la Commission qui fera l'objet, jusqu'à nos jours, de fréquentes contestations de la Ville, elle inclut dans l'unité de négociation les officiers jusqu'au grade de capitaine, inclusivement. Le 20 juin, les autorités municipales approuvent le projet de convention collective qui se conforme « en tout point » au rapport Brossard. Les deux parties y apposent leur signature le 22 août 1944.

Tableau 1.3 — Échelle salariale des policiers de Montréal (1938-1944)

	1938	1941*	1942*	1943*	1944
Capitaines	2 500 $	2 500 $	2 600 $	2 600 $	2 950 $
Capitaines	2 260 $	2 260 $	2 360 $	2 360 $	
Lieutenants	2 080 $	2 080 $	2 180 $	2 180 $	2 775 $
Sergents	1 900 $	1 900 $	2 000 $	2 000 $	2 475 $
Sergents-intérimaires	1 800 $	1 800 $	1 900 $		
Capitaines-détectives	2 500 $	2 500 $	2 900 $	2 900 $	3 200 $
Capitaines-détectives	2 500 $	2 500 $	2 600 $	2 600 $	3 050 $
Lieutenants-détectives	2 350 $	2 350 $	2 450 $	2 450 $	2 950 $
Sergents-détectives	2 260 $	2 260 $	2 360 $	2 360 $	2 775 $
Sergents-détectives	2 080 $	2 080 $	2 180 $	2 180 $	2 475 $
Sergents-détectives	1 950 $	1 950 $	2 050 $	2 050 $	2 300 $
Constables (1re classe)	1 800 $	1 800 $	1 900 $	1 900 $	1 950 $
Constables (2e classe)	1 700 $	1 700 $	1 760 $	1 760 $	1 700 $
Constables (3e classe)	1 600 $	1 600 $	1 660 $	1 660 $	
Constables (4e classe)	1 500 $	1 500 $	1 560 $	1 560 $	
Constables (5e classe)	1 400 $	1 400 $	1 460 $	1 460 $	
Constables (6e classe)	1 300 $	1 300 $	1 330 $	1 400 $	
Constables (7e classe)	1 200 $	1 200 $	1 260 $	1 360 $	
Cadets (2e année)	630 $	1 000 $	1 060 $	1 300 $	
Cadets (1re année)	270 $	700 $	760 $	1 260 $	1 500 $

* Du 1er octobre 1941 au 30 novembre 1943, un boni annuel de vie chère de 104 $ s'ajoute au salaire.

Source : AVM, 71,917, Statistiques, Directeur du Service de la police, 1er octobre 1943 ; *Rapport du conseil d'arbitrage nommé, en vertu de la loi des grèves et contre-grèves municipales pour régler un conflit entre, d'une part, la cité de Montréal représentée par la Commission municipale et, d'autre part, les associations de policiers et pompiers de Montréal*, 4 mars 1944, cédule « A ».

Cette première convention reprend la classification et l'échelle salariale de la « cédule A » du rapport Brossard tout en prévoyant leur rétroactivité au 1er décembre 1943. Comme nous l'avons fait remarquer, les salaires font un bond important même si l'on tient compte du boni de vie chère accordé de 1941 à 1943 : 15 % pour les constables de première classe, 18 % pour les sergents, 21 % pour les lieutenants et 9 % pour les capitaines *(voir tableau 1.3)*. Cette hausse place les constables de 1re classe presque sur un pied d'égalité avec ceux de Toronto et elle permet une rémunération hebdomadaire un peu supérieure à celle d'ouvriers qualifiés montréalais syndiqués comme les mouleurs et les machinistes (40 $), mais similaire à celles des ouvriers de la construction comme les charpentiers ou les plombiers (45 $[88]).

La convention fixe la semaine de travail à 48 heures réparties sur six jours de huit heures, ce qui se situe dans la moyenne des heures de travail pour les hommes dans l'industrie manufacturière au Québec (49,3 heures[89]). Il est prévu que les policiers pourront faire du travail supplémentaire, non pas rémunéré mais compensé par l'octroi d'une période de congé équivalente au cours des trois semaines suivantes. Au nombre des avantages sociaux, les journées d'absence consécutives à un accident subi ou à une maladie contractée par un policier dans l'exercice de ses fonctions continuent d'être rémunérées. Dans les autres cas de maladies ou d'accidents, les policiers ont droit à une journée et demie par mois de service. Ils jouissent également de deux semaines de vacances payées, mesure qui commence à se répandre dans les conventions collectives. Le syndicat dispose aussi d'un comité de griefs, formé de trois policiers, qui peuvent faire des représentations au bureau de discipline. Le syndicat s'engage pour sa part à ne pas s'affilier à un groupement politique et à ne pas exiger de ses membres d'adhérer à un tel groupement. La Ville de son côté promet de ne pas user de représailles contre les policiers qui ont participé à la grève de décembre 1943. Le contrat est rétroactif au 1er décembre 1943 pour les salaires et la classification, et il doit se terminer le 31 janvier 1945.

La convention est donc avantageuse pour le syndicat qui, cependant, quelques mois plus tôt, a dû abandonner son droit de grève et son affiliation au Congrès canadien du travail. En effet, le gouvernement provincial, le 3 février 1944, interdit par législation le droit de grève et l'affiliation au Congrès canadien du travail, accordant ainsi aux autorités municipales, ce qui a été à l'origine du raidissement de l'administration montréalaise lors de la grève des employés municipaux en décembre 1943. Obligée de rompre avec la centrale canadienne, l'Association des policiers de Montréal modifie son appellation pour celle de Fraternité canadienne des policiers, section de Montréal.

La Fraternité canadienne des policiers, section de Montréal (1944-1950)

Le syndicat montréalais devient une section de la Fraternité canadienne parce que cette dernière ambitionne de regrouper l'ensemble des policiers municipaux du Québec. Attardons-nous cependant d'abord à analyser les lois qui président aux transformations du syndicat montréalais.

Un nouveau cadre législatif en matière de relations de travail

À l'époque où survient la grève des employés municipaux, le monde des relations de travail est en pleine ébullition. Mieux en mesure de faire valoir leurs réclamations pendant la Guerre, les syndicats canadiens pressent les gouvernements d'adopter l'équivalent du *Wagner Act* adopté aux États-Unis en 1935. Cette loi, qui constitue une révolution dans le domaine des relations de travail, fixe un cadre juridique pour favoriser la négociation collective et interdire les pratiques patronales empêchant la formation de syndicats. Le gouvernement fédéral commence à en appliquer graduellement les principes dans les industries de guerre à partir de 1942 et il s'apprête, au début de 1944, à la mettre définitivement en place par décret. À l'époque, le gouvernement québécois craint que le fédéral ne profite de cette occasion pour occuper l'ensemble du champ des relations de travail. Il décide donc de légiférer, ce que lui recommande d'ailleurs le rapport de la commission d'enquête Prévost sur les conflits aux usines Price (Saguenay-Lac-Saint-Jean) en 1943 et le Conseil supérieur du travail.

Aussi vote-t-il le 3 février 1944, deux semaines avant le décret fédéral, la Loi des relations ouvrières (loi 3) qui donne une dimension légale à la négociation collective, opération jusque-là facultative et soumise au bon vouloir de la partie patronale. Cette loi à laquelle sont assujettis tous les syndicats de salariés, y compris ceux des policiers, exige leur accréditation auprès de la Commission des relations ouvrières et permet au syndicat ayant l'appui de plus de 60 % des travailleurs d'une unité de négociation de représenter la totalité de ceux-ci devant l'employeur. Celui-ci doit, de son côté, négocier « de bonne foi » avec les représentants de ses employés. En cas de négociations infructueuses, la loi prévoit le recours obligatoire à la procédure de conciliation et d'arbitrage et suspend le droit de grève et de *lock-out* durant cette procédure. Cette loi donne un bon coup de pouce à la syndicalisation car elle force les employeurs à négocier collectivement. Le rapport Brossard en appliquait un des principes l'année précédente en exigeant de la Ville qu'elle s'assoie à la table des négociations avec les représentants des trois syndicats d'employés municipaux.

Une autre loi est adoptée en même temps, celle des différends entre les services publics et leurs salariés (loi 2), qui découle directement des conflits survenus à Montréal l'année précédente. Elle interdit le droit de grève et de *lock-out* dans les services publics (municipalités, commissions scolaires, secteur hospitalier, etc.) et le remplace par l'arbitrage obligatoire dont les décisions doivent être finales et exécutoires. « Dans les services publics, fait valoir le secrétaire de la province, chargé de présenter la loi, la grève est une attaque injustifiable contre le peuple lui-même », « le gouvernement a donc le devoir d'agir car les conflits constituent une menace pour la collectivité[90] ». La loi prévoit aussi que les sentences arbitrales ne peuvent lier les parties plus d'une année, ce qui, en pratique, va la rendre lourde à administrer.

Le cadet Gilles Tougas, premier policier à cheval à diriger avec sa monture le mouvement des voitures et des piétons (*La Presse*, 3 octobre 1947).

Enfin, il est spécifiquement interdit aux fonctionnaires et aux policiers de s'affilier à « une autre association ou organisation ». Le législateur vise les syndicats de policiers, notamment les syndicats affiliés au Congrès canadien du travail à Montréal, Verdun, Outremont, Lachine et Westmount. Une autre centrale, la Confédération des travailleurs catholiques du Canada, est également touchée puisqu'elle affilie déjà deux syndicats de policiers depuis les années 1920 (Trois-Rivières et Hull[91]). Selon le premier ministre, il ne faut pas que les policiers soient mis dans la position délicate de devoir « choisir entre la ville qui les emploie et une association en grève ». « Vous avez prêté serment, dit-il, et vous avez l'obligation de défendre l'ordre public. Le principe de l'affiliation à une organisation extérieure serait désastreux pour la société[92]. » Les autorités provinciales craignent donc que les policiers ne prennent parti pour les grévistes dans un conflit de travail. C'est la première fois que le législateur apporte des restrictions à la liberté d'association des policiers tout en supprimant aussi leur droit de grève, remplacé par l'arbitrage dont l'application, comme on le verra, comporte un inconvénient majeur, de longs délais dans la négociation, l'arbitrage et la mise en vigueur des décisions arbitrales.

Le syndicat montréalais des policiers est mécontent de la dernière loi, mais il s'y conforme rapidement pour ne pas donner à la Ville de Montréal le prétexte qui lui permettrait de refuser de signer la convention collective issue du rapport Brossard. Quelques jours après la sanction de la loi, le 7 février, il organise une assemblée générale de ses membres où, au cours de deux réunions, les 950 membres présents décident d'abandonner l'affiliation au Congrès canadien du travail. Mais on désire garder les liens que les syndicats québécois de policiers ont tissés entre eux au sein du CCT. Aussi décide-t-on de mettre sur pied la Fraternité canadienne des policiers de la province de Québec avec des sections dans différentes villes.

Pour une fédération provinciale de syndicats de policiers municipaux

Les structures de la Fraternité canadienne sont très centralisées. Les membres, uniquement des policiers (les pompiers sont exclus), font directement partie de la fédération et non pas uniquement les sections. Tous les membres lui paient leur cotisation (1 $ par mois) et elle se charge de fournir aux sections les montants nécessaires à leur administration. C'est aussi la fédération qui forme les sections dont le rôle principal consiste à négocier les conditions de travail avec chacune des municipalités. Le premier bureau syndical de la fédération, dont la première réunion a lieu le 10 juillet 1944, est le même que celui de l'Association des policiers de Montréal avec Roger Lavigueur comme président, George-A. Cookson, vice-président, et Lucien Marion, secrétaire. Me Guy Merrill-Desaulniers, avocat très engagé dans la fondation de l'Association des policiers de Montréal, poursuit son travail de conseiller légal auprès de la Fraternité. Le siège social de l'organisme est situé en plein centre de la ville de Montréal, au coin des rues Sainte-Catherine et Saint-Denis.

La constitution de la Fraternité précise en préambule ses objectifs : « promouvoir le bien-être général des policiers », « voir à leurs intérêts financiers, sociaux, moraux et intellectuels » et « obtenir par des moyens légitimes, les plus hauts gages et les meilleures conditions de travail possibles[93] ». L'Exécutif est élu au cours des congrès annuels qui se tiennent successivement à Montréal, Saint-Hyacinthe, Saint-Jérôme, Granby et Valleyfield. La Fraternité prenant de l'expansion, on ajoute d'autres postes à la direction : deux vice-présidents, un trésorier, deux puis cinq directeurs, un tuileur (il enregistre la

Exécutif de la Fraternité canadienne des policiers et membres du Conseil général pour l'année 1945-1946 (AFPCUM).

Guy Merrill-Desaulniers conseiller légal
de la Fraternité, 1943-1967 (p. 46)

Guy Merrill-Desaulniers a joué un rôle déterminant à titre d'avocat et de militant dans la lutte pour syndiquer les policiers municipaux au Québec. Pendant près de 25 ans, il a été le conseiller légal de la Fraternité, de sa fondation en 1943 jusqu'à sa nomination comme juge à la Cour supérieure du Québec en 1967.

Né à Saint-Lambert le 19 juin 1910, il est admis au Barreau en 1937 et se spécialise dans le droit syndical. Jeune avocat, ses services sont souvent retenus par les syndicats affiliés au Congrès canadien du travail, puis, dans les années 1960, au Congrès du travail du Canada et à la FTQ. Dans la célèbre grève de Murdochville, il défend, en 1965, les ouvriers syndiqués des Métallurgistes unis d'Amérique contre la Gaspé Copper Mines Ltd.

Durant les années 1940, il participe activement à la politique au sein du Commonwealth Cooperative Federation (CCF), un parti souvent accusé de communisme et dont les dirigeants n'ont pas l'heur de plaire à Maurice Duplessis. Président de la section québécoise du CCF de 1945 à 1950 et membre de son exécutif national en 1948, il se présente candidat CCF aux élections provinciales de 1948 dans Montréal Saint-Henri. Il est défait, ne récoltant que 3,7 % des votes. L'année suivante, il démissionne de son poste de président de la section québécoise. Jouant par la suite un rôle actif dans la Ligue des droits et libertés, il est nommé membre du Conseil supérieur du travail et de la Commission Prévost sur l'administration de la justice.

Le 1er octobre 1966, la Fraternité tient à souligner sa contribution au syndicalisme policier en organisant une grande fête en son honneur au Centre social de la Fraternité. À cette occasion, on le présente comme « le plus policier des avocats syndicalistes », et aussi comme « un des rares avocats syndicalistes qui s'est dévoué uniquement à la cause syndicale ». En 1967, il est nommé juge à la Cour supérieure du Québec par le ministre fédéral de la Justice, Pierre Elliott Trudeau, même s'il est connu pour son attachement au Nouveau Parti démocratique. Prenant sa retraite en 1985, il s'éteint le 14 décembre 1989 à l'âge de 79 ans.

---

présence des membres aux assemblées) et un garde (il assure le bon ordre durant l'assemblée). Le président Lavigueur devient son organisateur et on décide en 1945 de fonder un périodique distribué à tous les membres, la *Revue des agents de police*. Elle est dirigée par un administrateur qui fait partie de l'Exécutif. En janvier 1948, la Fraternité se dote d'un Comité social et du bien-être pour veiller aux activités sociales et s'occuper d'œuvre charitables.

L'agent Lavigueur, qui est la bougie d'allumage de l'organisation, étend le rayonnement de la Fraternité dans de nombreuses municipalités de la province (26 en 1949) dont Joliette, Drummondville, Longueuil, Sherbrooke et

Sorel. Sur l'île de Montréal, en font partie les policiers de Hampstead, Lachine, Montréal, Montréal-Nord, Montréal-Ouest, Outremont, Pointe-aux-Trembles, Verdun et Westmount. De 1947 à 1950, la Fraternité compte environ deux mille membres dont les trois quarts sont des policiers de la Ville de Montréal[94]. Cet élément explique pourquoi la section montréalaise joue un rôle central dans la vie de la Fraternité. À l'automne 1947, Roger Lavigueur démissionne cependant de ses fonctions de président général et de président de la section de Montréal pour des raisons de santé. Il s'épuise à la tâche; il est remplacé à la présidence de la Fraternité par Émile Joyal, sergent-détective à Montréal, et par Jean-Paul Lapointe, qui amorce une longue présence comme président de la section montréalaise.

De 1944 à 1950, la Fraternité demande au gouvernement québécois d'amender des lois ou d'en adopter de nouvelles pour améliorer le sort des policiers : loi établissant un maximum de 48 heures de travail par semaine, loi du salaire minimum pour les policiers, loi accordant deux semaines de vacances par année à tout policier, etc. Elle fait aussi valoir en 1948 la nécessité de créer de véritables écoles de police par le gouvernement québécois afin d'améliorer la formation des policiers[95]. Évidemment, l'organisme apporte son soutien à ses sections dans la négociation de conventions collectives. De 1944 à 1949, la Fraternité appose sa signature sur 23 conventions collectives dans diverses municipalités, ce qui, comme nous le verrons, suscite l'ire de l'Union des municipalités du Québec.

Congrès de la Fraternité canadienne tenu à Saint-Jérôme en août 1947 (Archives Lucien Tessier).

La négociation collective à Montréal

En plus de jouer un rôle déterminant dans la vie de la Fraternité, la section de Montréal commence à offrir des services à ses membres. Le 3 janvier 1946, elle crée une Caisse d'économie dans le but de promouvoir l'épargne parmi les policiers et de leur offrir des prêts à un taux raisonnable[96]. Elle ajoute une coopérative de consommation en novembre 1949 afin de diminuer le coût de la vie[97].

Son souci majeur porte cependant sur la négociation de conventions collectives avec la Ville de Montréal. Comme nous l'avons noté, les policiers montréalais ont fait des gains très importants dans la convention de 1944. La Fraternité accepte de la renouveler pour une année supplémentaire (jusqu'au 31 novembre 1946) avec uniquement des changements mineurs, le plus important étant la déduction à la source des cotisations syndicales pour les membres qui en font la demande. La Ville approuve la convention collective mais sans qu'apparaissent les clauses concernant les officiers ; elle conteste, en effet, l'inclusion des officiers dans l'unité de négociation auprès de la Commission des relations ouvrières. L'organisme, qui rend une décision un peu plus tard, confirme le maintien des officiers dans la Fraternité.

Les pourparlers pour le contrat de 1946-1947 sont plus ardus. Au départ, la Ville refuse d'accorder toute augmentation pour 1946-1947, puis elle offre une hausse de 5 %, ce que le syndicat refuse, insistant pour que les salaires soient haussés de 300 $ pour chacun des membres afin de permettre de compenser la croissance du coût de la vie. On revendique aussi six jours fériés par an et un salaire équivalent à celui des hommes pour les femmes policières (elles touchent 150 $ de moins que leurs collègues masculins par an[98]). Le litige est porté devant un arbitre dont le rapport accorde 200 $ d'augmentation générale, quatre jours fériés par an et le statu quo pour les policières. Le contrat est renouvelé sans changement pour l'année suivante (1947-1948).

À l'automne 1948, les policiers montréalais préparent la prochaine convention, bien résolus à obtenir des salaires au moins égaux à ceux de leurs confrères de Toronto, soit 3 000 $ par an pour les agents de première classe. Le projet inclut plusieurs autres éléments dont une réorganisation de la classification des officiers, le salaire égal pour les femmes policières, une demande de congé annuel de trois semaines après dix années de service, 13 jours de congé statutaires, les heures supplémentaires payées en argent et non en remise de temps, etc.[99]. Encore une fois, les deux parties se retrouvent devant un tribunal d'arbitrage qui accorde 100 $ d'augmentation aux policiers de 1re classe et un peu plus aux officiers, tout en ajoutant un boni de vie chère

(260 $[100]). En outre, les policiers ayant plus de 15 ans de service ont droit à trois semaines de vacances et les heures supplémentaires sont désormais rétribuées en argent. Cette convention reste en vigueur jusqu'en décembre 1950.

Les arbitrages de 1947 et 1949 valent des gains substantiels aux policiers montréalais : l'agent de 1re classe voit sa rémunération croître de 25 % de 1944 à 1950. Mais quand on tient compte de l'augmentation du coût de la vie à Montréal (41 %) et de la croissance importante des salaires pendant cette période (57 %), l'image est moins reluisante[101] ; il y a une perte significative de pouvoir d'achat. Le salaire des policiers, par contre, se compare en 1950 à celui des ouvriers qualifiés comme les machinistes, les mouleurs et les menuisiers qui touchent environ 56 $ par semaine à Montréal[102]. Ces travailleurs ont par contre des journées de travail plus courtes : 47 heures par semaine pour

MONTRÉAL A BESOIN D'AGENTS DE POLICE

Canada 9-2-45

La Cité de Montréal a immédiatement besoin de 500 hommes comme agents de police.

Les candidats doivent avoir de 21 à 30 ans, être de bonne taille et en état de passer l'examen médical.

Ils doivent connaître le français et l'anglais.

Ne seront considérés que les candidats qui ont un domicile fixe à Montréal ou dans les districts environnants.

ADRESSEZ-VOUS AU

Bureau de placement et du Service Sélectif

275 ouest, rue Notre-Dame, Montréal.

Annonce parue dans *Le Canada* (9 février 1945).

Tableau 1.4 — Échelle salariale des policiers de Montréal (1944-1950)

	1944-1946	1946-1948	1948-1950
Capitaines détectives	3 200 $	3 400 $	3 600 $
Lieutenants détectives	3 050 $	3 250 $	3 450 $
Sergents détectives	2 950 $	3 150 $	3 300 $
Détectives (1re classe)	2 775 $	2 975 $	3 100 $
Détectives (2e classe)	2 475 $	2 675 $	2 800 $
Capitaines	2 950 $	3 150 $	3 300 $
Lieutenants	2 775 $	2 975 $	3 100 $
Sergents	2 475 $	2 675 $	2 800 $
Constables (1re classe)	2 300 $	2 500 $	2 600 $
Constables (2e classe)	1 950 $	2 150 $	2 250 $
Constables (3e classe)	1 700 $	1 900 $	1 950 $
Constables (4e classe)		1 700 $	1 750 $

* Un boni de vie chère s'ajoute au salaire annuel : 260 $ du 1er décembre 1948 au 30 novembre 1949, et 273 $ l'année suivante.

Source : AFPCUM, Convention collective intervenue le 18 août 1949 entre la Cité de Montréal et la Fraternité canadienne des policiers, section de Montréal.

les machinistes et les mouleurs, 40 heures pour les menuisiers. Pour les salariés en général, les heures hebdomadaires de travail ont tendance à diminuer après la Deuxième Guerre, atteignant 44 et même 40 heures pour les plus favorisés, alors que les policiers sont tenus à 48 heures de présence. À ce chapitre et à celui de la rémunération, ils envient toujours les policiers de Toronto qui ont moins d'heures de travail (44 heures) et des salaires un peu plus élevés (163 $ de plus par an pour les agents de 1re classe).

La répression duplessiste

En août 1944, le gouvernement libéral battu aux élections cède la place à l'Union nationale de Maurice Duplessis. En général, les libéraux se sont montrés respectueux des libertés syndicales ; il va en être tout autrement du gouvernement Duplessis qui s'appliquera à restreindre le champ d'intervention syndicale. Comme les autres organisations syndicales, la Fraternité canadienne des policiers devra subir la vindicte de ce gouvernement, sensible notamment aux représentations des maires de l'Union des municipalités. Comme nous le verrons, plusieurs mesures seront adoptées pour affaiblir la capacité de négocier des syndicats de la Fraternité. Elles culmineront en avril 1950 avec la loi 67 qui forcera sa dissolution au niveau provincial.

En mars 1947, survient un événement qui va avoir un impact majeur sur le syndicat. Le président de l'Union des marins canadiens, Pat Sullivan, fait une déclaration publique fracassante en démissionnant de son poste. Rompant lui-même avec le Parti communiste canadien, il dénonce l'infiltration communiste à l'intérieur de son syndicat. Il mentionne aussi, dans sa déclaration, que la grève des policiers de Montréal en 1943 a été financée secrètement par le Parti communiste[103]. L'affaire fait évidemment du bruit dans les journaux et à la radio. La Fraternité réfute complètement ces allégations, précisant que le financement de la grève ne provient que des cotisations de ses membres et des deux autres syndicats en grève. Mais l'accusation laisse un doute dans l'esprit de plusieurs, particulièrement dans les officines gouvernementales à Québec. Ces années sont marquées par la guerre froide et la chasse aux communistes, y compris dans les centrales syndicales canadiennes qui expulsent plusieurs syndicats communistes. Le gouvernement Duplessis s'étant fait à l'époque le champion de la lutte contre le communisme, il y a lieu de craindre qu'il n'en profite pour rogner les ailes de la Fraternité. Le président de la Fraternité a vent dès 1947 du désir du gouvernement de faire adopter une loi empêchant les policiers de l'extérieur de Montréal de faire partie de la même fédération syndicale[104].

Sentant le danger, ses dirigeants se proposent d'adresser un mémoire au premier ministre, au ministre du Travail, aux députés, aux maires et aux conseillers des villes où il y a des sections de la Fraternité, et de le faire connaître dans les journaux. Pour expliquer leur point de vue, ils tentent aussi de rencontrer le premier ministre, le ministre du Travail et le chef de l'opposition. Mais, incapables d'obtenir un rendez-vous avec le premier ministre Duplessis, ils rédigent un manifeste expliquant l'origine et les objectifs de la Fraternité[105]. En avril 1948, à la suite d'un article paru dans un hebdomadaire à fort tirage, *Le Petit Journal,* et intitulé « La police approchée par les communistes », le président de la section montréalaise, Jean-Paul Lapointe, suggère que la Fraternité s'adjoigne un aumônier pour réfuter les allégations de communisme[106]. La direction de la Fraternité accepte l'idée et en fait la demande à l'archevêque de Montréal, Mgr Charbonneau. Le 7 juillet 1948, elle accueille le père Pierre Trudel, qui a l'expérience de l'emploi puisqu'il est déjà aumônier de la police provinciale.

Le père Trudel se montre fort actif pour défendre la Fraternité. Il fait

Documents saisis par l'escouade anticommuniste provinciale suite à la perquisition au *Achigan Lodge*. La répression contre les groupes communistes est intense au Canada à la fin des années 1940 (*La Presse*, 14 août 1948).

d'abord des démarches auprès du délégué apostolique à Ottawa et rencontre plusieurs évêques. « Le meilleur moyen de faire réfléchir nos gouvernements, pense-t-il, sera de faire agir nos évêques[107]. » Dans un mémoire qu'il prépare et qu'il destine aux ministres, députés et conseillers législatifs, il fait valoir que la Fraternité est une organisation respectueuse des lois, nécessaire « pour procurer le bien matériel, moral et spirituel des policiers ». Il demande spécifiquement au gouvernement de ne pas voter de loi qui interdirait aux policiers des petites municipalités de faire partie de la Fraternité[108]. Le 2 février 1949, il réussit même à rencontrer le premier ministre Duplessis qui lui confie ses inquiétudes à l'égard de la Fraternité : il craint que « dans un avenir rapproché, la Fraternité ne soit dominée par les communistes[109] » et que « les municipalités voient leur autonomie disparaître ». À la fin de l'entrevue, Duplessis lui aurait déclaré « qu'il ferait tout en son pouvoir pour contenter les municipalités et donner justice à la Fraternité[110] ». Comme nous le verrons, il va pencher davantage du côté des municipalités.

D'autre part, le père Trudel s'emploie à donner un caractère confessionnel à la Fraternité en lui faisant accepter la récitation d'une prière avant les réunions de chaque assemblée et convainc l'exécutif d'amender la constitution pour inclure dans le préambule que la Fraternité « reconnaît s'inspirer de la doctrine sociale de l'Église ». De plus, il fait ajouter un article qui lui donne le droit d'assister à toutes les réunions de l'Exécutif et de ses comités avec droit de prendre la parole, mais sans droit de vote cependant[111]. La Fraternité adopte ainsi les principaux traits caractéristiques des syndicats catholiques de l'époque sans cependant ajouter l'épithète catholique à son nom. Le père Trudel transmet la nouvelle constitution au secrétaire de l'assemblée des évêques du Québec pour qu'ils reconnaissent officiellement la Fraternité et lui accordent leur appui moral[112]. Mais ce n'est pas suffisant pour faire fléchir le gouvernement, plus sensible encore aux revendications des municipalités.

L'expansion de la Fraternité en province et, par voie de conséquence, la syndicalisation des policiers des petites et moyennes villes suscitent de fermes résistances dans certaines municipalités. La négociation de conventions collectives et les décisions arbitrales chez certaines d'entre elles se sont traduites par des coûts de main-d'œuvre accrus. Les policiers de ces villes ont d'ailleurs un important rattrapage à effectuer car, en général, leur salaire et leurs conditions de travail sont pitoyables. À ces policiers, souvent peu nombreux dans ces municipalités, les ressources de la Fraternité procurent un bien meilleur rapport de force. Plusieurs municipalités souhaitent donc se débarrasser du syndicat et elles trouvent une oreille réceptive en la personne de Duplessis. Plusieurs lois seront adoptées, en effet, de 1947 à 1949, qui affaibliront le pouvoir de négociation de la Fraternité.

L'offensive débute en mai 1947 quand le gouvernement vote la loi 62 qui crée une Commission municipale, sorte de tribunal d'appel vers lequel les municipalités peuvent se tourner si elles ne sont pas satisfaites d'une décision arbitrale touchant les salaires et les conditions de travail de leurs employés. La Commission, dont les membres sont nommés par le gouvernement, peut suspendre l'application de la décision arbitrale, la modifier ou l'annuler si les arbitres n'ont pas suffisamment tenu compte de la capacité de payer de la corporation municipale. La décision de la Commission est finale et sans appel, et aucun délai n'est prévu pour la délibération et la reddition de la sentence. Les policiers voient ainsi surgir un tribunal supplémentaire qui effectivement rognera sur les avantages obtenus en arbitrage et engendrera de longs délais supplémentaires[113].

Plus pernicieuse encore est la stratégie employée par certaines villes, selon un vœu de l'Union des municipalités, de présenter des projets de loi d'intérêt privé empêchant leurs policiers de devenir membres de la Fraternité. Ces projets de loi reçoivent évidemment la bénédiction du gouvernement. La Ville de Québec emprunte cette voie en 1948, suivie par Trois-Rivières, Saint-Hyacinthe, Cap-de-la-Madeleine, Saint-Laurent et LaSalle, l'année suivante. Cette même année, en février, une nouvelle loi (loi 60) rétrécit la marge de manœuvre des commissions d'arbitrage : le président des commissions n'est plus choisi après entente entre les parties, mais par le ministre du Travail, et les décisions arbitrales, comportant des dépenses pour une ville, ne peuvent être exécutoires avant l'expiration de l'année financière[114].

Pendant l'année 1949, plusieurs signes laissent présager que le gouvernement désire démanteler la Fraternité. Le ministère des Affaires municipales ne reconnaît plus les syndicats de policiers à moins qu'ils ne soient organisés sur une base locale, et la Commission des relations ouvrières refuse d'émettre des certificats de reconnaissance syndicale aux nouvelles sections de la Fraternité[115]. L'Exécutif tente des démarches auprès du premier ministre au début de 1950; la seule assurance que lui donnera Duplessis est que son gouvernement va présenter une loi pour dissoudre la Fraternité. La loi 67, dite Loi concernant l'ordre public, présentée en première lecture le 22 mars et sanctionnée le 5 avril 1950, interdit à la Commission des relations ouvrières de reconnaître un syndicat de policiers qui ne soit pas composé exclusivement de policiers de la même municipalité[116]. Au départ, le projet de loi touche aussi les pompiers, mais il est amendé au Conseil législatif pour se limiter aux seuls policiers.

Pour Duplessis, les agents de police sont « les soldats de l'ordre public » qui doivent relever uniquement des autorités municipales. Au sein de la Fraternité, dit-il, les policiers « se trouvent dans une situation impossible : ils ont à choisir entre les ordres du président de la fédération (qui n'est pas de leur municipalité) et de ceux qui les ont nommés. Ils sont pris entre deux devoirs », ce qui constitue, à ses yeux, un « danger pour l'ordre public ». Il faut donc protéger les générations futures « contre l'orage des idées subversives, l'orage du désordre et de l'insécurité[117] ». Le chef de l'opposition, George Marler, proteste contre le projet de loi qu'il qualifie de « rétrograde, injuste et vexatoire » pour le syndicalisme. La loi sera quand même adoptée par 71 voix contre 8.

Au moment où la loi est discutée à l'Assemblée législative, l'Exécutif de la Fraternité convoque pour le 1er avril un congrès spécial des représentants de ses 24 sections de la province. Les délégués délibèrent pendant une dizaine d'heures, chaque représentant de section donnant son avis sur la loi. Le président de la Fraternité, Émile Joyal, souhaite qu'on conteste la loi 67 en Cour supérieure et qu'on attende le jugement avant de réorganiser la Fraternité.

Dernière rencontre de l'Exécutif général de la Fraternité canadienne des policiers avant sa dissolution. La Fraternité regroupe alors vingt-quatre sections un peu partout à travers la province. De gauche à droite : Mes Guy Merrill-Desaulniers et Marc Lapointe ; le père Pierre Trudel, O.P. ; Allan O'Rourke, Verdun ; Émile Joyal, Montréal ; J.-G. Lessard, Westmount et Georges A. Cookson, Montréal. Deuxième rangée, de gauche à droite : G. Reid et Albin Turner, Montréal ; Rosario Émond, Sherbrooke ; Albini Tassé, Saint-Jérôme ; Fernand Déry, Outremont ; Raymond Forand, Granby ; Jean-Paul Lapointe et Lucien Tessier, Montréal (*La Presse*, 8 avril 1950).

Mais le président de la section de Montréal, Jean-Paul Lapointe, est d'avis contraire, estimant qu'il faut se conformer à la loi et dissoudre la Fraternité provinciale[118]. La majorité se rallie derrière cette dernière opinion en recommandant aux sections de se former en syndicats indépendants[119]. Pour conserver des liens entre eux, il est question que leur périodique, la *Revue des agents de police*, gère une « caisse de bénéfice » qui non seulement verserait une aide aux familles lors du décès de membres, mais aiderait aussi les syndicats à payer les frais d'arbitrage[120]. Deux jours plus tard, le 3 avril, au cours d'une assemblée générale spéciale, la section montréalaise quitte la Fraternité pour fonder la Fraternité des policiers de Montréal Inc. La nouvelle constitution adoptée reprend à peu près complètement le texte de l'ancienne, et un nouvel exécutif est élu dont Jean-Paul Lapointe conserve la présidence.

* * *

La syndicalisation des employés des secteurs public et parapublic au Québec se fera plus tardivement que celle des travailleurs du secteur privé. Dans les municipalités, elle ne prend véritablement son envol qu'à partir de la Deuxième Guerre mondiale. Les autorités municipales s'y opposent non pas tellement parce que ces employés occupent des emplois assurant des services essentiels, mais parce qu'ils détiennent, pense-t-on, une espèce de statut spécial qui leur défend de mettre en question les décisions des élus. Leur mandat issu de la population leur donne le droit de maintenir une vision hiérarchique des rapports avec leurs employés. Le rapport égalitaire qui découle de la négociation collective leur semble impensable dans les administrations publiques. Cette conception de l'autorité leur permet de gérer de façon paternaliste et discrétionnaire les relations de travail. Les élus municipaux montréalais partageront pendant longtemps cette vision de leurs rapport avec leurs employés. C'est pourquoi, comme on l'a vu, ils combattent farouchement les syndicats que leurs employés ont formés à la fin de la Première Guerre mondiale. Même si certains d'entre eux survivent encore dans les années 1920 et 1930, avec des effectifs très réduits cependant, la Ville se fait un devoir, comme dans le cas de l'Union fédérale des policiers, de ne pas négocier avec eux[121]. Les syndicats se limitent donc à faire des représentations dans certains dossiers en espérant être entendus.

La syndicalisation chez les employés municipaux est revenue en force à la faveur de la rareté de la main-d'œuvre pendant la Deuxième Guerre et de la montée du syndicalisme dans les grandes industries manufacturières. En outre, un principe s'impose de plus en plus au Canada et au Québec à la suite de la Loi Wagner aux États-Unis, c'est celui du droit des travailleurs salariés de se syndiquer et de négocier leurs conditions de travail. On retrouve ce principe dans le rapport du Conseil d'arbitrage formé à la suite de la grève des policiers de 1943. Pressée de toute part, y compris par le gouvernement québécois, la Ville de Montréal doit se plier à négocier les conditions de travail de la plupart de ses corps d'employés. Le gouvernement fixe cependant des balises à cette négociation au début de 1944 en supprimant le droit de grève et en le remplaçant par l'arbitrage obligatoire aux décisions exécutoires.

Pour les syndicats de policiers et de fonctionnaires provinciaux, le législateur ajoute une autre contrainte : il devient illégal de s'affilier à une autre association de travailleurs. Les autorités politiques craignent que les policiers ne prennent parti pour des syndicats en grève et ne refusent d'appliquer les ordres des élus municipaux. L'Association canadienne des policiers de

Montréal se plie à cette exigence en 1944 en abandonnant ses liens avec le Congrès canadien du travail. Elle remplace cette affiliation par une autre, en adhérant à la Fraternité canadienne des policiers, organisation qu'elle a elle-même fondée dans le but de réunir les syndicats de policiers provenant de différentes villes du Québec. La section montréalaise de la Fraternité apporte alors une aide considérable à la syndicalisation des policiers d'autres villes. L'Union des municipalités est déterminée toutefois à stopper le mouvement d'organisation, et elle trouve dans le gouvernement Duplessis une oreille sympathique. Le premier ministre Duplessis, d'ailleurs, soupçonne la Fraternité de tendances radicales, et il craint la force que lui procure l'adhésion d'un grand nombre de policiers municipaux. Comme il y a, à ses yeux, « danger pour l'ordre public », il fait voter sa dissolution en 1950.

L'isolement de la Fraternité des policiers de Montréal depuis 1950 n'est donc pas le résultat du choix de ses membres ; il est imposé par le législateur par deux fois : en 1944, on veut l'écarter du reste du mouvement syndical ; et en 1950, on veut briser ses liens avec les syndicats de policiers d'autres villes. Ce cheminement particulier ne doit pas faire oublier que la naissance du syndicalisme policier à Montréal se situe dans le mouvement de syndicalisation de l'ensemble des employés municipaux et en relation avec les grands congrès canadiens du travail, tant en 1918 qu'en 1943. Le mouvement syndical apporte une aide précieuse pour que les policiers montréalais puissent s'organiser et négocier leurs conditions de travail.

CHAPITRE DEUX

La Fraternité : une organisation de services (1950-1965)

Pour la Ville de Montréal, ces quinze années sont en continuité avec la période de guerre, c'est-à-dire marquées par une forte croissance économique, l'une des plus élevées de son histoire. Ce contexte économique favorise le développement accéléré des services publics, et les salariés, disposant de meilleurs revenus et d'épargnes accumulées pendant la guerre, peuvent maintenant se procurer des biens de consommation. La prospérité résulte aussi de l'accélération des investissements par l'entreprise privée, de la poussée de la construction domiciliaire, retardée pendant la guerre, et de l'expansion des banlieues montréalaises[1]. Ces années de progrès permettent à la Ville d'entreprendre de grands projets : elle procède à la construction de l'autoroute métropolitaine à la fin des années 1950, elle inaugure le métro en 1966 et elle se prépare à accueillir l'Exposition universelle de 1967.

À la tête de la Ligue d'action civique, Jean Drapeau devient maire en 1954, promettant d'assainir la moralité publique, particulièrement en réformant le Service de police qui, selon le rapport de l'enquête Caron, dont nous reparlerons plus bas, a fait preuve de laxisme dans sa lutte contre le crime organisé. Depuis la réforme municipale de 1940, le maire jouit d'une autorité considérable dans l'administration de la Ville et Jean Drapeau va faire preuve d'un leadership incontestable. Défait aux élections de 1957, il revient en force trois ans plus tard, modernisant la gestion de la Ville et lançant des réformes majeures.

Durant ces années de prospérité économique, le niveau de vie des salariés montréalais s'améliore sensiblement. Le même phénomène est observable chez les policiers pour lesquels la Fraternité négocie des conventions collectives avantageuses. Comme nous le verrons, le salaire réel des policiers augmente de façon significative, et leur semaine de travail passe de 48 à 44 heures en 1956 et à 40 heures l'année suivante. Ils commencent à faire partie de la société de consommation en se procurant, par exemple, une automobile et en accédant à la propriété domiciliaire. Ce faisant, ils suivent aussi la tendance répandue chez bon nombre de Montréalais de s'installer dans les villes de banlieue, qui connaissent une formidable expansion durant les années 1950 alors que la population de la Ville de Montréal effectue des gains, mais à un rythme plus lent.

De 1951 à 1966, Montréal gagne deux cent mille nouveaux habitants en annexant Rivière-des-Prairies en 1963 et Saraguay en 1964. Sa population atteint alors 1 222 255 habitants, un sommet qu'elle ne parviendra pas à dépasser dans les années qui suivront. Durant la même période, les autres municipalités de l'île de Montréal accueillent quatre cent mille nouveaux habitants[2]. À l'est, la vague d'urbanisation touche particulièrement Saint-Michel, Montréal-Nord et Pointe-aux-Trembles, alors que, à l'ouest, des villes comme Saint-Laurent, LaSalle, Dorval et Pointe-Claire voient leur population tripler ou quadrupler. Les corps de police de toutes ces villes prennent bien évidemment de l'expansion : Saint-Laurent compte 111 policiers en 1970, Montréal-Nord, 79 et LaSalle, 78[3].

À Montréal également, le nombre de policiers est fortement à la hausse ; l'effectif total est sur le point de doubler, passant de 1817 en 1950 à 3382 en 1965[4]. Cette croissance énorme, qui dépasse de beaucoup la progression de la population montréalaise, s'explique par le fait que la Ville doit assumer la sécurité d'un nouveau centre-ville en expansion, lieu de travail et de loisir de nombreux banlieusards qui n'habitent pas son territoire. En conséquence, le budget de la police va plus que tripler pendant cette période et gruger ainsi une part plus importante des ressources financières de la Ville. La portion qui lui est consacrée dans le budget global de la Ville passe de 8 % en 1950-1951 à 10,3 % en 1963-1964[5]. Cette proportion croissante va conduire à la création en 1970 d'un nouveau palier de gouvernement régional, la Communauté urbaine de Montréal, qui prendra en charge à compter de 1972 les services de police de l'ensemble de l'île de Montréal.

Comme nous l'avons fait observer au chapitre précédent, le gouvernement provincial a strictement délimité les frontières du syndicalisme policier montréalais. La Fraternité va donc rester plutôt en marge des actions du mouvement syndical aux prises dans les années 1950 avec l'antisyndicalisme du gouvernement Duplessis. Elle oriente alors son action vers la négociation de bonnes conventions collectives et la mise sur pied de nombreux services pour ses membres. Le tout est réalisé sous le dynamique leadership du tandem composé de Jean-Paul Lapointe à la présidence de la Fraternité et du trésorier Gérard Soucy.

La Fraternité : une organisation efficace

La création de la nouvelle Fraternité des policiers de Montréal en avril 1950 faisant suite à la loi 67 votée par le gouvernement de Maurice Duplessis va avoir comme effet immédiat de recentrer toute l'énergie de ses dirigeants vers la réorganisation du syndicat à Montréal. Comme nous le verrons, ils s'attachent particulièrement à augmenter les effectifs policiers, à réagir aux nombreuses tentatives de réorganisation du Service de police et à

Premier bureau de direction de la Fraternité des policiers de Montréal en avril 1950. De gauche à droite : Gérard Denault, Léo Clermont, Philippe Ménard, Mᵉ Guy Merrill-Desaulniers, Hilaire Anctil, Georges A. Cookson, Jean-Paul Lapointe, Lucien Tessier, Gérard Soucy, R. P. Trudel, Joseph Gauthier, Émile Joyal et Clovis Trudeau (AFP-CUM).

développer des services aux membres. Sur le plan interne, la direction de la Fraternité, d'une remarquable stabilité et d'un dynamisme incontestable dans les années 1950, traverse sa première crise majeure avec le départ contesté du président Jean-Paul Lapointe en 1964.

Progression considérable des effectifs

Comme on peut le constater sur le tableau 2.1, l'effectif policier va augmenter de plus de 80 % entre 1950 et 1965. Ce sont quinze cents nouveaux policiers qui viennent grossir les rangs du Service de police. Cette croissance fait l'affaire de la Fraternité qui réclame constamment, depuis la négociation de 1949, une hausse du nombre de policiers afin d'améliorer la qualité des services aux Montréalais et de s'ajuster au niveau d'encadrement des grandes villes nord-américaines[6].

Malgré l'augmentation importante du nombre des policiers, le taux d'encadrement à Montréal se maintient toujours au-dessous de celui des villes nord-américaines ayant des caractéristiques semblables, soit les villes portuaires jouxtées à des banlieues très populeuses *(tableau 2.2)*. La Fraternité va constamment utiliser ces données pour revendiquer des effectifs de plus en plus nombreux.

Au cours de l'année 1956, la Fraternité participe, conjointement avec la Ville, à une importante campagne de recrutement, espérant embaucher plus de six cents nouveaux policiers. Cette campagne connaît cependant un échec retentissant puisque à peine cent cinquante nouveaux candidats sont recrutés. Le trésorier de la Fraternité le déplore, mettant en relief les faibles salaires versés :

Tableau 2.1 — Effectifs policiers à Montréal (1950-1967)

1950 : 1 817	1956 : 2 363	1962 : 2 920
1951 : 1 968	1957 : 2 565	1963 : 3 121
1952 : 2 081	1958 : 2 679	1964 : 3 278
1953 : 2 167	1959 : 2 711	1965 : 3 382
1954 : 2 244	1960 : 2 830	1966 : 3 641
1955 : 2 329	1961 : 2 896	1967 : 3 600

Source : Jean Turmel, *Le Service de police de la Cité de Montréal (1909-1971). Étude rétrospective sur son organisation*, Service de Police de la CUM, avril 1974, p. 209 et 260.

**Tableau 2.2 — Comparaison du taux d'encadrement policier
au début des années 1960**

| | Population | | Milles carrés | Policiers | Taux d'enca-drement |
	Cités	Banlieues			
Baltimore	939 000	787 999	79,0	3 332	3,5
Cleveland	876 000	920 000	81,2	2 107	2,4
Boston	697 000	1 675 495	47,8	2 995	4,3
Buffalo	533 000	774 198	39,4	1 534	2,9
Montréal	1 176 000	724 000	50,7	2 871	2,4

Source : Jean-Paul Gilbert, *La Police de Montréal. Étude monographique de la professionnalisation des Services de Police*, mémoire de maîtrise (criminologie), Université de Montréal, avril 1965, p. 154.

C'est dire que l'attrait de la fonction a disparu, que la permanence de l'emploi n'aguiche plus les candidats, et que de toute évidence le salaire actuellement versé aux policiers n'exerce plus aucune séduction sur les ouvriers non seulement de Montréal, ou de la province de Québec, mais même du Canada tout entier puisque les annonces d'embauchage ont été répandues aux quatre coins du pays[7].

Comme nous le verrons, la rémunération des policiers subit en effet un recul au milieu des années 1950, devenant moins alléchante que celle de plusieurs autres catégories de salariés montréalais.

Pour freiner la progression rapide des effectifs, la Ville va tenter de soustraire certaines tâches à la fonction des policiers soit pour les confier à un personnel civil moins coûteux, soit en « privatisant » certains services assumés par les policiers. Le cas du stationnement reflète bien cette stratégie. En 1953, elle tente une première expérience en embauchant des préposés pour émettre les contraventions en situation d'urgence, surtout au moment des temps forts de déneigement. Mais l'expérience, selon la Fraternité, est catastrophique puisqu'un policier doit assurer la protection de ces préposés contre les menaces des citoyens insultés de se faire coller un « billet » par un « simple civil[8] ». En 1959, sous la pression de la Chambre de commerce et du *Board of Trade*, la Ville revient à la charge, mais cette fois c'est tout le système d'émission des contraventions qu'elle cherche à confier à des employés civils. La Fraternité s'y objecte en faisant valoir que ces agents assurent, en plus de l'émission des billets, un travail de surveillance policière[9].

La Ville recule sur ce projet, mais tente d'arriver aux mêmes fins en 1962 en confiant l'émission de l'ensemble des contraventions à des agences privées. La Fraternité fait opposition encore une fois, y voyant le retour en force des influences politiques sur l'embauche des employés de ces agences. Le soupçon est d'autant plus fondé que le contrat proposé aux agences stipule que le maire peut exiger le renvoi de tout employé incompétent et qu'il peut mettre fin au contrat en tout temps[10]. La Ville retire finalement son projet sous les pressions du gouvernement québécois, sensible aux représentations de la Fraternité[11]. D'autres municipalités cependant tentent la même démarche à l'époque et plusieurs obtiennent gain de cause. À Montréal, la Fraternité cède finalement durant la négociation de la convention collective de 1974.

Les premières femmes policières

La présence des femmes policières au sein du Service de police n'est pas un phénomène récent, quoiqu'il faille attendre la fin des années 1970 pour les voir apparaître en nombre significatif. Les quatre premières à être embauchées le sont immédiatement après la Première Guerre mondiale, en juillet 1918, à la demande du Conseil national des femmes qui s'inquiète des nombreux cas de délinquance juvénile. Cette expérience est de très courte durée puisqu'elles sont remerciées en bloc le 2 janvier 1919, après la grève générale des policiers le mois précédent.

Il faut attendre la fin de la Deuxième Guerre mondiale ainsi qu'une nouvelle campagne de la part du Conseil national des femmes de Montréal pour que la Ville recrute de nouveau des policières. Le Conseil national réclame leur embauche pour s'occuper de la protection de la jeunesse, plus particulièrement des jeunes filles, faisant valoir que les femmes sont plus compétentes que les hommes pour assurer la surveillance des cinémas, des parcs d'amusement et des salles de danse et de quilles[12]. Le Conseil municipal de Montréal, qui adopte ce principe en septembre 1945, fait paraître une annonce dans les journaux afin de recruter 20 femmes policières bilingues[13]. Une bonne centaine de candidatures sont retenues, mais 9 seulement réussissent à se classer à l'examen de sélection[14]. Après une courte session de formation d'un mois, ces 9 premières candidates entrent en fonction au début de janvier 1947. La Ville fixe leur salaire à 1 500 $, deux cents dollars de moins qu'un constable dans sa première année de service. Affectées au bureau préventif de la délinquance, elles s'occupent principalement de faire enquête auprès des parents des jeunes qui se trouvent, en dehors des heures permises, dans les restaurants, salles de quilles et salles de cinéma. Elles reçoivent aussi le mandat d'inspection des kiosques à journaux et des librairies pour faire respecter le règlement régis-

Premier groupe de femmes policières embauché en 1947. Elles doivent se soumettre à 28 jours d'entraînement intense avant de joindre les rangs du Service de la police. Au premier rang, de gauche à droite, les policières Ida Haché, Marie-Jeanne Leblanc, Amélie Bisson, Marie Boisjoly et Claire Chabot ; au second rang, les policières Geneviève Proulx, Marguerite Cloutier, Thérèse Mongrain, Mary Elm et Simone Gagnon (*La Presse*, mars 1947).

sant les images obscènes et immorales[15]. Le 28 janvier 1948, 11 nouvelles candidates sont assermentées, ce qui porte à 20 le nombre total de policières à Montréal[16].

Rapidement, ces femmes font valoir leurs droits à la parité salariale avec leurs camarades masculins, parité que leur a refusée l'arbitrage du juge Cadotte en 1946. La Fraternité appuie leur démarche devant le conseil d'arbitrage Montpetit en février 1949, soulignant que le travail effectué par les policières a permis une diminution de 53 % de la délinquance juvénile à Montréal depuis 1943[17]. Le président de la Fraternité présentera devant le conseil une étude démontrant que la rémunération est la même pour les policières dans les neuf villes américaines et les deux villes canadiennes (Toronto et Ottawa) où il y a des effectifs féminins[18]. Malgré des efforts répétés pour corriger cette situation par la suite, l'écart salarial se maintient jusqu'en 1969.

En 1965, on ne compte plus que 18 femmes policières, toutes issues des deux premiers contingents de 1947 et 1948, car le Service de police n'en a embauché aucune autre par la suite. En 1954, le nouveau chef de la police,

Dès le début des années 1950, le travail des femmes policières est réduit à des tâches de prévention de la délinquance chez les filles et à la surveillance de la moralité… dans les revues (*La Presse*, 4 juin 1963).

Pacifique Plante, affecte ces femmes à l'escouade du Bien-être de la jeunesse pour qu'elles effectuent un travail d'enquête auprès des jeunes tout en s'occupant de la circulation aux intersections à forte concentration d'enfants d'âge scolaire[19]. Cependant, elles sont progressivement reléguées à un travail de simples « secrétaires en uniformes », comme le déplore J.-Adrien Robert, nouveau directeur de la police en 1962[20]. Il veut corriger cette situation en leur assignant un travail plus conforme à leur formation : « Finie l'ère des employées de bureau en uniforme[21]. »

Sauf que, un an plus tard, dans le cadre d'une série d'articles portant spécifiquement sur les femmes policières à Montréal, Lysiane Gagnon, de *La Presse*, va clairement faire ressortir que le statu quo le plus total est maintenu dans ce dossier : « Un salaire inférieur à celui de leurs confrères, aucune chance d'avancement, des fonctions pour lesquelles un diplôme de policier n'est pas nécessairement requis, du travail de "cuisine" : tel est actuellement le lot de la policière montréalaise[22]. » Elle souligne aussi que jamais aucune femme n'a occupé un poste au sein de la direction de la Fraternité et qu'une correction s'impose sur ce plan si elles veulent se faire reconnaître. Il faudra toutefois attendre encore plusieurs années avant d'assister à l'embauche de nouvelles policières.

La vie interne : croissance, crise et virage

Tout au long de cette période, l'Exécutif de la Fraternité connaît une stabilité assez remarquable. Au gré d'amendements à la constitution dont l'un, en 1958, fait passer de 10 à 15 le nombre de postes éligibles à l'Exécutif et un autre, en 1960, détermine l'élection rotative du tiers des membres chaque année[23], on retrouve sensiblement les mêmes dirigeants. Le président Jean-Paul Lapointe demeure en poste de 1950 à 1964 ; le trésorier Gérard Soucy, de 1950 à 1962 ; le secrétaire Fernand Côté, de 1958 à 1965 ; le premier vice-président, Paul Couturier, de 1952 à 1967 ; et le deuxième vice-président Jean-Guy Ménard, de 1958 à 1966, pour devenir par la suite trésorier de 1966 à 1971.

L'institution du système des moniteurs

Dès la réorganisation de 1950, l'Exécutif de la Fraternité décide d'une mesure d'importance qui aura pour effet de renforcer substantiellement la cohésion de la Fraternité. Dans chacun des postes de police, il nomme un moniteur dont le rôle est de faire le lien entre les membres et la direction du

Réunion des moniteurs de la Fraternité en novembre 1956 (AFPCUM).

syndicat[24]. Cette instance, encore présente de nos jours, va jouer un rôle capital au moment de la négociation des différentes conventions collectives. Chaque moniteur, sous la gouverne du deuxième vice-président, doit être attentif aux attentes des policiers et les faire connaître aux dirigeants de la Fraternité afin de bien cibler les demandes syndicales au moment des négociations.

C'est à la demande des moniteurs qu'est lancé, en 1955, le *Journal 7171*, dont les numéros sont distribués aux policiers dans tous les postes. Traitant surtout des conditions de travail, il est rapidement perçu par les autorités municipales comme un élément perturbateur. Il dérange le nouveau maire Jean Drapeau qui s'en plaint devant l'assemblée générale de la Fraternité parce qu'il « grossit les causes de mésententes[25] ». Publié sporadiquement, il disparaît cependant rapidement. À l'automne 1959, il est remplacé par *L'Écho du policier*, destiné à fournir de l'information aux moniteurs afin qu'ils renseignent plus adéquatement les policiers au cours de la négociation de leur convention de travail. Il disparaît l'année suivante.

En mai 1957, signe de l'importance accrue qu'il accorde à la fonction, l'Exécutif décide de rendre électif le poste de moniteur dans les postes de police et les divisions. Les 68 moniteurs ont officiellement pour rôle d'être « les représentants des membres auprès de l'Exécutif de la Fraternité et les représentants de l'Exécutif auprès des membres[26] ». Instance toujours privilégiée,

---

Le pitch. Un jeu de cartes exclusif aux policiers de Montréal ?

Sur le plan des loisirs, le jeu de « pitch » occupe une place importante à la Fraternité. C'est un jeu qui se jouait dans les postes de police lors de la création du syndicat, et encore aujourd'hui on organise des tournois de « pitch » dans la grande salle du Centre social. Il est intéressant de constater que les policiers de Montréal sont à peu près les seuls au Québec à le jouer et qu'il n'est pas connu des autres corps de police. Ce jeu de cartes est pourtant mondialement répandu. Issu d'un vieux jeu britannique connu sous le nom de *All Fours*, qui remonte aussi loin que le XVIIe siècle, il se généralise aux États-Unis vers la fin du XIXe siècle. Sa version américaine n'a ajouté que la « mise » à l'ancien jeu de tradition anglaise. Plusieurs versions différentes existent comme le *Oklahoma ten point pitch*, le *Nine card pitch*, le *Fish pitch* ou le *Cutthroat pitch*. Étonné de la faveur dont il jouit à Montréal, John McLeod, modérateur d'un site internet consacré aux jeux de cartes, confirme l'origine britannique ou américaine du jeu, car, en France, il n'y a pas d'équivalent.

7171

Journal publié à intervalles irréguliers par la Fraternité des Policiers de Montréal Inc.
pour renseigner ses membres sur des points particuliers

UN NUMERO IMPORTANT POUR LE BIEN-ETRE SOCIAL DU POLICIER

VOL. 1 — No 3   MONTREAL, P.Q.   20 DECEMBRE 1955

Le plan "B" en vigueur en février

Il faut que 60% des membres adhèrent à ce plan volontaire et facultatif

Après 15 mois d'opération, l'Exécutif de la Fraternité des Policiers soumet aux membres un rapport détaillé de l'administration de la Caisse de Secours en cas de Maladie, plan auquel adhèrent tous les membres de la Fraternité des Policiers.

Tous savent que la prime actuelle de $4.93 par mois pour le plan familial et de $1.27 par mois pour le plan particulier est payée par la Cité de Montréal en vertu de la Convention de Travail.

Le 1er août 1954, la caisse commençait à opérer. Les réclamations qui ont été reçues au mois d'août 1954 comblaient pour le mois de juillet et ont donc été payées par l'Imperial Life Assurance. D'un autre côté, à la fin d'octobre 1955, nous avions aussi en circulation de nombreux comptes d'octobre qui n'étaient pas déposés à la Fraternité, soit qu'ils n'étaient pas reçus, soit que le membre malade ou ses dépendants, étaient encore à l'hôpital.

Parlie avec un actif de $2,000 versés par la Fraternité, la caisse terminait ses opérations à la fin d'octobre avec $2,000 à la caisse de bénéfices et $1,000 à la caisse d'administration.

Le rapport présenté dans ce présent journal indique une augmentation dans les réclamations et on verra que, durant la période de 15 mois, la caisse a dû payer 1,300 réclamations à ses membres. D'un autre côté, l'augmentation du tarif des hôpitaux, une motion soumise à la journée d'étude des moniteurs le 24 septembre dernier, demandait à l'Exécutif une protection plus généreuse afin de permettre aux membres de faire face à l'augmentation des tarifs d'hôpitaux depuis deux ans.

Par le truchement de ses moniteurs, la Fraternité a effectué un sondage parmi ses membres et le rapport des moniteurs démontre que plus de 75%, des membres désirent une protection supérieure avec une prime supplémentaire. L'enquête a démontré que de nombreux membres, pour accorder à leur famille une protection adéquate, ont adhéré à un autre plan et payé une prime supplémentaire allant jusqu'à $7.00 par mois.

Votre Exécutif, suivant le mandat reçu à l'assemblée générale des membres du mois de septembre, vous soumet deux plans, le plan "A" qui est le plan actuel avec une contribution du membre obligatoire et le plan "B" volontaire qui vous offre une protection plus adéquate avec une prime minimum.

Le présent "7171" expose en détails chacun de ces plans et les amendements aux règlements seront soumis à l'assemblée générale des membres de mardi, le 20 décembre 1955.

Les moniteurs ont déjà en main les cartes de "check off" pour ceux qui désirent adhérer au plan "B".

Nous vous invitons donc à étudier le nouveau plan proposé, à en discuter les modalités et à transmettre votre décision à votre moniteur. Si vous désirez d'autres éclaircissements attendez à l'assemblée du 20 décembre et n'hésitez pas à soumettre vos questions au président ou au trésorier.

Caisse de Secours en Maladie

Le Plan "A" obligatoire
Le plan "B" facultatif

Plans d'assurance-santé "A" et "B"

"A" (plan obligatoire)

"B" (plan volontaire)

PRIME

"A"

Marié :
Cité — $4.93 par mois
Membre — $0.25 par paie

Célibataire :
Cité — $1.27 par mois
Membre — $0.25 par paie

"B"

Marié :
Cité — $4.93 par mois
Membre — $1.15 + $0.25 "A" = $1.40 par paie

Célibataire :
Cité — $1.27 par mois
Membre — $0.25 + $0.25 "A" = $0.50 par paie

Détails du plan "A"

Détails du plan "B"

CHAMBRE

$6 par jour jusqu'à concurrence de 70 jours

$10 par jour jusqu'à concurrence de 100 jours

FRAIS SPECIAUX D'HOSPITALISATION

Maximum $60, sans limitation et applicable sur le compte

Maximum $80, sans limitation et applicable sur le compte

ACCOUCHEMENT

Chambre et frais spéciaux: $60 (maximum)
Médecin: $50

Chambre et frais spéciaux: $80 (maximum)
Médecin: $50
Allocation de $25 supplémentaire s'il y a des jumeaux.
Complication de grossesse sans qu'il y ait délivrance, une somme de $60 qui ne sera pas déduite de l'allocation payée à l'accouchement.
Accouchement à domicile: $50 sans production de facture et $50 pour le médecin.

FRAIS MEDICAUX

Lorsque hospitalisé, $3 par visite par jour, jusqu'à concurrence de $200 s'il n'y a pas de frais chirurgicaux.
Trois visites à domicile dans les 31 jours qui suivent l'hospitalisation sont payées à raison de $3 par visite.

Lorsque hospitalisé, $3 par visite par jour. De plus, s'il y a médecin consultant, la caisse payera $3 par jour par visite pour celui-ci, le tout jusqu'à concurrence de $200. Cette allocation médicale arrête à la date où il y a chirurgie, vu que le chirurgien est payé en vertu de la cédule chirurgicale.
Trois visites à domicile dans les 31 jours qui suivent l'hospitalisation sont payées à raison de $3 par visite.

CEDULE CHIRURGICALE

Jusqu'à concurrence de $200 telle qu'elle apparaît au verso de votre police d'assurance.

Jusqu'à concurrence de $200 telle qu'elle apparaît au verso de votre police d'assurance.

PETITE CHIRURGIE

Les frais chirurgicaux en clinique, au bureau du médecin ou à domicile sont payés.

Les frais chirurgicaux en clinique, au bureau du médecin ou à domicile sont payés.

Exemplaire du journal *7171* distribué aux policiers (AFPCUM).

l'Exécutif n'hésite pas tout au long de la période à investir toute l'énergie nécessaire pour fonctionner rondement. Les réunions des moniteurs sont tenues régulièrement, et ils sont consultés sur tous les projets importants. Leur présence est déterminante dans le maintien d'une forte solidarité syndicale à la Fraternité. C'est ce que constate d'ailleurs Fernand Morin dans son analyse de la négociation et de l'arrêt de travail de 1969 que nous étudierons dans le prochain chapitre[27].

Crise politique majeure à la direction

La grande stabilité des membres de l'Exécutif notée plus haut ne veut toutefois pas dire qu'il y a nécessairement harmonie totale entre eux. En effet, tout au long de cette période un peu euphorique où les projets grandioses se succèdent à un rythme effréné, les frictions sont nombreuses. Inévitablement, celles-ci vont se concentrer autour de la personne du président Jean-Paul Lapointe qui, il faut bien l'admettre, dirige la Fraternité comme une véritable entreprise privée. À plusieurs reprises, certains vont déplorer le mode « dictatorial » de son leadership. Les critiques se font plus virulentes après la réalisation de trois grands projets qu'il a mis sur pied : le rapatriement par la Fraternité de la gestion du fonds de pension, l'établissement du programme d'assurance-maladie et la construction du Centre social.

Des divisions au sein de l'Exécutif existent depuis déjà fort longtemps. En avril 1950, la dissolution de l'ancienne Fraternité canadienne ne s'opère pas de gaieté de cœur. Pour son président, Émile Joyal, cette disparition représente bel et bien la fin d'une vision syndicale, la rupture avec le projet ambitieux d'améliorer les conditions de travail de l'ensemble des policiers municipaux du Québec. En 1950, il échoue dans sa proposition de contester en cour la loi 67 qui ordonne la dissolution de la Fraternité canadienne. Puis, il propose de maintenir des liens avec les autres syndicats de policiers en province au moyen d'une caisse de bénéfices. Cette caisse, qui serait créée sous le couvert de fonds pour soutenir le périodique de la Fraternité, la *Revue des agents de police*, vise à venir en aide aux petits syndicats de policiers. Mais c'est un échec, la Commission des relations ouvrières statuant que ces contributions constituent une infraction à la loi. Dans ces deux dossiers, Joyal reproche au président Lapointe de baisser trop facilement les bras.

Membre de l'Exécutif de la Fraternité des policiers de Montréal à titre de directeur de 1950 à 1952, Joyal joue les trouble-fêtes aux réunions de l'Exécutif en faisant une obstruction systématique à plusieurs projets. Aussi, lorsque des élections ont lieu en mai 1952 et que Joyal arrive *ex æquo* avec un

Célébration grandiose organisée pour souligner le dixième anniversaire de la Fraternité. C'est une période faste comme en témoignent les pièces montées du buffet et les immenses reproductions photographiques des deux piliers de l'organisation, le président Jean-Paul Lapointe et le trésorier Gérard Soucy (*Revue des agents de police*, juin 1960).

autre candidat, Roméo Huot, le président Lapointe, qui doit trancher, accorde son vote prépondérant à Huot. Une cinquantaine de policiers, surtout membres de la Sûreté (détectives), quittent la salle[28]. Lapointe organise alors une assemblée générale spéciale regroupant uniquement les membres de la Sûreté pour expliquer sa décision. Il énumère 38 griefs à l'endroit de Joyal dont son refus de voter les budgets et de prendre place avec les dirigeants durant les assemblées[29]. Joyal, qui a démissionné, est alors soupçonné de vouloir diviser la Fraternité en créant un syndicat différent pour les policiers membres de la Sûreté[30]. Sa démission est suivie de celle de 17 détectives qui perdent tous les privilèges de syndiqués, notamment leur participation à l'assurance-vie et à l'assurance-maladie et leur droit à faire partie de la Caisse d'économie et de la Coopérative[31]. Ce conflit n'a cependant pas de conséquences fâcheuses, et les démissionnaires, sauf Joyal, réintègreront graduellement la Fraternité par la suite.

Premier exécutif de la Fraternité des policiers de Montréal créée le 3 avril 1950 (AFPCUM).

Deux ans plus tard, Lapointe doit faire face à un autre opposant au sein de l'Exécutif, Jean-Paul Picard, directeur, qui s'en prend à sa politique trop conciliante durant les négociations et les arbitrages. En 1953, il plaide en faveur d'une nouvelle grève des policiers en solidarité avec les autres syndicats représentant les employés de la Ville de Montréal[32]. Sa critique porte également sur les indemnités de dépenses allouées au président et au trésorier de la Fraternité, trop généreuses à son goût[33]. Devant les attaques dont il est l'objet, le président Lapointe en réfère systématiquement aux membres en assemblée générale réclamant à plusieurs occasions des votes de confiance à l'égard de la direction.

Les critiques vont aller grandissant à la fin des années 1950 à tel point qu'une crise majeure éclatera au sein de la direction. Les reproches au président touchent les indemnités de dépenses qui lui sont accordées par vote, et certains le soupçonnent de négocier à rabais les contrats de la Fraternité depuis qu'il accepte, à titre individuel, de participer à la négociation de contrats de travail de syndicats policiers dans d'autres villes de la région métropolitaine[34]. Mais d'autres griefs plus importants viennent gonfler le dossier.

En mai 1964, la crise éclate quand des membres de l'Exécutif reprochent à Lapointe d'avoir publiquement appuyé dans les élections des candidatures extérieures afin d'écarter certains d'entre eux[35]. Cette question fait l'objet d'un débat houleux en assemblée générale, des membres cherchant à savoir s'il est vrai que le président tente de « couper des têtes ». Sur une question de privilège, il est battu et quitte la salle, perdant ainsi la confiance des membres. En outre, à une réunion de l'Exécutif, il est blâmé pour avoir déposé un plan de réforme majeure de la constitution sans même avoir consulté les membres de l'Exécutif. Cette réforme, qui vise à assurer une représentation égale des constables et des officiers à la direction du syndicat, aurait pour effet, selon certains dirigeants, de briser l'unité syndicale[36].

Outre ces différends, un autre élément décisif contribue à provoquer la démission du président. On le soupçonne d'avoir trempé dans des opérations douteuses effectuées par le surintendant du Centre social de la Fraternité, ce qui est confirmé par un comité spécial d'enquête formé de trois membres de l'Exécutif. On procède alors à un vote de confiance au bureau de direction et le résultat est sans équivoque : à neuf contre un, les dirigeants lui retirent leur confiance et s'entendent pour dire qu'il doit partir[37]. Pour favoriser sa démission, la direction propose de lui accorder un congé de maladie pour une période allant jusqu'au 1er janvier 1966, date où il devient officiellement admissible à la retraite. En retour, il accepte de ne plus jamais se présenter à un poste électif[38]. Publiquement, le président Lapointe explique sa démission en invoquant un différend entre lui et la direction au sujet d'amendements à la constitution[39].

Pourtant, contrevenant à cette entente, il va tout de même décider de revenir briguer le poste de président à l'automne 1965. Au cours d'une assemblée publique qu'il organise au Plateau le 22 novembre 1965, il présente un projet de refonte de la constitution et affirme que son retour s'avère nécessaire car la Fraternité se trouve sans véritable leadership depuis son départ[40]. Les journaux de l'époque évaluent à plus de mille le nombre de policiers qui assistent à cette assemblée tandis que les dirigeants de la Fraternité, qui cherchent à minimiser l'événement, font mention d'une participation de trois cent cinquante personnes. Chose certaine, l'ex-président Lapointe bénéficie toujours d'un appui important chez les policiers, ce que confirme le résultat des élections du 3 février 1966 où le nouveau président, Jean-Paul Picard, n'obtient qu'une mince majorité de 32 voix sur Lapointe (2647 votants).

Une nouvelle philosophie syndicale

Cette crise, de loin la plus importante depuis la fondation de la Fraternité, a toutefois certains aspects bénéfiques. En effet, dès le départ du président en mai 1964, l'Exécutif prend un virage à 180 degrés sur le plan de la philosophie syndicale. On veut accentuer le caractère démocratique du syndicat selon l'esprit qui anime le manifeste électoral du nouveau président, Jean-Paul Picard :

> Mousser l'esprit de corps des policiers. Faire revivre la solidarité d'antan, entre les policiers d'abord, entre la Sûreté, la gendarmerie et les officiers ensuite, et enfin avec les confrères des autres centrales syndicales de la ville, tels que pompiers, collets blancs, manuels et autres. [...] Finie la dictature et les articles brimant tel groupe ou favorisant tel clan ! La constitution de la Fraternité sera reprise point par point, en séances publiques, et la salle sera invitée à joindre ses suggestions à celles de l'exécutif avant l'adoption de chaque paragraphe[41].

La préparation du contrat de travail de 1965 s'effectue en effet de manière fort différente des négociations antérieures. Par le passé, tout était minutieusement et professionnellement rédigé par le président et le trésorier et soumis aux membres pour adoption. Mais à l'automne 1964, l'Exécutif renoue avec la bonne vieille tradition des débats en assemblée générale. Il en organise trois pour permettre aux membres de discuter collectivement de tous les articles de la convention. Comme on le souligne, c'est plus long, moins peaufiné, mais beaucoup plus démocratique[42].

Un changement s'opère également dans le système des indemnités versées aux dirigeants de la Fraternité, lequel système, comme on le sait, a été à la source de nombreux tiraillements dans le passé. Dorénavant, les indemnités seront basées sur le salaire d'un constable de 1re classe, catégorie de membres la plus importante. De plus, afin d'assurer la bonne gestion du syndicat durant cette période mouvementée, le président-fondateur, Roger Lavigueur, accepte le poste de directeur exécutif, mais sans aucune indemnité spéciale autre que celle rattachée à son poste. La tendance est de réduire les dépenses tout en faisant beaucoup plus appel au dévouement et au militantisme des dirigeants.

La nouvelle direction tient aussi à resserrer les liens avec les autres organisations syndicales, liens qui se sont passablement effilochés depuis le début des années 1950. Le président Lapointe était plutôt tenté de nouer des relations avec le monde patronal. Il a même proposé en 1963 que la Fraternité fasse partie de la Chambre de commerce de Montréal à titre de membre corporatif[43].

Le nouvel exécutif renforce donc ses relations avec les syndicats d'employés municipaux de la Ville de Montréal, et certains de ses membres participent aux sessions de formation syndicale offertes par la CSN et la FTQ. On se montre également beaucoup plus réceptif à l'idée de fonder une fédération provinciale des policiers municipaux. Le conseiller juridique, Me Guy Merrill- Desaulniers, est d'ailleurs délégué à ce propos auprès de la CSN qui envisage de syndiquer tous les corps policiers municipaux du Québec[44].

Les grands dossiers métropolitains

Au cours des années où le président Lapointe oriente les destinées de la Fraternité, plusieurs dossiers importants vont retenir l'attention de l'Exécutif.

L'enquête du juge Caron, 1950-1954

En 1950, la réorganisation de la Fraternité se déroule dans une conjoncture assez particulière. En effet, c'est en mai 1950 que le juge Tyndale, répondant positivement aux pressions exercées par un puissant lobby réuni autour du Comité de la moralité publique, accorde la tenue d'une vaste enquête publique sur la prostitution et les maisons de jeu à Montréal. Ce comité, mis sur pied après la publication des articles de Pacifique Plante dans le journal *Le Devoir* entre le 28 novembre 1949 et le 18 février 1950, est surtout composé de dirigeants des Ligues du Sacré-Cœur et du Comité diocésain d'Action catholique, appuyés par la revue *Relations*, propriété des Jésuites. Tous ces intervenants affirment avoir à cœur l'assainissement de la moralité publique de la société montréalaise. Cette enquête, qui débute en 1950, connaîtra, par vagues successives, selon les aléas des nombreuses procédures judiciaires qui la prolongeront sur plus de quatre ans, un succès médiatique impressionnant et va mobiliser l'attention de la Fraternité jusqu'en octobre 1954.

L'intérêt pour cette enquête s'explique aussi par le caractère éminemment politique qu'elle recèle. Le jour même du dépôt du tant attendu rapport Caron, Jean Drapeau en profite — comme par hasard — pour déposer sa candidature aux élections municipales qui le portent, lui et sa nouvelle équipe de la Ligue d'Action civique, au pouvoir le 29 octobre 1954[45].

Mais cette enquête qui, comme le fait remarquer le professeur Jean-Paul Brodeur, devait porter sur la prostitution et le jeu à Montréal se transforme en fait en dénonciation de la conduite de certains policiers[46]. Ce cheminement a pour résultat de discréditer — encore une fois — le Service de police de Montréal et de laver de tout blâme les politiciens qui, en dernière instance, profitaient directement des largesses du milieu. Les tribunaux vont condamner le directeur Langlois ainsi que plusieurs des 58 officiers de police accusés tandis que tous les membres du Comité exécutif mis en cause sont exonérés[47].

Une précision s'impose ici. Les événements faisant l'objet de l'enquête Caron portent exclusivement sur les années de 1940 à 1944 et le rapport est publié dix ans après les faits dénoncés. Cette précision est importante pour deux raisons. D'abord, parce qu'elle donne raison aux premiers artisans du syndicalisme policier en 1943 qui cherchaient à épurer le Service de la police par le biais du syndicalisme. Ensuite, parce qu'au moment de la sortie publique du rapport Caron, la pratique policière à Montréal est à des années-lumière de ce qu'elle était en 1943. Sauf que le battage publicitaire entourant cette enquête laisse des traces sur la profession policière, comme l'affirme Jean-Paul Gilbert : « … la réputation et le prestige de la police de Montréal ont été, durant cette période de temps, affectés au plus haut point. De plus, comme son efficacité et surtout son honnêteté étaient mises continuellement en doute par certains membres de l'administration municipale et par les journaux, un état de gêne envers les citoyens ainsi qu'une certaine défiance envers l'autorité supérieure se faisait sentir parmi tous les membres[48]. »

La Fraternité va réagir au rapport Caron en soumettant aux administrateurs municipaux un mémoire dans lequel elle recommande que soient appliqués les cinq correctifs suivants : une réorganisation complète du Service de la police telle que proposée en 1950, l'instauration d'une véritable École de police, la reclassification complète de toutes les fonctions, une révision systématique du système de promotion afin que soit éliminée toute possibilité d'influence politique et, finalement, une amélioration en profondeur des conditions de travail « afin d'encourager les policiers à faire leur devoir et d'attirer vers le corps de police des recrues de compétence[49] ». De plus, elle endosse la grande majorité des recommandations du juge Caron, en accord avec lui sur la source du problème : les nominations politiques à la direction du Service de la police. Elles ne peuvent conduire, selon elle, qu'à des situations troubles qui perdurent depuis l'enquête Coderre menée au début du siècle. Selon la Fraternité, la solution passe inévitablement par l'amélioration des conditions du travail policier, par la hausse des critères d'éligibilité dans la profession et par une meilleure formation. Ces principes seront répétés à plusieurs reprises et influenceront les revendications de la Fraternité au fil des négociations des contrats de travail.

L'intégration des forces policières sur l'île de Montréal

Le deuxième dossier d'importance concerne l'intégration des forces policières sur l'île de Montréal. Dès 1946, la Fraternité revendiquait déjà la centralisation de la sécurité publique sous un seul corps de police pour l'ensemble de l'île[50]. En 1956, la Ville de Toronto procède à l'unification de ses services, ce qui remet la question à l'ordre du jour à Montréal. Deux ans plus tard, la Ville propose de créer un organisme central métropolitain à qui on confierait la tâche d'administrer certains services touchant la grande agglomération métropolitaine. Cette décision découle des recommandation de la commission Paquette portant sur les problèmes de juridiction métropolitaine et de la publication du rapport Croteau en décembre 1958. La commission Paquette n'aborde pas l'unification du Service de police, mais le rapport Croteau recommande la fusion des différents corps policiers du district métropolitain[51].

Cohérente avec sa position adoptée dix ans plus tôt, la Fraternité est d'accord avec le principe de la fusion. Bien que l'unification représente un réel problème de restructuration pour la Fraternité, celle-ci organise néanmoins, dès 1957, des rencontres avec les autres syndicats policiers des municipalités montréalaises. Ce qu'on vise d'abord et avant tout, c'est de maintenir les conditions de la convention collective de Montréal, plus particulièrement la présence des officiers dans la même unité d'accréditation et le maintien du même fonds de pension[52]. Réunis en assemblée générale l'année suivante, les membres de la Fraternité interprètent l'unification des forces policières, si elle se réalise, comme étant « la plus grande victoire depuis la création de la Fraternité canadienne en 1943[53] ». En 1959, l'unification des forces policières semble tellement imminente que la Fraternité procède même à un changement de nom pour devenir la Fraternité métropolitaine des policiers de Montréal. Dix ans avant sa réalisation, la Fraternité est donc déjà prête à procéder à la fusion des corps de police.

En 1964, cette question va refaire surface avec la création d'une nouvelle commission d'étude, la commission Blier. Encore une fois, la Fraternité de Montréal prend l'initiative de convoquer les 31 corps de police de l'île de Montréal dans le but de produire un mémoire conjoint recommandant l'intégration. Les conditions posées sont les suivantes : que la direction de ce nouveau service unifié ne soit pas confiée à une commission métropolitaine, mais à un seul directeur nommé par un comité élu par le peuple ; que le Service de police soit complètement indépendant du Service des incendies ; et que les conditions d'éligibilité, d'acceptation, d'intégration des grades et de mise à la retraite respectent les normes du Service de police de la ville de Montréal. Il apparaît logique que l'intégration se fasse selon les termes de la convention collective de la Fraternité qui regroupe plus de trois mille membres contre environ cinq cents policiers dispersés dans 30 autres municipalités[54]. La Fraternité insiste pour que l'intégration n'ouvre pas la porte à la médiocrité et à l'abaissement des critères d'embauche. Il faudra toutefois attendre 1972 pour voir se réaliser l'intégration des corps de police. Nous aurons l'occasion d'y revenir au prochain chapitre.

La réorganisation et la décentralisation du Service de police

Les élections municipales du mois d'octobre 1960 ramènent l'équipe de Jean Drapeau au pouvoir. On se souvient que, depuis les événements entourant l'enquête Caron au début des années 1950, les relations entre la Fraternité et Jean Drapeau n'ont pas toujours été harmonieuses, et les tiraillements vont reprendre dès son retour à la mairie. Le troisième grand dossier épineux pour la Fraternité gravite, encore une fois, autour de la question de la réorganisation du Service de la police. Rappelons brièvement que, sous l'ancienne administration du maire Sarto Fournier, une étude effectuée par la firme Woods & Gordon en 1959 met en relief la trop grande centralisation du Service de la police, la spécialisation à outrance des fonctions policières et la difficulté à recruter des candidats de calibre supérieur tant et aussi longtemps que l'avancement ne sera pas accordé au mérite des candidats[55].

L'arrivée de l'administration Drapeau va reléguer aux oubliettes les recommandations de cette étude, le maire optant pour une approche plus grandiose et à saveur européenne. Un mois après son élection et après un voyage «mystérieux» à Londres et à Paris, il décide de retenir les services de deux experts européens pour restructurer en profondeur le Service de la police[56]. Le premier, Andrew Way, est un «commander» de Scotland Yard à Londres et le deuxième, André Gaubiac, un ancien chef, à la retraite, de la police municipale de Paris.

Encore une fois, la Fraternité va se mobiliser. Dans un texte de plus de trente pages publié dans la *Revue des agents de police,* le président Lapointe réitère les grands principes qui doivent guider toute forme de restructuration du Service de la police. Bien que la direction de la Fraternité ait mal reçu la décision de faire venir ces deux experts — on reçoit comme une insulte cette initiative qui laisse entendre qu'on n'a pas réussi à trouver de compétences suffisantes au sein même de la police de Montréal —, le président Lapointe croit néanmoins que leur présence pourrait être bénéfique pour la police de Montréal : «De cette organisation peuvent découler une amélioration du sort des policiers, comme un meilleur système d'avancement, une meilleure application de la procédure, une plus grande facilité dans l'exercice des fonctions, une meilleure publicité dans les journaux[57]. » En fait, cette vision optimiste est fondée sur l'idée qu'il manque encore plus de quinze cents policiers à Montréal et que, quelle que soit la provenance des enquêteurs, ceux-ci devront reconnaître ce manque flagrant de personnel.

L'enquête entreprise par MM. Way et Gaubiac est décevante pour la Fraternité qui en est complètement exclue. On rencontre des policiers, mais à titre individuel. Les enquêteurs ne la consultent pas même si leur rapport aborde des questions qui concernent directement la convention collective de travail comme le respect de l'ancienneté pour les promotions ou les critères d'embauche pour les nouvelles recrues. La Ville essaiera de mettre en pratique les recommandations des deux experts européens en 1964 — sans beaucoup de succès — au moment où une nouvelle équipe prendra la direction de la Fraternité. Cette dernière va alors adopter une position beaucoup plus critique à l'égard du « démantèlement en cours » et les relations vont devenir plus conflictuelles[58]. On peut lire dans la *Revue des agents de police* :

> L'administration actuelle n'a jamais cajolé ses policiers… loin de là […] Nos administrateurs n'ont jamais manqué une occasion de nous faire payer chèrement les avantages acquis par contrat. Ainsi où est donc passée la sécurité dans l'emploi et où sont donc envolées les chances d'avancement? Les commis civils, au salaire supérieur, ont envahi nos postes de police. […] Partout où on pense réussir, on remplace nos policiers par des policiers d'agence privée. […] Ces attitudes ont eu pour effet de tendre les relations entre la Fraternité et la Cité[59].

Ce discours plus radical, comme nous le verrons au chapitre suivant, s'accentue dans les années suivantes.

La création de la Fédération provinciale des policiers municipaux

Au début des années 1960, la Fraternité est aux prises avec un dernier dossier important, soit la résurgence de l'idée d'une association provinciale regroupant tous les policiers municipaux du Québec. Quel sera dès lors le rôle de la Fraternité dans la fondation de cette nouvelle association provinciale? Cette question est doublement intéressante parce qu'elle ramène à la surface les débats entourant la dissolution de l'ancienne Fraternité canadienne en 1950 et parce qu'elle reflète aussi, d'une certaine façon, le virage qui s'opère à la Fraternité entre 1960 et 1965.

Dès l'annonce du projet en septembre 1960, projet amorcé par d'autres corps de police municipaux du Québec, la Fraternité de Montréal y est opposée parce qu'on « ne veut pas négliger les policiers de Montréal pour s'occuper des autres corps[60] ». Cet exclusivisme se double d'une autre préoccupation : on ne désire surtout pas que la nouvelle fédération contrevienne à la loi provinciale défendant toujours aux syndicats policiers municipaux d'être regroupés entre eux et d'être affiliés à une centrale syndicale. On va même exiger une rencontre avec le ministre du Travail du Québec afin de vérifier sa faisabilité[61]. Les réticences de la Fraternité s'expliquent aussi parce qu'elle se sent à la remorque d'un projet amorcé par d'autres, les associations de policiers des petites villes qui veulent faire contrepoids à l'Union des municipalités (UMQ), un bastion des forces conservatrices[62].

Le projet de fédération réapparaît deux ans plus tard à la faveur de la réforme en profondeur du Code du travail du Québec et de l'annonce d'une future loi de la police[63]. En mars 1962, les représentants d'une quarantaine de corps policiers demandent au gouvernement du Québec un amendement à la loi permettant la création d'une fédération de syndicats de policiers municipaux. Cette fédération reconnaîtrait l'autonomie totale de chaque syndicat et poursuivrait des objectifs essentiellement techniques, comme la recherche et la représentation sur des questions d'envergure provinciale. Un autre élément vient s'ajouter au dossier la même année lorsque l'Union des municipalités accentue son lobbying auprès du gouvernement du Québec en vue d'éliminer les officiers de l'accréditation des syndicats policiers dans les petites municipalités. La Fraternité y voit une menace potentielle et, à partir de ce moment, elle va militer en faveur de la création de la fédération municipale, quoique timidement au début[64]. À l'assemblée générale du mois d'octobre 1963, le président Lapointe précise : « Nous n'avons pas le besoin urgent d'une fédération, mais au point de vue représentation, celle-ci est renforcée lorsque l'on représente 42 villes, ce qui s'est fait d'ailleurs à Québec lors de l'étude du bill 54[65]. »

À l'automne 1963, la Ville de Montréal décide d'emboîter le pas et de soutenir les revendications de l'UMQ. Selon la Fraternité, si la Ville prend une telle décision, ce sera une raison de plus pour militer en faveur de la création d'une fédération provinciale[66]. La radicalisation de la Fraternité avec le départ de Jean-Paul Lapointe et l'adoption du projet de loi 54 en juillet 1964 qui redonne le droit d'association entre syndicats de policiers municipaux — sans permettre cependant l'affiliation à une centrale syndicale — vont aussi stimuler l'intérêt de la Fraternité pour la fédération provinciale. En juillet 1964, l'Exécutif se propose même d'en rédiger la future constitution et, le mois suivant, il se charge d'envoyer les convocations en vue de former le comité provisoire. Comme le souligne le président par intérim, Paul Couturier : « Si l'UMQ est contre la fédération provinciale, si les chefs de police sont contre, c'est bon pour la Fraternité[67]. » L'urgence est également motivée par le nouveau projet de loi sur la police présenté par le Procureur général de la province, Claude Wagner. La fédération pourrait jouer un rôle de représentation dans ce dossier majeur.

Après plus de quatre ans de tergiversations, la Fédération provinciale des policiers municipaux est officiellement constituée le 30 janvier 1965 au cours d'une assemblée réunissant 128 délégués provenant de 48 villes différentes. Paul Couturier et Jean-Paul Picard, tous deux de Montréal, sont respectivement élus président et trésorier. Le siège social est situé au 480 de la rue Gilford, et les conseillers juridiques sont Mes Guy Merrill-Desaulniers et René Beaudry[68]. En juin 1965, la Fédération compte déjà 57 corps policiers et on se dit assuré d'en regrouper entre 75 et 80 à l'automne de la même année[69]. La présence active de la Fraternité au sein de la Fédération va se confirmer au moment de l'élection de son conseil de direction permanent un an après sa fondation. Le nouveau président de la Fraternité, Jean-Paul Picard, y est élu au poste de président, et le trésorier de la Fraternité, Jean-Guy Ménard, assume cette même fonction pour la Fédération. Elle regroupe alors plus de six mille policiers municipaux. Seize ans après la dissolution de la Fraternité canadienne par le gouvernement Duplessis, on voit donc renaître de ses cendres, grâce au nouveau Code du travail, une association regroupant la très grande majorité des policiers municipaux du Québec.

La Fraternité : une entreprise de services aux membres

Revenons un peu en arrière. Avec l'adoption de la loi 67 en 1950 qui dissout la Fraternité canadienne, le syndicat montréalais va opérer un virage majeur non seulement sur le plan de l'organisation, mais aussi sur celui de son orientation. Après avoir été une organisation de lutte pour syndiquer tous les corps policiers municipaux du Québec, la Fraternité va concentrer dorénavant toute son énergie sur l'amélioration des conditions de vie et de travail de ses seuls membres montréalais. Elle va aussi proposer un éventail de nouveaux services à ses membres afin de leur démontrer qu'il est toujours avantageux de payer une cotisation syndicale. Les projets sont nombreux et commencent à prendre forme dès la restructuration.

La réorganisation et le rapatriement du fonds de pension

Parmi les services offerts aux membres de la Fraternité, les avantages tirés du fonds de pension sont sans contredit — et de loin — les plus substantiels. Jusqu'aux années 1950, la direction de la Fraternité s'intéresse peu au fonds de pension mis sur pied en 1892 et géré par l'Association de bienfaisance et de retraite des policiers de Montréal (ABRPM). Les policiers élisent en assemblée générale six des huit membres du Bureau de direction de l'Association (trois officiers, trois constables), mais la loi donne à la Ville un droit de veto sur tout nouveau règlement qu'il désire adopter[70]. Dès 1944, certains dirigeants de la Fraternité font partie du Bureau de direction, mais ils ne militent pas encore pour une réforme du fonctionnement du régime.

Toutefois, après sa réorganisation en 1950, la Fraternité va faire du fonds de pension son principal cheval de bataille. Les policiers touchent alors leur rente de retraite maximale après 35 ans de service ; cette rente représente 80 % du salaire moyen des meilleures années de service. En mars 1951, elle publie une étude démontrant noir sur blanc que les policiers de Montréal contribuent davantage à leur fonds de pension que les autres corps policiers des grandes villes canadiennes. En effet, leur contribution atteint 10 % de leur salaire alors que les policiers des villes de Québec, Calgary et Winnipeg ne contribuent que pour 5 % et ceux de Victoria pour 4 %[71]. La Ville de Montréal n'ajoute que 8 %, un taux de contribution qui n'a pas changé depuis 1935. De plus, les policiers ne peuvent commencer à avoir droit à une pension qu'après 30 ans de service alors que ceux de Toronto peuvent l'obtenir après 25 ans. Enfin, le président Lapointe, qui s'inspire d'une étude actuarielle commandée par la Fraternité, fait valoir plusieurs autres griefs dans un réquisitoire publié dans la *Revue des agents de police*. Il est important selon lui d'uniformiser le moment où les policiers touchent une rente de retraite et de s'assurer que le régime génère suffisamment de fonds pour assurer le paiement des pensions futures[72]. Pour la Fraternité donc, le système apparaît archaïque et elle va s'employer à convaincre ses membres de la nécessité de réorganiser l'ABRPM.

En 1952, elle présente un plan global de réforme fondé sur une nouvelle méthode actuarielle où les rentes seraient calculées sur un pourcentage des cotisations. Le plan est novateur par rapport au projet proposé au même moment par les administrateurs du fonds de pension qui tiennent toujours à une formule plus classique où les retraites sont généralement établies selon le salaire des dix dernières années. Ces deux projets de réforme font l'objet d'un référendum en janvier 1953 auprès de tous les membres de la Fraternité qui

Réorganisation du régime de retraite. Au micro, Georges Lafrance, surintendant des assurances du Québec. De gauche à droite : C.-Hugh Hanson, représentant de la Ville, Gérard Thibault, député de Mercier, George Lafrance, Jean-Paul Lapointe, Gérard Soucy et J.-P. Picard (AFPCUM, mars 1956).

majoritairement préfèrent le projet syndical. Par la suite, comme les administrateurs du fonds de pension ne font pas assez diligence pour le mettre en pratique, les dirigeants de la Fraternité décident de prendre le contrôle du fonds de pension en présentant, en février 1953, une « slate » syndicale à tous les postes du Bureau de direction de l'ABRPM[73]. Ses candidats sont élus, dont le président Lapointe qui devient également président du fonds de pension. Cette unité de direction à la tête de la Fraternité et de l'ABRPM va assurer la cohérence dans l'élaboration des nouveaux services offerts par la Fraternité et surtout en faciliter le financement.

La nouvelle direction adopte une réforme importante en février 1955, fruit de concessions obtenues de la Ville au moment de la négociation de la convention collective peu de temps auparavant. La contribution de la Ville passe de 8 % à 11 % tandis que celle des membres baisse de 10 % à 7 %. En outre, la retraite devient possible après 30 ans de service avec 75 % du salaire moyen. Finalement, l'ancienne association de bienfaisance, qui fonctionnait plutôt comme une société charitable, se transforme pour devenir une véritable société de placement, dont les actifs deviennent beaucoup plus rentables.

Elle peut maintenant investir jusqu'à 5 % de ses avoirs en actions ordinaires ou privilégiées et 40 % en créances hypothécaires[74].

La mainmise de la Fraternité sur le fonds de pension va permettre d'utiliser les sommes recueillies pour faciliter l'accès à la propriété. Après avoir songé en 1955 à mettre en œuvre un vaste projet d'habitation financé à même l'actif du fonds de pension, on préfère deux ans plus tard mettre sur pied un programme de « prêts hypothécaires privilégiés » aux membres qui veulent acquérir une maison (taux d'intérêt de 1 % à 1,25 % inférieur à celui du marché[75]). Déjà en 1958, c'est plus de trois cents policiers qui ont bénéficié de ce programme, huit cents deux ans plus tard, surtout en faisant construire des « bungalows » et en s'établissant sur l'île Jésus et à Repentigny[76]. Le fonds de pension consacre alors un million de dollars en prêts hypothécaires à ses membres, ce qui représente 50 % de son actif[77].

Le président Jean-Paul Lapointe et le trésorier Gérard Soucy au lendemain de la signature de la sentence arbitrale Hurteau au mois de mai 1961 (*Revue des agents de police*, mai 1961).

Policeville, 1950
La Coop de construction des policiers de Montréal

Le 26 novembre 1950, en présence du maire Camilien Houde et du directeur Langlois du Service de police, le Père Pierre Trudel bénissait les sept premières maisons construites dans le cadre du projet « Policeville ». Initiative de la Coopérative de construction des policiers de Montréal qui est elle-même issue de la Coopérative de consommation de la Fraternité, le projet est financé par un autre service de la Fraternité, la Caisse d'économie des policiers de Montréal. Ces maisons sont situées dans le quartier Villeray, sur la rue Louis-Hémon, tout juste au nord de la rue Tillemont. Bâties sur des terrains offerts à prix réduit par la Ville de Montréal, les maisons sont des cottages isolés de six pièces chacun, avec chauffage central à l'huile, cuisine moderne, deux salles de bain et quatre chambres à coucher. La valeur marchande des maisons se situe alors à environ 12000 $ puisque des courtiers ont offert 84000 $ pour les sept maisons déjà terminées. Ces maisons répondent à un besoin criant de logements à l'époque car on a peu construit pendant la guerre et qu'il y a un haut niveau de formation des familles avec le « baby boom » d'après guerre.

(Source : La Presse, 27 novembre 1950)

En 1965, l'adoption du projet de loi créant le Régime des rentes du Québec fait craindre pour l'indépendance du fonds de pension des policiers. Dès le mois d'octobre 1964, la Fraternité fait des représentations auprès du gouvernement, notamment en rencontrant le premier ministre ainsi que Claude Castonguay, responsable de l'implantation du nouveau régime. Dans son mémoire, le vice-président de l'ABRPM, Roger Lavigueur, objecte que le fonds de pension ne doit pas être intégré au fonds provincial car il convient bien aux besoins de ses membres qui tiennent à prendre leur retraite plus jeunes. De plus, comme il a toutes les caractéristiques d'un régime administré pour les employés du secteur public (loi spéciale pour le fonds, surveillance du vérificateur de la Ville de Montréal et du Surintendant des assurances du Québec, etc.), il ne devrait pas être assimilé à un régime privé tombant sous le coup de la Loi du Régime des rentes du Québec[78].

Finalement, le gouvernement québécois va reconnaître l'autonomie du fonds de pension des policiers tout en exigeant que la Ville de Montréal soit tenue de combler le déficit actuariel du régime[79]. Des négociations s'engagent entre l'ABRPM, la Ville et la Régie des rentes qui aboutissent en 1966 : la Ville accepte le principe de sa responsabilité dans le déficit actuariel en échange d'un renforcement de sa présence au Bureau de direction de l'Association.

Cependant, la bonne entente n'est que de courte durée, la Ville essayant de se soustraire à ses obligations. Ce sera, comme nous le verrons, une source majeure de conflits avec la Fraternité dans les années 1970.

La construction du premier Centre social de la Fraternité

Parallèlement à la restructuration et au rapatriement du fonds de pension, un autre projet majeur est en voie de réalisation, celui de la construction du Centre social de la Fraternité. Jusqu'au moment de son inauguration officielle le 29 juin 1955, ce projet mobilise des énergies incalculables et ce, dès le mois de juin 1951 où cette idée est formulée pour la première fois. L'objectif premier de cette nouvelle construction est de regrouper sous un même toit tous les services offerts par la Fraternité : le secrétariat de la Fraternité, ceux de la Revue, de la Caisse d'économie, de l'Association athlétique, de la Coop de consommation et, plus tard, celui de l'Association de bienfaisance et de retraite des policiers même si celle-ci a encore peu de liens avec la Fraternité[80]. Avant d'opter pour le site de la rue Gilford, plusieurs autres choix se sont offerts aux dirigeants de la Fraternité. On va d'abord faire une offre d'achat infructueuse sur un édifice situé au coin des rues Sherbrooke et Berri pour ensuite envisager le terrain du Stade Samson à l'angle des rues Dorion et Sainte-Catherine. C'est d'ailleurs cet emplacement qui fait l'objet d'un référendum auprès de tous les membres en novembre 1951.

L'Exécutif tente de démontrer que le Centre social est non seulement devenu un besoin essentiel pour loger les nombreux services offerts, mais qu'il s'avère aussi une très bonne affaire financière : « N'est-il pas d'élémentaire bon sens d'affaires pour le policier de cueillir des profits qui lui tombent cuits dans la bouche ? », affirme le président Lapointe qui voit déjà la possibilité de faire financer le Centre à même la location des salles qui s'y trouvent puisqu'il y a une forte demande à cet effet[81]. Le référendum sur ce premier emplacement ne donne toutefois pas les résultats escomptés puisque la participation est faible, seulement 696 membres sur plus de 2 000. Le projet est reporté.

L'année suivante, l'idée refait surface, mais cette fois en compétition avec un projet de construction du syndicat de l'Union des ouvriers de la robe dirigée par Claude Jodoin. L'annonce de ce projet dans la Revue du mois de mai 1952 stimule la relance de la construction du Centre social. L'Exécutif, qui forme un comité pour trouver un terrain, prévoit qu'une hausse de la cotisation syndicale de 28 $ à 52 $ par année permettrait de constituer un surplus de 27 500 $ spécifiquement dédié à cette construction. Mais avant même que

Maison patrimoniale datant de 1830 démolie pour faire place au Centre social, au coin des rues Gilford et Berri. Elle a servi de garnison pour les soldats britanniques durant les révoltes de 1837-1838 (AFPCUM).

les membres soient consultés à ce sujet, l'Exécutif et les 65 moniteurs décident, à l'unanimité, de faire l'achat d'un terrain situé rue Gilford pour la somme de 27 500 $. La direction a pris une décision rapide car l'emplacement trouvé est idéal, le prix avantageux et les moyens de communication faciles et rapides[82]. En mars 1954, c'est la très grande majorité des policiers (1 933 sur 2 146) qui acceptent de permettre à la Ville de retenir deux dollars supplémentaires de cotisation syndicale pour financer le Centre[83].

Afin de faciliter la réalisation du projet, on confie à une compagnie spécialisée la responsabilité d'organiser une importante campagne de souscription publique. Cette campagne, qui va prendre des proportions gigantesques, est lancée par le cardinal Paul-Émile Léger qui verse un don substantiel[84]. Les deux présidents honoraires sont le directeur de police Albert Langlois et le président du Comité exécutif de la Ville de Montréal, J.-O. Asselin. Ils sont appuyés par toute une brochette de personnalités du milieu des affaires comme Sam Steinberg, vice-président honoraire de la campagne, Phil Lalonde, gérant général du poste CKAC/*La Presse*, Gérard Delage, administrateur de l'Association des hôteliers du Québec, et Taggart Smyth, directeur de la Banque d'Épargne[85]. Le monde du sport est également bien représenté avec Michel Normandin comme porte-parole et Frank Selke comme membre honoraire. On organise même une soirée de lutte au Forum de Montréal le 8 septembre 1954 pour clore la campagne[86]. La somme recueillie est substantielle, environ 300 000 $, qui permettront non seulement de financer une bonne partie de la construction, mais aussi de donner une image publique des policiers assez différente de celle du rapport de l'enquête Caron[87].

Tout en respectant fidèlement les échéanciers et pour un coût d'environ 500 000 $, le Centre est inauguré le 29 juin 1955, en l'absence toutefois du cardinal Léger qui proteste parce que le nouveau centre a obtenu un permis d'alcool et qu'on se propose d'y tenir régulièrement des soirées dansantes[88]. L'inauguration se fait aussi dans un climat d'animosité car la Ville de Montréal a refusé une exemption de taxes pour le Centre social à titre d'œuvre de

Campagne de souscription pour la construction du nouveau Centre social de la Fraternité. Dans l'ordre habituelle : Robert Langlois, vice-président du Syndicat des fonctionnaires municipaux, Jean-Paul Lapointe, président de la Fraternité, Albert Langlois, directeur du Service de police et président honoraire de la campagne de levée de fonds, et René Constant, président du Syndicat des fonctionnaires, remettant un chèque de soutien pour la construction.(*Revue des agents de police*, août 1954).

Le cardinal Paul-Émile Léger remettant sa contribution pour la construction du Centre social de la Fraternité (AFPCUM, août 1954).

bienfaisance et elle vient aussi de refuser aux policiers la permission de vendre des annonces pour la *Revue des agents de police*[89]. La *Revue* s'avère, en effet, une source importante de financement pour la Fraternité qui en tire bon an mal an 15 000 $.

Six ans seulement après son inauguration, le Centre social ne répond déjà plus aux besoins de la Fraternité, l'espace occupée par la Caisse d'économie, le fonds de pension et les bureaux de la Fraternité étant plus important que prévu[90]. Entre 1961 et 1965, plusieurs solutions de rechange sont envisagées, mais il faut attendre la fin des années 1970 pour voir se réaliser l'agrandissement du complexe, rue Gilford.

La Caisse d'économie des policiers de Montréal

Un autre service, une Caisse d'économie, est rapidement organisé pour les membres de la Fraternité, trois ans seulement après la fondation du syndicat. Officiellement fondée le 3 janvier 1946, elle est ainsi présentée dans le tout premier numéro de la *Revue des agents de police* : « Après l'union, l'arbitrage, les augmentations de salaires, les réductions d'heure de travail et la revue, voici la Caisse d'économie[91]. » Au moment de sa création, les objectifs de la Caisse se comparent avec ceux des autres caisses du même genre en Amérique du Nord. On vise à promouvoir l'épargne des membres et à leur offrir une source de crédit à des taux avantageux pour éviter qu'ils ne se retrouvent entre les mains de prêteurs plus douteux et toujours plus coûteux. En septembre 1946, après seulement neuf mois d'opération, la Caisse compte déjà 251 sociétaires et les prêts octroyés atteignent 18 000 $[92]. Cette progression va se poursuivre sans répit par la suite.

En mai 1950, immédiatement après la réorganisation de la Fraternité, la Caisse devient un moyen de fidéliser ses membres puisqu'ils sont les seuls à avoir accès à ses services. Il s'agit d'un levier important pour la Fraternité car, à cette date, la moitié de ses membres ont contracté un prêt à la Caisse pour une somme totale de 107 155 $[93]. Le taux moyen d'endettement est de 270 $ par membre, ce qui illustre l'intégration des policiers à la société de consommation de masse telle qu'elle se développe dans les années 1950.

Assemblée générale des membres de la Caisse d'économie (AFPCUM, mars 1956).

En 1954, l'endettement moyen chez les 1 120 membres qui ont contracté des prêts à la Caisse — sur une possibilité de 1 900 sociétaires — fait un bond spectaculaire pour atteindre 480 $ par personne[94]. Comme en témoigne le rapport annuel, les policiers s'endettent d'abord pour consolider les prêts déjà consentis, pour l'achat d'une automobile, de meubles et de vêtements, mais aussi pour des frais médicaux et dentaires[95]. L'endettement croissant des policiers inquiète les dirigeants de la Fraternité, préoccupation qui va motiver l'implantation de programmes d'assurance-vie et d'assurance-maladie en 1959. On constate, comme chez la majorité des ouvriers de l'époque, que le taux d'endettement augmente à mesure qu'augmentent les salaires[96]. Mais le recours au crédit se poursuit de plus belle. En 1964, l'endettement moyen atteint 830 $ chez les 2 747 membres à qui la Caisse a alloué des prêts totalisant la somme de 2 276 677 $.

Au cours des 18 ans qui vont de la fondation de la Caisse jusqu'en 1964, c'est environ 13 millions de dollars qui sont consentis aux membres à titre de crédit à la consommation[97]. Comme on peut le constater, la Caisse d'économie se révèle être une réussite financière majeure et un service inestimable pour les policiers. Son désir de modernisation débouche en 1963 sur son affiliation à la Fédération des Caisses d'économie et de crédit du Québec, ce qui lui permet d'accéder au système de compensation des chèques. Ses dirigeants se disent alors fiers de participer à la nationalisation de l'économie québécoise en « gardant notre argent chez nous[98] ». Sa forte expansion se matérialise également en 1968 dans la construction d'un édifice tout neuf qu'elle occupe entièrement.

Les programmes d'assurance-vie et d'assurance-maladie

Pour soulager le fardeau financier des membres, la Fraternité va aussi s'intéresser au domaine des assurances. Dès sa réorganisation en avril 1950, elle hausse la prestation de décès de 150 $ à 300 $[99]. Cette mesure n'est toutefois que temporaire puisque, quelques mois plus tard, on propose un tout nouveau programme d'assurance-vie qui accorde 1 000 $ de prestation pour tous les membres. Le programme est entièrement financé à même les revenus rapportés par la *Revue*[100]. Le 1er mai 1952, il est complété par un programme d'assurance-maladie mis sur pied avec la *Imperial Life Insurance Company,* mais administré par la Fraternité. Il offre des indemnités importantes au moment où il n'existe encore ni assurance-hospitalisation, ni assurance-maladie. Deux ans plus tard cependant, la Fraternité dénonce les hausses de prime exigées par la *Imperial Life* et décide d'implanter son propre programme, bonifié régulièrement par la suite à mesure que les coûts d'hospitalisation et des autres soins de santé augmentent. À noter que la Fraternité obtient à partir du contrat de travail négocié en 1953 que la Ville assume totalement le coût de la prime d'assurance-maladie.

En janvier 1961, au moment de l'entrée en vigueur de l'assurance-hospitalisation du Québec, les règlements régissant le programme de la Fraternité doivent être amendés afin d'être harmonisés avec la nouvelle loi québécoise. Il devient complémentaire et supplée aux dépenses non couvertes par la loi. L'année suivante, la Fraternité revient à la charge avec un tout nouveau projet d'assurance, le « Major-Medical », comme on le nomme à l'époque. Le programme dont le trésorier Gérard Soucy est le grand artisan, a comme objectif principal de pourvoir aux carences de l'assurance étatique surtout en matière de maladies dispendieuses et prolongées. Rappelons que les factures de 2 000 $ et plus pour des soins médicaux ne sont pas chose rare à cette époque et qu'elles peuvent acculer n'importe quelle famille à la faillite. Dorénavant, les membres de la Fraternité et leurs familles sont couverts jusqu'à 80 % de tous les frais n'entrant pas dans les normes de l'assurance-hospitalisation.

Épinglette remise par la Fraternité au moment de la retraite des policiers après trente ans de service (AFPCUM).

La Coopérative de consommation

En décembre 1949, la Fraternité se dote aussi d'une Coopérative de consommation, la première coop policière au Canada[101]. Issue de la même philosophie que la première coopérative du genre fondée à Montréal en 1937, la Familiale[102], l'objectif principal de la Coop des policiers est « l'achat pour ses membres de tout produit d'utilité domestique ou autres[103] ». Dès sa fondation, la Coop lance un projet original, celui de la coopérative de construction qui donne naissance au projet « Policeville » au cours de l'année 1950. La Coop fonctionne sur le principe de l'achat en gros des biens et services essentiels aux familles, principe qui permet aux membres de faire des économies importantes. Pour la seule année 1951, le sergent Clovis Trudeau, gérant de la Coop, est fier d'annoncer que les policiers de Montréal ont épargné près de 20 000 $ à cause de leur pouvoir d'achat collectif sur plusieurs articles de quincaillerie, plomberie et appareils électriques[104]. L'année suivante, cette somme atteint 75 000 $ et on envisage déjà la possibilité d'offrir un

Maison de Clovis Trudeau construite par la coopérative de construction de la Coop de la Fraternité, rue Louis-Hémon, dans le quartier Villeray (AFPCUM, septembre 1950).

programme d'assurance-automobile spécifique aux policiers membres de la Coop, projet qui se matérialise en 1955.

En plus d'assurer le fonctionnement du comptoir d'achat, le plus gros du travail des administrateurs de la Coop consiste à négocier les ententes avec les commerçants participants. À compter du début des années 1960, on procède à la publication d'un livret contenant la liste des marchands qui acceptent d'offrir des réductions, réductions qui peuvent représenter entre 10 et 50 % d'escompte sur les différents produits. On évalue ainsi en 1962 qu'une famille moyenne membre de la Coop peut épargner annuellement 409 $ sur des produits comme l'huile à chauffage, l'assurance-automobile, l'essence, les appareils électriques, les produits pharmaceutiques, la peinture, les vêtements et les jouets[105]. Signalons enfin qu'au début des années 1960, la Coop admet comme membres les parents et les amis des 2 800 policiers sociétaires. Ces nouveaux membres auxiliaires ne peuvent toutefois occuper de fonction de direction à la Coop.

Ainsi, au cours des années 1950 à 1965, la Fraternité non seulement devient un puissant instrument sur le plan de la négociation des contrats de travail, mais elle met aussi au point toute une gamme de services directs aux membres qui vont renforcer son enracinement parmi les policiers montréalais. Avec un Centre social qui regroupe sous un même toit l'ensemble de ses services, une Caisse d'économie dynamique ouvrant l'accès aux biens et services de consommation, des programmes d'assurance-vie et de d'assurance-maladie entièrement gérés par la Fraternité, un fonds de pension réorganisé et rapatrié à la Fraternité, les policiers de Montréal jouissent d'avantages tellement importants que la pertinence du syndicat n'est plus à démontrer. Pour le président Jean-Paul Lapointe, principal artisan de cette vaste entreprise, cette orientation est aussi idéologique. Si les services servent d'abord à accroître la crédibilité de la Fraternité, ils visent aussi à assurer un bien-être matériel servant d'antidote aux idées un peu trop révolutionnaires qui commencent à circuler à l'époque : « Cette formule est importante, déclare-t-il en 1962, pour ne pas que le policier se laisse tenter par des idées subversives. Les policiers montréalais ne se laisseront pas facilement endoctriner, car ils devraient renier tous les avantages que leur procure la Fraternité et qui leur profite, à tous, sans exception[106]. »

Mais cette philosophie, même si elle renforce la nécessité du syndicat dans l'esprit des membres, a aussi pour effet de les démobiliser car ils ont tendance à laisser à la direction le soin des affaires syndicales. En mai 1959, brisant avec une tradition établie dès la fondation de la Fraternité, l'Exécutif décide de réduire de douze à six le nombre d'assemblées annuelles obligatoires. Et

Le club Langelier de chasse et pêche

En 1957, la Fraternité acquiert un club de chasse et pêche, le club Langelier. Site exceptionnel dans la région de La Tuque, il est encore aujourd'hui le paradis des policiers amateurs de chasse, de pêche et de plein-air.

Quant au mode d'acquisition du club, les versions diffèrent sensiblement. Au départ, en mars 1957, un premier site est envisagé dans la région de Mont-Laurier. Il s'agit du camp de l'ex-capitaine Lamoureux, situé sur le Grand Lac Baskatong. Toutefois, lors de leur visite au ministère de la Chasse et de la Pêche à Québec, les membres de l'Exécutif prennent connaissance d'autres sites possibles, dont le club Langelier, club privé appartenant à des intérêts américains. Mais sa valeur approximative, 50 000 $, dépasse les ressources de la Fraternité. Cependant, selon la version du président Lapointe, on apprit que le club devait être mis en vente publiquement comme l'exigeait la loi lorsqu'il y avait un changement de propriétaire. Le ministère fixa une journée où tous les groupes intéressés devaient se rendre au domaine et où le territoire, mis aux enchères, était octroyé au plus offrant. L'Exécutif de la Fraternité apprit que des millionnaires américains venant de l'État d'Iowa s'apprêtaient à faire une offre. Mais des vents violents retardèrent le voyage de ceux-ci et un orage les immobilisa à leur descente d'avion à Dorval. Ils tentèrent de téléphoner au domaine, mais ne purent établir la communication à cause de l'orage. L'offre de la Fraternité, 25 000 $, est alors acceptée. Plus tard, on saura que les Américains voulaient offrir 45 000 $.

Une autre version, celle de l'ancien président Roger Lavigueur, veut que la vente se soit effectuée en l'espace de trois jours, après que le trésorier Gérard Soucy ait eu vent du ministère, un vendredi, que le site allait être vendu. Il visitait le club pendant la fin de semaine et faisait une offre le lundi matin suivant, tout juste avant celle d'un médecin qui était prêt à offrir le double. Une troisième version, celle parue dans la *Revue des agents de police,* indique que les propriétaires américains sont de New York et que la vente s'est effectuée selon les normes habituelles. On peut lire dans le procès-verbal de l'Exécutif: « Une offre de vente valable pour trente jours ayant été signée, le comité a recommandé à l'exécutif de la Fraternité de donner suite à cette offre et de prendre les dispositions nécessaires. »

Mais, peu importe la version, la Fraternité permettait, en 1957, à 200 de ses membres, moyennant l'achat d'une part-action de 100 $, de devenir propriétaires d'un vaste domaine. Situé à seulement 35 kilomètres de La Tuque, il comprend 53 lacs et 12 chalets sur un territoire de plus de 93 kilomètres carrés.

(Source : Le Petit Journal, 18 août 1987, p. 34 ; Roger Lavigueur, « Entrevue »,
3 décembre 1997 ; RAP, août 1957, p. 25).

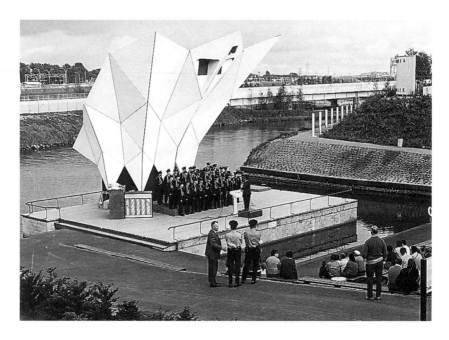

Symphonie vocale de la Fraternité, fondée en 1956 et invitée à donner des spectacles à l'occasion de l'Exposition universelle de Montréal (AFPCUM).

même alors ce n'est en moyenne qu'environ deux cents membres qui participent aux assemblées générales, soit à peine 10 % des effectifs. Le président Lapointe va déplorer cette indifférence, expliquant que les syndiqués sont devenus « trop gâtés, qu'ils sont montés à un niveau social trop avancé. Notre syndicat est parfait dans son exécutif et faible dans ses membres ». Il y voit la conséquence des nombreux avantages qu'offre la Fraternité[107]. En effet, les policiers ont de meilleurs revenus et nombreux sont ceux qui profitent des prêts hypothécaires mis à leur disposition pour devenir propriétaires et s'établir en banlieue. Plus de cent policiers par an s'établissent alors à l'extérieur de Montréal. Ils s'intègrent ainsi à la société de consommation, suivant le modèle de nombreux jeunes ménages des années 1950 et 1960[108].

La négociation des conditions de travail

Pendant la période étudiée, la Fraternité négocie avec la Ville de Montréal huit conventions collectives qui valent aux policiers une amélioration substantielle de leurs conditions de travail. Le président Lapointe et le trésorier Gérard Soucy, qui sont les maîtres d'œuvre de ce dossier, consacrent un temps considérable à la préparation des revendications syndicales. Au cours des négociations, ils doivent aussi faire face à la volonté répétée de la Ville d'éliminer les officiers de l'unité d'accréditation.

Contestation de l'unité d'accréditation syndicale

Pour la Ville, les officiers du Service de police, notamment les capitaines, sont l'équivalent des cadres dans une entreprise, et ils n'ont donc pas leur place dans la même unité d'accréditation que les constables. La Fraternité tient au contraire à les conserver dans ses rangs depuis que la Commission des relations ouvrières en a convenu ainsi dans la première convention collective signée en 1944. Cette question sera un sujet de litige permanent avec les autorités municipales bien au-delà des années 1950 et 1960.

Comme on l'a vu au chapitre précédent, les officiers ont participé en 1918 et en 1943 à la démarche visant à faire reconnaître le syndicalisme policier par la Ville. Se sentant alors plus d'affinités avec les policiers qu'avec l'État-major, ils veulent notamment combattre le système d'embauche et de promotion, dépendant trop souvent des « faveurs politiques » des conseillers municipaux. En général, il semble aussi qu'à cette époque les unités d'accréditation de syndicats de policiers au Canada et aux États-Unis ont inclu les officiers, ce qui a certainement renforcé le désir des officiers montréalais de vouloir faire partie du syndicat.

Le premier rapport d'arbitrage Brossard en 1943 ne contestait pas le droit des officiers de faire partie du syndicat, et le second en 1944 déterminait les conditions de travail d'une première convention collective qui incluait les officiers jusqu'au grade de capitaine. Avant la signature du contrat de travail avec la Fraternité en juin 1944, la Ville a cherché à exclure les officiers de l'unité de l'accréditation, mais s'est vu opposer un refus de la part de la Commission des relations ouvrières[109]. Elle est revenue à la charge pour les capitaines en mai 1945, mais sans plus de succès.

Lors de la réorganisation de la Fraternité en avril 1950, au moment où on doit procéder à une nouvelle incorporation du syndicat, la Ville soulève à nouveau cette question. À sa réunion du 30 octobre 1950, le Comité exécutif adopte une résolution pour que les avocats de la Ville s'adressent à la Commission des relations ouvrières afin que soient exclus du syndicat les capitaines et les capitaines-détectives[110]. En réplique, la Fraternité, qui adopte une stratégie offensive, demande elle aussi une modification à l'unité d'accréditation syndicale, mais pour l'élargir davantage en y incluant les assistants-inspecteurs[111]. Les séances de la Commission des relations ouvrières sont nombreuses à être consacrées à ce dossier et s'échelonnent du mois de décembre 1950 au mois de mai 1951. « Quel acharnement presque inexplicable, écrit le président Lapointe. Tous savent que déjà à trois reprises, soit les 26 mai 1944, 17 mai 1945 et 13 juin 1950, la Commission s'est prononcée catégoriquement contre cette prétention de la Cité. Pourquoi forcer une quatrième fois la Commission, en 1951, à reconsidérer tout le problème[112] ? » L'avocat de la Ville ne réussit pas cependant à démontrer la thèse selon laquelle un capitaine de police pourrait être brimé dans l'exercice de ses fonctions parce qu'il est membre du syndicat. Aussi la Fraternité conserve-t-elle intacte son unité d'accréditation.

La question refait surface en 1955. L'administration Drapeau adopte cette fois une stratégie différente : elle réclame du législateur un « bill particulier » qui permettrait de créer une association distincte pour les capitaines de police[113]. Mais c'est encore une fois peine perdue. De retour au pouvoir en 1960, le maire Drapeau remet de nouveau en question l'accréditation des capitaines dans le cadre de la grande réforme de l'administration policière proposée par les deux spécialistes européens, Way et Gaubiac. Profitant de la décentralisation proposée, la Ville va encore une fois exiger la création de deux entités syndicales : une pour les constables et une autre pour les officiers[114]. La Fraternité s'interroge alors sur les intentions véritables du Comité exécutif et reçoit l'appui de la FTQ pour la défendre auprès du premier ministre Jean Lesage[115]. Cependant, la Ville ne donne pas suite à ses intentions[116]. Mais elle n'abandonnera pas la partie et la question resurgira périodiquement au cours des années suivantes.

Les contrats de travail : entente et arbitrage

En 1950, le policier montréalais de première classe (quatre ans d'expérience) touche 2 860 $, travaille 48 heures par semaine réparties sur 6 jours de 8 heures de travail. S'il effectue des heures supplémentaires, il est rémunéré à raison de 1,50 $ l'heure. Outre 6 jours de congés payés pour des jours fériés, il jouit également de 15 jours de vacances chaque année s'il a moins de 15 ans de service et 21 jours s'il en a davantage. Quinze ans plus tard, en 1965, ces conditions de travail se sont considérablement améliorées. Toujours pour le même policier, le salaire annuel a fait plus que doubler, atteignant 6 350 $; il reçoit en plus une prime de 52 $ pour chaque tranche de 5 ans de service. Sa

Séance d'arbitrage au vieux Palais de justice. Debout à gauche, papiers en mains, Me Guy Merill-Desaulniers, procureur de la Fraternité et, assis à sa gauche, Me Hermann Primeau, procureur de la Ville (*La Presse*, 29 mars 1951).

semaine régulière de travail comprend 40 heures réparties sur 5 jours de 8 heures. Le travail supplémentaire est rémunéré au taux de 3,25 $ l'heure, deux fois plus qu'en 1950. La période allouée pour les vacances ne change pas, mais les jours de congés fériés sont plus nombreux en 1965, 10 au total. Le policier bénéficie également d'une assurance-maladie dont la Ville paie une bonne partie de la prime. Ces avantages sont obtenus après des négociations serrées dont certaines ont failli déboucher sur des grèves. Examinons plus en détail ces négociations.

Comme nous le signalions plus haut, la Fraternité conclut huit contrats de travail avec la Ville de 1951 à 1965 ; quatre le sont directement à la table des négociations et quatre autres nécessitent un arbitrage selon la loi de 1944. La plupart des conventions collectives et arbitrages déterminent les conditions de travail des policiers pour une période de deux ans. La direction de la Fraternité est évidemment satisfaite des ententes qu'elle a conclues sans faire appel à un arbitre. Sa réaction est partagée dans le cas des décisions arbitrales : deux la satisfont pleinement, celles des conseils d'arbitrage présidés par Me André Régnier en 1951 et par le juge Paul Hurteau en 1960, tandis que les décisions rendues par les conseils dirigés par Me Roland Paquettte en 1953 et par le juge Albert Mayrand en 1965 soulèvent l'ire de la direction et de ses membres.

En 1950, la Fraternité décide de faire appel à un conseil d'arbitrage pour dénouer l'impasse dans ses négociations avec la Ville. Le président Lapointe se réjouit de cette décision car la sentence du tribunal présidé par Me Régnier se révélera, à ses yeux, « un éclatant succès, une très grande victoire »[117]. La satisfaction du syndicat vient notamment du fait qu'il obtient pour ses membres une hausse générale de 300 $ du salaire de base et l'incorporation aux salaires du boni de vie chère. Depuis 1949, les policiers se prémunissent, en effet, contre la hausse du coût de la vie en obtenant chaque année un boni correspondant à l'augmentation du coût de la vie. Ils ne veulent pas faire les frais de la forte inflation qui sévit durant l'après-guerre.

En 1950, l'inflation est finalement vaincue au Canada et c'est à un recul des prix auquel on assiste à partir de 1953 *(voir le tableau 2.3)*. Au début de 1952, la Fraternité se rend compte du renversement de cette tendance et veut mettre fin au boni de vie chère. Ses dirigeants craignent qu'un recul des prix ne se traduise par une diminution des salaires des policiers. Ils réclament alors, à l'exemple des policiers torontois, « un salaire compact, global, intact, soustrait aux fluctuations des incertitudes de l'heure présente[118] ». C'est pourquoi, en septembre 1952, ils refusent les offres de la Ville pour le renouvellement de leur contrat de travail et font appel, de nouveau, à un conseil d'arbitrage, qui sera présidé par le juge Roland Paquette de la cour municipale.

La décision rendue en avril 1953 crée toute une commotion : elle maintient pour les deux prochaines années le boni de vie chère, ce qui va se traduire effectivement par une baisse significative de salaire et repousser encore plus loin les policiers montréalais dont la rémunération se situe alors au 55e rang lorsqu'on la compare à celle des policiers d'autres villes canadiennes (première classe[119]). À l'assemblée des policiers du 29 avril 1953, le président Lapointe, le conseiller juridique Guy Merrill-Desaulniers et l'aumônier Boulay ont toutes les peines du monde à empêcher le déclenchement d'une grève. La direction décide alors d'essayer d'obtenir justice du côté du conseil municipal[120]. En juin, elle réclame officiellement du Comité exécutif de la Ville la réouverture des négociations et se joint aux autres syndicats de la ville (fonctionnaires, pompiers, employés manuels) pour former un cartel des « unions » des employés municipaux dont le président Lapointe assume la direction[121]. Eux aussi sont touchés par des décisions de conseils d'arbitrage présidés également par Me Paquette et ils se plaignent des sentences rendues. En septembre, ils offrent au Comité exécutif de signer un contrat de trois ans qui comprendrait les stipulations des décisions arbitrales pour les deux premières années (plus une compensation financière selon le mérite) et, pour les policiers, des augmentations de salaire qui les placeraient sur un pied d'égalité avec ceux de Toronto[122].

La Fraternité en vient le mois suivant à une entente qui respecte l'arbi-

Signature de la convention collective de 1963. De gauche à droite, J.-Adrien Robert, directeur du Service de la police ; Jean-Paul Picard, trésorier de la Fraternité ; le président Jean-Paul Lapointe ; Albert Castonguay, greffier-adjoint de la Ville ; Lucien Saulnier, président du Comité exécutif et Mᵉ Jean Drapeau, maire de Montréal (*La Presse*, 24 janvier 1963).

trage Paquette pour 1953 et 1954 tout en étendant la convention à l'année 1955. Elle fait peu de gain du côté salarial (prime de 140 $ pour 1954 et de 150 $ pour 1955), mais élargit les avantages sociaux dont jouissent les policiers : la Ville augmente, à partir de 1953, sa quote-part au fonds de pension de 8 à 11 % et paie la totalité de la prime d'assurance-maladie (ce qui représente 148,35 $ comme prestation indirecte par policier en 1953[123]). Le boni de vie chère est maintenu pour 1954, mais il est intégré au salaire l'année suivante et disparaît par la suite. Pour la direction, l'entente apparaît convenable « dans les circonstances[124] ». Comme on peut le noter au tableau 2.3, le salaire des policiers fléchit substantiellement en 1954 et 1955, mais on pense avoir reçu une compensation intéressante en termes d'avantages sociaux.

Les négociations ultérieures avec la Ville se déroulent sans trop d'anicroches ; la direction de la Fraternité et les policiers sont en général satisfaits, parfois heureux, des ententes conclues. Il en va tout autrement de la décision du conseil d'arbitrage Mayrand rendue en 1965. C'est la Fraternité qui, insatisfaite des propositions patronales, demande la conciliation puis la constitution d'un tribunal d'arbitrage en janvier de cette année-là. Elle accuse la Ville de vouloir retirer des droits acquis aux policiers et de réduire la sécurité de leurs conditions de travail en souhaitant notamment augmenter les heures de travail dans certaines fonctions spéciales où ils ne travaillaient que six heures à cause du stress : direction de la circulation, service à moto, postes au studio de radio. Les salaires sont aussi au cœur du litige : on exige une rémunération qui soit comparable à celle versée aux policiers torontois[125].

Le rapport d'arbitrage rendu public en octobre maintient le statu quo en ce qui touche la journée de six heures pour certaines tâches, mais là où il rend les policiers mécontents, c'est du côté des augmentations salariales. Pour la première année de la convention, le rapport prévoit une hausse de 405 $, alors que pour la deuxième les policiers doivent se contenter d'une augmentation de 150 $, soit à peine 2,6 %[126]. La plupart des policiers sont furieux constate le journaliste de *La Presse* à la sortie de l'assemblée où ils sont informés de la sentence[127]. Ils ordonnent au comité de négociation de retourner auprès de la partie patronale pour en arriver à une meilleure entente. La Ville s'y refuse. Au cours d'une autre assemblée tumultueuse, ils acceptent finalement l'offre d'augmentation par vote sur division où le nom du chef de police, J.-Adrien Robert, est hué copieusement lorsqu'il est prononcé. On le rend responsable des nouvelles clauses touchant la charge de travail que la Ville veut faire insérer dans la convention[128]. D'ailleurs, ce dernier a déjà démissionné de ses fonctions, remplacé par Jean-Paul Gilbert, lequel jouit alors de la confiance des policiers.

L'automne suivant, les négociations reprennent en vue du prochain contrat de travail et aboutissent à une entente qualifiée de « brillante victoire » par la direction, étant donné que les policiers montréalais obtiennent « les meilleurs salaires au Canada[129] ». Mais plusieurs membres ne l'entendent pas ainsi et l'acceptation de l'entente n'est pas facile. Ce mécontentement reflète le nouveau climat qui commence à régner chez les policiers montréalais, comme nous le verrons dans le prochain chapitre.

Évaluation de la négociation

Pendant toute la période, la question de la rémunération est au cœur des préoccupations de la Fraternité lorsque vient le temps de négocier avec la Ville. En 1956, le président Lapointe estime que la rémunération d'un policier doit se comparer à celle d'un ouvrier spécialisé parce que son travail est délicat et lourd de responsabilités et qu'il doit se soumettre à une discipline toujours très sévère[130]. Sa fonction est d'autant plus pénible qu'il travaille la nuit, le dimanche et les jours de fêtes, ce qui l'empêche d'avoir une vie normale avec sa famille et ses amis[131]. Le plus souvent, la Fraternité justifie les augmentations demandées en faisant valoir que les policiers doivent toucher une rémunération comparable à celle des policiers d'autres grandes villes canadiennes, notamment Toronto où les policiers jouissent presque toujours d'une longueur d'avance sur ceux de Montréal. « Si Montréal est la plus grosse ville du Canada et que naturellement elle requiert le meilleur rendement de ses agents de police, pourquoi ses policiers, fait valoir le trésorier Gérard Soucy, ne recevraient-ils pas de plus gros salaires que leurs congénères de toutes les autres cités ou villes du pays[132] ? » Le travail du policier, soutient-il, y est plus pénible et dangereux qu'ailleurs à cause du caractère portuaire, cosmopolite, touristique et industriel de la métropole. Des problèmes plus aigus, comme la lutte contre la prostitution et la pègre, la circulation intense, le climat rigoureux, la nécessité d'être bilingue, commandent, selon lui, le meilleur salaire au pays.

Pendant la période étudiée, la rémunération des policiers montréalais a plus que doublé (115 %) alors que l'indice du coût de la vie à Montréal ne s'est accru que de 33 %. Leur pouvoir d'achat s'est donc considérablement amélioré, tout comme d'ailleurs celui des salariés montréalais en général, qui ont vu eux aussi leur rémunération être multipliée par deux. L'écart favorable des salaires entre les policiers et les salariés montréalais s'est maintenu environ au tiers *(tableau 2.3)* et, en général, leur rémunération se compare à celle des ouvriers qualifiés les mieux payés, avec l'avantage d'une plus grande sécurité d'emploi.

Au milieu des années 1950 par contre, à la suite de l'arbitrage Paquette, leur rémunération fléchit d'environ 500 $ par année, ce qui a pour effet de réduire sensiblement l'écart avec les salariés montréalais. La Ville augmente sa quote-part au fonds de pension de 8 à 11 % et paie complètement la prime d'assurance-maladie, ce qui ne compense pas cependant complètement la perte salariale (ces prestations équivalent à 148,35 $ en 1953 pour un policier de première classe[133]). Pour 1956 et 1957, les salaires augmentent très peu, la Fraternité préférant obtenir une diminution de la semaine de travail de 48 à 40 heures sans perte salariale (semaine de 5 jours), un avantage dont jouissent alors bon nombre de salariés syndiqués montréalais

En 1953, la Fraternité commence à réclamer une compensation monétaire accordée selon l'ancienneté *(merit system)* car, après quatre années de service, les policiers voient leur salaire gelé dans l'échelle salariale à moins d'obtenir une promotion. La mesure existe déjà à Toronto. Ce n'est qu'en 1960, selon la sentence arbitrale Hurteau, que les policiers montréalais en viennent enfin à toucher une paie de service ajoutée à l'échelle salariale : 52 $ additionnels après chaque tranche de cinq ans de service pour les constables et après chaque tranche de trois ans de service pour les officiers[134]. D'autres avantages ayant des connotations salariales sont obtenus à divers moments : ainsi l'écart salarial s'est élargi entre les constables de première classe et les officiers à partir de 1958 *(voir le tableau 2.4)* et les heures supplémentaires sont complètement payées à partir de 1960 (2,50 $ l'heure).

Il est une autre question qui préoccupe grandement la Fraternité au cours

Tableau 2.3 — Échelle salariale des policiers de première classe (1950-1965)

	Salaires annuels des policiers de 1re classe	Salaire annuel moyen dans le Montréal métropolitain	Écart en faveur des policiers	Indice du coût de la vie à Montréal (1949 = 100)
1950	2 873 $	2 266 $	26,7 %	103,7
1951	3 707 $	2 480 $	49,4 %	116,1
1952	4 187 $	2 716 $	54,1 %	117,6
1953	4 150 $	2 891 $	43,5 %	116,3
1954	3 662 $	2 985 $	22,6 %	116,8
1955	3 672 $	3 103 $	18,3 %	116,9
1956	3 772 $	3 266 $	15,5 %	118,4
1957	3 772 $	3 438 $	9,7 %	121,8
1958	4 300 $	3 581 $	20,1 %	125,5
1959	4 300 $	3 745 $	14,8 %	126,9
1960	4 800 $	3 880 $	23,7 %	127,9
1961	5 000 $	4 007 $	24,8 %	129,3
1962	5 400 $	4 151 $	30,1 %	130,9
1963	5 600 $	4 286 $	30,6 %	133,0
1964	5 795 $	4 440 $	30,5 %	135,1
1965	6 200 $	4 690 $	32,1 %	138,0

Source : Ces données valent à compter du 1er décembre de l'année précédente jusqu'au 30 novembre de l'année indiquée. De 1950 à 1954, le boni de vie chère a été ajouté au salaire. (AFPCUM, *Conventions collectives intervenues entre la Cité de Montréal et la Fraternité des policiers de Montréal, 1948-1965. Annuaire du Québec,* 1968-1969, p. 720 ; 1970, p. 370).

des négociations et sur laquelle il vaut la peine de s'arrêter. Il s'agit de l'ancienneté dans les promotions et de l'assignation aux fonctions. En se fondant sur une pratique déjà en vigueur à Détroit, le président Lapointe fait valoir en 1959 l'idée que les promotions des policiers doivent être, comme partout ailleurs, basées sur l'ancienneté afin de mettre fin aux trop nombreuses « influences internes et externes », dont celles des conseillers municipaux et des membres du Comité exécutif. Il suggère la création d'un bureau d'assignation aux fonctions « sous l'autorité du directeur de la police et avec la collaboration du syndicat » pour gérer les promotions et les permutations[135]. Un

Tableau 2.4 — Échelle salariale des policiers
de Montréal selon les grades (1950-1965)

	1950	1955	1960	1965
Capitaines détectives	3 873 $	4 772 $	6 550 $	8 400 $
Lieutenants détectives	3 723 $	4 572 $	6 200 $	8 000 $
Sergents détectives	3 573 $	4 372 $	5 850 $	7 600 $
Détectives (1re classe)	3 373 $	4 172 $	5 500 $	7 100 $
Détectives (2e classe)	3 073 $	3 972 $	5 150 $	
Capitaines	3 573 $	4 372 $	5 850 $	7 600 $
Lieutenants	3 373 $	4 172 $	5 500 $	7 200 $
Sergents	3 073 $	3 872 $	5 150 $	6 700 $
Constables (1re classe)	2 873 $	3 672 $	4 800 $	6 200 $
Constables (2e classe)	2 523 $	3 322 $	4 400 $	5 800 $
Constables (3e classe)	2 223 $	3 022 $	4 100 $	5 455 $
Constables (4e classe)	2 023 $	2 822 $	3 800 $	4 805 $
Policières (1re classe)	2 473 $	3 272 $	4 500 $	5 900 $
Policières (2e classe)	2 273 $	3 072 $	4 000 $	5 400 $
Policières (3e classe)	2 073 $	2 872 $	3 800 $	5 155 $
Policières (4e classe)	1 873 $	2 672 $	3 600 $	4 605 $

Source : Ces données valent à compter du 1er décembre de l'année précédente jusqu'au 30 novembre de l'année indiquée. De 1950 à 1954, le boni de vie chère a été ajoutée au salaire (AFPCUM, *Conventions collectives intervenues entre la Cité de Montréal et la Fraternité des policiers de Montréal*, 1948-1965).

tel système lui apparaît plus équitable et plus efficace. La sentence arbitrale Hurteau en 1960 retient l'idée que la permutation à une fonction différente doit être établie en fonction de l'ancienneté tout en laissant au directeur la possibilité de refuser la permutation d'un policier lorsqu'il le juge inapte à remplir la fonction[136]. La Ville voudra resserrer cette ouverture à la convention suivante en insistant sur la compétence et le mérite dans les assignations et en exigeant de suivre un cours pour être admissible. La Fraternité réussit cependant à faire ajouter à la clause touchant les promotions qu'« à compétence égale, l'ancienneté prime[137] ».

En général donc, les conventions collectives et les arbitrages signés avec la Ville se sont traduits par une amélioration considérable des salaires et des conditions de travail des policiers. Leur évolution est cependant comparable à celle des ouvriers qualifiés syndiqués et leurs salaires ont tendance à être d'un tiers supérieurs à ceux que touchent en moyenne les salariés montréalais. La plupart du temps, les policiers sont satisfaits des conventions signées quoique, à la fin de la période 1950-1965, commencent à poindre de nouvelles attentes portées particulièrement par la nouvelle cohorte de policiers embauchés au début des années 1960.

⁎ ⁎ ⁎

Les années où le président Lapointe a été à la barre de la Fraternité représentent une évolution significative dans son orientation. D'un syndicalisme combatif qui a pour objectif la reconnaissance du droit à la négociation pour les policiers montréalais et par la suite pour l'ensemble des policiers municipaux du Québec dans la Fraternité canadienne des policiers, on passe à un syndicalisme replié sur Montréal et axé sur la négociation de bonnes conventions collectives et sur l'offre de toute une gamme de services aux membres. La direction veut démontrer que l'appartenance à la Fraternité et la cotisation syndicale payée par les policiers leur valent de nombreux bénéfices. Traçant le bilan en 1958 des réalisations de la Fraternité depuis sa création, le président Lapointe insiste sur les gains matériels réalisés au cours de cette période :

> En 1950, lors de la fondation de notre présente Fraternité, après la dissolution de l'ancienne Fraternité, nous avions tracé un programme d'action pour l'avenir. Je proposais un salaire annuel de 4 200 $ pour tous les policiers, la semaine de 40 heures, la refonte du fonds de pension, etc. Est-il nécessaire que je rappelle aujour-

d'hui que ce programme a été suivi à la lettre et même dépassé. Le salaire du policier n'est pas de 4 200 $ mais de 4 300 $; tous bénéficient de la semaine de 40 heures ; le fonds de pension est passé de 3 000 000 $ à 11 000 000 $[138].

Il aurait pu ajouter que la Fraternité offre à ses membres un vaste éventail de services allant de la Caisse d'économie à l'assurance-maladie, le tout sous un même toit dans un vaste bâtiment, le Centre, qui appartient au syndicat. La Fraternité a aussi mis la main sur l'administration du fonds de pension qui gère un actif de plus de 25 millions de dollars en 1963[139]. Cette orientation contribue à faire de la Fraternité une organisation dynamique, efficace et performante, à laquelle les membres sont attachés. À la fin de la période, on note des tendances qui orientent la Fraternité vers des objectifs qui vont au-delà des services et de la négociation collective. Les attentes des policiers changent à l'exemple d'ailleurs du reste du mouvement syndical au Québec qui radicalise son discours et ses pratiques à partir du milieu des années 1960.

CHAPITRE TROIS

La Fraternité se radicalise (1965-1975)

Les années 1965-1975 sont marquées par une radicalisation des membres et du syndicat de la Fraternité des policiers de Montréal. Deux événements majeurs ressortent, la grève des policiers du 7 octobre 1969 et l'intégration des corps de police de l'île de Montréal amorcée en 1972. Ce dernier changement se traduit par l'élargissement des cadres de la Fraternité à l'ensemble des policiers des banlieues de la Ville de Montréal. La Fraternité des policiers de Montréal est ainsi devenue la Fraternité des policiers de la Communauté urbaine de Montréal en 1972 avec un effectif qui est passé de 3 965 à 5 172 de 1970 à 1975.

Pendant cette décennie, Jean Drapeau, chef du Parti civique, occupe toujours le poste de maire où il règne en maître sur l'hôtel de ville de Montréal. Jusqu'en 1970, il forme avec Lucien Saulnier, président du Comité exécutif, un tandem efficace et autoritaire qui se fait fort de faire de la métropole une grande ville moderne. Réélus avec de fortes majorités en 1966, 1970 et 1974, le maire et les conseillers de son parti apportent une attention spéciale au développement du centre-ville et sont toujours animés par la volonté de réaliser de grands projets. À la tenue d'Expo 67 succède l'obtention des Jeux olympiques de 1976, dont la réalisation hypothèque cependant les finances publiques de la métropole et aussi… du gouvernement du Québec.

À la fin des années 1960, la Ville connaît de graves problèmes financiers, et la nécessité d'un gouvernement municipal métropolitain devient de plus en plus criante pour absorber les coûts des services dont profitent aussi les banlieusards. Depuis les années 1950, l'administration Drapeau préfère l'annexion à Montréal de toutes les villes de banlieue à la formation d'un nouvel organisme métropolitain qui prendrait en charge un certain nombre de responsabilités communes et où Montréal devrait partager son autorité. Mais cette dernière solution se heurte à l'opposition de la plupart de ces villes qui tiennent à conserver leur autonomie. Finalement, la Ville de Montréal doit accepter la création d'une structure régionale après la grève des policiers d'octobre 1969, car sa situation financière ne lui permet plus d'absorber seule le coût élevé du Service de police. De là, la création de la Communauté urbaine de Montréal en janvier 1970 et l'intégration graduelle des services de police à partir de 1972. La grève menée par la Fraternité en 1969 représente donc un élément déterminant dans la formation d'un gouvernement régional pour la métropole.

Cette grève illustre la radicalisation de la Fraternité qui commence à se manifester dès le milieu des années 1960, à l'instar d'ailleurs de l'ensemble du mouvement syndical québécois. Le climat social est propice à la contestation dans les années 1960 et 1970, et les policiers, les jeunes notamment, subissent l'influence de ce contexte sociopolitique. Il conditionne fortement les pratiques syndicales de la Fraternité, d'autant plus que Montréal est le lieu par excellence de l'agitation sociale et politique au Québec.

En 1960, l'élection du Parti libéral de Jean Lesage est accueillie avec soulagement par le mouvement syndical et par les groupes de gauche qui ont subi la répression du gouvernement Duplessis depuis la fin de la Deuxième Guerre. Les réformes mises de l'avant par l'administration libérale jusqu'en 1966 et qui constituent ce qu'on appelle la Révolution tranquille répondent aux attentes des centrales syndicales et des éléments réformistes de la société. Mais, au milieu des années 1960, commencent à se répandre dans certains milieux un espoir de réformes sociales encore plus profondes et une critique de plus en plus vive du système économique. On retrouve ces éléments contestataires chez certains intellectuels, dans les groupes populaires, au sein des comités de citoyens et dans le mouvement syndical qui radicalise sa critique du système capitaliste.

Au-delà du discours, la radicalisation du syndicalisme s'affirme aussi dans les lieux de travail par une augmentation spectaculaire du nombre et de l'intensité des conflits de travail. De 1966 à 1975, il y a près de quatre fois plus de grèves et de lock-out au Québec que pendant la décennie antérieure[1]. C'est donc dire que la grève des policiers de Montréal en 1969 survient à un moment où la propension à la grève est importante. Cette année-là, il y a quelque 141 arrêts de travail au Québec où sont engagés plus de 100 000 tra-

Policiers devant le magasin Eaton qui célèbre, en 1969, son centième anniversaire. Le FLQ y fait sauter une bombe en novembre 1968 (*La Presse*, 27 novembre 1969).

vailleurs et travailleuses[2]. Certains conflits prennent une tournure dramatique et tournent à la violence. Qu'on se rappelle de la grève de Seven-up en 1967-1968, et celle de *La Presse* en 1971, du Front commun de 1972, de l'emprisonnement des présidents des trois grandes centrales syndicales la même année et le long conflit de la United Aircraft en 1974-1975. Il n'est donc pas rare que les policiers doivent intervenir dans des conflits de travail ou à l'occasion de nombreuses manifestations dans les rues de Montréal. Il est significatif que ce soit en 1968 que le Service de police se dote d'une escouade antiémeute pour mieux maîtriser les foules.

La contestation sociale au Québec subit l'influence de mouvements similaires partout en Occident. C'est l'époque de la révolte étudiante en France en mai 1968, des soulèvements des Noirs dans les villes américaines, des manifestations monstres contre la guerre du Vietnam et de l'apparition du terrorisme urbain aux États-Unis. Montréal n'échappe pas non plus à la violence politique avec l'apparition du Front de libération du Québec (FLQ), qui fait sauter plusieurs bombes dans la métropole à partir de 1963, dont environ une soixantaine, pour la plupart de forte puissance, entre 1968 et 1970[3]. Sept personnes sont directement victimes de son action. Le FLQ se nourrit de l'idée de la nécessité d'une révolution sociale pour mettre fin à l'oppression des travailleurs et pour affranchir le peuple francophone de la domination du Canada anglais.

Évidemment, la question nationale contribue à perturber encore davantage les tensions sociales : les francophones prennent conscience de leur infériorité économique et du peu de prestige de leur langue. Des partis indépendantistes, dont le Rassemblement pour l'indépendance nationale né en 1963 et le Parti québécois fondé en 1968, deviennent des partis de masse. Nombreuses sont les manifestations à connotation nationaliste pendant ces années dans les rues de Montréal. Ainsi, après la confrontation au cours du défilé de la Saint-Jean-Baptiste en juin 1968, on assiste l'année suivante en mars aux manifestations bruyantes de McGill français (15 000 personnes), en septembre à celles de Saint-Léonard où des gaz lacrymogènes sont utilisés pour disperser la foule et, à la fin d'octobre, au plus important rassemblement de protestation à Montréal, celui dirigé contre le projet de loi 63 sur la langue (30 000 personnes). La grève des policiers au début d'octobre se situe dans cette mouvance.

Le mouvement de protestation culmine l'année suivante avec la crise d'Octobre : le gouvernement fédéral suspend les libertés civiles en imposant la Loi des mesures de guerre. On fait appel à l'armée, près de cinq cents personnes sont arrêtées et des perquisitions ont lieu sans mandat chez des milliers d'autres. L'adoption de la loi fait suite aux actions terroristes des membres du FLQ, notamment à l'enlèvement du diplomate britannique James R. Cross et, quelques jours plus tard, à celui du ministre québécois du Travail, Pierre Laporte, exécuté par ses ravisseurs. Pour certains ministres fédéraux, le FLQ compte des milliers de membres au Québec et la province est au bord de l'anarchie. En vertu de la Loi des mesures de guerre, on fait arrêter, sans mandat, des centaines de personnes. L'action terroriste du FLQ cesse par la suite, mais le climat social est toujours perturbé par des manifestations et des grèves. Au cours de ces événements, les policiers montréalais sont souvent amenés à assurer l'ordre et à réprimer les débordements. Ces gestes ne les immunisent cependant pas contre la volonté de changement social et le désir de tirer avantage de la croissance économique. Partageant avec les autres travailleurs syndiqués des attentes élevées envers le système économique, les policiers montréalais radicalisent leur action syndicale et forcent la Fraternité à se transformer.

Une vie syndicale mouvementée

Cette transformation s'effectue dans un climat de tension permanente où la direction syndicale est souvent malmenée par les membres même si elle oriente son action dans une direction bien différente de celle de l'administration Lapointe. En effet, les conseils de direction qui se succèdent à la tête de la Fraternité veulent accentuer la démocratisation du syndicat, intensifier sa participation à la Fédération des policiers municipaux du Québec et se rapprocher du mouvement syndical tout en se portant à la défense de l'action policière au Québec. Leur action s'articule dans un moment de forte croissance des effectifs et de rajeunissement du corps policier.

Évolution des effectifs et encadrement policier

Même avant l'intégration des corps policiers de la banlieue amorcée en 1972, la progression des effectifs policiers à Montréal est constante, comme on peut le constater sur le tableau 3.1. La hausse la plus importante s'effectue entre 1965 et 1966, les administrateurs de la Ville désirant un encadrement policier plus serré à l'occasion de l'Exposition universelle de 1967. Dans le climat social passablement turbulent du milieu des années 1960, la visite de nombreuses personnalités internationales inquiète grandement l'administration Drapeau-Saulnier, et le directeur du Service de police, Jean-Paul Gilbert, prévoit même pour cette occasion la détention préventive des agitateurs et

Tableau 3.1 — Effectifs policiers de la Ville de Montréal et de la CUM, 1964-1975

Ville de Montréal		CUM
1964 : 3 278	1968 : 3 633	1972 : 5 134
1965 : 3 382	1969 : 3 781	1973 : 5 217
1966 : 3 641	1970 : 3 916	1974 : 5 288
1967 : 3 600	1971 : 4 084	1975 : 5 172

Source : Jean Turmel, *Le Service de police de la Cité de Montréal (1909-1971). Étude rétrospective sur son organisation,* Service de Police de la CUM, avril 1974, p. 260 ; Communauté urbaine de Montréal, *Rapports annuels,* Données statistiques.

Le directeur J.-Adrien Robert souhaitant la bienvenue à un contingent de 168 nouvelles recrues, le nombre le plus important depuis la création du Service (*La Presse*, février 1964).

même des présumés agitateurs[4]. Par la suite, l'embauche de nouveaux policiers se fera de façon beaucoup plus parcimonieuse, sauf pour l'année 1968-1969 où on procédera à l'intégration des policiers de Ville Saint-Michel après l'annexion de cette ville à Montréal.

Au moment de l'intégration en janvier 1972, ce sont plus de 1 000 nouveaux policiers provenant des 23 autres corps de police de l'île qui viennent s'ajouter aux 4 000 membres du Service de police de la Ville de Montréal qui deviendra ainsi le tout nouveau Service de police de la CUM. Il s'ensuit évidemment que la Fraternité voit son effectif s'accroître d'autant, devenant ainsi — et de loin — l'organisation syndicale la plus importante de policiers municipaux au Canada. Comme on le verra, les effectifs vont commencer à diminuer de façon importante et progressive à compter de 1975 avec la rationalisation administrative effectuée par le Conseil de sécurité publique.

En 1970, la moyenne d'âge des membres de la Fraternité est de 33 ans seulement, et le tiers des effectifs accusent moins de 10 ans d'expérience[5]. Si on ne considère que les 2 822 constables, à l'exclusion des officiers, la moyenne d'âge baisse à 30 ans. La jeunesse des membres de la Fraternité apparaît comme une caractéristique importante et explique en grande partie sa tendance à la radicalisation à compter de 1965. Ces jeunes policiers sont pénétrés par de nouvelles valeurs qui les font se démarquer des officiers qui les dirigent. Alors que les constables souhaitent qu'on tienne compte de leurs aptitudes, de leur autonomie et de leur compétence, les membres de l'État-major sont marqués par une approche autoritaire, ayant fréquenté, pour une bonne majorité, l'école militaire de l'armée canadienne au moment de la Deuxième Guerre mondiale. C'est ce que confirment les enquêtes du psychologue industriel Pierre DuBois en 1968, 1971 et 1976, de même que l'étude de Jacques Dagenais en 1977[6]. « Ce sont les policiers les plus jeunes qui se révèlent les plus insatisfaits au travail », fait remarquer le docteur DuBois[7]. Aussi la Fraternité cherche-t-elle à élaborer un nouveau code de discipline qui remplace l'autoritarisme militaire traditionnel par plus d'autonomie pour les policiers.

En ce qui a trait au taux d'encadrement policier, Montréal dépasse largement les villes de Toronto et de Vancouver en 1970, mais demeure loin derrière les grandes villes américaines comme Philadelphie, Boston et Washington *(tableau 3.2)*. Tout au long de la décennie, la Fraternité réclame constamment des effectifs analogues à ceux de ces grandes villes américaines car, selon les dirigeants de la Fraternité, Montréal connaît une effervescence sociale comparable, des manifestations politiques uniques au Canada et un nombre impressionnant d'événements d'envergure internationale.

Un ratio d'encadrement plus élevé exige évidemment davantage de ressources financières, ce qui fait défaut à la Ville de Montréal qui s'est engagée dans des projets grandioses. Le budget total de la Ville, qui atteint 267 489 867 $ en 1965, a pratiquement doublé cinq ans plus tard. Quant aux dépenses du Service de la police, elles évoluent à un rythme légèrement supérieur à celles du budget total : elles représentent 8,6 % des dépenses en 1955, 9,9 % en 1960 et 11,1 % en 1970[8]. Ce n'est donc pas la protection policière qui a grevé le budget de la Ville mais bien les extravagances à Terre des Hommes

Tableau 3.2 — Taux d'encadrement policier par milliers d'habitants en 1970

	Population	Policiers	Taux d'encadrement
Philadelphie	1 927 683	7 780	4,0
Boston	628 215	2 798	4,5
Washington	746 169	5 055	6,8
Toronto	1 978 051	3 464	1,8
Vancouver	422 278	792	1,9
Montréal	1 218 000	3 965	3,3

Source : Ville de Montréal, Service de police, *Données statistiques*, 1971, p. 5.

et celles qui s'annoncent aux Jeux olympiques. Pour dégager une marge de manœuvre, le maire Drapeau réussit en 1968, après représentation auprès du gouvernement québécois et sans consultation des syndicats, à faire exempter la Ville des cotisations au fonds de pension de ses employés, y compris celui des policiers, pour une période de deux ans. Comme on le verra, le geste mécontente au plus haut point les policiers et contribue au débrayage d'octobre 1969.

Vie syndicale

Entre 1966 et 1976, la Fraternité procède à deux réformes majeures de sa constitution. La première est adoptée à l'assemblée générale du 20 avril 1966. Ainsi qu'il le promettait dans son manifeste politique, le nouveau président, Jean-Paul Picard, fait diligence pour démocratiser les structures de la Fraternité. La refonte de la constitution, à laquelle procèdent l'ensemble des membres, touche principalement le mode d'assignation des fonctions des 14 directeurs membres de l'Exécutif. Ils sont toujours élus au suffrage universel pour une période de trois ans, mais pour éviter les frictions — certaines fonctions avaient plus de prestige que d'autres —, c'est l'Exécutif lui-même, à la majorité des voix, qui désignera le rôle dévolu à chacun des directeurs[9]. D'autre part, dans le but d'assurer une plus grande stabilité et une meilleure continuité dans les tâches, le tiers des membres de l'Exécutif devient éligible à chaque année. Selon le président Jean-Paul Picard : « L'élection au tiers favorise une bonne et saine administration et permet aux nouveaux élus, pour mieux assurer leurs lourdes responsabilités, d'acquérir avec le concours des autres directeurs, une expérience essentielle à l'intérêt général[10]. »

Quant à la deuxième réforme — adoptée le 8 avril 1976 —, elle est en préparation depuis 1970 alors que l'Exécutif a mandaté un comité spécial pour étudier la structure administrative de la Fraternité. À la lumière des perturbations survenues entre 1965 et 1970, on se rend compte que la structure adoptée en 1966 est trop lourde, qu'elle ne permet pas un juste partage du travail entre les dirigeants et que le président ne peut remplir efficacement son rôle car il est submergé de tâches trop techniques[11]. La nouvelle formule réduit de 15 à 8 le nombre de membres au Bureau de direction et permet l'embauche de deux permanents dont l'un est affecté aux griefs et l'autre aux représentations auprès de la Commission des accidents du travail[12]. Soulignons enfin que la constitution adoptée en 1976 correspond en grande partie à celle qui est toujours en vigueur à la Fraternité.

Atmosphère particulièrement animée et tendue d'une assemblée générale où les policiers rejettent massivement les propositions de la Ville au sujet de leur prochain contrat de travail (*La Presse*, 26 janvier 1967).

Trois présidents différents assument la direction de la Fraternité au cours de la décennie 1965-1975. Tous trois vont traverser des années plus agitées que jamais auparavant, ce qui contribue pour beaucoup à leur démission prématurée. Jean-Paul Picard, qui prend la relève de Jean-Paul Lapointe en février 1966, voit les membres, dès le début de l'année suivante, rejeter l'entente de principe de la nouvelle convention collective que les dirigeants ont pourtant jugée satisfaisante. Les assemblées générales sont tellement tumultueuses que lui et son trésorier décident de remettre leur démission, refusée toutefois par les autres membres de la direction[13]. Mais il ne se représente pas aux élections de mai 1969 et Guy Marcil lui succède.

Quatre mois plus tard, le 7 octobre, le nouveau président se retrouve face à 4 000 policiers en colère qui refusent de rentrer au travail. L'arrêt de travail qui suit — nous lui consacrons une section de ce chapitre — représente dans la vie de la Fraternité un moment crucial où le président Marcil sait dénouer l'impasse avec doigté. Il doit assurer par la suite la tâche ardue d'intégrer à la Fraternité tous les corps policiers de l'île de Montréal. Après cinq ans à la

barre, il remet sa démission le 13 décembre 1974, officiellement pour des raisons de santé, mais en réalité aussi à cause des tiraillements internes que suscite l'intégration[14].

Il est remplacé par le vice-président Gilbert Custeau, qui doit aussitôt faire
face aux épineux dossiers de la négociation de la convention collective et de
celle d'un fonds de pension intégré pour tous les policiers de la CUM. Lui
aussi est sérieusement malmené par les membres en colère durant les assemblées générales et il arrive difficilement à contrôler leur agressivité. Après
18 mois seulement à la présidence, il annonce que « dans l'esprit actuel du
mouvement, il ne postulera pas à la fonction de président lors des prochaines
élections[15] ». Comme on peut s'en rendre compte, la radicalisation politique
des membres de la Fraternité fait la vie dure à ses dirigeants.

Solidarité avec le mouvement syndical

Depuis sa réorganisation en 1950, les liens de solidarité de la Fraternité
avec le reste du mouvement syndical sont plutôt ténus. Curieusement, entre
1965 et 1975, elle renoue des rapports malgré les nombreuses manifestations
syndicales où les policiers sont appelés à intervenir, parfois vigoureusement.
Ainsi, elle participe à plusieurs fronts communs regroupant les syndicats de
fonctionnaires municipaux, fronts communs qu'elle organise et même dirige.
C'est le cas plus particulièrement en janvier 1969 lorsque se prépare la riposte
contre la loi 295 exemptant la Ville de Montréal de verser sa quote-part de cotisations aux fonds de pension de ses employés. Cette solidarité est encore plus
manifeste en 1970 quand la Fraternité devient sociétaire du nouveau journal
Québec-Presse, journal identifié à la gauche et résolument protravailleurs[16].

Ce qui n'empêche pas plusieurs chefs syndicaux de dénoncer la brutalité
de l'intervention des policiers au cours de la manifestation du 29 octobre 1971
à l'occasion d'une grève au journal *La Presse*. Un policier de la Fraternité fait
ressortir la complexité du travail policier dans ces circonstances : « Dans le
fond, les policiers sont une espèce de tampon entre les autorités en place et la
population[17]. » Il faut dire à ce propos que la Fraternité, depuis le début du
conflit, appuie les syndiqués en boycottant le journal.

En 1970, le président Guy Marcil dénonce le règlement municipal adopté
par l'administration Drapeau-Saulnier abolissant toute manifestation dans
les rues de Montréal. Pour lui, les manifestations publiques sont un droit fon-
damental en démocratie que les policiers doivent respecter. Il poursuit en précisant que les policiers se considèrent comme de véritables travailleurs ayant
des intérêts communs avec le mouvement syndical. À cet effet, ajoute-t-il, la

Fraternité a, par exemple, catégoriquement défendu à ses membres de travailler pour des agences de sécurité privées durant le long conflit des « gars de Lapalme », ces chauffeurs licenciés par le ministère des Postes qui cherche à privatiser ce service[18].

La Fédération des policiers municipaux du Québec

La participation de la Fraternité au développement de la Fédération des policiers municipaux du Québec s'accentue de façon importante au cours de la décennie. Les priorités de la Fédération se précisent, et son utilité devient de plus en plus évidente dans une conjoncture où tous les dossiers se politisent rapidement. Par exemple, la Fédération élabore dès 1967 un contrat type réunissant les meilleures clauses de travail négociées ou arbitrées à travers la province[19] ». D'autre part, au congrès de Kénogami-Jonquière tenu la même année, elle adopte comme priorité la reconnaissance du statut professionnel du policier, thème issu directement des préoccupations de la Fraternité montréalaise. De cette priorité découle la volonté de la Fédération de hausser les critères d'admission à la profession policière, ce qui conduira, en 1980, à l'uniformisation de la formation pour tous les candidats quel que soit le corps policier. Tous les nouveaux policiers seront tenus dorénavant de posséder un diplôme d'études collégiales en techniques policières et d'obtenir celui de l'Institut de police de Nicolet.

Pour la Fraternité, le rôle de la Fédération est doublement important. Elle sert d'abord à protéger la convention collective des policiers de Montréal contre des clauses insérées dans les conventions de petites municipalités et qui pourraient, par la suite, être utilisées par la Ville de Montréal pour justifier un affaiblissement du contrat de travail de ses policiers. En outre, l'adhésion à la Fédération permet à la Fraternité d'intervenir dans de grands dossiers nationaux, comme le rapport Choquette sur la sécurité publique, le débat sur la peine de mort et les libérations conditionnelles, l'organisation de l'École de la police de Nicolet et le programme d'études en techniques policières implanté dans les cégeps.

Au congrès de Rimouski en juin 1970, stimulés par l'arrêt de travail du 7 octobre précédent à Montréal, les délégués des 104 syndicats, représentant plus de huit mille policiers municipaux, réclament unanimement un amendement au Code du travail pour donner le droit de grève aux policiers. Guy Marcil propose même de créer une seule table de négociations pour l'ensemble des policiers municipaux et évoque même la possibilité de la création d'une seule centrale syndicale pour tous les policiers municipaux[20]. La

Fédération pourrait jouer ce rôle en négociant les clauses professionnelles au niveau national tandis que les clauses salariales seraient déterminées au niveau régional. Cette méthode permettrait, selon lui, d'éliminer plusieurs intermédiaires « politiques » locaux qui préparent trop souvent leurs élections sur le dos des policiers au détriment de la sécurité publique[21].

En 1975, le projet est repris par la Fédération qui réclame l'adoption d'une loi-cadre, laquelle, selon le nouveau président Raymond D'Astous, « définirait les modalités d'une régionalisation par étape des différents corps policiers du Québec[22] ». Cette volonté d'unification des forces policières suit le mouvement amorcé par la FTQ, la CSN et la CEQ, dont les syndicats du secteur public et parapublic, réunis en front commun, présentent en 1972 et 1976 leurs demandes au gouvernement. Enfin, notons que cette orientation chez les policiers relance en quelque sorte le projet mis sur pied par la Fraternité en 1943 mais que la loi du gouvernement Duplessis était venue briser prématurément.

Le travail policier

En 1970, la Fraternité commande au psychologue industriel Pierre DuBois une étude sur les répercussions psychologiques du travail policier. Ses services sont retenus car il a mené une enquête deux ans auparavant sur la satisfaction au travail de policiers du Québec pour la commission Prévost. Parmi les aspects de leur travail qui suscitent la satisfaction des policiers montréalais, il note, en 1968-1969, la formation professionnelle et technique, la tâche elle-même, le prestige de la fonction, la sécurité d'emploi, la mobilité horizontale et certains aspects de la supervision. En revanche, les policiers sont fortement insatisfaits en ce qui concerne les salaires, les relations avec le public, leur vie familiale et sociale, le peu de considération qu'ils reçoivent, la notation du personnel et la participation à la gestion du Service de police[23]. À leurs supérieurs hiérarchiques, ils reprochent notamment de faire trop peu appel à leurs aptitudes, compétences et sens des responsabilités, ce qui, selon le psychologue, représente un handicap sérieux pour l'accomplissement de leur tâche. Enfin, les policiers font grief au public d'avoir peu de respect pour leur travail et de ne pas coopérer à son exécution.

Dans l'étude plus approfondie qu'il a conduite en 1970-1971, le psychologue DuBois constate que la satisfaction au travail ne s'est pas améliorée et s'est même détériorée dans certains cas, que la coopération du public n'est pas meilleure, quoique, en général, les policiers soient davantage satisfaits de leur

Indice de satisfaction et d'insatisfaction au travail chez les policiers de Montréal (1968-1969)

Éléments les plus insatisfaisants par ordre d'importance décroissant

1) Salaire	3,35
2) Coopération du public à l'exécution du travail	3,26
3) Consultation pour l'élaboration et la mise sur pied des procédures et politiques du service	3,22
4) Encouragement des supérieurs à faire des suggestions	3,22
5) Accord du public pour conférer le statut de professionnel	2,83
6) Disposition des appareils et équipements nécessaires	2,79
7) Policiers compétents reçoivent des promotions	2,76
8) Revenu permet de réaliser les ambitions personnelles	2,75
9) Service bien administré	2,74
10) Travail limite la vie sociale	2,67

Éléments les plus satisfaisants par ordre d'importance décroissant

1) Prestige de l'emploi de policier	0,99
2) Entraide entre policiers	0,96
3) Travail en équipe	0,92
4) Heures de travail raisonnables	0,91
4) Si abandon de l'emploi, possibilité d'obtenir facilement la même situation ailleurs	0,89
5) En dehors des heures de service, travail pour améliorer la compétence	0,89
6) Connaissance à l'avance des journées de congé	0,88
6) Obligation de travailler avec des confrères antipathiques	0,87
7) Encouragement des supérieurs immédiats à faire des suggestions pour améliorer le service	0,86
8) Supérieurs immédiats méritent respect et confiance	0,81
9) Famille et amis respectent et prennent le métier de policier au sérieux	0,81
10) Travail routinier et monotone	0,72

Source : Pierre DuBois, Satisfaction au travail des policiers municipaux du Québec, *dans Denis Szabo et Guy Tardif,* La Police, *p. 37-38, annexe 8 du vol. 3 du* Rapport de la Commission d'enquête sur l'administration de la justice en matière criminelle et pénale *(commission Prévost).*

salaire[24]. Cherchant à mieux définir les exigences psychologique de leur travail, il constate que les policiers patrouilleurs (65 % des effectifs) doivent avoir d'excellentes capacités de réaction car leur travail alterne entre de longues périodes de monotonie et des moments de forte intensité dramatique. En outre, ils doivent être capables de maintenir constamment leur attention éveillée, avoir un sens très prononcé des relations humaines, manifester une tolérance élevée au stress et conserver un grand contrôle d'eux-mêmes dans leurs rapports avec le public. La nature de leur travail exige donc un excellent équilibre psychologique, d'autant plus qu'ils sont continuellement en rapport avec les aspects les plus négatifs de la vie sociale[25].

Ces exigences ont des répercussions psychologiques importantes sur les policiers, qui ressentent de la tension, de l'anxiété et un certain pessimisme envers la société, pessimisme qui se traduit par une attitude de méfiance envers les gens, même en dehors de leur milieu de travail[26]. Leur travail et le système de la relève ont aussi des effets nuisibles sur leur vie familiale et sociale. Plusieurs se plaignent de ne pas avoir davantage de relations avec leurs enfants et de ne pas mener une vie conjugale satisfaisante. La grande majorité estime ne pas avoir une vie sociale convenable à cause de leur horaire de travail et des propos humoristiques ou agressifs dont ils sont l'objet dans les rencontres sociales. Un éditorialiste du journal *Le Jour*, Laurent Laplante, en conclut que les policiers « se sentent socialement isolés », « contraints par des supérieurs qu'ils ne portent pas dans leur cœur d'appliquer des lois pour lesquelles ils n'ont pas toujours grand respect[27] ».

Devant ce constat, la Fraternité propose notamment de mettre fin au paternalisme à outrance privilégié par les directeurs du Service de police, d'améliorer les critères de sélection des policiers et d'axer davantage leur formation sur les sciences humaines et les relations publiques. Elle recommande aussi l'établissement d'un système de relève différent moins susceptible d'affecter leur vie familiale et sociale[28]. Cette dernière revendication devient d'ailleurs prioritaire dans la négociation collective de 1975. On désire davantage de fins de semaine de congé en établissant la semaine de travail de quatre jours.

Les services aux membres

Contrairement à la période précédente où les services aux membres occupent une place prépondérante parmi les préoccupations des dirigeants de la Fraternité, cet objectif devient secondaire à partir de 1965. Toutefois, quelques réalisations méritent d'être soulignées.

En 1969, la Fraternité voit s'élever un tout nouvel édifice attenant au Centre social, qui abrite les locaux de la Caisse d'économie. Cette nouvelle construction ne s'est pas effectuée sans tiraillements entre la Fraternité et les dirigeants de la Caisse. Depuis 1946, la Caisse, qui bénéficie d'une plus grande autonomie que les autres organismes affiliés à la Fraternité, connaît des progrès significatifs. En 1971, son actif atteint près de 8 millions de dollars[29]. Dès 1968, les dirigeants de la Caisse font l'achat d'un terrain situé au croisement des rues Rivard et Gilford malgré l'opposition de la Fraternité qui envisage plutôt, à cette époque, la construction d'un complexe intégrant l'ensemble de ses services. Un compromis est trouvé par le secrétaire de la Fraternité, Guy Marcil, qui propose la construction d'un édifice commun, mais situé sur le terrain de la Fraternité, rue Berri[30]. La nouvelle Caisse d'économie des policiers de Montréal est inaugurée en avril 1969 et les locaux disponibles sont offerts sur le marché locatif.

Pour sa part, la Coop de consommation de la Fraternité poursuit ses activités et s'enracine davantage dans la vie quotidienne des membres. Pour l'année 1969, plus de 180 fournisseurs font partie du « catalogue » de la Coop et offrent des escomptes appréciables sur une foule de produits dont l'huile à chauffage et les produits d'alimentation. Le directeur de la Coop, Armand Chaillé, est fier d'annoncer que la ristourne aux membres se chiffre à 60 000 $ en 1969 et que plus de trois cents membres ont pu se procurer une voiture neuve au prix coûtant. La Coop jouit d'un tel succès que les demandes d'information affluent sur son fonctionnement. Avec l'aide de son gérant, des projets semblables sont mis sur pied chez les policiers de la Ville de Québec, chez les gardiens de prison de Saint-Vincent-de-Paul et chez les employés de Marconi à Ville Mont-Royal. Le Secrétariat des coopératives du Québec fait d'ailleurs de la Coop de la Fraternité la « coopérative-modèle » pour l'année 1969[31].

Cependant, les changements les plus importants en terme de services aux membres touchent principalement la *Revue* et le Centre social. Comme nous l'avons noté au chapitre précédent, ces deux services, en plus de répondre à des besoins, sont aussi une source de revenus importants pour la Fraternité. Ces revenus servent non seulement à couvrir le coût de certains services, mais ils contribuent aussi à maintenir la cotisation syndicale à un niveau très bas. Depuis sa fondation, la *Revue des agents de police,* avec sa multitude d'annonces payantes, rapporte environ 15 000 $ de bénéfices annuels nets à la Fraternité. De 1946 à 1974, elle a tiré des 322 numéros parus un profit total de 350 000 $.

Le nouvel esprit qui anime les policiers provoque une remise en question de sa présentation. En mars 1974, l'Exécutif prend la décision de ne plus renouveler les contrats des vendeurs d'annonces. Le directeur exécutif de la Fraternité, Réjean Landry, en précise la raison :

> Nous savons que les policiers se plaignent de plus en plus qu'il y a trop d'annonces dans la *Revue*. Conséquemment, ils ne la lisent plus et plus souvent qu'autrement lui font prendre le chemin de la « filière ronde ». C'est donc dire que le contexte social et la mentalité des policiers ont beaucoup changé grâce aux salaires et aux avantages sociaux plus élevés d'année en année et ont provoqué une révolution culturelle chez le policier[32].

La *Revue* est dorénavant financée en totalité par la Fraternité et libérée de toute publicité. De plus, ses pages ne sont ouvertes qu'à des articles traitant de questions syndicales et seuls les membres syndiqués peuvent y écrire des textes[33]. Au cours de l'année 1976, la *Revue* prend un autre virage en adoptant le format tabloïd et en changeant son nom pour celui de *La Flûte,* qui rappelle le nom d'un bulletin autrefois distribué dans tous les postes par le Service de police[34]. Le contenu éditorial se transforme aussi : la priorité est accordée aux grands dossiers de l'heure et le traitement de l'information

Évolution de la revue de la Fraternité (AFPCUM).

Logo de la Fraternité jusqu'en 1974
(AFPCUM).

devient beaucoup plus politique. La *Revue* détient alors un excellent taux de pénétration chez les policiers : un sondage scientifique en 1976 montre que la plupart la lisent régulièrement (87,9 %[35]).

Enfin, la Fraternité change de nom au cours de cette période. Avec l'intégration progressive des autres corps de police depuis le 1er janvier 1972, la Fraternité des policiers de Montréal devient, en mai 1974, la Fraternité des policiers de la Communauté urbaine de Montréal, Inc. (FPCUM[36]). Au mois d'octobre suivant, elle adopte son nouveau logo — celui qui la caractérise toujours — où le bleu et le rouge dominent. Le bleu représente « le policier et la stabilité, le sang-froid et le caractère français de la majorité des membres » tandis que le rouge symbolise le dynamisme de ses membres[37]. La direction a rejeté le logo précédent — la balance de la justice —, parce que plus représentatif des juges et des avocats qui interprètent la loi alors que des policiers ne font que l'appliquer.

Les grands dossiers : l'État et la police

À la fin des années 1960, la Fraternité fait face à une série d'événements qui affectent directement l'ensemble des corps policiers du Québec. Soulignons d'abord que, en 1967, le gouvernement québécois instaure une importante commission d'enquête, la commission Prévost, à qui on confie le mandat d'enquêter en profondeur sur l'administration de la justice en matière criminelle et pénale. La création de cette commission est motivée principalement par le climat social que traverse le Québec durant cette période où le gouvernement de Daniel Johnson est débordé de toutes parts par de nombreuses manifestations politiques. Le gouvernement se voit aussi contraint de réagir à la multiplication des accusations de brutalité policière et d'assainir aussi l'administration de la police dans plusieurs municipalités aux prises avec des scandales[38]. Les travaux de la commission Prévost portent surtout sur la criminalité, l'organisation policière, les tribunaux et les établissements de détention. Ses rapports sont publiés entre décembre 1968 et mars 1970[39].

La Fraternité, qui présente avec la Fédération des policiers municipaux du Québec un mémoire commun, accueille favorablement la création de cette commission. Elle y dénonce le manque flagrant de personnel dans l'ensemble des corps policiers ainsi que l'absence de coordination entre eux, deux raisons qui expliquent la difficulté de mener une lutte efficace contre la criminalité. On déplore aussi les moyens archaïques dont disposent les policiers, d'autant plus que les criminels utilisent de plus en plus des moyens hautement sophistiqués. En conclusion, le mémoire insiste principalement sur la revalorisation de la fonction policière, sur des normes uniformes d'engagement et de nominations aux fonctions de direction et sur la création d'écoles de police locales et régionales[40].

Dans le cadre de ses travaux, la Commission a commandé une étude portant sur la perception populaire de la police où la question du droit de grève est spécifiquement abordée[41]. Bien que les résultats de l'enquête montrent que 75 % de la population du Québec s'oppose à ce qu'on accorde ce droit aux policiers, la commission n'hésite pas néanmoins à en affirmer la pertinence : « La question demeure passablement platonique : que l'on accorde ou non le droit de grève à la Fraternité des policiers de Montréal ou du Québec, il n'est pas douteux qu'en période de crise le débrayage se produise. L'interdiction ne servira donc de rien et l'essentiel consistera à faire disparaître les motifs d'affrontements[42]. » Les commissaires vont même jusqu'à affirmer « que les corps policiers font plus pour la société en obéissant aux lois syndicales normales qu'en s'engageant d'avance à ne jamais débrayer[43] ». Ces conclusions donnent un sérieux coup de pouce aux revendications de la Fraternité pour que le gouvernement reconnaisse le droit de grève aux policiers.

Toujours dans le domaine de l'administration de la justice et pendant que se déroulent les travaux de la commission Prévost, le gouvernement du Québec adopte en 1968 la nouvelle Loi de police qui donne naissance à la Commission de police du Québec (CPQ[44]). La commission est formée non seulement pour corriger les déficiences du système, mais surtout pour « dépolitiser » l'administration de la police[45]. « Il faut en quelque sorte, précise le ministre Jean-Jacques Bertrand, sortir la police municipale de la politique municipale et la politique municipale de la police municipale[46]. » Cet organisme, qui reçoit le mandat de surveiller et de contrôler toute l'activité policière au Québec, devient en quelque sorte la « Police de la police[47] ». Interlocuteur principal de tous les corps de police du Québec, il joue le rôle d'arbitre entre les différentes associations policières, les services de police et les élus. La Fraternité est l'objet de l'une des premières grandes enquêtes effectuées par la commission, celle qui fait suite au débrayage du 7 octobre 1969.

La Fraternité suit de très près l'adoption de la nouvelle Loi de police. À deux occasions, l'Exécutif de la Fraternité au grand complet se déplace à Québec pour assister aux délibérations des comités de l'Assemblée nationale à ce propos[48]. Le président de la Fraternité, Jean-Paul Picard, déborde d'optimisme envers la loi, car elle répond notamment à trois revendications de la Fraternité. En effet, elle reconnaît le droit à un policier de se porter candidat aux élections municipales ou scolaires, oblige les cités et villes à constituer et à maintenir un corps de police et uniformise les procédures d'embauche et de destitution des policiers[49]. La Fraternité se réjouit également que la Commission soit libre de toute attache politique, le président étant nommé par le ministre de la Justice et choisi parmi les juges de la Cour provinciale[50].

Au mois d'août 1971, le nouveau ministre de la Justice du Québec, Jérôme Choquette, rend public son livre blanc sur la police et la sécurité des citoyens. Ce nouveau projet de réforme de l'administration policière est fortement marqué par les événements récents qui ont ébranlé le Québec, plus particulièrement la crise d'Octobre de 1970 et la grève des policiers de Montréal l'année précédente. L'intention du ministre est de créer un « ordre policier » beaucoup plus efficace et performant afin de mieux contrôler tous les éléments subversifs. En ayant sûrement en tête la Fraternité, on y précise les balises de l'action syndicale :

> De son côté, le syndicat doit constamment se rappeler que l'action policière requiert une autorité clairement définie : il ne cherchera pas à empiéter sur les droits que doit avoir la direction pour mener une action policière efficace. [...] Le syndicat, cependant, ne doit pas en conclure qu'il peut mettre en place un leadership parallèle qui paralyserait l'action policière et créerait un état de confusion[51].

Deux questions traitées dans le livre blanc préoccupent grandement la Fraternité. La première concerne son unité d'accréditation qui regroupe toujours officiers et constables. Ce sujet est de première actualité en 1971 car le rapport de la Commission de police relève que c'est ce qui a permis pour une bonne part à la Fraternité de paralyser complètement la Ville de Montréal lors de l'arrêt de travail du 7 octobre. En effet, durant toute la journée, seuls les membres non syndiqués de l'État-major, soit à peine une quarantaine de personnes environ, étaient présents dans les postes pour assurer les services essentiels. Selon la Fraternité, le ministre, qui recommande de diviser l'unité de négociation, cherche « l'affaiblissement de [ses] droits d'association ou de négociation au profit d'une prétendue efficacité[52] ».

Un deuxième volet du livre blanc où est envisagée la création d'un ministère de la Police apparaît encore plus inquiétant pour la Fraternité. Craignant l'instauration d'un véritable « État policier », elle défend dans son mémoire le maintien de principes démocratiques inhérents à une société de droit, principes dont le document fait peu de cas au nom de la sacro-sainte efficacité policière :

> Cette religion de l'organisation et de la réorganisation nous conduit directement à l'institutionnalisation de l'action policière. En effet, ce Livre blanc propose une structure, des organismes, des paliers de direction ou de coordination dont le dénominateur commun sera leur dépendance directe ou indirecte au ministre chargé des Affaires policières. [...]
>
> Avons-nous raison de vouloir éveiller nos concitoyens aux graves dangers que comporte une telle conception par laquelle l'action policière, la force policière pourrait devenir un jour guidée et soumise aux décrets d'un seul homme ! [...]
>
> Les citoyens doivent craindre qu'une Commission aux pouvoirs aussi étendue, à cause de l'imprécision même de sa compétence, puisse verser dans la recherche abusive de tout ce qui pourrait tomber sous les dénominations « terrorisme » ou « groupements révolutionnaires » et demander ensuite que les résultats de ses enquêtes deviennent exécutoires sur décision du Cabinet ou du Ministre. [...]
>
> La société est-elle prête à sanctionner une politique qui conduirait probablement à la police d'État[53] ?

Heureusement, le livre blanc ne demeurera qu'une intention dans la tête d'un ministre troublé par la conjoncture. L'intervention de la Fraternité, jointe à celle de plusieurs autres organismes, contribue à éviter une dérive dangereuse vers une justice de plomb.

Enfin, soulignons que la Fraternité s'inquiète aussi des nouvelles directives en matière de libérations conditionnelles annoncées par le gouvernement fédéral au début des années 1970. Dans son mémoire présenté au comité sénatorial sur les affaires judiciaires, elle tient à mettre en garde la Commission nationale des libérations conditionnelles contre un certain laxisme durant les enquêtes conduisant aux libérations des prisonniers : « Tout en admettant qu'il faut donner au détenu la chance de se réhabiliter, affirme la Fraternité, on doit éviter de mettre en péril la sécurité de la société et des autres citoyens et de rompre un équilibre difficile à conserver[54]. » Parmi les douze recommandations formulées, le président Marcil insiste pour que les auteurs de crimes avec violence ne puissent bénéficier de libération conditionnelle avant d'avoir purgé au moins la moitié de leur sentence et pour qu'un service spécialisé assure aux détenus un travail décent dès le début de leur libération.

À la même époque, le gouvernement fédéral procède aussi à l'adoption de la loi C-220 corrigeant les procédures d'arrestation sans mandat. Si la Fraternité est d'accord avec l'objectif global recherché par cette loi — éviter dans la mesure du possible qu'un citoyen soit privé de sa liberté —, elle entraîne de sérieuses conséquences pour les agents de la paix[55]. En effet, elle rend personnellement responsable le policier qui arrête une personne sans mandat et le rend passible de poursuites légales. Une caricature publiée dans la *Revue des agents de police* résume bien l'enjeu de cette nouvelle loi. On y voit un policier se présenter à son inspecteur-chef et déclarer : « Je viens de faire une arrestation et j'aimerais appeler mon avocat[56] ! » Cette loi est significative car plusieurs citoyens y auront recours en réplique aux actes de violence de certains policiers au cours des nombreuses manifestations publiques qui se tiennent dans les rues de Montréal[57].

Comme on peut le constater, la Fraternité devient, durant toute cette décennie, un acteur déterminant dans une conjoncture où les questions policières se retrouvent fréquemment à l'avant-plan de la scène politique. D'une organisation axée principalement sur les services, elle évolue rapidement vers un syndicalisme beaucoup plus combatif, préoccupé par des questions qui débordent largement ses intérêts corporatistes. En grande partie, sa nouvelle crédibilité auprès des pouvoirs publics est largement redevable à la position de force qu'elle s'est donnée durant les événements du 7 octobre 1969.

La grève du 7 octobre 1969

Cet arrêt de travail ne constitue pas une première pour les policiers montréalais qui, on s'en souviendra, ont déjà utilisé ce moyen de pression en 1918 et en 1943. Mais à cette époque, la grève était encore légale alors qu'en 1969, elle est illégale, ce droit ayant été aboli en 1944. Les raisons qui amènent les policiers de Montréal à débrayer sont aussi plus complexes, et ne peuvent être réduites à des questions purement salariales. «Lorsque les historiens feront l'histoire des événements du 7 octobre, raconte le président Marcil, ils s'apercevront peut-être qu'il y avait une question de salaire. Mais moi, je pense que c'est beaucoup plus profond et que c'est un cancer, latent depuis plusieurs années, qui s'est réveillé le 7 octobre[58]. » Voyons donc plus en détail les sources de cet événement dramatique.

Aux sources du conflit

Afin de bien cerner les raisons qui poussent les policiers de la Fraternité à recourir à une grève illégale, il faut d'abord remonter au début des années 1960 avec le retour au pouvoir de Jean Drapeau à la mairie de Montréal. Ces années sont reconnues comme étant la décennie des dépenses exorbitantes pour des projets grandioses : le métro, l'Expo et les Expos. D'autre part, la Ville assume pour la protection policière des dépenses qui normalement devraient être réparties entre toutes les municipalités de l'île de Montréal. Sur le plan financier, la Ville manque donc de marge de manœuvre et essaie de limiter l'amélioration des salaires et des conditions de travail de ses employés. Le climat des relations de travail s'en trouve perturbé.

Chez les policiers, la pénible ratification de la convention collective de 1967 est emblématique d'un durcissement des relations de travail et annonciatrice d'une crise latente. Les officiers de la Fraternité éprouvent énormément de difficulté à faire adopter le contrat de travail de 1967. Les membres rejettent catégoriquement l'entente acceptée par le comité de négociation et les dirigeants doivent composer avec une assemblée survoltée où certains policiers réclament même de faire grève à l'ouverture de l'Expo[59]. Deux nouvelles assemblées générales, également houleuses, sont nécessaires pour faire accepter, par scrutin secret, de nouvelles propositions difficilement arrachées à la Ville. Le projet de contrat de travail est entériné par une mince majorité de 300 voix sur plus de deux mille participants[60]. Devant cette radicalisation évidente des membres, les officiers de la Fraternité deviennent plus exigeants aux négociations de 1968-1969 à un moment où la situation financière de la Ville se détériore. En avril 1969, la dette globale de la Ville atteint les 27 millions de dollars, un sommet dans son histoire[61].

L'humeur des policiers est fortement tributaire du climat social exacerbé qui se manifeste au Québec au cours des années 1960[62]. Les manifestations politiques, sociales et nationalistes sont fréquentes, surtout à Montréal, qui n'a rien à envier aux événements violents qui se produisent aux États-Unis et en

Engins explosifs conservés par le service technique du Service de police. Une soixantaine de bombes éclatent à Montréal de 1968 à 1970 (*La Presse*, 30 novembre 1968).

Europe au même moment[63]. Le mouvement est lancé le 10 octobre 1964 à Québec — le samedi de la matraque — à l'occasion de la visite de la reine. Ensuite, dans la foulée des marches de Martin Luther King en Alabama et des révoltes de Watts à Los Angeles, Montréal connaît, le 24 mai 1965, une des plus violentes répressions policières conduisant à 203 détentions, 131 accusations et 13 policiers gravement blessés. La tension est à son comble durant toute la durée de l'Expo en 1967. La parade de la Saint-Jean-Baptiste du 24 juin 1968 — le lundi de la matraque — atteint un paroxysme de violence : 135 blessés et 300 arrestations. C'est à la suite de ce débordement, « où la police de Montréal n'a pu être à la hauteur des événements faute de préparation et d'entraînement », que l'escouade antiémeute est créée quatre mois plus tard[64]. L'année 1969 établit un record avec 109 manifestations importantes, dont celles du pavillon Hall de Sir George Williams en février, du « McGill français » mobilisant plus de quinze mille personnes en mars et les très nombreuses protestations contre le projet de loi 63 en septembre et octobre. En 1968 et 1969, des bombes explosent un peu partout : à la Bourse de Montréal, au Board of Trade, chez Eaton, au siège social de Domtar et à la gare centrale du CN.

Même la maison du maire Drapeau est dynamitée deux semaines seulement avant la grève des policiers. Ce climat explosif où les policiers sont obligés de maintenir l'ordre exacerbe leur frustration tout en les rendant sensibles à l'utilisation de moyens extrêmes pour faire valoir leurs réclamations.

Les autorités municipales et provinciales sont parfaitement conscientes du mécontentement généralisé chez les policiers montréalais. Le directeur du Service de police, Jean-Paul Gilbert, rend compte de ce profond malaise au ministre de la Justice du Québec dès 1966 et à Lucien Saulnier l'année suivante. En janvier 1969, il participe à une réunion au sommet réunissant des représentants de la GRC, de la Sûreté du Québec et des forces armées canadiennes dans le but de mettre au point un plan d'action dans l'hypothèse d'une grève des policiers de Montréal[65]. La frustration des policiers est donc connue depuis longtemps en haut lieu, bien avant l'arrêt de travail du 7 octobre 1969. La grève n'a donc rien d'un geste spontané déclenché sur une simple question de salaire après la décision arbitrale rendue publique la veille.

Quelques événements plus immédiats viennent de surcroît jeter de l'huile sur un brasier qui fume depuis plusieurs années. C'est le cas notamment de la directive 68-S-1 — le code 100 — émise le 10 janvier 1968 par le directeur Gilbert. Celle-ci précise que, en réponse à un appel de service, un seul agent d'une voiture de patrouille peut se rendre sur les lieux pour effectuer les vérifications d'usage, l'autre policier étant tenu de demeurer dans la voiture pour répondre à tout autre appel d'urgence. Pour la Fraternité, il s'agit là d'une économie de bouts de chandelles qui met inutilement en danger la vie des policiers. Un grief déposé le 30 janvier est aussitôt rejeté par les autorités. Déçus de cette directive, les membres de la Fraternité, en assemblée générale, décident de tenir une marche sur l'hôtel de ville pour protester auprès des membres du Comité exécutif. Quelque six cents policiers sont attendus, mais, le 23 février 1968, il s'en présente quinze cents. La directive est immédiatement retirée[66]. Ce succès confirme non seulement la force de la Fraternité, mais aussi l'efficacité d'une action collective. Les policiers s'en souviendront l'année suivante lorsque la sentence arbitrale du juge Rondeau sera rendue publique. C'est cette sentence qui déclenche le mouvement de grève, en permettant, entre autres, la patrouille en solitaire, le « one man car ». Évidemment, cette décision est reçue comme un recul inacceptable, une insulte même.

Quelques mois plus tard, une autre mesure vient soulever la colère des policiers. Le gouvernement du Québec se rend au souhait du maire Drapeau (loi 295), qui plaide la situation financière désastreuse de la Ville, en acceptant la suspension pour deux ans de sa contribution au fonds de pension de tous les employés municipaux. « Cette fois, écrit Fernand Morin chargé d'enquê-

L'escouade antiémeute de la police de Montréal lors du défilé de la Saint-Jean-Baptiste à Montréal en juin 1969 (*La Presse*, 24 juin 1969).

ter sur l'arrêt de travail, on touchait en plein cœur tous les policiers. [...] Il m'apparaît clair que de tels événements ont stimulé, provoqué et même convaincu l'ensemble des policiers qu'ils devaient mettre en œuvre tous les moyens pour consolider leurs « droits acquis » à l'occasion de la négociation collective de travail[67]. » Plus loin dans son rapport, il revient sur les conséquences de cette décision : « Mais en considérant cette loi du 18 décembre 1968 sous le seul angle des relations de travail, je dois admettre que l'on touchait ainsi et sans consultation préalable, une partie de l'édifice social du policier[68]. » La riposte à cette loi est vigoureuse et réunit les onze syndicats ou associations représentant les employés municipaux en un large front commun. Le groupe exige une rencontre avec le président du Comité exécutif, Lucien Saulnier, qui refuse de rouvrir le dossier : « Je dois vous informer, écrit-il, qu'aucun fait nouveau ne justifie de convoquer le Conseil à ce sujet. Le Conseil a tenu compte du bill 295 pour équilibrer le budget soumis le 19 décembre 1968 par le Comité exécutif[69]. » Une grande assemblée à l'aréna Maurice-Richard, le 29 janvier, adoucit la position de la Ville, qui accepte de former un comité d'experts pour étudier la question en profondeur. Si cette décision est présentée comme une victoire ponctuelle par MM. Laberge et Pepin, respectivement présidents de la FTQ et de la CSN, elle ne réussit guère

Réclamation pour la parité salariale avec les policiers de Toronto en 1969 (*La Presse,* 7 octobre 1969).

à dissiper le doute chez les syndiqués qui les conspuent fréquemment lorsqu'ils présentent les conditions de l'entente[70].

En outre, parmi les causes principales de la grève des policiers, il y a la question déterminante de la parité salariale avec les policiers de Toronto et les agents de la Sûreté provinciale. Selon l'enquête du psychologue DuBois en 1969, la rémunération représente la première source d'insatisfaction des policiers montréalais[71]. En mars 1969, les agents de la Sûreté du Québec se voient accorder un salaire de 8 200 $, et les policiers de Toronto une rémunération de base de 9 112,60 $ trois mois plus tard. Comme on le sait, la Fraternité a fondé ses réclamations salariales sur la parité avec Toronto depuis le début des années 1950. Les augmentations accordées à Toronto suscitent un vent d'optimisme chez les membres de la Fraternité qui s'attendent à des hausses similaires, d'autant plus que le travail policier à Montréal est plus difficile. D'ailleurs, leur optimisme est renforcé par une déclaration de M. Saulnier en novembre 1968 expliquant que « la Ville de Montréal n'hésitera aucunement à accroître considérablement le budget de son Service de police pour mettre un terme à l'épidémie d'attentats à la bombe que connaît la métropole[72] ». La déception éprouvée à l'annonce de la sentence arbitrale sera d'autant plus grande.

Pour la Fraternité, l'arrêt de travail est le résultat direct de la stratégie adoptée par les dirigeants de la Ville durant le processus de négociation du contrat de travail[73]. Pour la première fois dans l'histoire des négociations avec la Fraternité, la Ville opte pour un comité de négociation de six personnes composé de trois membres du Service du personnel et de trois membres du Service de police; de plus, elle instaure une négociation à deux paliers, c'est-à-dire qu'elle espère s'entendre d'abord sur l'ensemble des clauses normatives sans faire aucune offre sur les salaires. Durant les très longues négociations qui s'amorcent à l'automne 1968, la Fraternité déplore que la Ville ne dépose pas d'offres salariales. Pour cette raison, elle cherche à rencontrer personnellement le président du Comité exécutif afin de connaître ses intentions sur le plan financier. La situation financière de la Ville étant ce qu'elle est, Lucien Saulnier ne veut rien dévoiler et désire que les augmentations soient les mêmes pour tous les employés municipaux. Il craint qu'une augmentation accordée aux policiers soit automatiquement exigée par les autres syndicats. La Ville maintient donc une position ferme à la table des négociations: d'abord disposer de l'ensemble des clauses normatives avant de discuter des clauses financières[74]. En fait, tout semble indiquer que la Ville, dès le départ, a pris la décision de s'en remettre à une future décision arbitrale sans jamais avoir eu l'intention de proposer la moindre offre salariale. Cette stratégie vient frustrer encore davantage les policiers et la direction de la Fraternité, qui a mis beaucoup d'énergie et des ressources financières importantes dans les séances de négociation et de conciliation[75].

Enfin, le 4 octobre 1969, deux jours seulement avant celle des policiers, la sentence arbitrale des pompiers de la Ville de Montréal est rendue publique. Elle suscite du mécontentement, des pompiers en colère manifestant spontanément devant le restaurant du maire de Montréal, *Le Vaisseau d'Or*[76]. La protestation retient l'attention des policiers dont les frustrations sont encore plus profondes et cumulatives depuis le milieu des années 1960. Ils voudront faire savoir leur exaspération de façon encore plus énergique en posant une action d'éclat.

Le débrayage du 7 octobre 1969

L'arrêt de travail survient au lendemain du dépôt de la sentence du tribunal d'arbitrage présidé par le juge Gaston Rondeau. Cette sentence, attendue avec fébrilité, survient après plus de 48 séances de négociations, quatre séances de conciliation et plus d'une vingtaine de séances d'arbitrage qui s'étendent sur une période de 12 semaines — du 16 juin au 10 septembre 1969. L'optimisme est grand chez les policiers qui estiment que la Ville n'a pas réussi à réfuter la démonstration de la Fraternité. D'où ce sentiment d'une victoire quasi assurée: « Au terme des auditions, affirme Fernand Morin, la

Fraternité considérait que le conseil d'arbitrage se limiterait à trancher le litige en prenant comme base exclusive, la preuve établie à l'enquête et en restant à l'intérieur de ce cadre. Pour cette raison et forte de sa preuve, la Fraternité croyait gagner sur l'ensemble des points[77]. »

La sentence heurte les policiers sur deux aspects en particulier : l'acquiescement à l'auto-patrouille à un homme dont nous avons parlé plus tôt[78] et des augmentations salariales bien en deçà de tout ce que peut espérer la Fraternité, soit une hausse de 730 $ pour la première année et de 400 $ pour la deuxième. Cette faible hausse élargit considérablement l'écart avec les policiers de Toronto, écart qui atteint maintenant 1 100 $ alors que les deux échelles salariales sont proches l'une de l'autre depuis une quinzaine d'années. Le salaire des policiers montréalais est ainsi repoussé du 33e au 100e rang parmi tous les autres corps policiers du Canada[79]. Le juge Rondeau, qui a peu d'expérience comme arbitre, base surtout sa décision sur des facteurs économiques comme l'augmentation du coût de la vie et du salaire moyen à Montréal, et il se montre peu sensible à la comparaison avec Toronto[80]. Le président Marcil qualifie aussitôt la décision de « déchet public » et de « sentence pourrie ». Cette analyse se répand comme une traînée de poudre dans tous les postes[81]. Un militant syndical, membre de l'escouade antiémeute et fort respecté chez les policiers, Patrick De Caen, exprime ainsi le sentiment de plusieurs : « Moi, j'étais en saint ciboire, mais je tentais de me contrôler[82] ! »

La riposte à la décision de l'arbitre s'organise rapidement dès la réception de la copie officielle du document dans l'après-midi du 6 octobre[83]. L'Exécutif voit d'abord à l'organisation de deux assemblées générales prévues pour le lendemain au centre Paul-Sauvé, une première à 9 h 00 du matin et une autre à 17 h 00, selon la coutume établie à la Fraternité. On convoque ensuite une réunion des 59 moniteurs qui se rendent au Holiday Inn, Chemin de la côte-de-Liesse dans l'ouest de la Ville afin de ne pas ébruiter les résultats au Centre social des policiers où plusieurs se sont réunis pour attendre la décision. Malgré toutes les précautions utilisées pour garder secrète la décision jusqu'au lendemain, les postes se vident dès le premier quart de travail du 7 octobre au matin, en dix minutes, avec l'aide des agents de l'unité mobile. Tous les policiers se rendent au centre Paul-Sauvé pour prendre connaissance du détail de la sentence, ne laissant qu'une quarantaine de membres non syndiqués de l'État-major pour assurer la sécurité publique. Les quatre mille policiers décident alors de tous demeurer au centre Paul-Sauvé pour tenir une « journée d'étude », laissant ainsi la Ville pratiquement privée de contrôle policier. Les pompiers aussi abandonnent leur travail par solidarité avec les policiers et pour protester contre leur sentence arbitrale.

Éditorial de Claude Ryan, directeur du journal *Le Devoir*
L'arrêt de travail des policiers

L'article 93 du Code du travail du Québec dit formellement : « Toute grève est interdite en toute circonstance aux policiers et pompiers à l'emploi d'une corporation municipale ». Les policiers de Montréal connaissent très bien cet article. Cela ne les a pas empêchés de se mettre en grève avec une rapidité foudroyante. […]

On serait tenté de croire, quand on juge ces choses de loin, que les policiers se sont laissés entraîner dans la grève par une bande de dirigeants aveugles ou encore qu'ils ont obéi à un instinct de puissance mal réprimé. Il fallait pourtant circuler hier, parmi les centaines de policiers groupés au centre Paul-Sauvé pour se rendre compte qu'ils ont été mus, dans leur décision, non pas par un esprit de démolition, de moutonnerie ou de désordre, mais par un mécontentement si profond et si unanime qu'on ne saurait le comprendre sans en avoir d'abord examiné les motifs.

La grève déclenchée hier matin n'est pas, quoi qu'on dise, le seul fruit d'un coup de tête improvisé. Elle fait suite à de nombreuses frustrations qui remontent loin en arrière, et dont certaines trouvent leur source plus rapprochée dans le comportement déplorable de la partie patronale à certaines étapes importantes de la dernière négociation. Celle-ci, en réponse à des demandes syndicales qu'elle jugeait excessive, n'a même pas daigné présenter de contre-propositions formelles, préférant s'en remettre entièrement è la discrétion de l'arbitre : c'est une attitude peu admissible de la part d'un employeur public. […]

Les policiers de Montréal ont voulu signaler avec éclat leur rejet d'une décision arbitrale qu'ils estiment, non sans raison, insatisfaisante. Ils ont obtenu l'effet souhaité. S'ils veulent admettre à leur tour que le secteur public québécois doit absolument obéir à une politique salariale correspondant aux ressources réelles du milieu, il devrait être possible, moyennant leur retour immédiat au travail, d'ajuster par voie de négociation la décision du juge Rondeau de façon à la rendre plus conforme aux réalités économiques et sociales d'aujourd'hui.

La grève n'aurait pas dû éclater. Maintenant qu'elle est là, il ne servirait à rien de se voiler pudiquement la face devant le mal. On doit plutôt chercher à résoudre le problème qui a donné naissance à l'arrêt de travail. Il sera toujours temps, plus tard, de philosopher sur les implications lointaines de l'événement.

Source : Le Devoir, *8 octobre 1969.*

Bien que le profond malaise chez les policiers montréalais soit connu depuis longtemps, le plan d'urgence concocté au mois de janvier précédent entre le directeur Gilbert, la SQ, la GRC et l'armée canadienne se révèle plutôt inefficace. Le directeur Saint-Pierre, responsable des opérations, est d'ailleurs lui-même en vacances en Floride à ce moment. Ce plan connaît des ratés car les agents de la SQ (quatre cents environ) qui débarquent à Montréal, le matin, proviennent de l'extérieur et ne connaissent rien à la ville. De plus, sous la direction de Pat De Caen, l'unité mobile est en action toute la journée, brouillant les ondes de la radio, vidant les postes des agents de la SQ et contraignant leurs agents patrouilleurs à abandonner leurs véhicules ou à les acheminer au centre Paul-Sauvé[84]. Le mot d'ordre est précis : les « scabs » ne sont pas les bienvenus à Montréal et il serait de beaucoup préférable qu'ils aillent « jouer dans le trafic l'autre bord du pont[85] ».

En début d'après-midi, le président du Comité exécutif de la Ville, en l'absence du maire qui participe à un colloque à Saint-Louis au Missouri, se présente devant les membres de la Fraternité. Au milieu des huées et de coups de feu « à blanc », le président Marcil accepte de laisser le micro à Lucien Saulnier : « Le Président du Comité exécutif va vous parler, il va vous dire que vous êtes les meilleurs policiers et que vous méritez les meilleurs salaires[86]. » L'intervention de M. Saulnier ne donne aucun résultat, se limitant à une exhortation à retourner au travail en faisant appel au sens professionnel des policiers. Mais il promet toutefois une révision immédiate de la sentence arbitrale : « Je soutiens que votre cas doit être étudié immédiatement de même que les arguments salariaux de votre Fraternité. Vous devez être conscients que ce problème ne peut se régler ici. C'est impossible[87]. » Une des interventions les plus acclamées durant cette journée revient au père Bertrand-Marie Boulay, aumônier de la Fraternité : « Depuis des années, nous marchons avec des béquilles. Aujourd'hui, brûlons-les, marchons sur nos pieds, apprenons à marcher seuls[88]. »

Au retour de sa rencontre avec les policiers, M. Saulnier, ébranlé par ce qu'il considérera plus tard comme le coup le plus dur de sa carrière politique, communique avec le ministre de la Justice, Rémi Paul, pour lui signifier que « l'anarchie règne à Montréal » et qu'il a besoin de sa coopération pour « maintenir l'ordre et la paix[89] ». Le ministre dépêche alors quatre cents autres policiers de la Sûreté du Québec et place tous les corps policiers en périphérie de Montréal sous l'autorité du directeur général de la SQ. Il fait appel également à l'aide des forces armées canadiennes (sept cents soldats gagneront la ville au cours de la nuit). En outre, la situation anarchique à Montréal convainc le premier ministre de suspendre les travaux de l'Assemblée législative et de

Manifestation d'indignation de policiers au centre Paul-Sauvé (*La Presse*, 7 octobre 1969).

Assemblée au centre Paul-Sauvé lors de la « journée d'étude » du 7 octobre 1969 (AFPCUM).

Policiers au centre Paul-Sauvé durant la grève du 7 octobre (*La Presse*, 7 octobre 1969).

Le président Guy Marcil le soir du 7 octobre 1969 au centre Paul-Sauvé en compagnie d'André Guillotte (AFPCUM, 7 octobre 1969).

convoquer d'urgence le Conseil des ministres. On s'affaire à préparer à la hâte un projet de loi spéciale pour forcer les policiers à retourner au travail.

Au cours de la soirée, la situation se corse lorsque le Mouvement de libération du taxi, dont certains leaders sont membres du FLQ, en profite pour protester dans les rues de Montréal. Au nombre d'environ deux cents, ces activistes se rendent finalement devant les bureaux et le garage de la compagnie Murray Hill à qui il est reproché de détenir le monopole du transport des passagers depuis l'aéroport de Dorval. Ils renversent des limousines et lancent des cocktails Molotov dans le garage. Des gardes de sécurité commencent alors à tirer et des manifestants à riposter. Un officier de la SQ, le caporal Dumas, tombe sous les balles et deux autres personnes sont blessées. Au même moment, les actes de vandalisme se multiplient un peu partout dans la métropole et neuf banques sont l'objet de vols à main armée.

À l'annonce du décès du caporal Dumas de la SQ devant les garages de la Murray Hill, le président de la CSN, Marcel Pepin, se rend clandestinement

Défilé organisé par la Ligue du taxi de Montréal qui aboutira aux garages de la compagnie Murray Hill, la journée même de la grève des policiers de Montréal (*La Presse*, 7 octobre 1969).

Extraits de la loi 61 forçant le retour au travail des membres de la Fraternité, le 7 octobre 1969

1. Toute personne qui était membre du service de la police ou du service d'incendie de la Ville de Montréal le 6 octobre 1969 doit, à compter de 00.01 heure le 8 octobre 1969, retourner au travail et remplir les devoirs de sa fonction.

3. Toute association de salariés au sens du Code du travail représentant des personnes visées à l'article 1 ainsi que toute union, fédération ou confédération à laquelle une telle association adhère ou est affiliée, doit prendre les moyens appropriés pour amener les membres d'une telle association à se conformer à l'article 1.

4. Quiconque contrevient à l'article 1, commet une infraction et est passible d'une amende 25 $ à 100 $ pour chaque jour ou partie de jour pendant lequel dure l'infraction, avec ou sans emprisonnement pour une durée d'au plus un mois.

6. Toute association de salariés au sens du Code du travail représentant des personnes visées à l'article 1 ainsi que toute union, fédération ou confédération à laquelle une de ces associations adhère ou est affiliée, qui autorise, encourage ou incite une personne à contrevenir à l'article 1 ou qui contrevient à l'article 3, commet une infraction et est passible d'une amende de 5 000 $ à 50 000 $ pour chaque jour ou partie de jour pendant lequel cette personne contrevient à l'article 1 ou pendant lequel dure la contravention à l'article 3.

Lorsqu'une de ces associations, unions, fédérations ou confédérations a commis une infraction prévue à l'alinéa précédent, chacun de ses fonctionnaires, administrateurs, employées, agents ou conseillers qui a participé à l'accomplissement de l'infraction ou qui y a consenti ou acquiescé, est passible de la peine prévue pour l'infraction, avec ou sans emprisonnement pour une durée d'au plus un an, que l'association, l'union, la fédération ou la confédération ait ou non été poursuivie ou déclarée coupable.

10. Le commissaire-enquêteur en chef au sens du Code du travail doit, à la demande du procureur général, révoquer l'accréditation accordée à toute association visée à l'article 3 s'il est établi que moins de 70 % des personnes à l'égard desquelles cette association est accréditée se sont conformées à l'article 1.

11. Lorsque l'accréditation d'une association est révoquée en vertu de l'article 10, cette association ne peut plus être accréditée dans les douze mois qui suivent cette révocation ni tant que les amendes imposées en vertu de la présente loi à cette association, à une union, fédération ou confédération à laquelle cette association adhère ou est affiliée ou à chacun de leurs fonctionnaires, administrateurs, employés, agents ou conseillers n'ont pas été entièrement payées ; aucune autre association qui adhère ou est affiliée à une union, fédération ou confédération d'associations à laquelle adhérait ou était affiliée l'association dont l'accréditation a été ainsi révoquée, ne peut, au cours de la même période, être ou demeurer accréditée pour représenter des employés qui étaient membres de l'association dont l'accréditation a été révoquée.

12. Lorsque l'accréditation d'une association a été révoquée en vertu de la présente loi, les employés représentés par cette association cessent alors d'être régis par toute convention collective alors en vigueur; de plus toute sentence arbitrale rendue en vertu du Code du travail à l'égard des employés membres d'une association dont l'accréditation a été révoquée est sans effet.

Source: Lois du Québec, 1969, chapitre 23, p. 153-156.

---

auprès du président de la Fraternité afin de le convaincre de dire à ses membres de reprendre immédiatement le travail parce que le pire est à craindre dans les rues de Montréal[90]. Selon Guy Marcil, cette visite du président de la CSN restera gravée dans sa mémoire comme l'un des points déterminants de cette journée[91]. Il est assez remarquable que le président d'une centrale syndicale qui est souvent accusée à l'époque de vouloir renverser le système et dont les membres ont subi la matraque des policiers à de multiples reprises, puisse effectuer une telle démarche.

La loi 61 exigeant le retour au travail des policiers est déposée à l'Assemblée nationale à 20 h 00 et finalement adoptée deux heures plus tard. Elle exige le retour au travail des policiers et des pompiers à 00 h 01 sous peine de sévères amendes et d'emprisonnement. Un policier qui refuserait de rentrer au travail est passible d'une amende de 25 à 100 $ par jour de refus et jusqu'à un mois de prison. Pour sa part, un dirigeant syndical qui inciterait à désobéir à la loi est passible aussi d'amende allant de 5 000 $ à 50 000 $ par jour de refus et risquerait une peine d'emprisonnement d'un an. La même amende s'appliquerait à la Fraternité comme association si elle incitait les policiers à poursuivre leur débrayage. Plus grave encore, elle pourrait faire face au retrait d'accréditation syndicale en cas de désobéissance, une clause qui, à notre connaissance, n'a été incluse qu'une seule fois auparavant dans des lois de retour au travail[92].

Le président Marcil prend connaissance du texte de la loi vers 23 h 50 et téléphone immédiatement au premier ministre pour obtenir une entrevue. Ce dernier accepte pour le lendemain en échange de la présence des autorités de la Ville de Montréal et d'un retour au travail des policiers. La mort dans l'âme, le président de la Fraternité lit le contenu de la loi à l'assemblée des policiers et leur conseille de retourner au travail dans le calme[93]. La sévérité de la loi laisse peu de choix, mais il a obtenu la garantie que la décision rendue par le juge Rondeau serait revue. À la fois déçus et furieux, les policiers quittent rapidement la salle du centre Paul-Sauvé et, vers une heure du matin, ils commencent à réintégrer leurs fonctions au moment même où un premier contingent du Royal 22e régiment arrive à Montréal.

Arrêt de travail dans deux hôpitaux

par Michel Bernier
et Louise Cousineau

Les employés syndiqués de deux hôpitaux de la région montréalaise ont décidé de passer outre à l'ultimatum lancé lundi par le président du comité patronal des négociations

hospitalières, M. Gilles Goudreault. Hier soir, 80 pour cent du personnel en service à l'hôpital Charles-Lemoyne sur la rive sud a tenu une réunion d'étude.

Aujourd'hui, tous les employés syndiqués de l'Hôpital Général de Montréal doivent débrayer à 3

heures p.m., et ne reprendre le travail qu'à deux heures plus tard.

Les employés concernés, au nombre de 800, sont membres de la Fédération nationale... 4 des services (CSN).

Voir HOPITAUX page 4

la presse

Le plus grand quotidien français d'Amérique

Montréal, mercredi 8 octobre 1969, 85e année, no 234, 112 pages, 6 cahiers

★★★ 10¢

L'armée est à Montréal
Québec mate la police

par Jean de GUISE

Montréal — lendemain du 7 octobre.

Bilan: deux morts, dont un agent de la Sûreté du Québec; deux autres policiers de la SQ blessés, puis libérés de l'hôpital; quelques dizaines d'autres blessés sans conséquence; une centaine d'arrestations, des dégâts de vandalisme, de pillage, quelques millions de dollars de perdus, 9 vols de banque et 15 autres vols à main armée.

De plus, le gouvernement du Québec est obligé d'en appeler d'abord à l'armée canadienne, puis de convoquer une séance extraordinaire de l'Assemblée nationale pour promulguer le Bill 41, redonnant aux policiers et pompiers de Montréal de réintégrer leurs fonctions, sinon.

Dans la métropole, privée de service d'ordre et d'incendie pendant 16 heures et demie, les citoyens retrouvent aujourd'hui une situation n o r m a l e, mais ont un cauchemar grave dans la mémoire.

Face à la colère grondante de ses policiers et pompiers, l'hôtel de ville de Montréal aura fait certains efforts de conciliation, pour enfin passer le ballon au gouvernement du Québec, qui s'appelle à en disposer, on ne sait encore trop comment.

Les historiens ont immédiatement noté que pareille situation ne s'était jamais vue au Québec, ni même ailleurs au Canada.

L'homme de la rue, avant la soirée d'hier, appuyait les revendications des policiers et pompiers. Peut-être entend-il encore aujourd'hui celles des pompiers, mais il eut douleur, à la lumière des derniers incidents, qu'il aime encore autant les policiers que se laissaient tenir les derniers sondages du département de criminologie de l'Université de Montréal.

Il était difficile, ce matin, d'obtenir beaucoup de précisions quant à la violence qui a balayé la ville hier soir, et peut-être faudra-t-il plusieurs jours encore avant qu'on puisse le faire.

Toute la gamme des gestes et émotions y aura passé, ce 7 octobre, comme on pourra le voir dans les pages intérieures.

Élections quand même

Tout se déroule normalement. Il n'a jamais été question de contremander

les élections partielles dans les comtés de Saint-Jacques et de Sainte-Marie. C'est ce que MM. Arcand et Vaillette, respectivement présidents d'élections dans Saint-Jacques et dans Sainte-Marie, ont déclaré à LA PRESSE ce matin.

Monsieur Claude Violette a précisé que, selon lui, certains hautins ont profité de la confusion qui a pu régner cette nuit pour avertir des gens par téléphone que les élections étaient contremandées, mais il n'en a jamais été question.

Page 2:
- malgré leur inquiétude, les Montréalais appuyaient, hier, leurs policiers

Page 3:
- Dans les rues de Montréal, ce matin, uniment des sécurités
- Pendant que Saulnier est à Québec, Drapeau est au Vaisseau d'Or

Page 6:
- Un problème strictement montréalais... disait Saint-Paul
- Enquête serrée sur la mort du caporal Dumas

Page 11:
- La femme du policier Dumas, tué hier soir, s'écrie: "C'est stupide, c'est révoltant!"
- Le film des événements

Page 12:
- On va en profiter, on va tout casser! criaient les émeutiers devant le garage de la Murray Hill qu'ils ont ensuite incendié
- Un chauffeur de taxi qui a reçu du plomb... dans le fessier

Page 13:
- Un soir "d'exhaustion", rue Sainte-Catherine : une nuit de PILLAGE

Page 85:
- Débandade au centre Paul-Sauvé après l'adoption, à Québec, de la loi extraordinaire
- Le président de la Fraternité des policiers crie à la tricherie

Page 97:
- La police de Montréal a éclaté parce qu'elle était "écœurée"
- Le point de vue de Girard

Page 108:
- Québec a été pris au dépourvu et dépassé par les événements
- Le texte de la loi
- L'équipe de journalistes de LA PRESSE

Rencontre

Premiers débrayages à l'Hydro ce matin

— page 2

La Presse, 8 octobre 1969.

Les conséquences de la grève

Deux conséquences plus immédiates découlent de l'action menée par la Fraternité à l'occasion de la journée du 7 octobre : la révision de la sentence arbitrale, révision promise par les autorités municipales et provinciales, et la création de la Communauté urbaine de Montréal destinée à assurer un financement plus adéquat des forces policières sur l'île de Montréal.

Le lendemain du débrayage, les autorités municipales, pour amadouer les policiers, annoncent qu'elles feront parvenir d'ici deux jours un chèque au montant de 300 $ à 400 $ pour payer une partie de l'éventuelle rétroactivité qui leur sera accordée. Elles renoncent aussi à soustraire de leur paie la journée passée au centre Paul-Sauvé[94]. Deux semaines plus tard, elles octroient une augmentation de 1 450 $ aux constables de première classe, ce qui porte leur rémunération à 8 750 $, un montant de 720 $ supérieur à ce que prévoyait l'arbitrage Rondeau[95]. Pour justifier l'augmentation, l'administration municipale transpose à Montréal l'écart de rémunération (en pourcentage) entre le salaire des policiers et le salaire moyen des policiers à Toronto. Cette hausse permettrait, selon la Ville, d'atteindre la parité salariale entre les policiers de Montréal et ceux de Toronto. D'autres avantages sont consentis aux policiers dont un recul de la Ville sur la patrouille automobile en solitaire. De plus, la proposi-

Conférence de presse du président Guy Marcil au lendemain de la grève du 7 octobre (*La Presse*, 8 octobre 1969).

Conférence de presse de Guy Marcil,
président de la Fraternité, le 8 octobre 1969

En premier lieu, en ma qualité de président de la Fraternité des policiers de Montréal et au nom de mon Exécutif, je dois rendre un hommage particulier pour l'objectivité dont vous avez fait preuve dans le récit des événements d'hier et le compte rendu des problèmes qu'affrontent actuellement les policiers de Montréal.

C'est dans cet esprit que même si vos collègues de Québec m'ont demandé de tenir une conférence de presse chez eux, j'ai décidé de faire cette déclaration ici, à Montréal, parmi les journalistes qui vivent quotidiennement au milieu de nous et qui sont plus en mesure, à mon humble avis, de comprendre nos problèmes et de les faire comprendre au public.

L'assemblée tenue par les policiers de Montréal au centre Paul-Sauvé, n'est rien d'autre qu'un geste collectif spontané résultant de nombreux problèmes que nos administrateurs municipaux, malgré nos nombreuses interventions depuis 1961, n'ont jamais daigné considérer.

Cet après-midi, M. Trudeau, premier ministre du Canada a reconnu que les policiers de Montréal ont l'une des tâches les plus dures chez les policiers du Canada, à cause d'un contexte social particulier dans notre milieu métropolitain. C'est d'ailleurs la preuve que nous avons faite devant le tribunal d'arbitrage et le résultat démontre qu'il n'en a pas tenu compte.

Quand j'ai appris qu'une loi spéciale avait été votée, j'ai essayé de communiquer avec le premier ministre, M. Bertrand. Je l'ai atteint vers minuit moins dix. À ce moment-là, M. Bertrand m'a expliqué les ordonnances de la loi et m'a assuré qu'il était prêt à me recevoir en tout temps, dès que les policiers seraient entrés au travail.

J'ai donc rapporté ces faits à l'assemblée des policiers et devant l'assurance donnée par le premier ministre de me recevoir, j'ai ordonné le retour immédiat au travail. Les policiers de la relève de nuit se sont immédiatement rendus à leurs postes respectifs et même des policiers qui n'étaient pas assignés ont décidé d'aller aider leurs confrères.

J'ai rencontré le Premier ministre ce matin en présence de M. Bellemare, ministre du Travail, de M. Rémi Paul, ministre de la Justice et de M. Lucien Saulnier. Je leur ai fait part des problèmes épineux qui existent chez nous. J'ai insisté sur l'importance d'une solution très, très rapide.

À la demande du premier ministre, nous avons convenu de présenter par écrit, incessamment, nos revendications au ministre du Travail et à M. Saulnier. Je suis assuré que le ministre du Travail apportera sans délai une solution des plus favorables aux problèmes des policiers de Montréal.

Source : AFPCUM, disque 3A, 691008

tion de contrat ne porte que sur une seule année (se terminant le 31 décembre 1969) et non sur deux comme le prévoyait l'arbitrage Rondeau. Comme ces propositions répondent largement aux attentes de la Fraternité, elles sont acceptées haut la main. Après avoir ainsi établi une « règle de justice » pour les policiers[96], Lucien Saulnier veut tourner la page et espère que la paix et l'harmonie pourront désormais régner entre la Ville et la Fraternité. Restent à trouver des revenus suffisants pour financer l'accroissement des salaires.

Dans le rapport qui rend publiques les clauses de la nouvelle convention, le Comité exécutif exige une nouvelle répartition des dépenses du Service de police, car les contribuables montréalais portent un fardeau trop lourd en comparaison de ceux de Toronto. Selon l'analyse présentée, la protection policière coûte 27,92 $ par habitant à Montréal en 1968-1969 tandis qu'à Toronto, avec le regroupement métropolitain, elle ne coûte que de 19,47 $. Si la répartition des dépenses était faite au prorata de la population de l'ensemble de l'île de Montréal, ce coût serait réduit à 20,54 $ par habitant, pratiquement comme à Toronto[97]. Les autorités de la Ville souhaitent depuis longtemps faire partager le fardeau de la protection policière à l'ensemble des municipalités de l'île de Montréal. Comme nous le verrons en détail plus bas, le gouvernement

Le président Guy Marcil et le président du comité exécutif de la Ville de Montréal, Lucien Saulnier, signant la nouvelle convention collective adoptée après l'arrêt de travail du 7 octobre (AFPCUM, novembre 1969).

provincial se rend à leur désir, mais elles doivent accepter en retour la formation de la Communauté urbaine de Montréal. Les deux éléments sont étroitement liés. C'est pourquoi, en même temps qu'il rend public l'entente avec la Fraternité le 23 octobre 1969, le président du Comité exécutif annonce également que le gouvernement du Québec dépose, le jour même, à l'Assemblée nationale, le projet de loi créant la Communauté urbaine de Montréal.

Les commissions d'enquête

Attardons-nous maintenant aux conclusions de deux importantes commissions d'enquête instituées à la suite de la grève : la première (mandatée par le ministre du Travail), la commission Morin, porte plus particulièrement sur les causes du conflit ; la deuxième, celle de la Commission de police, doit statuer sur la conduite de certains membres de la Fraternité pendant la journée du débrayage.

Selon le rapport de Me Fernand Morin, la grève illégale remet en cause la méthode de règlement des conflits de travail que constitue l'arbitrage obligatoire avec sentence exécutoire. Cette méthode lui apparaît imprégnée de « défauts congénitaux » ; en effet, elle rend moins efficace la première étape de la négociation puisqu'elle « n'exerce pas une pression salutaire sur les parties pour les amener à négocier avec diligence et bonne foi[98] ». Il suggère rien moins que de remplacer l'arbitrage par le droit de grève balisé cependant par un certain nombre de règles : préavis de huit jours, détermination préalable des services essentiels, possibilité pour le directeur général de la SQ d'ordonner la reprise du travail, sanctions individuelles et collectives très sévères pour toute infraction. En vertu de cette formule, une grève générale comme celle du 7 octobre ne pourrait plus se reproduire puisque des services essentiels seraient assurés. Il propose aussi de faire sauter une autre balise qui encadre le syndicalisme policier, soit celle qui interdit aux policiers de s'affilier à une centrale syndicale. Enfin, il remet en question le mode de rémunération des policiers montréalais qui atteignent le sommet dans l'échelle salariale après trois ans de service. Pour tenir compte de la complexité de leur travail et de la formation de certains d'entre eux, il met de l'avant l'idée d'une échelle salariale semblable à celle des enseignants, laquelle tient compte à la fois des années de formation et de l'ancienneté. Cette formule, selon lui, simplifierait les négociations et créerait un climat plus favorable à une entente sur les autres clauses normatives[99].

Il va sans dire que la Fraternité entérine les recommandations du rapport Morin, notamment celle qui concerne l'abandon de l'arbitrage obligatoire.

Elle plaide pour le droit de grève tout en suggérant d'introduire une étape particulière avant son déclenchement, soit une commission spéciale mandatée par le ministre du Travail[100]. À compter de cette date, le président Marcil fait du droit de grève une revendication majeure de la Fraternité et de la Fédération des policiers municipaux du Québec. À ce propos, il reçoit un appui de taille en 1970, celui du ministre du Travail de l'époque, Jean Cournoyer, qui, avant de quitter ses fonctions, en recommande l'adoption à son successeur[101].

Les conclusions de la longue enquête menée par la Commission de police du Québec portent, quant à elles, exclusivement sur le comportement de certains policiers durant la journée de grève. Les commissaires cherchent surtout à identifier les responsables de l'arrêt de travail afin de les blâmer et si nécessaire de les sanctionner. Ils recommandent effectivement des sanctions contre certains policiers, mais comme la Commission n'a qu'un simple pouvoir de recommandation, ces sanctions ne seront jamais appliquées[102]. D'autre part, la Commission, outrepassant son mandat, suggère de scinder l'accréditation syndicale de la Fraternité en deux, en regroupant les officiers dans une unité de négociation séparée[103]. Son objectif est de permettre, en cas de grève, que les neuf cents officiers puissent assurer les services essentiels à la population.

Par contre, la Fraternité voit cette recommandation d'un autre œil, jugeant qu'elle constitue une tentative des dirigeants politiques de briser leur unité syndicale : « Nos structures syndicales vont rester comme elles sont présentement », déclare le président Marcil, sinon il y a risque que « le moral à la police soit le même qu'au 7 octobre 1969[104] ». Tout comme pour les sanctions contre certains policiers, aucune suite n'est donnée à cette dernière recommandation par les autorités politiques de peur que la Fraternité ne reprenne le chemin de la guerre. La conjoncture turbulente de l'époque pousse plutôt les autorités politiques à être prudentes envers les policiers montréalais. En effet, la crise, qui survient en octobre de l'année suivante, confirme le bien-fondé de cette position puisque tout le corps policier de Montréal est sur un pied de guerre pour faire face à une « insurrection appréhendée » à la suite des enlèvements par le FLQ de James Cross et de Pierre Laporte.

L'intégration des forces policières de l'île de Montréal

L'intégration des corps de police et la création de la Communauté urbaine de Montréal sont une autre conséquence importante de l'arrêt de travail du 7 octobre. En effet, c'est en obtenant l'assurance du financement des forces policières par l'ensemble des municipalités de l'île que la Ville de Montréal donne son aval à la formation de la Communauté urbaine (CUM). L'organisme voit officiellement le jour moins de trois mois après la grève, le 1er janvier 1970. Bien que les responsabilités de la CUM soient plus vastes que le seul service de police, il n'en reste pas moins que ce service représente de loin son plus important champ de compétence. C'est lui aussi qui fait l'objet du débat le plus acrimonieux entre Montréal et la banlieue. La Fraternité le déplore, elle qui, comme nous l'avons fait remarquer dans le chapitre précédent, a pris le parti de l'intégration des forces policières depuis la fin des années 1950. Voyons de plus près le cheminement menant à la formation de la CUM.

La lutte entre Montréal et la banlieue

Lorsque Jean Drapeau revient au pouvoir en 1960, il ne croit pas à l'établissement d'une structure politique métropolitaine à moins que Montréal en ait le contrôle. Aussi met-il plutôt ses espoirs dans une politique vigoureuse d'annexion des municipalités de banlieue. Mais les problèmes financiers de la Ville de Montréal vont s'accentuer dans les années 1960 car elle absorbe toujours les coûts de grands services municipaux comme le transport en commun, la police et la voirie. Ces services profitent aux banlieusards sans que les municipalités où ils habitent en paient leur quote-part. La Ville se lance, d'autre part, dans de grands travaux qui nécessitent des ressources financières importantes, mais toujours sans que la banlieue assume une partie de la facture. Ces municipalités refusent d'engager ces dépenses supplémentaires, craignant qu'elles ne se traduisent par une augmentation des taxes de leurs contribuables. En outre, elles luttent pour la préservation de leur autonomie locale, faisant valoir que les petites municipalités de banlieue ont des dimensions plus humaines et que les citoyens y ont un meilleur contrôle de la vie municipale[105].

Le gouvernement québécois pourrait imposer des solutions, mais il n'ose intervenir d'autorité au début des années 1960. Il institue plutôt, en 1964, une commission d'étude des problèmes intermunicipaux dans l'île de Montréal, présidée par M. Camille Blier qui recommande l'unification des services de police pour plus d'efficacité et pour faciliter la répartition du coût de ces services entre les municipalités[106]. La Fraternité, conjointement avec les 31 corps de police de l'île, soumet à la commission un mémoire qui plaide pour l'unification des forces policières tout en insistant pour que l'acceptation et l'intégration des grades se fassent selon les standards du Service de police de la Ville de Montréal et pour que la convention collective de la Fraternité soit appliquée à tous les policiers[107]. Mais le rapport de la commission n'a pas de suites et le statu quo persiste jusqu'au milieu de l'année 1969, moment où le ministère des Affaires municipales propose, dans un avant-projet de loi, la création de trois communautés urbaines pour les agglomérations de Montréal, Hull et Québec.

Pour l'île de Montréal, le projet du ministre prévoit la création d'un véritable gouvernement régional où les services de police et de protection des incendies seront intégrés sans cependant qu'on fournisse plus de détails[108]. Encore une fois, l'ensemble du projet ne fait pas l'affaire des autorités de la Ville de Montréal qui le contestent. Mais survient, en octobre, la grève des policiers qui précipite l'établissement de la Communauté urbaine de Montréal (CUM). Outre la protection policière sur l'ensemble de l'île, le gouvernement fait porter à la CUM le fardeau d'autres services comme l'évaluation foncière, l'aménagement et le transport en commun (il exclut la protection des incendies). La Ville de Montréal se résigne alors à la régionalisation car le coût du Service de police devient difficilement supportable et parce qu'elle contrôle largement la CUM, disposant de sept des douze sièges à son Comité exécutif[109].

Dans les structures de la CUM, la gestion du Service de police est un cas un peu particulier. Elle est confiée à un organisme autonome, le Conseil de la sécurité publique (CSP), formé de quatre membres nommés par le gouvernement québécois et dont aucun n'est un élu municipal. Il a pour mission d'élaborer un plan d'intégration des forces de police, quoique la loi créant la CUM ne soit pas très précise sur cette intégration : elle peut être totale ou partielle, ce qui entraînera bien des frictions. Toujours est-il que la CUM, dès sa création, prend en charge le coût de l'ensemble des services de police des villes de l'île de Montréal, mais l'intégration des forces policières ne se fera que par étapes.

Au moment de l'intégration, les services policiers sont de taille très variable selon les municipalités. Au total, on dénombre 4874 policiers municipaux, dont 3817 (soit 78 %) sont à l'emploi de la Ville de Montréal et 1057 au service des 29 autres municipalités (25 maintiennent un service de police). Il y a aussi des écarts assez considérables d'une ville à l'autre pour ce qui est de l'encadrement policier, et dans onze municipalités les policiers s'occupent également du service d'incendie (tableau 3.3). La Ville de Montréal occupe une position médiane au chapitre du ratio entre la population et le nombre de policiers.

Tableau 3.3 — Nombre de policiers et taux d'encadrement policier dans les municipalités formant la CUM (1970)

Villes	Nombre de policiers par milliers d'habitants	Taux d'encadrement
Montréal	3 817	2,61
Secteur Est	223	1,19
Anjou	39	1,26
Montréal-Est	28	4,90
Montréal-Nord	79	0,99
Pointe-aux-Trembles	34	1,06
Saint-Léonard	43	1,10
Centre Ouest	218	1,66
Dorval	45	2,11
Lachine	62	1,31
Saint-Laurent	111	1,78
Secteur Ouest	162	1,32
Senneville	6	3,97
Pierrefonds	35	1,04
Dollard/Roxboro	34	1,25
Sainte-Geneviève	6	2,14
Sainte-Anne	11	2,06
Beaconsfield/Baie-d'Urfé	24	1,06
Pointe-Claire/Kirkland	46	1,54
Secteur Centre	454	1,59
Côte-Saint-Luc	35	1,59
Hampstead	27	4,04
LaSalle	78	1,16
Mont-Royal	56	2,60
Montréal-Ouest	21	3,22
Outremont	48	1,56
Saint-Pierre	15	2,06
Verdun	96	1,06
Westmount	78	2,40

Source : *Rapport du Conseil de sécurité publique de la Communauté urbaine de Montréal* (rapport Coderre), Montréal, 1970, tableaux 6-1, 6-2.

Dans son rapport du mois d'août 1970, le Conseil de la sécurité publique se range du côté d'une intégration totale plutôt que partielle des forces policières selon un échéancier de deux à cinq ans. C'est la meilleure façon, pense-t-on, de professionnaliser et de spécialiser le personnel tout en réalisant des économies grâce à une meilleure utilisation des équipements[110]. Bon nombre de villes de banlieue préféreraient évidemment une intégration partielle ou une simple coordination des services car elles s'inquiètent surtout du fardeau financier[111]. Par dépit, elles s'opposent systématiquement à l'adoption du budget de la CUM, mais ne peuvent, selon la loi de la CUM, empêcher son entrée en vigueur.

En mars 1971, le Conseil de la CUM adopte le règlement d'intégration totale des forces policières (n° 26) pour le 1er janvier 1972. Mais, en décembre 1971, le gouvernement du Québec, qui tente d'apaiser le mécontentement de la banlieue, invalide ce règlement et met en tutelle les services de police de la CUM (loi 281). Il élargit les pouvoirs du Conseil de la sécurité publique dont il modifie la composition pour donner une représentation accrue à la banlieue. L'intégration doit s'effectuer cependant comme prévu le 1er janvier 1972 et Maurice Saint-Pierre, directeur de la Sûreté du Québec, devient également directeur intérimaire du nouveau Service de police de la Communauté urbaine de Montréal.

Une bénédiction pour la Fraternité

Il va sans dire que la Fraternité, tout comme d'ailleurs les différents syndicats de policiers de l'île de Montréal, se réjouissent de la création de la CUM en 1970. L'intégration des forces policières sous son aile permet, selon la Fraternité, d'assurer une protection des citoyens « efficace et de qualité » et d'assurer un financement adéquat du service de police. La loi créant la CUM oblige le Comité exécutif de la CUM à consulter les syndicats de policiers avant de proposer un plan d'intégration des effectifs. Deux rencontres, qui sont plutôt des réunions d'information que de consultation, ont lieu dans ce but en janvier et février 1971. Le mois suivant, le Comité exécutif de la CUM adopte un règlement d'intégration (n° 26) qui déplaît à la Fraternité parce que trop vague[112].

En revanche, la Fraternité accueille beaucoup plus favorablement la loi 281 qui donne naissance, en 1972, au Service de police de la Communauté urbaine de Montréal (SPCUM). Le législateur a retenu ses principales préoccupations : mandat pour la Fraternité de négocier la convention collective pour tous les policiers de la CUM et dissolution des autres syndicats de policiers, application de la convention collective de la Fraternité à tous les policiers intégrés à la SPCUM rétroactivement au 1er janvier 1972, sécurité d'emploi pour eux et confirmation que la Fraternité négociera un régime de retraite pour tous les policiers[113]. La loi charge la Commission de police de Québec d'évaluer le personnel policier et de normaliser les grades et fonctions parce que la formation des policiers provenant des banlieues est passablement inégale et les promotions souvent faites sans critères précis (certaines villes de banlieue ont effectué massivement des promotions tout juste avant l'intégration). La Fraternité est d'accord pour autant que les pouvoirs de la Commission soient balisés et qu'elle n'ait pas le droit de congédier un policier intégré ou de l'assigner à un autre service de la CUM[114]. Pour sa part, le Comité du groupement des policiers des banlieues s'inquiète aussi des modalités d'intégration. Craignant que la Commission de police connaisse mal les fonctions et les responsabilités des policiers intégrés, il suggère qu'un comité où sera représentée la Fédération des policiers du Québec élabore les critères de base servant à la normalisation des grades. Il veut aussi que les policiers qui agissent comme pompiers dans treize municipalités aient le choix de devenir policiers ou pompiers[115].

Dans le mois suivant la création du SPCUM, René Daignault, directeur adjoint de la police de Montréal, est nommé directeur général du Service de police. Il produit un rapport en août 1972 où sont définis la structure du SPCUM, la répartition du territoire et le plan général d'allocation des ressources physiques et humaines. Le plan est rejeté par les maires de banlieue et par le Conseil de sécurité publique, lequel commande un nouveau rapport qui, cette fois, est entériné en mars 1974[116]. Mais ce rapport suscite encore une fois l'opposition des maires de la banlieue et de la direction de la Fraternité qui vont en appel devant la Commission de police.

Les maires s'alarment de la montée en flèche du budget de la police, de la détérioration des services et de la baisse d'efficacité[117]. Quant à la Fraternité, elle reproche au rapport de ne présenter aucun modèle bien articulé du rôle de la police dans la société, de ne proposer aucune stratégie cohérente d'implantation du changement organisationnel et de laisser à la Commission de police des pouvoirs qui semblent, à première vue, exorbitants dans l'exécution du plan d'allocation[118]. Dans une lettre adressée à la Commission, le président de la Fraternité recommande en outre de maintenir la juridiction de la Fraternité sur tous les policiers, y compris les officiers, de respecter la convention collective et les conditions de travail existantes, d'éviter les déplacements excessifs de policiers des secteurs où ils travaillaient avant l'intégration et d'éliminer la pratique, dans certains secteurs, imposant aux policiers la fonction de pompier[119]. Soumis en novembre 1975, le rapport de la Commission de police ne remet en cause ni les acquis de la Fraternité, ni la nécessité de l'intégration, et maintient dans ses grandes lignes les orientations du plan Daigneault[120].

En 1973 et 1974, la Fraternité s'inquiète de la lenteur du processus d'intégration, ce qui a pour effet de maintenir les policiers de banlieue dans l'incertitude et de saper le moral de l'ensemble des forces policières. L'unification des régimes de retraite traîne en longueur, de nombreux policiers agissent encore comme pompiers tandis que les promotions et les mutations créent de la frustration[121]. Les disparités importantes dans la formation et l'expertise des policiers selon les municipalités nécessitent une réévaluation des compétences qui aura pour conséquence une modification dans la hiérarchie des grades. Elle signifiera la rétrogradation de 25 % des cadres des villes de banlieue et le gel des promotions à Montréal pendant quatre ans. Toutefois la rétrogradation ne se traduit pas par une baisse de salaire ; elle peut même signifier une hausse car l'échelle salariale est souvent plus élevée à Montréal que dans les villes de banlieue[122]. En général cependant, selon un sondage mené en 1976, les policiers sont satisfaits de l'intégration et leur travail s'est révélé plus intéressant[123].

La Fraternité accueille dans ses rangs un premier contingent de policiers de huit villes en février 1973 ; ils proviennent de Ville Mont-Royal, Saint-Léonard, Montréal-Ouest, Beaconsfield, Sainte-Anne-de-Bellevue, Outremont, Senneville, Pointe-Claire et Baie-d'Urfé/Kirkland. D'autres suivent en août : Lachine, Saint-Laurent, Saint-Pierre, Montréal-Nord et Dollard-des-Ormeaux. En octobre, c'est au tour des policiers d'Anjou, Côte-Saint-Luc, Pointe-aux-Trembles, Dorval, Hampstead, Pierrefonds et Westmount[124]. Pour bien refléter le nouveau rôle qui lui incombe, la Fraternité modifie son nom en mai 1974 pour celui de Fraternité des policiers de la Communauté urbaine de Montréal[125].

Au sein de la Fraternité, l'intégration ne se fait pas facilement. Des tensions s'élèvent et persisteront pendant longtemps entre les policiers issus de la banlieue et ceux de la Ville de Montréal. Elles concernent notamment les promotions dont nous avons parlé précédemment et le fonds de retraite. Les policiers des sections de banlieue, qui en général jouissaient de fonds de retraite moins généreux que celui de Montréal, souhaitent obtenir la parité rapidement alors que les Montréalais rétorquent que, comme eux-mêmes et la Ville de Montréal ont contribué davantage au fonds, il n'est que normal qu'ils touchent de meilleures prestations de retraite, pouvant être versées en général à un âge moins avancé. Cette pomme de discorde ne se résout finalement qu'en 1977, comme nous le verrons au prochain chapitre.

L'intégration des forces policières s'est donc faite lentement et douloureusement au gré des luttes entre Montréal et la banlieue sur le rôle à confier à la Communauté urbaine de Montréal. L'arbitrage du gouvernement québécois entre ces deux parties s'est fait hésitant et coloré par les changements de parti au pouvoir. Ce n'est qu'en octobre 1976 qu'il confirme définitivement le plan d'allocation des ressources, bien que l'intégration des services policiers s'effectue graduellement depuis 1972. Même si la gestation du SPCUM a été longue, la Communauté urbaine peut se féliciter, en 1975, de gérer un service de police mieux formé et plus efficace. Il y a augmentation des dépenses mais elles sont distribuées plus équitablement sur l'ensemble de l'île en fonction de la richesse foncière des municipalités intégrées. Dans le processus, la Fraternité a bien réussi à tirer son épingle du jeu en obtenant la sécurité d'emploi pour les policiers de banlieue et l'extension de sa convention collective à l'ensemble du territoire de la CUM.

La négociation des conditions de travail

Comme nous l'avons observé plus haut, les relations de travail de 1965 à 1975 sont marquées par une insatisfaction grandissante des policiers à l'égard de leurs conditions de travail. Le mécontentement commence à se faire jour dès 1965 à la suite de l'arbitrage du juge Albert Mayrand. Le rapport n'est accepté qu'après un vote sur division au cours d'une assemblée particulièrement tumultueuse. Deux ans plus tard, le même scénario se produit devant un projet de contrat de travail que la direction de la Fraternité a toutes les peines du monde à faire accepter. Plusieurs policiers évoquent alors l'idée d'organiser une « journée d'étude » lors de l'ouverture de l'Exposition universelle. Cette « journée d'étude » n'aura pas lieu en 1967, mais le 7 octobre 1969 dans les circonstances que l'on connaît. Les négociations ultérieures, qui reviennent fréquemment car les contrat ne sont signés que pour une année (sauf pour 1972-1973), ne sont guère faciles. L'éventualité d'une nouvelle grève est souvent évoquée et la négociation de 1975 donne lieu à une marche dans les rues de Montréal de quelque deux mille cinq cents policiers pour appuyer leurs revendications. La Fraternité préfère des contrats à court terme et refuse de se soumettre à un arbitrage, recours ultime qui lui apparaît dépassé après le fiasco de l'arbitrage Rondeau.

Dans un contexte aussi militant, il va sans dire que les policiers montréalais améliorent sensiblement leurs conditions de travail de 1965 à 1975. Le progrès se fait sentir particulièrement du côté des salaires, de la rémunération des heures supplémentaires et d'une prime pour les quarts de soir et de nuit. Les primes d'ancienneté *(merit system)* ne sont pas modifiées, non plus que la semaine régulière de travail : 40 heures, réparties sur 5 jours de 8 heures de travail. Cependant, commence à poindre, en 1975, le désir de répartir la semaine de travail sur 4 jours. Enfin, il y a peu de changement touchant le nombre de jours de vacances et de congés fériés (il passe de 10 à 13). Pour sa part, toutefois, le régime de pensions des policiers devient plus généreux. Nous y reviendrons.

La saga des négociations

Comme nous l'avons déjà fait remarquer, la direction de la Fraternité a beaucoup de mal à faire adopter par ses membres un contrat de travail de deux ans en janvier et février 1967. Au départ, deux questions préoccupent particulièrement les négociateurs syndicaux : les salaires, qui seraient bien en deçà de ceux de plusieurs villes canadiennes (22e rang), et la rémunération des heures supplémentaires. Ayant obtenu de la Ville ce qui, selon l'équipe de négociateurs, représente « les meilleurs salaires au Canada », ils se font renvoyer à la table des négociations par une assemblée générale orageuse « qui s'est déroulée, selon un journaliste présent, dans une atmosphère de violence verbale indescriptible[126] ». Comme la Ville refuse de modifier ses offres, ils retournent de nouveau devant l'assemblée générale la semaine suivante. Soumis au vote secret cette fois, le projet de convention est finalement ratifié, mais par une mince majorité. L'Exécutif de la Fraternité voit cependant dans cette convention « une brillante victoire » pour les policiers[127].

Passons rapidement sur la négociation et la grève d'octobre 1969 où les salaires sont au cœur du litige. Les policiers réclament un salaire équivalent à celui de leurs homologues de Toronto alors que l'arbitrage Rondeau élargit l'écart qui les sépare de ces derniers (il atteindrait alors 1 100 $ et davantage l'année suivante) ; il réduit aussi le niveau de rémunération des heures supplémentaires. C'est l'explosion de colère et la grève du 7 octobre. Devant les grévistes au centre Paul-Sauvé, le président du Comité exécutif promet de réviser sans délai la sentence arbitrale. C'est ce qu'il fait rondement : trois jours plus tard, un chèque de 300 $ à 400 $ est expédié à chacun des policiers pour payer une partie de la rétroactivité qui leur est due et, le 23 octobre, une

Assemblée générale lors de la négociation de la convention collective en 1975 (*La Presse*, 30 avril 1975).

entente intervient avec la Fraternité qui majore de 720 $ la rémunération prévue par la sentence Rondeau, ce qui porte leur salaire à 8 750 $ (constable de première classe). Pour la Ville, ce salaire équivaut à celui des policiers de Toronto; pour la Fraternité, c'est « discutable[128] ». D'autres avantages sont également consentis : rémunération à temps et demi pour le travail supplémentaire, retour à l'auto-patrouille à deux hommes et contrat d'un an au lieu de deux comme le souhaite la Fraternité. Le contrat signé à la fin d'octobre 1969 est rétroactif au 1er décembre 1968, mais n'est en vigueur, en fait, que pour un peu plus d'un mois à partir de sa signature. Les négociations sont à reprendre pour l'année 1970.

Le déroulement des négociations pour les deux conventions collectives d'une année conclues en 1970 et 1971 se fait dans une atmosphère tendue où les salaires sont au centre du litige. La Fraternité réclame la parité avec Toronto. Les négociations se déroulent ainsi pour les deux années : la Ville tergiverse sur les demandes de la Fraternité, ce qui l'amène à faire appel à la conciliation ainsi que le prévoit le Code du travail; la tension monte chez les policiers devant l'impasse (on évoque la possibilité d'un débrayage), mais pas question de consentir à l'arbitrage ; la Ville offre finalement la parité salariale avec Toronto, ce qui permet une entente entre les parties ; les policiers en assemblée générale acceptent l'accord dans l'enthousiasme.

À partir de 1972, la négociation se fait avec le Conseil de sécurité de la Communauté urbaine de Montréal et pour l'ensemble des policiers intégrés au SPCUM. Le désir de maintenir la parité salariale avec Toronto est toujours au cœur des réclamations de la Fraternité. Le déroulement des négociations en 1972 (pour deux ans) et en 1974 épouse la démarche décrite plus haut et aboutit à des ententes qui préservent la parité avec Toronto. Il vaut la peine de signaler qu'en 1974 la Fraternité accepte que la CUM embauche des « contractuels » chargé de distribuer des contraventions, ce à quoi elle s'était toujours opposé jusque-là. Pour la CUM, cette décision a l'avantage de réduire le coût du service de police, et pour la Fraternité, elle représente une occasion, selon le président Marcil, d'améliorer l'image du policier dans le public[129].

La négociation de 1975 se présente sous un jour plus ardu qui n'est pas sans rappeler le débrayage d'octobre 1969. De mars à septembre, la menace

Assemblée générale houleuse de septembre 1975 (*La Presse*, 14 septembre 1975).

d'un arrêt de travail plane toujours dans l'air et les policiers ont recours à divers moyens de pression pour signifier leur insatisfaction devant la lenteur des négociation et la teneur des offres patronales. Après des assemblées houleuses à la fin mars, le Bureau de direction de la Fraternité organise une marche le 14 avril jusqu'au site des Jeux olympiques alors en construction. La faiblesse des offres, fait-on valoir, est la conséquence des dépenses extravagantes pour la construction du stade olympique. La moitié des membres de la Fraternité (deux mille cinq cents) y participent sans qu'on ait à déplorer d'incidents. Leur attente ne touche plus la question monétaire mais surtout le fonds de pension et l'horaire de travail. Le Conseil de sécurité de la CUM, qui a la tâche d'établir un seul fonds de pension pour l'ensemble des policiers de l'île, propose un régime moins généreux que celui que détiennent les policiers montréalais. Fin avril, le Conseil de sécurité ayant fait parvenir une offre sur le fonds de pension jugée «nettement inacceptable», le Bureau de direction de la Fraternité organise une assemblée le 1er mai, fête des travailleurs. La veille, la direction se rend à l'Assemblée nationale «dans un ultime effort, souligne le président Custeau, pour éviter une situation qui pourrait s'avérer catastrophique dans l'île de Montréal[130]». Craignant un nouvel arrêt de travail, le gouvernement québécois de Robert Bourassa met en alerte les policiers de la Sûreté du Québec, et un détachement de l'armée canadienne quitte Valcartier pour Montréal. Devant une assemblée houleuse, le président Custeau réussit à convaincre les policiers de ne pas débrayer sur la foi de progrès intéressants réalisés la nuit précédente[131]. Le comité de négociation parvient finalement à une entente de principe sur le régime de retraite jugé «acceptable», mais qui est l'objet de vives critiques en assemblée générale. Pendant l'été, l'entente soumise à un référendum par la poste est acceptée par les deux tiers des policiers qui ont retourné leur bulletin de vote.

En août, le comité de négociation est de nouveau pris à partie par l'assemblée générale qui n'a rien à redire de la hausse de salaires offerte (15 %), mais refuse la proposition d'alléger les horaires de travail en échange d'une diminution du nombre de jours de congés fériés[132]. Pour mener une vie sociale et familiale plus normale, les policiers ouvrent également un nouveau front du côté des conditions de travail : les plus jeunes en particulier souhaitent plus de fins de semaine de congé (ils en ont environ quatorze par année), ce que permettrait un horaire de travail de quatre jours de neuf heures de travail suivie de trois jours de congé (formule 4-3). Cette formule est alors à l'essai pour 275 policiers de la SQ[133]. Le Conseil de sécurité de la CUM est disposé à accorder un horaire de travail différent (quatre semaines de travail de quatre jours et la cinquième de cinq jours), mais

Marche de quelque 2 500 policiers du centre Paul-Sauvé jusqu'au chantier du Stade olympique (*La Presse*, 15 avril 1975).

Marche vers les chantiers du Stade olympique. Au centre, le président de la Fraternité, Gilbert Custeau (*La Presse*, 15 avril 1975).

en rognant sur les jours de congé. Il veut ainsi éviter de devoir embaucher trois cents nouveaux policiers pour appliquer la nouvelle formule[134].

Comme la négociation ne progresse pas, la Fraternité a recours, dans la semaine du 8 au 13 septembre, à des moyens de pression planifiés par le sergent Pat De Caen qui, on s'en souviendra, a joué un rôle actif dans la grève de 1969. Devenu responsable du Comité des voies et moyens de la Fraternité, il choisit de faire pression sur l'employeur en perturbant la circulation par divers moyens : vérification de l'identité des conducteurs, fouille des voitures dans certaines rues et près des ponts, contrôle des camions. Selon De Caen, « les policiers sont rendus à bout et si rien ne se produit d'ici vendredi, la marmite pourrait bien exploser[135] ». Ce genre de harcèlement, qui crée des bouchons monstres aux heures de pointe, fait long feu car il mine la sympathie que la population peut avoir envers les revendications des policiers. Cette stratégie est remplacée par une autre qui comporte le travail au ralenti, une réponse limitée aux seuls appels d'urgence et des défilés dans des voitures toutes sirènes hurlantes[136]. Un millier d'agents de la Sûreté du Québec sont alors mis sur un pied d'alerte, prêts à entrer en action. Avec à l'arrière-plan le premier ministre Bourassa qui invite le président du Conseil de sécurité à accentuer ses efforts vers la recherche d'une solution[137], les négociations reprennent et aboutissent à une entente de principe à la fin de cette semaine perturbée.

Les offres sont présentées à l'assemblée des policiers le 13 septembre, puis acceptées, mais non sans réticences (58 % par vote secret), et en laissant plusieurs policiers insatisfaits[138]. La rémunération, qui ne fait pas problème depuis le début de la négociation, comporte une augmentation de 15 % pour 1975 et d'au moins 10 % pour l'année suivante. Sur la répartition des jours de travail, question se trouvant au cœur du litige, la semaine de quatre jours de travail et de trois jours de congé n'est pas obtenue, mais on met à l'essai la formule suivante : sept jours de travail, deux jours de congé, huit jours de travail, quatre jours de congé, selon un cycle de vingt et un jours. D'autres avantages mineurs sont obtenus : augmentation du nombre de jours de vacances pour les policiers ayant plus de dix ans de service, addition d'un jour supplémentaire de congés fériés, etc.[139]. Le président Custeau dit accepter avec regret le calendrier de travail proposé, mais ajoute qu'il a l'espoir de se reprendre à la prochaine négociation qui doit s'amorcer d'ailleurs très prochainement car le contrat se termine dans trois mois[140]. L'entente ne plaît guère à un groupe de jeunes policiers qui imposent la tenue d'une assemblée générale extraordinaire[141]. Elle a lieu le 6 octobre, à huis clos, et, dit-on, on y assiste à un « lavage de linge sale en famille[142] ». Le président Custeau, contesté par cette aile radicale et passablement éreinté par la dernière négociation, ne se présente pas à l'élection de juin 1976. Pour le nouveau président, Gilles Masse, le climat ne sera guère plus calme au cours des années ultérieures.

Évaluation des conventions collectives

Pendant cette décennie de relations de travail fortement perturbées, trois éléments majeurs de la négociation collective retiennent ici notre attention : les salaires, l'évaluation des grades et le régime de pension. Comme nous l'avons fait remarquer plus haut, les hausses de salaire représentent l'objectif prioritaire de la Fraternité à la fin des années 1960 ; les policiers désirent obtenir la parité salariale avec leurs confrères de Toronto. Pour soutenir son point de vue, la Fraternité met de l'avant les conditions particulièrement difficiles dans lesquelles les policiers doivent travailler à cause du climat social agité de la société montréalaise.

Le discours syndical fait appel aussi à un nouvel élément, soit le caractère professionnel du travail policier. Dans les années 1950, la Fraternité justifiait ses demandes salariales en prenant comme point de référence la rémunération des ouvriers qualifiés ; dans les années 1970, ses dirigeants présentent le policier comme ayant un statut semi-professionnel qui met en place les éléments qui feront de lui un « véritable professionnel de la justice ». Ce nouveau statut exige, selon le trésorier de la Fraternité, Jean-Guy Ménard, beaucoup plus d'autonomie et une rémunération « supérieure à la moyenne, comparable à celles des fonctions semi-professionnelles[143] ».

Effectivement, la rémunération des policiers commence à se distancer sérieusement des travailleurs qualifiés au début des années 1970. Depuis la fin de la Deuxième Guerre, leur salaire était d'un quart et même d'un tiers supérieur à celui de la moyenne des salariés montréalais. À partir de 1970, leur rétribution franchit une nouvelle barrière : elle atteint 50 % du salaire moyen (voir tableau 3.4). Dans ce contexte, le salaire réel des policiers s'accroît sensiblement pendant la décennie. Le pouvoir d'achat des constables de première classe, catégorie qui regroupe le plus grand nombre de policiers, a plus que doublé en dix ans (110 %), alors que celui des salariés montréalais progresse, mais à un niveau moindre (71 %). Les policiers commencent alors à trouver très majoritairement qu'ils reçoivent une rémunération satisfaisante et que leur revenu leur permet de répondre à leurs obligations financières (83,5 % et 89,5 % sont satisfaits selon une enquête menée en 1976[144]). C'est pourquoi la Fraternité, à partir du milieu des années 1970, fait porter ses revendications

Tableau 3.4 — Échelle salariale des policiers de première classe (1965-1975)

	Salaires annuels des policiers de 1ʳᵉ classe	Salaire annuel moyen dans le Montréal métropolitain	Écart en faveur des policiers	Indice du coût de la vie à Montréal (1971 = 100)
1965	6 200 $	4 690 $	32,1 %	84,3
1966	6 350 $	5 096 $	24,6 %	86,8
1967	7 000 $	5 324 $	31,4 %	90,2
1968	7 300 $	5 700 $	28,0 %	93,3
1969	8 750 $	6 050 $	44,6 %	96,2
1970	9 815 $	6 521 $	50,5 %	98,2
1971	10 750 $	7 050 $	52,4 %	100,0
1972	11 665 $	7 624 $	53,0 %	103,8
1973	12 305 $	8 169 $	50,6 %	111,3
1974	13 535 $	9 076 $	49,1 %	123,0
1975	16 273 $	10 478 $	55,3 %	136,1

Source : Ces données jusqu'en 1970 valent à compter du 1ᵉʳ décembre de l'année précédente jusqu'au 30 novembre de l'année indiquée (AFPCUM, *Conventions collectives intervenues entre la Cité de Montréal et la Fraternité des policiers de Montréal, 1965-1970*; *Conventions collectives intervenues entre le Conseil de sécurité de la Communauté urbaine de Montréal et la Fraternité des policiers de la CUM, 1972-1974*; *Annuaire du Québec*, 1972, p. 431; 1977-1978, p. 1175; 1979-1980, p. 487).

moins sur une hausse de salaire que sur des éléments permettant une meilleure qualité de vie.

D'autres questions reliées cette fois à la classification des grades viennent perturber les relations entre policiers à l'intérieur même de la Fraternité. Le premier sujet de controverse porte sur l'acceptation en 1962 d'une échelle salariale spécifique et moins bien rémunérée pour les nouveaux membres de la Sûreté (détectives). C'est ce qu'on appellerait de nos jours une « clause orpheline » (écart de salaire de 300 $ pour les sergents). Elle survient dans le contexte où les officiers de la Gendarmerie (constables), qui traditionnellement avaient un salaire moindre, obtiennent la même rémunération que les officiers de la Sûreté. Mais la parité ne sera appliquée que dans le cas des officiers de la Sûreté promus dans l'avenir ; l'écart salarial demeurera pour les officiers déjà en poste. La Fraternité donne son accord à cette échelle salariale au moment où la firme Woods, Gordon et Cie préconise une réévaluation des fonctions et des traitements et où la Ville se propose de s'engager dans cette voie[145]. Mais la Ville tarde à le faire de sorte que les officiers de la « jeune

Sûreté » doivent se contenter d'une rémunération moindre que la « vieille Sûreté » pour un travail équivalent. Cette question devient une épine dans le pied pour les dirigeants syndicaux puisque ces jeunes détectives se concertent et réclament la parité salariale. Dans son arbitrage en 1965, le juge Mayrand émet le vœu que la Ville procède avec diligence à l'évaluation scientifique des tâches, mais elle se fait tirer l'oreille. En 1968, la Fraternité, sous la pression de la « jeune Sûreté », décide de procéder seule à une nouvelle classification des fonctions et embauche une firme d'experts dont le rapport sera bien accueilli.

Tableau 3.5 — Échelle salariale des policiers de Montréal selon les grades (1965-1975)

	1965	1970	1975
Capitaines détectives	8 400 $	12 540 $	22 708 $
Lieutenants détectives	8 000 $	12 140 $	22 248 $
Sergents détectives	7 600 $	11 740 $	21 788 $
Détectives	7 100 $		
Capitaines	7 600 $	11 740 $	21 788 $
Lieutenants	7 200 $	11 090 $	19 949 $
Sergents	6 700 $	10 440 $	18 111 $
Constables (1re classe)	6 200 $	9 815 $	16 273 $
Constables (2e classe)	5 800 $	9 385 $	15 778 $
Constables (3e classe)	5 455 $	8 785 $	15 088 $
Constables (4e classe)	4 805 $	6 565 $	12 535 $
Sergents policières	6 400 $	10 240 $	18 141 $
Policières (1re classe)	5 900 $	9 615 $	16 043 $
Policières (2e classe)	5 400 $	9 185 $	15 548 $
Policières (3e classe)	5 155 $	8 585 $	14 858 $
Policières (4e classe)	4 605 $	6 365 $	12 305 $

Source : Ces données valent à compter du 1er décembre de l'année précédente pour 1965. Les salaires des membres de la Sûreté (détectives) s'appliquent à ceux qui étaient membres de ce service avant le 1er décembre 1961 (vieille Sûreté) (AFPCUM, *Conventions collectives interve-nues entre la Cité de Montréal et la Fraternité des policiers de Montréal, 1965-1970*; *Conventions collectives intervenues entre le Conseil de sécurité de la Communauté urbaine de Montréal et la Fraternité des policiers de la CUM, 1972-1974*).

Cependant, ce n'est que la grève du 7 octobre 1969 qui fait enfin débloquer le dossier. Le président du Comité exécutif de la Ville, Lucien Saulnier, accepte de créer un comité conjoint sur l'évaluation des grades et de se conformer à ses conclusions. Le rapport hausse la rémunération des officiers et élargit ainsi l'écart qui les sépare des constables de première classe[146]. Quant à l'échelle salariale spécifique de la « vieille Sûreté », elle est maintenue et représente toujours une source de conflits au sein de la Fraternité[147]. En 1975, la convention collective accuse une différence salariale de plus de 3 000 $ entre les sergents-détectives de la « vieille » et de la « jeune » (« nouvelle ») Sûreté. Il faut attendre la convention collective de 1996 pour voir disparaître cette « clause orphelin » lorsque tous les membres de la Sûreté embauchés avant 1961 auront pris leur retraite.

Portons maintenant notre regard sur un autre dossier important auquel doit faire face la Fraternité, le régime de retraite, qui relève exclusivement de l'Association de bien-être et de retraite de la police de Montréal (ABRPM) jusqu'en 1972. Rappelons qu'en 1968 la Ville de Montréal obtient du gouvernement provincial de se faire exempter du paiement de sa quote-part à la caisse de retraite des policiers et des autres employés municipaux pendant deux ans. Le geste contribue au ras-le-bol des policiers qui précède l'arrêt de travail du 7 octobre 1969. Le gouvernement mandate alors un comité présidé par André Raynauld pour trouver une solution satisfaisante pour l'ensemble des parties. Les recommandations du rapport remis en novembre 1970 sont entérinées par le ministre des Finances, Raymond Garneau, qui promet de ne plus jamais accorder de telles exemptions[148]. Selon Jean-Claude Leclerc, éditorialiste au journal Le Devoir, cette volte-face du gouvernement libéral confirme l'injustice faite aux policiers de Montréal par l'ancien gouvernement de l'Union nationale : « Autant dire qu'en votant le bill 295 sur les caisses de retraites, l'Assemblée nationale avait en quelque sorte "volé" les policiers de Montréal[149]. » Après de longues procédures judiciaires, les tribunaux forceront la Ville en 1977 à dédommager le régime de retraite pour le non-versement de ses contributions pendant deux ans[150].

La Fraternité fait face à une autre difficulté reliée au régime de retraite quand le gouvernement l'oblige, dans la loi créant la SPCUM et intégrant les corps policiers de l'île en décembre 1971, à négocier l'unification des 23 régimes de retraite de ces policiers. La Fraternité doit s'entendre à ce propos avec le Conseil de sécurité publique de la CUM, tandis qu'il est prévu que l'ABRPM continuera d'administrer et de gérer la caisse de retraite des policiers de la Ville de Montréal. La loi impose une négociation « sans délai », mais les nombreuses difficultés inhérentes à l'intégration retardent ces négociations qui ne commencent véritablement qu'en février 1974. La première offre du Conseil de sécurité présentée quatorze mois plus tard est qualifiée de « rétrograde » par le président Custeau. Elle uniformise les régimes de retraite de l'ensemble des policiers de l'île, mais accorde une rente moins généreuse que celle dont bénéficient les policiers montréalais et ne comporte pas d'indexation pour ceux qui prennent leur retraite avant 60 ans[151]. Comme nous l'avons vu, elle provoque un sentiment d'indignation chez les policiers qui organisent, le 14 avril 1975, une marche tonitruante vers le site des Jeux olympiques. Fin avril, le Conseil de sécurité améliore ses propositions mais pas assez substantiellement selon le Conseil de direction de la Fraternité qui organise une assemblée générale le 1er mai. La veille de l'assemblée, le Conseil de sécurité fait de nouvelles ouvertures assez intéressantes pour que le Bureau de direction suggère à l'assemblée de patienter encore un peu. La frustration est à son comble et on en vient à deux doigts d'un débrayage spontané[152].

Le comité de négociation parvient finalement à une entente de principe le 8 mai, le Conseil de sécurité ayant bonifié ses offres, notamment sur l'indexation au coût de la vie du régime de retraite. L'entente, qui uniformise une fois pour toutes les régimes de retraite de tous les policiers de la CUM, ne fait pas le bonheur de tous, mais, soumise au référendum des membres pendant l'été, elle est acceptée par 65 % des participants[153]. Toutefois, la rédaction des règlements du régime cause des divergences d'interprétation qui nécessitent d'autres négociations jusqu'à l'été 1977. Elles aboutissent en décembre de la même année à l'adoption de la loi 260 établissant le nouveau régime de rentes des policiers de la CUM[154]. Les policiers touchent leur prestation maximale après 35 ans de service ; elle représente 80 % du salaire moyen des trois meilleures années consécutives de service. Ceux qui le désirent peuvent prendre leur retraite à partir de 25 ans de service, mais ils ne reçoivent alors que 50 % de leur salaire moyen. La veuve d'un pensionné touchera la moitié de la prestation à laquelle le membre a droit et la retraite est obligatoire dès que le membre atteint 60 ans d'âge. Les prestations des retraites sont indexées selon l'augmentation de l'indice moyen des prix à la consommation pour la région de Montréal. Enfin, la cotisation des participants est fixée à 8 % du salaire et celle de l'employeur déterminée de façon plus vague, soit d'ajouter les sommes suffisantes pour assurer la capitalisation des prestations, ce qui causera de sérieux problèmes comme nous le verrons dans le prochain chapitre.

* * *

L'histoire de la Fraternité est donc marquée, depuis le milieu des années 1960, par une radicalisation de son action et une nette progression de ses revendications. Elle suit en cela l'exemple du reste du mouvement syndical qui se caractérise par une critique sociale vigoureuse et un militantisme débordant. Ce sont les syndiqués eux-mêmes, notamment la jeune génération, qui poussent les directions syndicales à transformer l'orientation de leur mouvement. C'est évident pour la Fraternité, dont les dirigeants ont peine à contenir la fougue de nombreux policiers. Les assemblées générales, souvent houleuses, sont l'occasion de critiques vigoureuses des directions syndicales. Trois présidents s'essoufflent à la tâche. Non seulement les attentes des policiers sont élevées, mais ils s'embarrassent peu des contraintes auxquelles le législateur a voulu soumettre le syndicalisme policier. Pendant toute la période, la possibilité d'une grève plane lorsque les négociations achoppent ou quand les offres de l'employeur sont insatisfaisantes. Le débrayage se concrétise le 7 octobre 1969, mais il aurait pu survenir en janvier 1967 ou en avril 1975.

Ce militantisme vaut aux policiers des gains très importants et une attention toute spéciale des pouvoirs publics. Dans les années 1970, ils obtiennent ce qu'ils revendiquaient depuis les années 1950, la parité salariale avec leurs homologues de Toronto. Les augmentations salariales ainsi obtenues ont pour effet de doubler leur pouvoir d'achat entre 1965 et 1975 et d'accentuer l'écart de rémunération avec les autres salariés montréalais. Dès lors, leurs revendications en fin de période s'orientent moins vers une hausse salariale que vers une réorganisation de la semaine de travail leur permettant de profiter de plus de congés les week-ends. En outre, comme leur travail comporte des tâches plus complexes et exige une meilleure formation, ils convoitent un nouveau statut, celui de semi-professionnel de la justice.

Après la grève d'octobre 1969, les administrations de la Ville de Montréal et de la Communauté urbaine de même que le gouvernement québécois se montrent beaucoup plus réceptifs aux requêtes de la Fraternité. Lors de l'adoption de la loi créant le Service de police de la CUM (loi 281) en 1971, le gouvernement lui concède des avantages significatifs : la Fraternité négociera la convention collective et le régime de retraite de tous les policiers de l'île et obtient en même temps la sécurité d'emploi pour ses membres. Au lieu d'élargir les pouvoirs de la Fraternité, ce moment aurait pu être l'occasion pour le gouvernement de l'affaiblir en scindant, par exemple, son unité de négociation. On se rappellera que la Commission de police du Québec et le livre blanc du ministre Choquette suggèrent à l'époque de former un syndicat distinct pour les officiers de police. Le pouvoir de la Fraternité se vérifie aussi dans la décision des autorités de ne pas donner suite à la recommandation de la Commission de police d'imposer des sanctions contre six policiers qui ont joué un rôle «répréhensible» dans le déclenchement de la grève du 7 octobre. Il semble bien que se vérifie ici l'observation d'un vieux syndicaliste qui faisait remarquer que les gens respectent les abeilles parce qu'elles piquent. Il nous apparaît que l'autorité dont jouit la Fraternité de nos jours découle largement de son action dans les années 1970.

CHAPITRE QUATRE

La Fraternité en contexte de décroissance des services (1975-1988)

En 1972, l'intégration de toutes les forces policières de l'île de Montréal sous la juridiction de la Communauté urbaine de Montréal représente, comme nous l'avons vu dans le chapitre précédent, un défi énorme pour la Fraternité. Malgré les obstacles majeurs à surmonter et les conflits internes qui surgissent inévitablement entre les « gars de banlieue » et les « impérialistes de Montréal », l'intégration vient toutefois grossir de plus de mille nouveaux membres les rangs de la Fraternité, renforçant d'autant son pouvoir de négociation.

À partir du milieu des années 1970, la Fraternité fait face à un désir marqué des administrateurs de la Communauté urbaine de diminuer les coûts du Service de police en réduisant les effectifs et en restreignant les services à la population. Ils y parviennent puisque le nombre de policiers diminue de près de huit cents entre 1974 et 1988. Plusieurs services traditionnellement offerts par les policiers sont ou abolis ou remis en d'autres mains. Il en est ainsi, par exemple, de la section d'aide à la jeunesse, supprimée en 1976, et du service ambulancier, qui sera assumé en 1983 par des sociétés privées. En contrepartie, pour maintenir une protection suffisante à la population, plusieurs villes de banlieue font appel, au début des années 1980, à des agences de sécurité pour patrouiller les rues. Cette dernière mesure leur permet en partie de « rapatrier leur police locale » et de réduire les dépenses du Service de police dont elles déplorent l'inefficacité et les coûts exorbitants[1].

Comme nous le verrons en détail plus bas, la stratégie de la CUM de restreindre les dépenses des forces policières se comprend à la lumière de l'emprise de plus en plus marquée des représentants des villes de banlieue au sein du Comité exécutif de la CUM et de son Conseil de sécurité depuis l'adoption de la loi 57 en 1977. Auparavant, le Conseil de sécurité, dont relève le Service de police, était formé de membres désignés majoritairement par le gouvernement du Québec, et il jouissait d'une autonomie presque totale. En effet, il préparait son propre budget qui entrait en vigueur, même si le Conseil de la CUM formé des élus des municipalités le refusait. Dès la formation de la CUM, les maires de banlieue, qui se regroupent dans la Conférence des maires de banlieue, réclament une refonte de la CUM afin de s'assurer un plus grand pouvoir à l'intérieur de ses structures et de veiller à réduire le budget du Service de la police qui représenterait en 1974 les deux tiers du total des dépenses de la CUM[2].

Sensible à leurs représentations, le gouvernement du Parti québécois, nouvellement élu en novembre 1976, modifie l'année suivante la composition du Conseil de sécurité pour donner aux élus une voix prépondérante. En plus, et c'est capital, la loi prévoit un nouveau partage des responsabilités entre le Conseil de sécurité, le Comité exécutif et le Conseil de la CUM, donnant aux élus le contrôle du budget de la police et réduisant le Conseil de sécurité à un rôle purement consultatif. Plus tard, en juin 1982, dans une nouvelle réforme des structures de la CUM, le gouvernement renforce cette fois les pouvoirs des maires des municipalités de banlieue en leur attribuant la parité avec Montréal au Comité exécutif de la CUM. C'est là que se prennent les véritables décisions touchant le budget de la CUM, et c'est l'interlocuteur principal avec qui la Fraternité doit négocier ses conventions collectives et son régime de retraite.

Tout au long de la période dont il est question ici, les élus et particulièrement les maires des villes de banlieue renforcent donc leur autorité sur les structures de la CUM et utilisent leur pouvoir pour réduire la progression du budget de la police. Ils y parviennent et, en conséquence, une bonne partie des activités de la Fraternité pendant cette période est consacrée à réagir à la volonté de décroissance des services par les autorités de la CUM.

La plus grande influence de la banlieue au sein de la CUM traduit également un affaiblissement de l'autorité de la Ville de Montréal et du maire Drapeau sur l'organisme et sur la vie municipale de l'île en général. L'augmentation astronomique du coût de la construction du stade pour les Jeux olympiques en 1976 contribue pour beaucoup à miner cette autorité. À Montréal, le parti d'opposition, le Parti civique, marque des points à partir de 1974, quoiqu'elle soit divisée, à compter de 1978, entre le Rassemblement des citoyens de Montréal et le Groupe d'action municipale[3]. Pris à partie de toute part, le maire Drapeau se retire à la veille des élections de 1986 où son parti connaît un échec retentissant au profit du Rassemblement des citoyens et citoyennes de Montréal dirigé par Jean Doré.

Il faut dire aussi que le gouvernement provincial peut d'autant plus facilement réduire le pouvoir de la Ville de Montréal au sein de la CUM que les villes de banlieue voient la proportion de leur population augmenter à l'intérieur du territoire de la CUM. Alors que la Ville de Montréal constituait 71,5 % des habitants de la CUM en 1971, elle n'en représente plus que 60 % en 1986[4]. Signe de la force montante que représentent les banlieues, le président du Comité exécutif de la CUM de 1978 à 1985 vient de la banlieue. Il s'agit de Pierre DesMarais II, maire d'Outremont. Pendant les deux premières années de la CUM, jusqu'en 1972 donc, Lucien Saulnier, ex-président du Comité exécutif de Montréal, avait occupé ce poste ; il avait été suivi d'un autre Montréalais, Lawrence Hanigan, qui avait quitté ses fonctions en 1978.

Pour expliquer le tour de vis que donne la CUM dans les dépenses du Service de police, il faut également tenir compte du fait que la situation économique se détériore considérablement au Québec et au Canada au milieu des années 1970 sous l'effet de la stagnation économique et de la forte inflation. La hausse des prix atteint 10 % par an en moyenne de 1976 à 1981. C'est une période d'intenses activités de grève car les syndiqués essaient de relever leur salaire afin de maintenir leur pouvoir d'achat. À l'automne 1975, le gouvernement fédéral, suivi de celui du Québec, adopte une loi anti-inflation qui a pour effet de ralentir les hausses salariales. En vigueur pendant trois ans, cette loi, comme nous le verrons, n'affecte guère les conventions de travail de la Fraternité.

Le ralentissement de l'économie amorcé en 1975 se transforme en une véritable récession économique en 1981-1982, moment où l'économie canadienne subit son plus important recul depuis la crise de 1929. Nombreuses sont alors les usines à fermer leurs portes, ce qui a pour conséquence une augmentation prodigieuse du chômage, qui atteint un taux de 14 % au Québec en 1982 et en 1983. La croissance reprend par la suite, mais à un rythme deux fois plus faible que pendant les décennies antérieures. La récession et le ralentissement de l'économie ont évidemment pour effet de priver les pouvoirs publics d'entrées de fonds. C'est le début du mouvement généralisé en Amérique du Nord en vue de réduire le rôle interventionniste des gouvernements qui se délestent de certains champs d'activités au profit du secteur privé.

La récession de 1981-1982 représente aussi un tournant dans l'histoire du syndicalisme québécois en ce qu'elle met fin à la phase offensive et combative décrite au chapitre précédent et dont les membres de la Fraternité ont subi l'influence. La hausse du taux de chômage qui se poursuit tout au long des années 1980 a pour effet de saper les aspirations des syndiqués tout en rendant leur mobilisation beaucoup plus ardue. Les syndicats des secteurs public et parapublic de l'État québécois, connus pour leur militantisme depuis la fin des années 1960, connaissent un recul important sur le plan des salaires et des conditions de travail en 1982 et 1983. Par la suite, ils voient la progression de leur rémunération ralentir à un rythme inférieur à celui du secteur privé[5]. À plus long terme, l'affaiblissement de ce considérable groupe de syndiqués aura des effets importants sur les employés du secteur municipal.

Dans l'entreprise, le taux élevé de chômage force souvent les syndicats à la défensive au moment du renouvellement des conventions collectives. Craignant de perdre leur emploi, les syndiqués ont des attentes modestes et la capacité de résistance des employeurs s'en trouve renforcée. Très élevée dans les années 1970, la propension aux arrêts de travail (grève et lock-out) amorce un repli significatif qui se poursuit dans les années 1990. Et, élément révélateur du renversement du rapport de force dans les relations de travail, les employeurs, traditionnellement peu responsables des conflits de travail, ont la paternité du quart des arrêts de travail de 1981 à 1987. Dans un tel contexte, les syndiqués au Québec voient leur salaire réel s'effriter au cours de ces années car les prix à la consommation accusent une hausse supérieure à celle des salaires[6]. Les membres de la Fraternité cependant, comme nous le verrons, conservent un haut degré de militantisme pendant ces années et continuent d'améliorer leurs conditions de travail.

Malgré la coupure que représente le début des années 1980 pour le mouvement syndical, il n'y a pas de virage significatif pour la Fraternité à ce moment. Les années 1975-1988 forment une période de fort militantisme de ses membres, tout à fait comparable à celui de la décennie antérieure. Les rapports avec la direction de la CUM et du Service de police sont toujours aussi tendus, marqués par de nombreux affrontements. Dans leur volonté de réduire les services policiers, les autorités de la CUM se heurtent invariablement à l'opposition de la Fraternité qui lutte, avec plus ou moins de bonheur, pour conserver les services à la population et aussi ses effectifs.

Un syndicalisme plus politique

Les priorités de la Fraternité se transforment au gré de la conjoncture sociale, politique et économique qui marque le Québec entre 1975 et 1988. Contrairement aux deux périodes antérieures où la Fraternité se concentrait davantage sur la multiplication des services aux membres et l'obtention de meilleures conditions salariales, son rôle devient nettement plus politique à compter de 1975. Elle entend se faire entendre sur les nombreuses réformes touchant de près ou de loin l'activité policière, mises en branle sous le nouveau gouvernement du Parti québécois qui est porté au pouvoir en 1976 et le conserve jusqu'en 1985. À cet effet, elle produit une quantité impressionnante d'études, de rapports et de mémoires.

Baisse progressive des effectifs policiers

Comme nous l'avons relevé plus haut, la Fraternité subit une perte sèche de près de huit cents membres entre 1974 et 1988, ce qui représente une baisse importante (14,5 %) de son effectif *(tableau 4.1)*. Cette compression des effectifs peut s'expliquer, en partie, par une diminution d'environ 7 % de la population globale de l'île de Montréal, mais elle provient surtout d'une réduction des différents services assumés jusque-là par les policiers. Le taux d'encadrement policier s'en trouve évidemment réduit : de 2,81 policiers par millier d'habitants en 1974, il atteint un plancher qui se stabilise autour de 2,58 en 1988. Si ce taux se compare avantageusement à celui observé dans des villes canadiennes comme Toronto et Vancouver, il se situe toujours en dessous de celui de villes américaines comparables comme Boston, Détroit, Philadelphie et Washington *(tableau 4.2)*.

La pression constante exercée par les maires de banlieue explique en majeure partie cette orientation qui découle d'une volonté de réduire les dépenses des différents postes budgétaires de la CUM, dont celui du budget global du Service de police. On pourrait croire à première vue que les visées de la CUM ont échoué en ce qui touche la police car les données du tableau 4.1 montrent une hausse importante pendant la période étudiée. Mais quand on tient compte de l'augmentation des prix, fort marquée pendant cette période, il ressort que les dépenses à ce poste n'ont pratiquement pas bougé de 1975 à 1988. En revanche, le budget global de la CUM, calculé en fonction du taux d'inflation, accuse une hausse de 43 %[7]. Ce n'est donc pas la

Tableau 4.1 — Évolution des effectifs policiers
et coût du Service de police à la CUM, 1974-1988

	Effectifs policiers CUM	Taux d'en-cadrement/ 1 000 hab.	Coût du Service (millions $)	Coût par habitant	Population CUM (milliers)	Budget CUM (millions $)
1974	5 288	2,81	118,2 $	nd	1 883	184,4 $
1975	5 172 (– 116)	2,78	137,7 $	73,12 $	1 860	234,5 $
1976	5 147 (– 25)	2,76	155,8 $	83,56 $	1 865	282,5 $
1977	5 084 (– 63)	2,75	159,4 $	86,30 $	1 847	290,6 $
1978	4 940 (– 144)	2,70	175,4 $	95,92 $	1 829	363,5 $
1979	4 859 (– 81)	2,67	177,1 $	97,78 $	1 811	nd
1980	4 820 (– 39)	2,69	198,2 $	110,77 $	1 793	nd
1981	4 743 (– 77)	2,67	220,7 $	125,39 $	1 775	530,3 $
1982	4 577 (– 166)	2,60	237,1 $	134,67 $	1 758	583,2 $
1983	4 489 (– 88)	2,58	247,8 $	142,49 $	1 738	638,6 $
1984	4 435 (– 54)	2,52	273,8 $	155,55 $	1 760	641,9 $
1985	4 405 (– 30)	2,53	276,6 $	158,81 $	1 741	691,9 $
1986	4 473 (+ 68)	2,58	288,2 $	166,20 $	1 734	723,3 $
1987	4 518 (+ 45)	2,58	292,2 $	166,73 $	1 752	761,8 $
1988	4 520 (+ 2)	2,58	314,7 $	179,55 $	1 752	797,3 $

Source : *Rapports annuels,* Service de police, CUM, 1974 à 1988.

protection policière qui se révèle la plus onéreuse pour la CUM, d'autres dépenses connaissent une hausse plus substantielle, notamment les transports en commun et le budget consacré à l'administration générale. De nouvelles responsabilités émergent aussi au budget de la CUM, comme le développement des parcs régionaux en 1981 (loisirs et culture) et le service d'urgence 911 en 1985. Toujours est-il que, même si en 1988 tout comme en 1974 le budget du Service de police représente toujours le poste de dépenses le plus important, il n'en représente plus que 40 % en 1988 comparativement à 65 % en 1974 *(tableau 4.3).*

Les économies réalisées par la CUM découlent de l'abolition de plusieurs fonctions et services autrefois assumés par les policiers, comme nous le verrons en détail plus bas. Déjà en 1980, le président de la Fraternité, Gilles Masse, déplore la disparition de plus de trois cents policiers en moins de trois ans. Dans plusieurs secteurs, les policiers sont remplacés par des civils. C'est le cas notamment pour l'émission des contraventions aux véhicules en stationne-

ment, ainsi que pour le maintien de l'ordre dans les cours de justice, dorénavant assuré par des agences de sécurité privées. Ces mêmes agences s'occupent aussi de la sécurité à Terre des Hommes.

Mais comme les coupures se multiplient, notamment avec la disparition
du service d'ambulance opéré par des policiers, la Fraternité fait appel en 1985
au ministre de la Justice du Québec, M. Pierre-Marc Johnson, pour qu'il inter-
vienne auprès de la CUM afin de rétablir un service adéquat et efficace[8]. C'est
la qualité du service et la sécurité des Montréalais qui en souffrent, selon le
président Michel Allard : « De 5 200 policiers au lendemain de l'intégration
des forces policières, pour se partager une charge de travail de 98 000 crimes,
nous sommes aujourd'hui 4 300 pour 188 000 crimes, avec plus d'un million
d'appels à couvrir[9]. » Le syndicat attribue le faible niveau de solution des
crimes à Montréal à la mauvaise organisation du service et aux compressions
dans les effectifs.

Les événements entourant l'émeute de la Coupe Stanley en mai 1986
viennent confirmer les lacunes du service. En effet, à cause des restrictions et
des économies réalisées sur le budget des heures supplémentaires, le directeur du SPCUM n'a pas cru bon d'augmenter les effectifs en service après la

**Tableau 4.2 — Taux d'encadrement policier
de certaines villes nord-américaines en 1978**

Villes	Population	Effectifs policiers	Taux d'encadrement/ 1 000 hab.
Boston	640 000	2 102	3,28
Chicago	3 365 000	13 020	3,87
Détroit	1 510 000	5 688	3,77
Los Angeles	2 810 000	6 979	2,48
New York	7 860 000	24 408	3,11
Philadelphie	1 950 000	8 209	4,21
San Francisco	715 000	1 658	2,32
Saint Louis	620 000	1 997	3,22
Washington	755 000	4 078	5,40
Toronto	2 259 000	5 414	2,40
CUM	1 829 000	4 940	2,70

Source : CUM, *Données statistiques 1979*, Service de police, p. 21.

victoire du Canadien contre les Flames de Calgary. Cette omission a conduit au saccage des commerces par une foule en délire. Pour la Fraternité, ces économies de bouts de chandelles affectent directement l'image du Service et démontrent par l'absurde le ridicule de ce genre de décisions prises exclusivement en fonction de priorités administratives et budgétaires[10].

**Tableau 4.3 — Pourcentage des dépenses affectées
à certains postes budgétaires de la CUM, 1974-1988**

	Service de police	Administration générale et évaluation	Transports en commun
1974	65,6 %	3,9 %	20,9 %
1978	50,8 %	4,2 %	35,8 %
1982	43,1 %	5,2 %	39,1 %
1988	40,5 %	5,4 %	35,0 %

Sources : *États financiers,* Rapports annuels de la CUM.

Tableau 4.4 — Évolution des effectifs de différents corps policiers, 1972-1985

	FPCUM		Metro Toronto		OPP		SQ	
1972	5 134	+ 83	3 875	+ 348	3 943	+ 46	3 889	+ 115
1973	5 217	+ 71	4 223	+ 216	3 918	− 25	4 004	+ 14
1974	5 288	− 116	4 439	+ 387	3 978	+ 60	4 018	+ 90
1975	5 172	− 25	4 826	+ 214	4 106	+ 128	4 108	+ 87
1976	5 147	− 63	5 040	+ 251	4 080	− 26	4 195	+ 165
1977	5 084	− 144	5 291	+ 106	4 083	+ 3	4 360	+ 43
1978	4 940	− 81	5 397	+ 17	4 052	− 31	4 403	+ 42
1979	4 859	− 39	5 414	+ 20	4 052	0	4 445	+ 140
1980	4 820	− 77	5 394	+ 28	4 055	+ 3	4 585	− 14
1981	4 743	− 166	5 422	− 18	4 055	0	4 571	− 53
1982	4 577	− 88	5 404	+ 64	4 182	+ 127	4 518	− 68
1983	4 489	− 54	5 468	− 52	4 182	0	4 450	− 52
1984	4 435	− 73	5 416	− 99	4 243	+ 61	4 398	− 150
1985	4 362		5 317		4 347	+ 104	4 248	

Source : *La Flûte,* novembre 1986, p. 4.

Par contre, c'est tout le contraire qui se produit en Ontario au cours de la même période, puisqu'on assiste à une progression constante des effectifs tant à la Metropolitan Toronto Police qu'à l'Ontario Provincial Police. Même à la Sûreté du Québec, le « dégraissage » ne s'effectue pas de façon aussi radicale *(tableau 4.5)*. En octobre 1987, le président Louis Simard pointe le doigt sur le directeur du Service qui devrait dénoncer avec fermeté l'attrition chez les policiers[11] et il rend les politiciens responsables de toutes ces compressions : « Les effectifs sont liés à des considérations budgétaires tributaires uniquement des choix politiques des élus[12]. »

Enfin, soulignons que la réduction progressive des effectifs creuse un écart d'âge important entre les cohortes entrées au Service avant 1975 et celles recrutées à compter de 1986 au moment où on se doit de réembaucher en nombre plus important. En 1988, la Fraternité se retrouve avec un effectif où deux majorités se dessinent : plus de deux mille deux cents policiers sont âgés de plus de 40 ans et pas moins de quinze cents ont moins de 30 ans[13]. Cette quasi-absence de policiers dans la trentaine aura des répercussions au cours des années suivantes.

Les femmes policières

À compter de 1979, malgré la diminution des effectifs, la Fraternité accueille de nouveau des policières dans ses rangs. Comme on l'a vu dans le deuxième chapitre, les dernières femmes embauchées au Service de police le sont en 1948 de sorte que, en 1979, elles ne sont plus que trois à être actives. Le premier rapport du juge Jacques Coderre, président du Conseil de sécurité publique, faisait état en 1970 de sa volonté d'embaucher des femmes[14]. Mais les problèmes causés par l'intégration, le conflit entourant l'adoption du plan d'allocation des ressources humaines et physiques du directeur Daigneault et la lenteur à introduire une nouvelle philosophie policière retardent leur embauche jusqu'à la nomination du directeur Henri-Paul Vignola en 1977.

Le recrutement de Christiane Forcier en juin 1979 retient les manchettes des médias montréalais tout en faisant ressortir que Montréal, ville modèle au Canada en matière d'embauche de femmes policières dans l'immédiat après-guerre, s'est laissé distancer par plusieurs autres corps policiers depuis ce temps[15]. Le Service s'efforce alors de rattraper progressivement le temps perdu. En 1984, elles sont déjà 70 ; 170 en 1987, et 250 en 1988, ce qui représente alors 5,6 % des forces policières au SPCUM. Il a fallu cependant mettre en place un programme de « discrimination positive » pour permettre le rattrapage.

Christine Forcier, première femme embauchée en 1979 (AFPCUM).

Danielle Hunter patrouillant son secteur à Ville Saint-Laurent. À compter de 1990, elle sera membre du premier comité de la condition féminine de la Fraternité (*La Presse*, 13 mai 1981).

En terme de travail, un changement majeur s'est opéré cependant, car les premières femmes entrées au Service en 1947 et 1948 étaient rapidement relé- guées à des tâches administratives. En revanche, les femmes recrutées dans les années 1980 ont suivi la même formation que leurs collègues masculins. De plus, elles entrent au Service avec l'idée d'y faire un travail spécifiquement policier et d'y faire carrière. Ainsi, les promotions ne tardent pas. Linda Lemay, promue au grade de sergent en avril 1986, dirige une équipe de 15 policiers, et Lison Ostiguy, nommée au grade de lieutenant au poste de Westmount en mai 1987, devient la policière au grade le plus élevé au Québec[16]. Quant à Louise Éthier, entrée au Service en 1980, elle devient à 29 ans la première femme à occuper la fonction de « répartitrice » — *dispatcher* en jargon poli- cier — à la centrale des télécommunications du SPCUM, fonction générale- ment réservée à des policiers ayant cumulé au moins quinze ans d'ancien- neté[17]. En 1988, une première femme détective, Guylaine Lavoie, s'occupe d'enquêtes et d'investigations policières[18].

Progressivement, les femmes prennent donc leur place dans un milieu de travail depuis trop longtemps réservé aux hommes. Une enquête menée en 1988 par un organisme indépendant auprès des deux cent cinquante femmes membres de la Fraternité fait toutefois ressortir les problèmes reliés à leur travail : « Près du tiers des policières déclarent avoir été victimes de har- cèlement sexuel de la part de leurs collègues du SPCUM[19]. » Parmi les prin- cipales recommandations de l'enquête du groupe Travail non traditionnel (TNT), plusieurs concernent la mise en place de programmes de formation plus pointus pour les femmes, de services d'accueil spécifiques aux nouvelles recrues ainsi que la mise sur pied d'un comité de condition féminine au sein de la Fraternité : « Cette initiative, affirment les auteures du rapport, aurait sûrement des effets bénéfiques semblables à ceux retrouvés à l'intérieur des principales centrales syndicales et permettrait de pallier leur sous-représen- tation au sein du SPCUM[20]. » Répondant positivement à cette recommanda- tion, la Fraternité suscite la création de ce comité en 1990 et y assigne un direc- teur responsable de son fonctionnement. Mais contrairement à ce qui se produit à l'intérieur du Service où les femmes accèdent à des fonctions supé- rieures, aucune femme ne s'est encore présentée à un poste électif au sein de la Fraternité, et l'avenir immédiat ne semble pas très prometteur puis- qu'en 1988 on ne retrouve aucune femme parmi les quelque quatre-vingts délégués syndicaux, étape quasi obligatoire pour quiconque nourrit la pré- tention de se présenter à une élection au Conseil de direction.

Vie démocratique

À compter du mois de juin 1976, la Fraternité se dote d'une nouvelle constitution visant à corriger les lourdeurs de l'ancienne structure démocratique où pas moins de 15 directeurs se partageaient les responsabilités au Conseil de direction. Cette ancienne structure, voulue au départ, en 1965, comme plus démocratique parce que faisant appel à plus de personnes, est vite apparue boiteuse et lourde de conflits. Chaque année, cinq des membres du Conseil de direction doivent se présenter aux urnes de sorte que la Fraternité se retrouve constamment en période électorale, minant ainsi l'unité et la solidarité entre les élus. De plus, le partage des responsabilités entre les élus du Conseil de direction provoque aussi des divisions. En effet, certains postes sont plus convoités que d'autres parce que mieux rémunérés ou libérés à temps plein. La réduction du Conseil de direction à huit membres et leur

La Symphonie vocale des policiers et policières de la CUM devant le nouveau Centre social de la Fraternité situé au 480 de la rue Gilford, en face du métro Laurier (AFP-CUM).

Actuel Centre social de la Fraternité construit en 1981 (AFPCUM).

élection au suffrage universel à des postes bien identifiés représentent donc un acquis important et améliore grandement le fonctionnement interne de la Fraternité.

Entre 1976 et 1988, le syndicat devient une véritable entreprise en croissance rapide qui nécessite une administration efficace. Passant d'un budget de fonctionnement d'environ 950 000 $ en 1975 à près de 2,5 millions de dollars en 1988, il se professionnalise et, inévitablement, se bureaucratise tout comme d'autres secteurs de la société québécoise à la même époque. Les comités se multiplient — plus d'une quinzaine de comités permanents à faire fonctionner en 1988 —, les services aux membres instaurés auparavant maintiennent leurs activités, et les employées, plus nombreuses, prennent une place grandissante dans la vie quotidienne du syndicat.

Les membres sont cependant majoritairement satisfaits de la Fraternité, selon l'enquête DuBois de 1976 conduite auprès de 63 % de ses membres (3 279 policiers[21]). Ils trouvent qu'elle représente bien tous les policiers (53,3 % d'accord, 31,2 % en désaccord) et que le Conseil de direction fait du bon travail (53,8 contre 33,3 %[22]). Leurs reproches envers le syndicat concernent surtout le manque d'information des membres sur ses activités (75,6 %) et le manque de consultation avant que soient entamées des négociations avec la

CUM (47 %). Mais l'élément le plus surprenant du sondage et qui doit sans doute réconforter les dirigeants de la Fraternité, c'est que les policiers se sentent en nombre à peu près identiques « davantage membres de la FPCUM que du Service de police de la CUM » (38 % contre 36,7 %[23]). Cette forte identification avec le syndicat reflète le haut degré de solidarité de la Fraternité et rend compte de la force du syndicat lors de la négociation des conventions collectives.

Pour abriter tous ses employés et assurer les services, la Fraternité fait construire un nouveau Centre social tout juste à côté de l'ancien qui devient la propriété de la secte des Mormons. Les travaux débutent en juillet 1980 et la Fraternité aménage dans ses nouveaux locaux en avril 1981. L'inauguration officielle du 30 septembre 1981 est l'occasion d'un grand rassemblement où plus de quatre mille cinq cents personnes se réunissent en présence de tous les anciens présidents de la Fraternité, sauf Roger Lavigueur qui se désiste. Le président, Claude Fleurent, rend hommage aux Jean-Paul Lapointe, Jean-Paul Picard, Guy Marcil, Gilbert Custeau et Gilles Masse « qui ont contribué, contre vents et marées, à bâtir le syndicalisme policier au Québec[24] ».

Élections à la présidence

À tour de rôle, les quatre présidents qui se succèdent à la direction de la Fraternité lui impriment une philosophie particulière, mais fidèle à la tradition, et les membres continuent de faire la vie dure à leurs présidents. Fait nouveau, les élections du mois de juin 1976 se font au suffrage universel et à tous les postes en même temps en conformité avec la nouvelle constitution qui fait passer également de 15 à 8 le nombre de postes éligibles au Conseil de direction. Pas moins d'une quarantaine de candidats se présentent aux huit postes permanents et, pour la première fois, le vote se fait par courrier. Tous les directeurs élus, sauf deux, en sont à leurs premières armes à la direction. Une nouvelle ère commence à la Fraternité.

Sous la présidence de Gilles Masse (1976-1981), l'homme fort de la situation, élu avec une écrasante majorité de 74 % des voix sur un taux de participation exceptionnel de 87 % des membres, la Fraternité exécute un virage majeur. La manifestation la plus évidente de ce virage est d'abord visuelle. L'ancienne *Revue des agents de police* se transforme et affiche une facture beaucoup plus populaire. De format tabloïd, elle est réservée aux grands dossiers et aux articles touchant exclusivement le syndicalisme. Sous l'impulsion du nouveau président, sociologue de formation universitaire ayant travaillé étroitement à la rédaction des rapports de la Commission d'enquête sur le crime organisé (CECO), *La Flûte*, en plus de sa production mensuelle, met sur pied la formule

Gilles Masse, président de 1976 à 1981 (AFPCUM, décembre 1977).

des « dossiers spéciaux » où tous les membres ont désormais accès aux mémoires et études touchant de près ou de loin l'organisation policière. Des dossiers comme ceux portant sur la violence et la protection de la jeunesse reçoivent même une attention internationale.

Rapidement, le président de la Fraternité établit des rapports conflictuels avec le nouveau directeur du Service, Henri-Paul Vignola, entré en fonction en 1977. Les deux hommes se font la lutte sur tous les fronts. Au-delà des conflits de personnalité, l'opposition se cristallise sur une nouvelle vision de la gestion du SPCUM. Le président Masse met de l'avant un modèle de

Assemblée orageuse à Verdun où Gilles Masse démissionne de son poste de président le 18 juin 1981 (*La Presse*, 19 juin 1981).

cogestion — nous en reparlerons plus bas — où le syndicat aurait son mot à dire sur l'administration du Service. L'application unilatérale de l'horaire de travail de quatre jours en janvier 1978 s'explique dans la foulée de ce nouveau modèle de syndicalisme. Conscient de l'opposition que suscite le projet, il écrit : « On aura beau crier que cette approche de la Fraternité a pour but de « grignoter » le droit de gérance de la direction, nous en sommes très conscients et nous n'y avons aucune objection. Comme toutes les recherches le démontrent, c'est là la seule et unique voie à l'amélioration du Service de police de la CUM[25]. »

Gilles Masse démissionne en pleine assemblée générale spéciale à Verdun le 18 juin 1981. Ce geste inattendu crée une surprise générale dans les médias montréalais. Cette décision est l'aboutissement d'une situation qui se détériore depuis déjà un certain temps. On reproche à Gilles Masse surtout son individualisme, son arrogance et son éloignement de la base. Depuis un an, il ne réunit plus les délégués syndicaux, et certains trouvent qu'il n'a plus la même fougue pour faire face aux attaques de la direction du Service. C'est devant une assemblée survoltée de cinq cents membres que Gilles Masse remet sa démission sur un coup de tête : « Ce furent les cinq plus belles années de ma vie. Ce soir, c'est ma dernière. Je suis incapable de contrôler mes membres[26]. » Mais avant de quitter son poste, il rédige un document-choc, son testament politique en somme, où il dresse la liste détaillée des problèmes vécus par les policiers de la CUM. Le « dossier noir de la police », destiné au premier ministre René Lévesque, dénonce les incohérences politiques et juridiques qui caractérisent le fonctionnement de la CUM et qui sont en grande partie à l'origine de la situation chaotique qui prévaut au Service de police[27]. Pour les policiers cependant, exaspérés devant les compressions, les dénonciations et les mémoires ne suffisent pas ; ils veulent du changement, un leader mieux à l'écoute de leurs préoccupations.

Du changement, ils en ont avec Claude Fleurent (1981-1982), qui mise plutôt sur le dialogue avec les autorités policières pour régler les problèmes soulevés par le dossier noir de Gilles Masse[28]. Élu plutôt par accident — il n'a jamais planifié de devenir président —, c'est un personnage chaleureux, haut en couleur, ayant une excellente connaissance du travail policier et parfaitement à l'aise devant les médias[29]. Mais ses décisions inopinées sont déroutantes. En peu de temps, il accomplit plusieurs gestes qui marquent un changement d'orientation pour la Fraternité et qui n'ont pas l'heur de plaire à son entourage.

Contrairement à ses prédécesseurs, le nouveau président cherche par tous les moyens à rétablir les ponts avec les autorités. Son premier éditorial s'intitule : « Le dialogue doit se faire à deux », qu'il concrétise peu de temps après en rencontrant le directeur Vignola[30]. Il obtient un rendez-vous avec Yvon Lamarre, président de la Commission de sécurité publique, où il déplore les relations tendues qui existent entre la Fraternité et les élus, et il rencontre les maires de la banlieue montréalaise, une première dans l'histoire de la Fraternité[31]. De plus, il sollicite une participation à titre d'observateur à un colloque de l'Union des municipalités du Québec « dans le but d'améliorer la productivité des forces policières au Québec[32] ». Il essuie un refus parce qu'il s'agit d'une rencontre réunissant uniquement la partie patronale.

Comme nous le verrons, ce rapprochement avec les patrons contribue à polariser les tensions avec la Fédération provinciale des policiers et conduit la Fraternité à se retirer du regroupement. De plus, quelques mois seulement après son élection, les délégués syndicaux servent au nouveau président un sérieux avertissement devant les ratés de son programme de dialogue alors que les compressions se poursuivent de façon systématique[33]. Le style qu'il impose aux relations de travail et l'échec de sa politique de la « main tendue » ne favorisent guère sa réélection en juin 1982. Il est défait par Michel Allard après une chaude lutte[34].

Michel Allard (1982-1985), neuvième président de la Fraternité, prône un syndicalisme ferme mais rationnel. Candidat de la structure militante de la Fraternité, il reçoit l'appui de 60 des 91 délégués syndicaux en plus d'être soutenu par l'ancien président Gilles Masse[35]. Travailleur méticuleux, il occupe un poste au Conseil de direction depuis 1976, ce qui l'a amené à représenter plus de mille policiers devant la Commission de sécurité et de santé au travail : « J'ai travaillé dans l'ombre, dit-il, parfois jusqu'à 70 heures par semaine, pour faire respecter la moindre virgule de notre convention collective[36]. »

Son expérience de six ans au Conseil de direction lui est d'un précieux secours car son mandat de trois ans est particulièrement mouvementé : manifestation en juillet 1983 contre l'abolition définitive des policiers-ambulanciers, piquetage en décembre 1983 devant les bureaux de la Fraternité contre l'implantation de l'auto-patrouille à un homme, contestation en février 1984 par certains membres de la convention collective, moyens de pression enclenchés en janvier 1985 sur le dossier du régime de retraite et à propos de la suspension de 44 policiers. Épuisé après une décennie consacrée au syndicalisme, il n'étonne personne quand, un mois avant les élections de juin 1985, il annonce qu'il ne sollicitera pas un nouveau mandat à la présidence : « Je quitte la Fraternité heureux d'avoir participé à la négociation de quatre conventions collectives, deux négociations de règlements de régime de retraite, après avoir

été le signataire de près de 2 000 griefs, participé à plus 400 arbitrages et procédures judiciaires de toutes sortes[37]. »

Dans les élections de juin 1985, trois candidats se font la lutte à la présidence, dont deux anciens présidents. En effet, Claude Fleurent et Gilles Masse
tentent de faire un retour à la direction de la Fraternité. Tous deux sont retour-
nés aux études depuis leur départ de la Fraternité, et Gilles Masse a été
conseiller à la direction des ressources humaines du Service de police où on
lui a demandé d'établir un plan de carrière et de promotion pour les policiers[38]. Refusant de renouer avec le passé, les membres optent massivement
pour le troisième candidat, Louis Simard (1985-1988), beaucoup moins
connu mais représentant d'une certaine façon la nouveauté et l'avenir. Militant au syndicat depuis douze ans, il s'est illustré à l'extérieur comme président de la Fédération de ski nautique et de la Confédération des sports du
Québec. Élu avec 761 voix, il obtient une majorité assez significative pour
qu'on ne puisse lui reprocher de s'être glissé entre les deux principaux candidats en lice[39]. Les policiers veulent un changement. Par boutade, l'un d'eux
déclare aux journalistes : « Les deux autres, on les connaissait, lui, on ne le
connaissait pas[40]. » S'il se dit très ouvert à l'établissement de relations plus cordiales avec le nouveau directeur du Service, Roland Bourget, il est intraitable
en revanche sur son objectif prioritaire : « Contrer les visées de l'Union des
municipalités et de son président Jean Corbeil, qui veulent réformer la police.
Pas question de nous enlever l'arbitrage obligatoire[41]. »

La Fraternité comme employeur

Le nombre d'employées au service de la Fraternité — la Fraternité n'emploie que des femmes —, augmente proportionnellement à la quantité de services offerts aux membres. Elles sont au nombre de 13 en 1975 et on leur
accorde en octobre de la même année l'horaire de travail de quatre jours afin
d'en faciliter l'obtention pour l'ensemble des membres de la Fraternité. Les
relations de travail se déroulent sans anicroche pendant une bonne dizaine
d'années, les dirigeants de la Fraternité consentant grosso modo à leurs employées les mêmes hausses que celles obtenues pour leurs propres membres.

À l'automne 1984 cependant, des élections à la présidence étant prévues
pour le mois de juin suivant, des rumeurs laissent entendre qu'on rationali-
sera l'administration de la Fraternité et qu'on compte faire du ménage dans
le personnel de bureau. Le milieu est d'autant plus propice au mécontentement que, l'année précédente, la Fraternité n'a accordé à ses employées qu'une
maigre augmentation de 4 %. Les employées décident alors de se syndiquer

et obtiennent leur accréditation officielle comme section locale 57 du Syndicat des employées professionnelles et de bureau, affilié à la FTQ. Le syndicat est accueilli favorablement par les dirigeants de la Fraternité, mais la négociation d'un premier contrat de travail est difficile. Après plusieurs séances de négociations, les employées refusent les dernières offres patronales et votent majoritairement la grève. Cependant, l'intervention d'un conciliateur nommé par le gouvernement permet une entente rapide[42]. Selon la première présidente du syndicat, Monique Boisvert, la menace de grève était un peu symbolique dans la mesure où les craintes des employées s'étaient largement dissipées avec la défaite du candidat à la présidence qui menaçait de faire le ménage une fois son élection assurée.

À la Caisse d'économie par contre, les 25 caissières et employées de service connaissent un sort passablement différent. En 1986, elles réclament, elles aussi, la semaine de quatre jours, une augmentation salariale de 6 %, la sécurité d'emploi et le respect de l'ancienneté dans l'affichage des postes. En janvier 1987, elles décident également de faire une demande d'accréditation syndicale, qui leur sera accordée trois mois plus tard[43]. Le nouveau syndicat, lui aussi affilié à la FTQ, entreprend des démarches pour la négociation du premier contrat de travail. Mais le refus de négocier de la part des dirigeants de la Caisse, surtout en ce qui touche la semaine de travail de quatre jours, conduit au déclenchement d'une grève funeste le 23 octobre 1987. La Caisse subit à ce moment des pressions de la haute direction du Mouvement Desjardins afin qu'elle n'accorde pas la semaine réduite de travail, un précédent qui pourrait s'étendre aux autres caisses[44].

Les syndiqués font du piquetage devant l'édifice de la Caisse et des policiers membres du Conseil d'administration assurent les services essentiels aux sociétaires durant l'après-midi[45]. Comme de surcroît un employé contractuel joue le rôle de « scab », le juge Robert Burns du Tribunal du travail estime que la Caisse contrevient aux dispositions de la Loi sur les briseurs de grève et la condamne à une amende[46]. Les procédures judiciaires se multiplient — plus de cent cinquante griefs sont déposés — et l'arbitre nommé pour régler le conflit oblige finalement les employées à reprendre le travail à compter du 11 juillet 1988. Mais certaines refusent de se conformer à cette ordonnance contestée en Cour supérieure et 18 d'entre elles sont congédiées[47]. Le syndicat disparaît du paysage.

Bien évidemment, la Fraternité n'est pas formellement impliquée dans ce conflit, mais elle en subit néanmoins les répercussions[48]. La direction sympathise avec la principale demande des syndiquées, soit la semaine de quatre jours, horaire de travail accordé aux employées et membres de la Fraternité depuis plus de dix ans, mais elle tient aussi à respecter l'autonomie de la direction de la Caisse[49]. Cependant, ce conflit largement publicisé dans les journaux porte préjudice à l'image publique de la Fraternité.

Lutte pour conserver intacte l'unité d'accréditation syndicale

Pendant la période étudiée comme pour les années antérieures, l'unité d'accréditation de la Fraternité ne fait pas le bonheur de la partie patronale qui cherche à plusieurs reprises à la scinder. On se rappellera que la Fraternité regroupe tous les membres du Service jusqu'au grade de capitaine. N'en sont exclus que les cadres de l'État-major au nombre variable d'environ soixante personnes. L'offensive la plus virulente vient de la Conférence des maires de banlieue et de l'Union des municipalités du Québec.

Dès 1977, Roger Bédard, comptable au service de la Conférence des maires de banlieue, préconise le morcellement de la Fraternité en 15 unités différentes de négociation, prétextant qu'une telle formule accélérerait tout en simplifiant de beaucoup le trop complexe processus de négociation entre la CUM et la Fraternité[50]. En juin 1978, c'est au tour du Conseil de direction du SPCUM de prendre le relais, recommandant que soient exclus de l'unité d'accréditation tous les capitaines et capitaines-détectives, décision aussitôt entérinée par le Conseil de sécurité publique et acheminée pour adoption au Comité exécutif de la CUM[51]. Et le président Masse d'ironiser sur cette proposition pilotée par le maire Yves Ryan, président du Conseil : « Probablement à cause de son amour des syndicats, il revendique à grands cris la division de notre corps de police en cinq corps de police autonomes, assortis de cinq unités syndicales différentes[52]. »

En septembre 1979, le débat sur l'unité d'accréditation prend une nouvelle ampleur quand le directeur Henri-Paul Vignola déchire sa chemise sur la place publique en décriant le trop grand pouvoir de la Fraternité qui, selon lui, s'est érigée en pouvoir parallèle, ce qui nuit à l'exercice de ses fonctions : « La seule solution, affirme-t-il, est de scinder la toute-puissante Fraternité des policiers en deux unités syndicales de façon à ce que ceux qui ordonnent et ceux qui obéissent n'appartiennent pas à la même association[53]. » Mais le ministre de la Justice, Marc-André Bédard, n'est pas très sympathique à l'idée de déterrer la hache de guerre, d'autant plus que, au même moment, le ministre Pierre Marois travaille à faciliter la syndicalisation du personnel cadre. Ce lourd contentieux amène le président Masse à rédiger une lettre ouverte au directeur Vignola où il fait remarquer que la Fraternité n'est pas le seul syndicat à la CUM où les cadres intermédiaires font partie de la même unité d'accréditation que les membres de la base, et qu'à la Sûreté du Québec, les caporaux et les sergents font partie du même syndicat[54].

La question revient sur la place publique à la fin de 1985 lors du départ de Pierre DesMarais II comme président de la CUM. Dénonçant le fonds de pension « ruineux » des policiers pour le budget de la CUM et leur syndicalisation « mur à mur », il se plaint de ne pas avoir eu un contrôle véritable sur les forces policières. Il faudrait à son avis augmenter le nombre de postes non syndiqués : « Très souvent, déplore-t-il, il n'y a qu'un officier non syndiqué de service à la CUM[55]. » Son successeur, Michel Hamelin, reprendra cette critique quelques mois plus tard[56].

Mais l'offensive la plus dangereuse à propos de l'unité d'accréditation se produit l'année suivante quand l'Union des municipalités du Québec (UMQ) entreprend une campagne visant à accorder le droit de grève aux policiers municipaux tout en modifiant leur unité d'accréditation. Au congrès de Québec en mai 1986, on remet aux maires un document d'analyse portant spécifiquement sur la police municipale, dans lequel une intervention législative de la part du gouvernement du Québec est proposée pour désertifier les officiers de police qui sont « les représentants de l'employeur[57] ». À l'automne 1986, l'UMQ récidive avec la même recommandation : « Il faut absolument revoir le découpage des unités d'accréditation des syndicats policiers[58]. »

Mais, d'où qu'ils viennent, ces vœux ne font pas broncher le gouvernement du Québec qui ne tient pas à heurter de front la Fraternité, d'autant plus que le militantisme de ses membres demeure toujours très vigoureux. Par contre, comme on pourra le constater dans le prochain chapitre, c'est par une autre stratégie, plus subtile et détournée, que le SPCUM parviendra à ses fins.

Conflit avec la Fédération des policiers municipaux du Québec

Avant le départ prématuré de Gilles Masse de la présidence en juin 1981, les relations avec la Fédération des policiers municipaux commencent à s'envenimer. La Fraternité n'endosse notamment pas la décision de la Fédération de demander un vote de blâme contre le gouvernement du Québec et contre le ministre de la Justice en matière de gestion policière parce qu'elle peut être interprétée comme de la politique partisane[59]. L'arrivée de Claude Fleurent à la direction de la Fraternité attise les conflits au point qu'elle quitte la Fédération en février 1982[60].

Plusieurs raisons sont à l'origine de cette décision. D'abord, la Fraternité refuse de cotiser en vue constituer un fonds de défense professionnelle servant à l'ensemble des policiers municipaux du Québec. Compte tenu de ses effectifs, sa contribution serait substantielle, environ 120 000 $ annuellement sans grande possibilité d'en tirer profit. D'autre part, il y a mésentente sur la représentation de la Fraternité aux instances de la Fédération. Comme la Fraternité regroupe environ la moitié des membres de la Fédération, elle trouve anormal d'être représentée par seulement cinq personnes sur un grand total de 23 au sein de la direction[61]. Enfin, il y a divergence de points de vue en ce qui touche la politique de rapprochement du président Claude Fleurent envers la Commission de police et l'Union des municipalités, cette dernière étant l'instance patronale par excellence de tous les policiers municipaux du Québec. Lorsque la décision est prise, le président de la Fédération, André Nadon, fait part de son amertume : il comprend mal que la Fraternité se retire d'une structure syndicale « en grande partie bâtie par des présidents qui [ont] cumulé les fonctions de président de la Fraternité et de la Fédération[62] ».

Quelques mois plus tard, avec l'élection à la présidence de Michel Allard, le Conseil de direction de la Fraternité recommande la réintégration, ce qui est cependant rejeté par l'assemblée générale en octobre 1982[63]. Grâce aux travaux d'un comité mixte responsable des négociations, la réintégration s'effectue le 17 octobre 1985 sous la présidence de Louis Simard. Le divorce a duré plus de trois ans[64]. L'unité retrouvée assure un nouveau dynamisme au syndicalisme policier au Québec. Ainsi, les deux organismes participent activement à la création du syndicat des agents de la GRC en poste au Québec en 1986 et provoquent la naissance d'un front commun des quatre grandes organisations syndicales de policiers dans le but de contrer le blitz de rationalisation et de privatisation entrepris par l'UMQ en 1986[65].

Les efforts de rapprochement avec le mouvement syndical

Pour une organisation comme la Fraternité, la solidarité avec le mouvement syndical n'est pas chose facile. Surtout lorsqu'une société comme le Québec traverse des périodes marquées par des événements aussi turbulents que la Crise d'octobre en 1970 et de nombreuses grèves qui tournent fréquemment à la violence. Encore à la fin des années 1970, la police est appelée à intervenir régulièrement dans les conflits de travail, et parfois les membres de la Fraternité utilisent la force contre les travailleurs syndiqués, ce qui complique sérieusement les rapports avec les centrales syndicales. Il faut dire aussi que les membres de la Fraternité, selon le sondage DuBois de 1976, conçoivent davantage leur syndicat comme un moyen de protéger et d'améliorer leurs conditions de travail et qu'ils ne voient pas la nécessité de coopérer davantage avec d'autres syndicats ou avec les centrales syndicales (74,2 % de cet avis[66]).

Dans la foulée du travail amorcé par Guy Marcil depuis 1969, la nouvelle équipe de direction de la Fraternité en 1976 tente des rapprochements avec les autres organisations syndicales. Mais ce sont les injonctions émises par les tribunaux contre la Fraternité qui servent véritablement de bougie d'allumage à cette volonté. Une première injonction est émise en janvier 1978 lorsque la Fraternité décide d'implanter unilatéralement un nouvel horaire de travail. C'est alors que les dirigeants de la Fraternité prennent conscience que les tribunaux ne sont pas neutres en matière de conflits ouvriers : « Les policiers, déclarent-ils en conférence de presse, viennent de faire l'objet, pour la première fois, d'une guérilla judiciaire dont ont été victimes, à plusieurs reprises, de nombreux autres groupes de travailleurs. Pour la première fois, les policiers se sont rendu compte jusqu'à quel point les droits des travailleurs pouvaient être bafoués à l'occasion de semblables guérillas[67]. » Le président Gilles Masse entreprend alors une démarche visant à recueillir l'appui des autres organisations syndicales pour faire disparaître ce recours « qui institue ou perpétue l'existence d'un état policier au service des employeurs qui se servent des tribunaux comme briseurs de grève[68] ».

Le front commun des employés de la Ville de Montréal et de la CUM accorde son appui total à la Fraternité, tout comme la FTQ, la CSN et l'Association des policiers provinciaux du Québec[69]. La CEQ s'y refuse toutefois. Son président, Yvon Charbonneau, précise après avoir rappelé la manifestation qui a accompagné la grève au journal *La Presse* à l'automne 1971 où il s'est lui-même fait tabasser par la police :

> [...] le jour où votre Fraternité interdira à ses membres d'empêcher les travailleurs de manifester contre les injonctions, les briseurs de grève, les juges, maires, politiciens et boss pourris ; le jour où votre Fraternité obtiendra de ses membres qu'ils appuient ouvertement et concrètement les travailleurs en lutte, en grève ou victimes de lock-out ; ce jour-là, Monsieur le président, nous comprendrons que vos positions sont autre chose que du marketing : ce que vous appelez nos « préjugés » disparaîtra et vous aurez droit au noble titre de travailleur syndiqué et à notre considération[70].

Cette position, qualifiée de « bornée » par le président Masse, lui donne toutefois l'occasion de rappeler au radical président de la CEQ les gestes récents de la Fraternité en matière de solidarité ouvrière, et ce malgré les

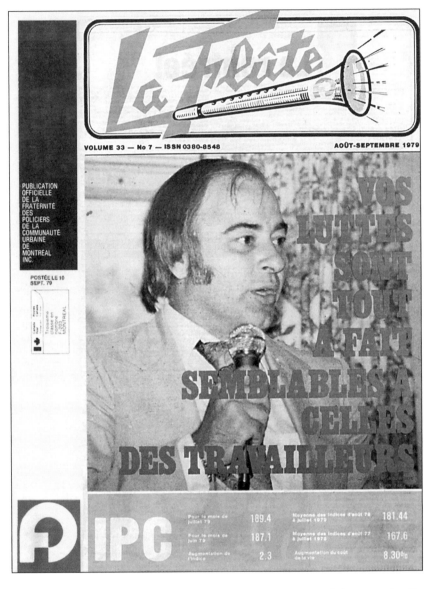

Norbert Rodrigue, président de la CSN, s'adressant au congrès de la Fraternité (*La Flûte*, août-septembre 1979).

contraintes inhérentes au rôle du policier qui a « la malheureuse obligation de faire respecter des lois répugnantes et inefficaces[71] ». Il rappelle qu'en juin 1977 la Fraternité a appuyé la Ligue des droits de l'homme réclamant au ministère du Travail l'adoption d'une loi contre l'utilisation de briseurs de grève, qu'elle a annulé sa collecte annuelle de sang — la plus importante au Canada — par respect pour les travailleurs salariés de la Croix-Rouge en grève et qu'elle a contesté en Commission parlementaire des modifications à la Charte de la Ville de Montréal qui auraient pour effet de réduire la libre circulation des idées. La Fraternité met également à la disposition de toutes les organisations syndicales du Québec qui souhaitent implanter la semaine de quatre jours les résultats de ses études qui ont été coûteuses et qui ont nécessité de quatre à cinq mille heures de travail bénévole[72].

Le désir de rapprochement avec les centrales syndicales se manifeste aussi par l'invitation adressée à leurs présidents de s'adresser aux membres. En juin 1979, la Fédération des policiers du Québec invite Norbert Rodrigue, président de la CSN, à prendre la parole à l'occasion de son congrès annuel. Sur un ton humoristique, il rappelle que la solidarité entre syndicats policiers et syndicats ouvriers a déjà été plus florissante et que les policiers, par leur origine de classe, sont mieux en mesure de comprendre les aspirations des ouvriers et des salariés que celles des propriétaires d'entreprises ou des directeurs de multinationales[73]. Relatant les nombreux cas d'infiltration policière au sein des organisations syndicales, ce qui représente une atteinte à la démocratie, il invite les dirigeants syndicaux à lutter pour faire inscrire dans les conventions collectives des mécanismes permettant de refuser un travail indigne comme c'est déjà le cas chez les journalistes, les ingénieurs et les professionnels du gouvernement. La Fraternité n'ira pas aussi loin cependant, se contentant, en février 1980 par exemple, de recommander à ses membres de refuser d'effectuer les tâches réservés aux cols bleus de la Ville de Montréal et de la CUM alors en grève[74].

À la Fraternité, l'habitude se répand de faire appel, dans ses congrès, à l'expérience de figures connues du monde syndical. C'est d'abord Marcel Pepin, président de la Confédération mondiale du travail et ex-président de la CSN, invité, en 1980, à préciser la notion de cogestion en milieu de travail, puis Gérald Larose en 1984, Michel Chartrand en 1986, Louis Laberge, président de la FTQ, en 1987, et, deux ans plus tard, Diane Lavallée, présidente de la Fédération des infirmières et infirmiers du Québec, qui fait très bonne impression sur les délégués[75].

La volonté de se rapprocher des syndicats est encore plus manifeste à la Fédération des policiers du Québec. En effet, en décembre 1984, son président

André Nadon réclame rien de moins que le droit pour les syndicats policiers de s'affilier aux centrales syndicales à l'instar de ce qui existe dans d'autres provinces canadiennes où certains syndicats de policiers sont affiliés au Syndicat canadien de la fonction publique[76]. Pour la Fédération, il est grand temps d'amender le Code du travail du Québec qui interdit ces liens depuis 1944. Mais la Fraternité ne se prononce pas sur ce sujet, elle qui pourtant est née avec l'aide précieuse d'une centrale syndicale.

Les rapports de la Fraternité avec la CUM

Comme nous le signalions en introduction, la distribution des pouvoirs se modifie à l'intérieur de la CUM sous l'influence des maires de banlieue qui désirent ralentir la croissance des dépenses. Leur mainmise sur l'organisme se traduit par des compressions substantielles dans les services policiers et par une âpre résistance aux demandes de la Fraternité lorsque vient le temps de négocier les conditions de travail. En réponse à ce nouveau défi, l'une des stratégies de la Fraternité consistera à réclamer la cogestion dans certains domaines relevant de l'administration du Service de police.

Crise à la Communauté urbaine de Montréal

Entre 1972 et 1982, trois réformes majeures sont imposées dans les structures du pouvoir à la CUM. Il importe de les connaître car elles ont une influence déterminante sur l'évolution des rapports entre la Fraternité et l'employeur que représente la CUM.

Rappelons tout d'abord qu'en 1969, au moment de la création de la CUM, le législateur crée aussi le Conseil de la sécurité publique (CSP), à qui il confie la responsabilité de voir à la mise sur pied du Service de police. Lors de l'intégration des forces policières en 1972, il est composé de six membres, trois nommés par Québec — avec vote prépondérant au président — et trois autres choisis par et parmi les élus du Conseil de la CUM, dont l'un doit être obligatoirement représentant des maires de la banlieue. Le CSP détient des pouvoirs étendus car c'est lui qui recommande au ministre de la Justice la nomination du directeur du Service de police, décide des effectifs et des équipements, planifie les dépenses et négocie les contrats de travail et le fonds de pension avec la Fraternité. Et, élément important, le gouvernement, dans le but de « dépolitiser la police », en fait un organisme qui n'a pratiquement aucun compte à rendre au Conseil de la CUM formé d'élus, à savoir le maire de Montréal et ceux des 28 municipalités de banlieue de même que tous les conseillers de la Ville de Montréal. Il est prévu que le CSP ne fera que présenter son budget au Conseil qui devra l'entériner automatiquement, 15 jours après sa transmission[77].

Les maires des municipalités de la CUM dénoncent rapidement ce corps parallèle sur lequel elles ont peu de pouvoir et qui draine la portion la plus importante des dépenses. Les critiques les plus nourries viennent des maires de banlieue, qui n'ont pas digéré la création de la CUM et qui se plaignent des dépenses exorbitantes du Service de police. Leur frustration est à son comble après l'entente intervenue en février 1977 entre le Conseil de sécurité et la Fraternité pour le renouvellement de la convention collective des policiers. Le maire de Lachine et président de la Conférence des maires de banlieue, Guy Descary, y voit une entente scandaleuse où les hommes politiques ont abdiqué leurs responsabilités par manque de courage, craignant d'affronter les policiers[78]. Forcés d'adopter automatiquement cette entente, les maires membres du Conseil de la CUM s'indignent et réclament du gouvernement du Québec un amendement à la loi de la CUM pour que les négociations avec la Fraternité se fassent désormais sous l'autorité immédiate du Comité exécutif de la CUM et que les décisions finales soient approuvées par le Conseil de la CUM[79].

Le nouveau gouvernement du Parti québécois se rend à leurs doléances en faisant adopter en août 1977 la loi 57 qui réduit les pouvoirs du Conseil de la sécurité publique et rend aux élus le contrôle du budget[80]. Le CSP se compose dorénavant de sept membres, trois représentants choisis parmi le maire et les conseillers de la Ville de Montréal, et trois représentants parmi les maires de la banlieue. Le septième, le président, est nommé par Québec qui choisit, en 1977, Yves Ryan, maire de Montréal-Nord, faisant ainsi pencher le pouvoir en faveur de la banlieue.

La loi comporte en plus un nouveau partage des responsabilités entre le Service de police, le Conseil de sécurité, le Comité exécutif et le Conseil de la CUM, partage qui sera à la source de nombreux imbroglios lorsque viendra le temps de négocier la convention collective des policiers. Le Conseil de sécurité continue de déterminer les effectifs policiers et s'assure de l'équipement nécessaire, mais il n'a plus qu'un rôle consultatif dans la détermination du budget de la police. Le budget est d'abord préparé par le directeur du Service de police, responsable de l'embauche et de la gestion du service, pour être approuvé par la suite par le Comité exécutif et par le Conseil de la CUM. En plus, la loi de 1977 prévoit expressément un comité chargé de la négociation des conditions de travail avec la Fraternité, y compris le régime de retraite; il est placé sous l'autorité du Comité exécutif, et ses décisions engagent le Conseil de la CUM[81]. L'employeur véritable des policiers devient ainsi non plus le Conseil de sécurité, mais le Comité exécutif de la CUM. Les élus détiennent ainsi une emprise beaucoup plus importante sur le budget de la police et ils s'emploieront à en réduire la progression.

Pour la Fraternité, la réforme de 1977 crée un confusion dans la distribution des responsabilités en matière de négociation et de détermination des conditions de travail. Après avoir fait l'essai de la nouvelle structure pendant quelques années, elle ne sait plus à quel saint se vouer dans l'application quotidienne des conventions collectives. Le président démissionnaire, Gilles Masse, fait de cette confusion le thème de son mémoire adressé au premier ministre René Lévesque en août 1981. À son avis, la CUM est rapidement devenue un « monstre polycéphale » qui nécessite « des changements législatifs dans les plus brefs délais afin de stopper immédiatement la détérioration du système car cette situation peut se transformer, à court terme, en état chaotique beaucoup plus grave[82] ».

De nouveau, en juin 1982, avec l'adoption de la loi 46, le gouvernement du Parti québécois accroît la force des maires des municipalités de banlieue au détriment de Montréal cette fois[83]. On leur donne la parité avec la Ville de Montréal (six représentants) au Comité exécutif de la CUM où se prennent véritablement les décisions touchant le budget de la CUM, y compris celui qui touche le Service de police. C'est le Comité exécutif qui négocie les conventions collectives de travail et le plan de retraite des policiers. La loi précise qu'il exerce à l'égard du Service de police et de son directeur la même autorité qu'à l'égard des autres services. Le gouvernement du Québec se réserve cependant la nomination et la destitution du directeur de la police après consultation auprès du Comité exécutif et des membres de la Commission de la sécurité publique. Pour sa part, le Conseil de sécurité est aboli et remplacé par la Commission de la sécurité publique, dont le rôle se limite désormais à l'analyse du budget de la police et à la recommandation auprès du Comité exécutif de la CUM.

Selon le président de la Fraternité, Michel Allard, cette nouvelle réforme, bien qu'elle identifie clairement les pouvoirs de chacun, représente une sorte de « détournement de démocratie » puisque la Commission de la sécurité publique se retrouve dotée d'un simple pouvoir de recommandation et que les citoyens ne peuvent désormais se faire entendre que deux fois par an. De plus, les ambiguïtés en ce qui concerne le partage des responsabilités ne sont pas entièrement résolues, puisqu'il existe toujours des incohérences entre les pouvoirs dévolus au Comité exécutif, qui contrôle le budget du Service de police, et ceux du directeur qui détermine ses objectifs et ses effectifs. Et Michel Allard de conclure avec ironie : « Au cours des dernières années, nous avons pratiqué bien des jeux, dont la centralisation, la décentralisation, la régionalisation, la sectorisation, l'abolition, la rationalisation, l'attrition. Heureusement, nous n'en sommes pas encore à la révolution[84]. »

Les méandres de la cogestion

En réponse à la politique de décentralisation des services spécialisés amorcée en 1976 et qui consiste, comme nous le verrons, à faire disparaître ou à réduire les services policiers, la Fraternité propose à la direction de participer à la définition des tâches et des fonctions des policiers et d'établir conjointement avec l'employeur un plan de carrière et de promotion pour les policiers. Ce souci répond à une attente élevée chez ses membres qui, selon l'enquête exhaustive menée par le psychologue DuBois, témoignent sans équivoque d'un niveau très élevé d'insatisfaction à l'endroit du système de promotion et de placement[85]. L'avenue de la cogestion commence d'ailleurs à être à la mode chez les spécialistes des relations industrielles à cette époque ; elle apparaît au président Masse comme une « évolution normale du syndicalisme » et le moyen d'améliorer le rendement du Service de police[86]. Elle répond aussi dans une certaine mesure à la nouvelle philosophie participative que veut implanter le directeur Vignola lorsqu'il est nommé à la tête du Service de police[87]. C'est dans cette optique qu'en 1977, la Fraternité obtient de la partie patronale la formation de trois comités paritaires : un premier sur les horaires de travail, un autre sur les équipements et un dernier portant sur la définition des tâches et fonctions, le plan de carrière et les promotions au sein du Service. Même si ces comités ne sont que purement consultatifs et que leurs conclusions ne lient en rien les parties, les autorités s'en méfient néanmoins de peur qu'ils ne limitent leur droit de gérance.

Pour faire valoir ses revendications, la Fraternité s'appuie sur une étude effectuée par Me Jacques Dagenais pour le Conseil de la sécurité publique en 1977, et qui porte sur la satisfaction des policiers par rapport à leur travail[88]. Selon cette enquête exhaustive, la situation devient critique et des réformes s'imposent au SPCUM. Le moral des policiers n'a cessé de se détériorer même si les avantages matériels dont ils jouissent sont à la hausse. Le problème de fond tient à leur manque de motivation au travail, résultat d'un style de gestion dépassé. En effet, les membres de l'État-major, dont les deux tiers ont fait leur service militaire, favorisent toujours « un modèle militaire [de gestion] qui met l'accent sur le pouvoir autocratique de la Direction et l'obéissance aux ordres des supérieurs[89] ». Les policiers, dont l'âge moyen n'est que de 35 ans, n'acceptent plus de travailler dans des structures et avec une mentalité d'une autre époque.

Le rapport suggère un changement complet de la philosophie du Service afin de parvenir à une plus grande motivation du personnel. Les réformes doivent être orientées selon trois axes majeurs : que le personnel sache quoi faire (objectifs clairs et précis); qu'il sache comment le faire (formation adéquate); et qu'il veuille le faire (motivation)[90]. Ce dernier point implique donc un meilleur système de promotion et d'incitation à l'effort, l'établissement d'un plan de carrière équitable pour tous, l'implantation d'un nouvel horaire de travail favorisant la vie de famille et l'exercice des tâches quotidiennes en équipes de travail homogènes.

La Fraternité retient du rapport Dagenais l'immobilisme de la direction et sa gestion désuète de style militaire. Elle reprend notamment à son compte un reproche du rapport voulant que la haute direction ne consulte pas la base et ne tienne pas compte de ses suggestions[91]. À ses yeux, cette attitude se perpétue encore dans la décision du directeur Henri-Paul Vignola de ne pas nommer de représentants patronaux pour siéger au comité sur la définition des tâches et fonctions accepté lors de la signature du contrat de travail en février 1977. Comme le directeur s'y refuse avant qu'on ne précise le rôle de ce comité, la Fraternité va déposer grief sur grief pour le forcer à désigner ses représentants[92].

À la fin de 1979, elle décide de faire de cette question le principal enjeu de la négociation avec la CUM, réclamant la cogestion non seulement sur la définition des tâches, fonctions et promotions, mais aussi sur les mutations, plans de carrière et projets de décentralisation. On exige également que les conclusions du comité paritaire créé à cette fin soient décisionnelles et que les parties aient le pouvoir de soumettre un litige à un arbitre neutre[93]. Pour les dirigeants de la Fraternité, la cogestion existe dans de nombreuses entreprises, et on comprend mal les réticences du directeur, d'autant plus que le ministre d'État au développement économique du Québec, Bernard Landry, se dit prêt à subventionner des expériences de cogestion. Mais la partie patronale résiste et ce sujet devient la principale pierre d'achoppement des négociations au début de 1980.

La Fraternité obtient finalement dans la convention collective de pouvoir émettre un grief uniquement sur la rédaction de la description d'une

Différents aspects du travail des policiers du SPCUM en fonction de l'insatisfaction plus ou moins grande qu'ils suscitent chez eux (1977)

Très insatisfait	Insatisfait	Satisfait
1. Communications avec la Direction	1. Équipement	1. Appartenance à l'équipe
2. Clarté de la définition des pouvoirs	2. Efficacité de la lutte au crime	2. Salaire
3. Fonctionnement des cours de justice criminelle	3. Clarté des objectifs du Service	3. Permanence
4. Politiques du Service	4. Reconnaissance	
5. Promotion	5. Carrière	
6. Utilisation des habiletés	6. Possibilité d'innovation dans ma tâche	
7. Communications entre l'État-Major et les membres du Service	7. Délégation de pouvoirs	
8. Discipline	8. Utilité de mon travail dans la lutte au crime	
9. Communications entre l'État-Major et les cadres civils	9. Flotte automobile	
10. Communications entre la Gendarmerie et la Sûreté	10. Communications avec mes officiers supérieurs immédiats	
	11. Horaire de travail	
	12. Qualité de la supervision	
	13. Variété du travail	
	14. Attrait du travail	
	15. Autonomie dans le travail	
	16. Relations avec les officiers supérieurs immédiats	
	17. Degré de responsabilité	
	18. Danger	

Source : Jacques Dagenais, Étude sur la satisfaction au travail des policiers du Service de la Communauté urbaine de Montréal, *mai 1977, p. iv.*

Un véritable syndicalisme : la cogestion avec le STCUM (*La Flûte*, juin-juillet 1979).

fonction, tandis que la partie patronale fait bien préciser dans la convention qu'il ressort exclusivement du Service de police « de déterminer le contenu, les pré-requis et les exigences de chaque fonction[94] ». Comme les pouvoirs du comité sont définis de façon assez ambiguë, les nombreuses rencontres du comité paritaire ne donnent guère de résultats tout en exigeant beaucoup de temps de ses membres[95]. En septembre 1982, le nouveau président Michel Allard croit toujours à l'importance de la consultation avant l'implantation de changements dans les fonctions, mais la Fraternité se désintéresse graduellement de l'idée d'imposer cette consultation à la direction en vertu du principe de la cogestion[96].

La lutte contre les coupures et la décentralisation des services

L'effort de rationalisation de la part des élus de la CUM et leur volonté de réduire la progression des dépenses au Service de police se répercutent bien évidemment sur la qualité et le nombre de services historiquement assumés par les policiers montréalais. La Fraternité essaie de limiter les dégâts et déploie des efforts considérables pour conserver certains services le plus longtemps possible. Mais comme ce domaine relève plutôt du droit de gérance, elle ne réussit guère à enrayer ce remodelage du Service.

La Section d'aide à la jeunesse

Le premier service à passer au bilan des pertes, en mai 1976, est la Section d'aide à la jeunesse avec ses quelque cent cinquante membres, dont 32 spécialistes qui s'occupent des disparitions de mineurs et des infractions d'ordre sexuel tout en donnant des conférences dans les écoles[97]. Ces spécialistes sont mutés un peu partout sur le territoire de la CUM, et tous les autres sont intégrés comme généralistes dans les différents districts. Ainsi, le SPCUM se défait du Bureau de la moralité juvénile, service créé en 1936, et bonifié au milieu des années 1960 avec la mise sur pied d'un projet conjoint avec la Commission des écoles catholiques de Montréal et la Cour du bien-être social dans le but de prévenir la délinquance juvénile. Ce service a d'ailleurs inspiré l'implantation de programmes similaires un peu partout au Québec.

Selon la Fraternité, cette opération menée par les directeurs adjoints Vignola et Young n'a qu'un seul objectif : réduire les dépenses tout en répondant à la demande des maires de banlieue qui requièrent une présence policière accrue sur leur propre territoire. Pour la Fraternité, la disparition de la

Section d'aide à la jeunesse dépasse de beaucoup la simple perte d'une escouade spécialisée. En décembre 1978, dans un dossier spécial portant sur la jeunesse, elle met l'accent sur l'importance d'une intervention spécialisée auprès des jeunes, relevant que près de 40 % de la criminalité sur le territoire de la CUM est le fait d'actes commis par des mineurs et que, dans le cas d'introduction par effraction, ce pourcentage grimpe à 60 %[98]. Malgré l'appui concerté de plusieurs organismes communautaires spécialisés dans l'intervention auprès des jeunes, la direction du Service de police reste ferme dans son intention de faire disparaître cette section.

Une autre initiative directement reliée à l'intervention auprès de la jeunesse, le « projet Marie », est démantelée en février 1979. Deux policiers seulement sont affectés à ce projet qui a vu le jour dans la foulée des travaux de la CECO en 1975 et qui a été conçu pour enrayer l'exploitation sexuelle de jeunes filles de 11 à 17 ans par des agences de danseuses nues. Des quatorze cents filles embauchées par ces agences, plus de 10 % sont des mineures, et plusieurs de ces adolescentes sont toujours recherchées par les policiers. Les enquêtes effectuées par ces deux spécialistes donnaient de bons résultats

Policiers de la Section aide à la jeunesse en visite à l'école chinoise située à l'angle des rues Chenneville et de La Gauchetière (*La Presse*, 11 décembre 1968).

puisque de nombreuses accusations étaient portées. Toujours selon l'objectif de décentralisation du Service, ce sont dorénavant tous les policiers qui doivent s'occuper des enquêtes concernant ces adolescentes. Mais les policiers n'accordent pas une attention particulière à ce problème, et quatre mois après la disparition du projet il n'y a aucune accusation de portée à ce propos[99].

La patrouille de nuit

L'abolition de la patrouille de nuit en juin 1979 poursuit sensiblement les mêmes objectifs. Au nom de la décentralisation des effectifs et d'une plus grande efficacité dans la lutte contre la criminalité, et en même temps pour réaliser des économies, la direction projette de ramener dans les différents postes les détectives travaillant la nuit qui assurent les enquêtes spécialisées dans des domaines comme les vols de voiture, les vols à main armée et les fraudes. Cette décision affecte directement plus de deux cents détectives, qui doivent modifier leur horaire de travail pour se conformer aux trois relèves dans les postes de district.

Pour la Fraternité, ce changement unilatéral réduit considérablement la protection policière. « On est en train de détruire la police, fait valoir le président Masse, et c'est la responsabilité sociale d'un syndicat comme le nôtre de dénoncer ce fait[100]. » La mobilisation s'organise. Réunis en assemblée générale à l'auditorium de Verdun le 30 mai 1979, plus de deux mille cinq cents policiers, gonflés à bloc, accordent à la direction syndicale, avec 97 % des voix, le mandat d'enclencher les moyens de pression pour faire reculer la direction[101]. Dès qu'on décide d'entreprendre une grève du zèle à compter du 3 juin, la partie patronale obtient une injonction provisoire empêchant son exécution. Pour la Fraternité, le recours aux tribunaux pour régler des problèmes de négociation revient ni plus ni moins à s'en prendre directement à l'existence même du syndicat[102]. Comme nous l'avons vu, elle se joint aux centrales syndicales qui dénoncent elles aussi ce recours abusif aux injonctions dans les conflits de travail et prépare un long mémoire à ce propos à l'intention du ministre de la Justice et du ministre du Travail et de la Main-d'œuvre[103]. Mais en ce qui a trait à la décision de démanteler les escouades spécialisées, elle ne réussit pas à faire reculer le Service de police.

La Section des groupes tactiques et autres services

La rationalisation des dépenses imposée par les élus de la CUM touche plusieurs autres services. En décembre 1980, la Section des groupes tactiques, section spécialisée dans le contrôle des foules, voit ses effectifs diminuer de 81 à 51 policiers. La Fraternité dénonce encore une fois ces compressions, parce que les interventions de cette escouade spécialisée dans les conflits ouvriers ont augmenté de 205 % au cours de la même année, et que plus de cinq cents conventions collectives de travail arrivent à échéance en 1981. Cette décision, selon le président Masse, met en danger la vie des citoyens tout comme celle des policiers, trop peu nombreux pour maîtriser une foule[104].

En 1983, c'est au tour des policiers-motards et de la police à cheval de passer sous le couperet. Les quelque cent vingt-cinq motards du Service, qui ont connu des heures de gloire durant l'Expo 1967 et les Jeux olympiques, voient leur nombre se réduire à une quarantaine d'agents, toujours chargés des mêmes tâches sur le très vaste territoire de la CUM[105]. Ces compressions apparaissent illogiques en période de restrictions budgétaires car une moto coûte moins cher à l'achat et à l'opération qu'une auto-patrouille[106]. La Ville de Toronto, fait-on valoir, qui a tenté la même expérience, a dû corriger le tir en se dotant à nouveau d'une flotte de 136 motos.

Quant à la section de la cavalerie du Mont-Royal, le nombre de chevaux y est ramené de 24 qu'ils étaient en 1974 à 9, qui se borneront à patrouiller les sentiers du Mont-Royal. Cette réduction s'effectue alors que la fréquentation du parc a presque triplé et que le taux de criminalité a augmenté proportionnellement[107]. Même si la Fraternité réussit à recueillir plus de cent trente-cinq mille noms de citoyens désireux de conserver la « police à cheval », elle n'ébranle pas la direction qui maintient le cap sur les compressions.

Les polices parallèles

La constitution de corps de police parallèles explique aussi cette volonté des élus de la CUM de réduire au maximum les effectifs policiers. En 1980, la Ville de Montréal tente d'abord de faire modifier sa charte par le gouvernement de Québec afin d'élargir les critères déterminant qui pourra effectuer des arrestations pour avoir contrevenu à des règlements de la Ville de Montréal. La Fraternité craint qu'on veuille ainsi permettre aux civils qui s'occupent d'émettre les contraventions pour stationnement interdit de faire aussi des vérifications auprès des véhicules en mouvement[108]. Elle réussit à faire échec à ce projet en faisant valoir que cette tâche ne relève que du Service de police en vertu de la loi de la Communauté urbaine. La Ville revient à la charge en 1983, mais sans plus de succès. La Fraternité est par contre incapable de stopper la prolifération des agences privées dans les municipalités dont le personnel effectue des tâches qui traditionnellement appartenaient aux policiers.

Pour remplacer les policiers qui deviennent de plus en plus absents de leur municipalité, résultat en partie de la réduction des effectifs, plusieurs maires de banlieue commencent à embaucher à la fin des années 1970 des agents de sécurité qui échappent totalement au contrôle du Conseil de sécurité publique et à celui du directeur du Service de police. Le phénomène prend de plus en plus d'ampleur, si bien qu'à la fin de 1981, pas moins de 17 villes de la CUM font appel à des agences privées ou à des employés municipaux pour assurer la sécurité de leurs concitoyens *(tableau 4.5)*.

Tableau 4.5 — La « police parallèle » à la CUM, 1er décembre 1981

	Agences privées	Effectifs des agences	Employés municipaux	Prévisions budgétaires
Anjou	Broderick	6	3	102 000 $
Côte-Saint-Luc	Sécurican	8	1	91 162 $
DDO				85 000 $
Hampstead			10	156 348 $
LaSalle			1	20 000 $
Montréal	La Patriarche	14		
– Cour municipale	La Patriarche	8		142 220 $
– Détention				100 105 $
– Terre des Hommes			34 (50 en été)	2 300 000 $
Montréal-Nord			12 (mi-temps)	27 000 $
Montréal-Ouest	Broderick	16	1	25 646 $
Mont-Royal	Garda	8	1	150 000 $
Outremont	Sécurican	1		267 775 $
Pierrefonds				25 000 $
Pointe-aux-Trembles			2	34 175 $
Pointe-Claire			3	39 000 $
Saint-Laurent			2	43 200 $
Saint-Léonard			2	96 000 $
Verdun			2	45 000 $
Westmount			20	499 200 $
Total				3 245 351 $

Source : Commission de police du Québec, *Données statistiques,* 22 février 1982.

Le maire d'Anjou et président de la Conférence des maires de banlieue, Jean Corbeil, se fait loquace et interprète ainsi, en 1980, la création d'une « police parallèle » : « Par ce moyen, nous allons éroder la police de la CUM devenue inefficace, et nous allons obliger le gouvernement à reconnaître l'échec total de l'intégration[109]. » Les services locaux de sécurité peuvent, selon lui, faire la preuve qu'il y a moyen de réduire la criminalité et d'augmenter la qualité des services à moindre coût. En décembre 1980, il est question à une réunion des maires des villes de la CUM de doter la « police parallèle » d'une sorte de direction intermunicipale et de réclamer pour ce service un statut lui permettant d'accroître ses pouvoirs et sa juridiction[110]. Le projet n'a pas de suite, mais il illustre l'orientation que veulent donner les maires de banlieue à leur « police locale ».

Aux yeux de la Fraternité, le recours aux agences de sécurité se traduit par une détérioration des services aux citoyens. La formation des agents de sécurité échappe à tout contrôle et ceux-ci n'ont pas les infrastructures nécessaires pour effectuer un véritable travail policier. Mais cette tendance va se poursuivre dans les municipalités de banlieue. « Les autorités de plusieurs municipalités de l'île de Montréal n'ont jamais accepté de perdre leurs corps policiers, écrit André Sasseville, responsable du service d'information à la Fraternité. C'était une façon authentique d'exercer un contrôle monopoliste sur eux et de s'assurer une servitude sans aucun préalable. Autre temps, autres mœurs[111] ! »

Les policiers-ambulanciers

De toutes les compressions, c'est sans contredit celle qui affecte les policiers-ambulanciers qui suscite la plus forte réaction de la Fraternité, opposition qui culmine par l'organisation d'une manifestation publique de solidarité le 16 mars 1983, « la marche des ambulances ». C'est un défilé coloré dans les rues de Montréal où aux quelque deux mille policiers de la CUM se joignent des corps de clairons et de majorettes, des handicapés en chaise roulante, des dresseurs de chiens, des camions de remorquage traînant des voitures accidentées, des personnes âgées et même une bonne sœur[112]. Pour la Fraternité, le démantèlement du Service ambulancier de la police signifie non seulement la réaffectation de près de 400 policiers, mais il met surtout fin à un service rapide et efficace. Il est ironique que ce service instauré en 1958 par M. Pierre DesMarais (père) pour remplacer un service privé d'ambulance, lent et coûteux, véritable nid de favoritisme, soit démembré, 25 ans plus tard, par son fils, Pierre DesMarais II, alors président de la CUM.

Publicité incitant les citoyens à contacter leur maire pour qu'il se prononce contre l'abolition du Service ambulancier policier (AFPCUM).

Les policiers qui y sont rattachés font à la fois le travail de patrouilleurs et d'ambulanciers. Le sergent Henri-Paul Vignola, alors rattaché à l'École de la police de Montréal, fait l'éloge de la rapidité de ce nouveau service en 1961, tout comme le fera en 1973 le président du Conseil de sécurité publique, le juge Jacques Coderre[113]. Avec la formation de la CUM, le service est étendu à toute l'île, ce qui représente un atout majeur pour neuf municipalités qui ne bénéficiaient pas jusque-là de service d'ambulance.

Dès la nomination de Me Paul-Émile L'Écuyer au poste de président du Conseil de sécurité en 1974, les rumeurs de privatisation commencent à circuler. Une étude réalisée par l'Association des ambulanciers du Québec laisse miroiter une économie d'environ 2,5 millions de dollars si le service d'ambulance est transféré au secteur privé[114]. La question revient à la surface avec plus d'acuité au milieu de 1981, les journaux rapportant que le directeur Vignola a l'intention d'éliminer le service d'ambulance pour des raisons budgétaires. La Fraternité engage alors la lutte en alléguant que les policiers concernés ont reçu une formation adéquate pour remplir cette fonction, que leur intervention est rapide (moyenne de 4,7 minutes), qu'ils présentent une image plus humanitaire du travail policier et que le coût du service est minime compte tenu que ces policiers ne consacrent que 10 % de leur temps de travail à ce type de tâche. Lorsqu'il y a des blessés, victimes d'accidents ou d'actes criminels, il faut de toute façon, fait-elle valoir, que des policiers se rendent aux urgences des hôpitaux pour faire leur rapport. La création d'un nouveau service ne ferait que dédoubler leur travail[115].

Mais le Conseil de sécurité et le Comité exécutif de la CUM ne l'entendent pas ainsi, lorgnant du côté d'une économie substantielle car la formation médicale des policiers et la flotte d'ambulances sont coûteuses. Le gouvernement du Québec leur facilite la tâche en décidant de prendre à sa charge le service d'ambulance par le biais du Centre régional de la santé et des services sociaux du Montréal-Métropolitain (loi 27). Les ambulanciers embauchés, fait-on valoir, seront mieux formés que les policiers et il est important qu'un patient soit stabilisé avant d'être transporté à l'hôpital[116]. Devant la Commission de la sécurité publique de la CUM, la Fraternité présente une pétition d'environ cent quarante mille noms de citoyens qui désirent maintenir le service policier, et elle bénéficie de l'appui d'une dizaine de maires de la banlieue, de tous les conseillers du Rassemblement des citoyens de Montréal et de plusieurs responsables d'organismes communautaires qui ne voient pas

Manifestation pour maintenir le Service ambulancier policier, 16 mars 1983 (AFP-CUM).

d'un bon œil le retour de l'industrie privée subventionnée dans un domaine aussi vital pour la population[117].

Cependant, rien n'y fait et, devant l'impossibilité de faire fléchir la CUM, complètement « intoxiquée par les coupures », le président Allard s'en prend de façon virulente au directeur du Service de police, André De Luca, pour avoir gardé le silence tout au long de la lutte pour conserver le service d'ambulance[118]. C'est donc 39 véhicules et 371 fonctions policières qui disparaissent de la circulation en 1983, remplacés par les services d'Urgences-santé dont les ambulanciers se syndiquent la même année, se plaignant de leur salaire de famine et de leurs longues heures de travail[119].

Le port de la barbe et le lieu de résidence obligatoire

Le dossier du port de la barbe, qui peut apparaître bien mineur, retient néanmoins l'attention de la Fraternité tout au long de la période à l'étude. Dès 1976, le port de la barbe fait la manchette des journaux : deux policiers, les sergents-détectives Racette et Audet, sont suspendus sans salaire pour insubordination après avoir refusé de se couper la barbe. Ils décident alors de contester cette directive devant le Conseil de discipline du SPCUM qui, après avoir siégé pendant 15 heures, propose le renvoi des deux policiers. Les autorités craignent que le port de la barbe entraîne des abus et que finalement l'image du corps policier dans la population en souffre[120]. Pour la Fraternité, cette mesure disciplinaire d'un autre âge est emblématique d'une philosophie autoritaire et militaire omniprésente à l'État-major.

L'affaire est portée devant les tribunaux jusqu'en Cour supérieure, s'il vous plaît, où le juge décide que ce litige est hors de sa compétence et qu'il revient à un arbitre du Tribunal du travail de se prononcer[121]. Mais l'arbitre sollicité juge que cette question ne relève pas du Tribunal du travail mais du directeur du Service de police. Cédant aux pressions de la Fraternité qui accumule les plaintes devant la Commission des droits de la personne du Québec, le directeur Vignola corrige en partie le tir, en novembre 1981, en permettant aux policiers en civil de porter la barbe tout en maintenant le *statu quo* pour les policiers en uniforme[122]. Il faut attendre la négociation de la convention collective de 1985 et l'arrivée du nouveau directeur Roland Bourget pour que le problème soit résolu. La règle administrative est amendée, accordant aux policiers en uniforme le même droit que les enquêteurs en civil. Petite victoire qui a représenté cependant des dépenses considérables en frais d'avocats tant de la part de la Fraternité que du Service de police.

À compter d'octobre 1983, la Fraternité doit aussi fourbir ses armes pour défendre ses membres contre la décision prise par les élus de la CUM d'obliger les futurs candidats et candidates à résider sur le territoire de la CUM. Avant cette date, malgré le fait que la Loi de police adoptée en 1968 stipule à l'article 65 (d) que les municipalités peuvent « déterminer les endroits où les membres du corps de police peuvent avoir leur résidence », la Ville de Montréal et, par la suite la CUM, n'ont jamais cru bon de se prévaloir de ce privilège. En fait, cet article provient surtout de municipalités où le policier exerçait simultanément la tâche de pompier et celle de policier. Elles s'assuraient ainsi un temps de réaction plus rapide en cas d'incendie. À Montréal, cette exigence est également appliquée de façon informelle au moment de l'embauche des nouveaux candidats, sans toutefois que l'on se soucie de leur déménagement en banlieue par la suite[123].

En octobre 1983, sur l'avis de la Commission permanente de la sécurité publique, le Comité exécutif de la CUM adopte la contrainte du lieu de résidence et introduit dans les critères d'embauche des agents de police l'obligation pour les candidats de l'extérieur de déménager sur le territoire de la CUM dans un délai d'un an et d'y demeurer en permanence[124]. La CUM prétend ainsi contribuer davantage à la baisse du chômage sur son territoire en favorisant l'embauche de ses résidants[125].

En vertu de cette norme, la CUM procède au congédiement d'un jeune policier en janvier 1985. La Fraternité conteste cette décision, arguant qu'elle contrevient à plusieurs articles de la Charte canadienne des droits et libertés et qu'avec le temps on verra apparaître deux catégories de policiers : les jeunes recrues qui devront se plier à cette directive, et les policiers embauchés avant 1983 qui pourront continuer de vivre en banlieue ou y déménager à leur guise. Ce litige connaît un dénouement heureux au moment de la négociation du contrat de travail en 1987, l'employeur s'engageant à laisser tomber l'obligation de résider sur le territoire de la CUM[126].

Les aléas de la négociation collective

Les relations de travail sont tout aussi perturbées de 1975 à 1988 qu'au cours de la période antérieure. Les contrats de travail ne se signent pas facilement et les dirigeants de la Fraternité ont peine à contenir le mécontentement de leurs membres. Leur frustration est liée à trois sujets épineux qui ont déjà commencé à créer de l'insatisfaction antérieurement : les horaires de travail, le fonds de retraite et la patrouille en solitaire. Il n'y a pas de grève, mais on

Le policier Gilles Masse tente de convaincre ses confrères rassemblés au Palais du commerce qu'il serait dangereux et inutile de débrayer comme ils voulaient le faire (*La Presse,* 1er mai 1975).

utilise des moyens de pression, comme les ralentissements de travail et les manifestations bruyantes. Malgré une croissance économique plus faible et la récession de 1981-1982, les attentes des policiers pour voir leurs conditions de travail s'améliorer sont toujours très élevées, quoiqu'ils fassent parfois des concessions majeures.

L'obtention de la semaine de travail de quatre jours (1976-1982)

Comme nous l'avons noté au chapitre précédent, la négociation de 1975 s'est déroulée dans un climat de confrontation où les policiers sont venus à un cheveu de débrayer. Le régime de retraite et la semaine de travail de quatre jours sont au centre de leurs revendications. Les augmentations de rémunération obtenues pour 1975 et 1976 (15 % et 10 %), qui n'ont fait l'objet d'aucun conflit durant la négociation, seront ultérieurement avantageuses pour les policiers car le gouvernement fédéral et celui du Québec adoptent en octobre 1975, dans le mois qui suit l'entente entre la Fraternité et la CUM, une loi anti-inflation qui limitera à 10 % et à 8 % les augmentations salariales pour les deux prochaines années. La loi du Québec qui couvre le secteur municipal n'est pas rétroactive, si bien que les policiers montréalais toucheront l'augmentation minimale de 10 % prévue pour 1976.

Les relations de travail en 1977 et 1978 sont tout aussi houleuses qu'en 1975. Les conflits touchent non pas les augmentations salariales mais des questions qui tardent trop à se régler aux yeux des policiers : le régime de retraite et l'horaire de travail de quatre jours. Le contrat de travail pour la seule année 1977 est conclu en deux temps. En février, on règle la question salariale, l'indexation des rentes de retraite à 55 ans et l'engagement par l'employeur de former un comité technique paritaire pour modifier l'horaire de travail. Mais cette entente difficilement acceptée (59 %) est précédée d'une grève du zèle de deux jours durant lesquels les policiers ne répondent qu'aux appels d'urgence et n'émettent plus de contraventions[127]. C'est le moment où le maire Descary, président de la Conférence des maires de banlieue, crie au chantage et dénonce le pouvoir excessif des policiers[128]. Le Conseil de la CUM, à l'unanimité, réclame alors du gouvernement québécois qu'il modifie la loi pour que les négociations avec la Fraternité passent du Conseil de sécurité au Comité exécutif de la CUM et que l'entente soit assujettie à l'approbation du Conseil de la CUM. C'est ce que le gouvernement fait en été avec la loi 57.

Les augmentations salariales obtenues en 1977 se situent en deçà des normes anti-inflation et sont comparables à celles obtenues par les policiers torontois (6,2 %). Mais, pour le maire Descary, le coût de chaque policier à Montréal est supérieur de 26 % à celui d'un policier de Toronto quand on tient compte des heures supplémentaires, des avantages sociaux et de la caisse de retraite[129]. Sa méthode de calcul est contestée par le président de la Fraternité parce qu'elle a inclus, entre autres, dans le coût par policier le traitement des employés civils au Service de police, les services professionnels et même le coût d'achat d'équipement et les frais d'entretien et de réparation[130]. Dans son rapport, la commission Saulnier sur l'organisation et les fonctions policières au Québec évalue pour 1977 l'écart en terme de coût du service policier par habitant entre les deux villes comme étant de 25 % supérieur à Montréal quoique le taux d'encadrement policier y soit plus élevé et la criminalité plus importante[131].

Les négociations sur les autres aspects de la convention collective traînant en longueur, la Fraternité fait appel à un conciliateur en juin 1977. Puis, des délais s'ajoutent à cause de l'adoption de la loi 57 qui rend le Comité exécutif responsable de la négociation et qui nécessite la recomposition du comité. La Fraternité réussit entre-temps à s'entendre sur le régime de retraite, mais pas sur l'horaire de travail[132]. Les policiers tiennent à l'horaire de quatre jours de travail et trois jours de congé (4-3) parce qu'il permet l'homogénéité des équipes, l'amélioration de la vie sociale des policiers (20 fins de semaine de congé au lieu de 17) et l'accroissement de l'efficacité du travail[133]. Selon une

Gilles Masse et le 4-3 (*La Flûte,* janvier 1978).

enquête scientifique réalisée parmi les policiers en 1976, c'est l'horaire qui aurait l'effet le plus bénéfique sur leur vie personnelle et professionnelle[134]. De plus, élément capital pour les convaincre de sa nécessité : il est alors en vigueur chez les policiers de Laval et à la Sûreté du Québec.

Le comité technique paritaire sur les heures de travail formé en février met à l'essai deux horaires pendant une période d'une quinzaine de semaines : le 4-3 et une nouvelle formule, le 7-2, 7-5. On constate que l'horaire 4-3 donne de bons résultats, mais les autorités de la CUM préfèrent appliquer l'horaire 7-2, 7-5, auquel on met fin après quelques semaines parce qu'il se révèle impraticable[135]. La Fraternité décide alors de prendre elle-même les choses en main. À une assemblée réunissant plus de deux mille policiers au centre Paul-Sauvé le 6 décembre, il est décidé à l'unanimité d'appliquer unilatéralement l'horaire 4-3 si une entente n'est pas intervenue avant la fin de l'année. Le président du Comité exécutif de la CUM, Pierre DesMarais II, rejette catégoriquement l'ultimatum, invoquant le fait que le nouvel horaire signifierait l'embauche de 325 à 563 policiers supplémentaires[136]. C'est l'impasse, malgré la présence de deux conciliateurs nommés par le ministère du Travail. Entre Noël et le jour de l'An, le directeur Vignola exhorte ses policiers à ne point foncer « dans l'impasse absolue de l'illégalité ».

Mais la Fraternité s'apprête néanmoins à le mettre en vigueur. Le 29 décembre, à la demande de la CUM, un juge de la Cour supérieure émet une injonction lui interdisant d'instaurer unilatéralement l'horaire 4-3. Néanmoins, la Fraternité va de l'avant quand même le 1er janvier « dans un but exclusivement humanitaire, selon le président Masse, afin d'empêcher une grève générale des policiers[137] ». La CUM obtient alors une requête en injonction interlocutoire d'un juge de la Cour supérieure qui assimile le geste des policiers à une « usurpation » de pouvoir[138]. Les peines prévues sont sévères si les policiers persistent dans l'illégalité. Le Conseil de direction de la Fraternité porte cette décision en appel, mais demande néanmoins à ses membres de s'y conformer « afin de sauver notre syndicat et de prouver à la population tout entière que les policiers n'ont aucunement l'intention d'implanter au Québec un État policier[139] ». Les policiers reprennent leurs heures normales de travail le 7 janvier dans la matinée.

Quelques jours plus tard, la CUM, qui désire maintenant s'entendre sur une longue période, présente des offres pour un contrat de travail de deux ans (1978-1979), qui comprend une solution de rechange à propos de l'horaire de travail (14-7 sur une période de 21 jours), une augmentation de salaire de 6 % pour chaque année (plus indexation) et une hausse des primes d'ancienneté[140]. L'offre est rejetée mais la négociation est enclenchée en présence de conciliateurs. L'employeur améliore sa proposition au début de février, acceptant pour la première fois la mise en vigueur de l'horaire 4-3, mais à partir du 1er janvier 1979. Cependant, la concession n'est pas suffisante, si bien que les policiers adoptent, le 3 février 1978, des moyens de pression en ne répondant plus qu'aux appels d'urgence[141]. « Si on n'est pas sauvage, on n'a rien, fait remarquer un policier. Les patrons ne bougent pas tant qu'on ne part pas dans les rues avec les sirènes et en faisant du tapage[142]. » Les négociations se débloquent rapidement, les deux parties acquiesçant aux recommandations des conciliateurs qui suggèrent un contrat de deux ans.

Quatre-vingt-onze pour cent des policiers l'acceptent par un vote qui, pour la première fois, ne se fait pas à l'assemblée générale mais dans six postes de police, par scrutin secret, pour rejoindre un plus grand nombre de policiers et peut-être aussi pour éviter les débordements d'une assemblée qui pourrait être influencée par des mécontents[143]. L'entente comprend un horaire de travail 4-3 modifié, appliqué à partir du 24 septembre 1978,

Signature de la convention collective de mai 1978 : Gilles Masse, président de la Fraternité, Henri-Paul Vignola, directeur du SPCUM, et Pierre DesMarais II, président de la CUM (*La Presse*, 17 mai 1978).

c'est-à-dire 21 jours de travail et 14 jours de congé par période de 35 jours, ce qui représente 4,2 jours de travail par semaine. Les augmentations de salaire atteignent 7 % pour chaque année de la convention (pourcentage partiellement indexé), et une légère hausse des primes d'ancienneté est prévue. Toutefois, la Fraternité a dû allonger la journée de travail de 7 à 8 heures, réduire à trente minutes l'heure de repas et sacrifier un certain nombre de jours de congés (ramenés de 13 à 4). Au total, les policiers travaillent toutefois le même nombre d'heures par an qu'auparavant[144].

Le contrat suscite des remous, notamment du côté de la Chambre de commerce de Montréal, parce que trop avantageux pour les policiers et résultat d'« une grève sur le tas » où « l'esprit sinon la lettre de la loi a été bafoué impunément[145] ». Et le président Masse de s'expliquer sur la conception que se font les policiers des relations de travail :

> Dans une société où les relations de travail sont exclusivement fondées sur un rapport de force entre les parties, il faudra que certaines personnes comprennent que les travailleurs salariés qui ont le droit de se syndiquer et qui à cause de leurs fonctions particulières n'ont pas le droit de grève, soient dans l'obligation d'effectuer des moyens de pression afin de faire progresser le dossier. Au cours du dernier conflit, les policiers de la CUM se sont comportés avec dignité et n'ont aucunement mis la vie d'aucun de leurs concitoyens en danger tout en continuant à protéger leurs biens et leur propriété. Ils l'ont fait avec un sens des responsabilités qu'on ne retrouve pas toujours chez certains groupes de professionnels et jamais chez nos « businessmen »[146].

L'application du nouvel horaire de travail a pour effet d'amener la direction non pas à augmenter le nombre de policiers (le budget déjà approuvé ne le permet pas[147]), mais à réorganiser profondément le Service de police en fusionnant plusieurs postes de police, en réduisant les effectifs dans certains postes et en abolissant certaines sections, dont l'escouade de détectives travaillant la nuit. Cette dernière décision, comme nous l'avons vu plus tôt, touche plus de deux cents détectives qui sont réaffectés dans les districts. Une assemblée générale est convoquée à l'auditorium de Verdun le 30 mai 1979 où plus de deux mille cinq cents membres policiers votent à 97 % un mandat accordant à la direction syndicale d'enclencher les moyens de pression pour faire reculer la direction car les changements prévus vont à l'encontre de la convention collective[148]. La Fraternité recourt à son moyen de pression préféré, la grève du zèle, qui fait long feu car la partie patronale obtient une injonction provisoire empêchant son exécution. La Fraternité décide de s'y conformer et la réforme est mise en vigueur comme prévu.

Le nouvel horaire de travail 4-3 a cependant de nombreux effets bénéfiques qui réjouissent à la fois la direction et les policiers. Garantissant deux
fins de semaine de congé par période de cinq semaines, il permet une meilleure compatibilité avec la vie familiale et celle du reste de la société. De plus,
l'efficacité policière s'en trouve accrue car les policiers font partie d'une même
relève, ce qui crée un meilleur esprit d'équipe et facilite les échanges d'informations[149]. Plus heureux dans leur travail, les policiers ont moins tendance à
s'absenter et à recourir à leurs jours de congé de maladie pour s'offrir des fins
de semaine.

Au début de 1980, les négociations reprennent pour le renouvellement de
la convention collective où la Fraternité donne priorité à la mise en place d'un
véritable mécanisme de cogestion. Cette fois, on en vient assez rapidement à
une entente sur un long contrat de trois ans sans conciliateur ni mise en
œuvre de moyens de pression, une première depuis 1967. Accepté à 64,9 % en
assemblée générale, le contrat prévoit une augmentation de salaire de 9 % par
an (avec indexation partielle), laquelle va s'avérer très avantageuse, et l'addition d'une journée pour les vacances annuelles[150]. Sur la délicate question
de la cogestion que nous avons développée plus tôt, la Fraternité obtient
le pouvoir d'émettre un grief sur la rédaction de la description d'une fonction, mais la partie patronale fait bien préciser dans la convention qu'il
ressort exclusivement du Service de police « de déterminer le contenu, les
pré-requis et les exigences de chaque fonction[151] ». Pour la Fraternité, il ne res-
sortira rien de très profitable du comité paritaire chargé d'appliquer cette
clause de la convention.

Les négociations à l'orée d'un nouveau contexte
économique (1983-1988)

À partir de 1983, les négociations reprennent dans des conditions beaucoup plus ardues pour la Fraternité car une récession économique, la plus
importante depuis la crise des années 1930, est survenue en 1981-1982. Le
gouvernement du Québec en profite pour sabrer dans les salaires (réduction
de 5 %) et les conditions de travail des employés du secteur public et parapublic, et il supprime le droit de grève au début de 1983. Pour les deux années
suivantes, il impose, par décret, des augmentations salariales très faibles et
balise fortement le droit de grève dans les services publics en 1986 (loi 37 sur
les services essentiels). La rémunération de ces employés commence à prendre
du recul par rapport à des emplois comparables dans le secteur privé.

En ce qui touche la Fraternité, l'employeur offre, au début de 1983, des augmentations de salaire de 6 % et 5 % pour les deux premières années d'un contrat de trois ans afin de respecter les normes fédérales et réitère son intention d'instituer la patrouille en solo. La Fraternité cherche à obtenir 9 % pour un contrat d'un an et l'indexation du régime de retraite ; elle refuse carrément de négocier la patrouille en solitaire. En juin, la CUM demande la formation d'un conseil d'arbitrage au ministère du Travail afin de débloquer l'impasse. Le geste est inusité car antérieurement, dans les années 1950 et 1960, c'était toujours la Fraternité qui réclamait l'arbitrage. Fin septembre, les policiers en assemblée générale rejettent massivement les « offres ridicules et inhumaines » de la CUM[152]. Au début d'octobre, le président de la Commission de la sécurité publique, Michel Hamelin, principal négociateur patronal, fait parvenir directement aux policiers une longue lettre expliquant les « offres finales » de la CUM, geste qui irrite au plus au point la direction de la Fraternité. Puis, les négociateurs de la Fraternité, craignant les conclusions de l'arbitrage, font des concessions : ils acceptent la hausse salariale de 6 % la première année et surtout l'essai de la patrouille en solitaire[153]. Une entente de principe est conclue au début de décembre avant que l'arbitre ne rende sa décision.

Acceptée difficilement à 64,1 % par les membres, l'entente comprend des améliorations au régime de retraite, dont l'indexation[154], mais les hausses salariales sur deux ans correspondent à l'objectif visé par la CUM (11,1 %). L'employeur obtient en outre l'ajout d'une échelle salariale pour les nouveaux policiers qui touchent 5615 $ de moins à l'embauche, réduit de 15 à 7,5 le nombre de congés de maladie, et surtout il obtient de mettre à l'essai la patrouille individuelle dans cinq postes pendant le jour. L'entente crée des remous, des policiers manifestant devant les bureaux de la Fraternité contre le projet-pilote de permettre la patrouille en solitaire. Plus d'une centaine d'entre eux signent une pétition afin de tenir une assemblée spéciale pour décider si le président Allard a encore la confiance des membres. L'assemblée réunit à peine plus de deux cents membres et la résolution de non-confiance envers le président est rejetée[155]. Au cours de cette négociation, il est certain que la Fraternité a fait des concessions majeures à la CUM, mais rappelons que le contexte socio-économique a changé au début des années 1980 et, comme nous le verrons, même si les augmentations salariales obtenues sont modestes, la rémunération des policiers fait un bond important lorsqu'on la compare à celle des autres salariés montréalais.

Les relations avec la CUM se détériorent à nouveau à la fin de 1984 à propos du régime de retraite dont on pensait que le dossier avait été clos l'année précédente. Comme cette question apparaît passablement litigieuse pendant toute la période que nous examinons, nous lui réserverons spécifiquement quelques pages plus loin. Nous nous contentons ici de raconter les péripéties entourant la négociation du régime en 1984 et 1985.

En décembre 1984, la Fraternité reproche à la CUM « sa mauvaise foi évidente » parce que, par trois fois, celle-ci a présenté des évaluations actuarielles non conformes aux règles de la Régie des rentes du Québec, ce qui entraîne des délais dans le versement de l'indexation des rentes aux policiers retraités ou à leur veuve[156]. La Fraternité organise alors une série de moyens de pression qui vont de sorties de toutes les autos-patrouilles avec gyrophare allumé jusqu'au refus de porter la casquette et l'insigne. La semaine suivante, les policiers passent à la phase deux de leurs moyens de pression en cessant de se raser et en portant des jeans. Le directeur, André De Luca, suspend alors indéfiniment 41 agents et émet plus de deux mille cinq cents avis disciplinaires. Mais les policiers n'abandonnent pas leurs moyens de pression. Après avoir sans succès tenté d'obtenir une injonction des tribunaux, le président du Comité exécutif de la CUM, Pierre DesMarais, pour qui « depuis deux jours, le patron de la police est le président de la Fraternité », demande à Québec d'adopter une loi spéciale[157]. Le gouvernement s'y applique (loi 25), non pour contraindre les policiers à cesser leurs moyens de pression, mais pour obliger la CUM à verser sa contribution. Satisfaite, la Fraternité met un terme à ses moyens de pression. Reste cependant à régler la suspension des policiers et les sanctions disciplinaires.

Comme la direction du Service de police persiste à poursuivre les récalcitrants devant le Comité des plaintes, les policiers recourent à nouveau à des moyens de pression à la fin de février 1985. Ils choisissent une grève du zèle dans le but de gêner l'appareil administratif, et la Fraternité interrompt les négociations d'un nouveau contrat de travail. Au départ, la direction en fait une question de principe — les gestes illégaux doivent être sanctionnés —, mais elle se radoucit et en vient le 19 mars à une entente où la Fraternité reconnaît publiquement l'indiscipline et le manquement de ses membres au Code de déontologie et verse une indemnité symbolique de 52 368 $ à un organisme de charité. En retour, la direction du Service de police accepte de retirer les mesures disciplinaires décrétées contre les policiers et de leur verser leur salaire perdu[158]. On n'est pas loin d'une victoire complète pour la Fraternité ; la négociation de la convention collective peut reprendre aussitôt.

Une entente de deux ans est conclue en mai 1985 sans violence ni pression ; elle comprend des hausses salariales de 3 % et 4 %, une journée de congé supplémentaire et surtout une lettre d'entente sur la patrouille en solitaire dont les modalités restent à définir. Le maire Guy Descary, négociateur

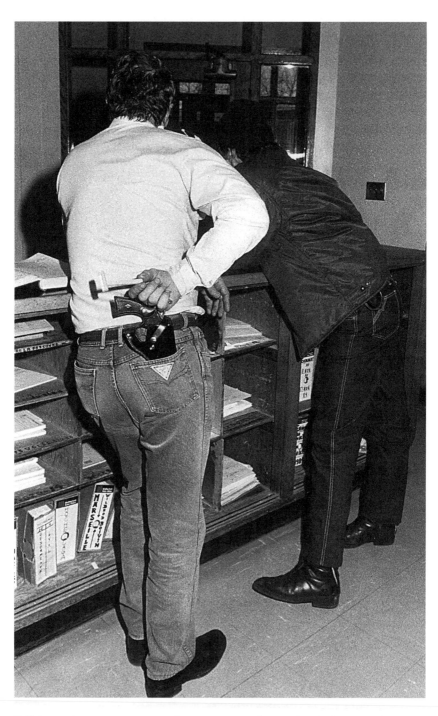

Policiers en jeans comme moyen de pression pour faire évoluer le dossier sur le régime de retraite. Plusieurs policiers seront suspendus (*La Presse*, 11 décembre 1984).

principal pour la CUM, se réjouit, félicitant les négociateurs de la Fraternité pour leur « professionnalisme[159] ». Mais c'est aller un peu vite car un imbroglio va survenir d'où l'on ne sortira en fait qu'au-delà d'un an plus tard. Depuis 1978, les policiers votaient sur une entente de principe conclue par le comité de négociation dans les postes de police, le lendemain d'une assemblée générale convoquée pour en présenter les conditions. Cette fois, on décide de tenir le scrutin par la poste « pour éviter que l'assemblée soit victime des agitateurs », selon le président Allard[160]. Mais les résultats sont extrêmement serrés, seulement 51,5 % des membres acceptant les offres de la CUM. Et, coup de théâtre, on découvre que le Service des postes a négligé de faire parvenir à temps les enveloppes contenant 660 bulletins. Le Conseil de direction décide donc de reprendre le vote. Mais entre-temps, il y a eu élection d'une nouvelle direction qui n'apprécie guère l'entente de principe. Après avoir obtenu des éclaircissements de la partie patronale, il suggère à ses membres de rejeter l'entente. Ce qu'ils font dans une proportion de 83,8 % en septembre 1985[161]. Le maire Descary est furieux.

Comme la CUM refuse de renégocier, la Fraternité demande l'arbitrage au ministère du Travail. Après 42 séances d'audition qui s'échelonnent sur près d'un an, la sentence arbitrale est rendue en décembre 1986 pour une convention presque arrivée à terme. Elle convient à la Fraternité car elle

Autre moyen de pression utilisé en 1984 : la casquette de baseball remplace le képi (*La Presse*, 14 décembre 1984).

comporte des hausses salariales satisfaisantes (5 % et 4 %), qui correspondent en fait à l'augmentation du coût de la vie, et restreint les patrouilles en solo en ne les permettant que le jour (de 7 h du matin à 20 h du soir) et uniquement en réponse à des appels non dangereux[162]. La sentence ouvre selon le Conseil de direction « une nouvelle ère de collaboration » entre la Fraternité, le Service de police et la CUM[163].

À noter que la Fraternité, en demandant l'arbitrage, rompt avec la politique suivie depuis la grève de 1969 (arbitrage Rondeau) de ne pas faire confiance à un arbitre pour régler un conflit. Un virage se produit aussi au même moment du côté de l'Union des municipalités du Québec où un comité et une commission d'étude présidée par Jacques Parizeau sont favorables au remplacement de l'arbitrage par rien de moins que le droit de grève pour autant qu'il soit balisé par une liste des services essentiels à assurer[164]. Plusieurs maires estiment que les arbitres accordent des augmentations trop substantielles et que les policiers, de toute façon, pourraient difficilement utiliser leur droit de grève. Pour la Fraternité, l'offre représente un marché de dupes car le Conseil des services essentiels risque d'exiger que 95 % du travail policier soit reconnu comme service essentiel. Elle tient donc au système d'arbitrage et rejette le droit de grève. Cette position représente aussi un tournant pour la Fraternité qui réclamait le droit de grève au début des années 1970[165]. C'est que le vent a tourné dans les relations de travail au Québec : la grève est devenue impensable, et l'arbitrage semble une protection contre la volonté des municipalités de sabrer dans les conditions de travail.

La Fraternité fait appel à nouveau à l'arbitrage en 1988 pour fixer l'augmentation de salaire de la deuxième année de la convention collective signée l'année précédente. Encore une fois, des négociations passablement perturbées aboutissent à l'entente. Le Conseil de direction accepte les offres de la CUM en juin 1987, mais elles sont rejetées en assemblée générale spéciale[166]. La Fraternité rompt les négociations en août et, pour obtenir l'appui de ses membres, convoque une assemblée générale où le président laisse planer la menace de moyens de pression si une entente n'est pas conclue avant une semaine[167]. Les parties en viennent effectivement à un accord de principe dans ce délai, ratifié à 73,2 % par les policiers. La CUM obtient que les salaires se limitent à 4 % pour la première année (augmentation inférieure à l'inflation), mais la Fraternité obtient, notamment, une journée supplémentaire de congé par an, une bonification de la contribution de l'employeur au régime d'assurance-maladie et le droit de demeurer en dehors du territoire de la CUM. En outre, sur un élément qui concerne l'employeur, soit l'embauche de policiers temporaires ou à temps partiel, elle réussit à maintenir le statu quo[168].

L'entente laisse ouverte la négociation sur les salaires pour la deuxième année de la convention. Comme les négociations achoppent à ce propos l'année suivante, la Fraternité demande l'arbitrage du litige, insistant pour que les augmentations correspondent à la hausse du coût de la vie et qu'il y ait rattrapage par rapport aux salaires d'autres corps de police du Québec. Sa preuve a gain de cause devant l'arbitre qui accorde, en septembre 1988, une hausse salariale de 5,18 %. Le président du Comité exécutif de la CUM, Michel Hamelin, trouve l'augmentation consentie nettement exagérée, « frôlant même l'immoralité », et demande à la Cour supérieure d'invalider la sentence parce que l'arbitre a outrepassé son mandat[169]. Mais il échoue dans sa tentative et doit verser l'augmentation prévue, ce qui place la rémunération des policiers montréalais de première classe légèrement en avance sur celle de ses confrères de Toronto ou de la Gendarmerie royale du Canada[170].

Analyse des conventions collectives

Voyons maintenant plus en détail les éléments majeurs des conventions collectives qui ont fait l'objet de controverse avec la CUM. Nous laissons de côté la revendication portant sur la semaine de travail de quatre jours, sujet sur lequel nous nous sommes déjà attardés. Nous nous limitons à l'analyse des augmentations salariales, de la patrouille en solo et du régime de retraite.

Évaluation des salaires

Comme on le constatera aux tableaux 4.6 et 4.7, les policiers montréalais améliorent sensiblement leur rémunération pendant la période que nous observons. En fait, leur salaire est multiplié par 2,5 pendant ces treize années. Les hausses sont substantielles de 1975 à 1982, de l'ordre de 9 % en moyenne par an, puis elles diminuent de moitié par la suite (4,8 %). Mais quand on tient compte de l'inflation, le tableau est passablement différent : les fortes hausses salariales des années 1970 ne signifient pas une amélioration du pouvoir d'achat des policiers. En fait, les augmentations obtenues par la Fraternité pendant ces années ne compensent pas totalement la hausse des prix, tandis que celles des années 1980 suivent à peu près la hausse du coût de la vie[171]. Il en résulte finalement que les améliorations salariales, parfois obtenues de haute lutte, ne permettent finalement que de conserver le pouvoir d'achat des policiers.

Cependant, quand on compare ces hausses à celles obtenues par les salariés montréalais, il ressort que les policiers tirent mieux leur épingle du jeu dans les années 1980[172]. On notera sur le tableau 4.6 que l'écart salarial favorable aux policiers s'élargit à partir de 1980, car la Fraternité conclut en 1980 un contrat très avantageux qui comprend des clauses d'indexation rapportant près de 3 500 $ sur trois ans aux policiers de première classe. Par la suite, la récession de 1981-1982 et le cortège de chômage qui l'accompagne se traduisent par un gel des salaires des travailleurs montréalais alors que les policiers obtiennent des hausses qui compensent pour l'augmentation du coût de

Tableau 4.6 — Échelle salariale des policiers de première classe (1975-1988)

	Salaires annuels des policiers de 1re classe	Salaire annuel moyen dans le Montréal métropolitain	Écart en faveur des policiers	Indice du coût de la vie à Montréal (1981 = 100)
1975	16 273 $	10 478 $	55,3 %	59,0
1976	17 900 $	11 657 $	53,5 %	63,0
1977	19 025 $	12 681 $	50,0 %	68,2
1978	20 356 $	13 631 $	49,3 %	73,9
1979	22 209 $	14 738 $	50,6 %	80,6
1980	25 164 $	16 101 $	56,2 %	89,0
1981	28 280 $	18 158 $	55,7 %	100,0
1982	31 552 $	19 975 $	57,9 %	111,6
1983	32 814 $	20 796 $	57,8 %	117,8
1984	35 151 $	20 481 $	71,6 %	122,7
1985	36 909 $	21 059 $	75,2 %	128,1
1986	38 385 $	21 549 $	78,1 %	134,4
1987	39 920 $	22 457 $	77,7 %	140,4
1988	41 340 $	23 525 $	75,7 %	145,0

Source : Rémunération au 1er janvier de chaque année. À partir de 1984, il s'agit de l'échelle salariale des policiers embauchés avant le 1er janvier de cette année et de la rémunération hebdomadaire moyenne de tous les salariés du Québec que nous avons multipliée par 52. La rémunération des policiers pour 1980, 1981 et 1982 comprend l'indexation (AFPCUM, *Conventions collectives intervenues entre la Cité de Montréal et la Fraternité des policiers de la Communauté urbaine de Montréal, 1975-1988*; ABR, Échelles salariales fournies pour 1980, 1981 et 1982; Statistique Canada, *Prix à la consommation et indices des prix,* janvier-mars 1988, p. 43; *Annuaire du Québec,* 1985-1986, p. 533; Statistique Canada, *Emploi, gains et durée du travail,* 1998, p. 129).

**Tableau 4.7 — Échelle salariale des policiers de Montréal
selon les grades (1975-1985)**

	1975	1980	1985
Capitaines détectives	22 708 $	33 111 $	48 855 $
Lieutenants détectives	22 248 $	30 595 $	44 873 $
Sergents détectives	21 788 $	27 880 $	40 889 $
Capitaines	21 788 $	33 111 $	48 855 $
Lieutenants	19 949 $	30 595 $	44 873 $
Sergents	18 111 $	27 800 $	40 889 $
Constables (1re classe)	16 273 $	25 164 $	36 909 $
Constables (2e classe)	15 778 $	24 437 $	35 842 $
Constables (3e classe)	15 088 $	23 414 $	34 339 $
Constables (4e classe)	12 535 $	21 886 $	21 000 $
Sergents policières	18 141 $		
Policières (1re classe)	16 043 $		
Policières (2e classe)	15 548 $		
Policières (3e classe)	14 858 $		
Policières (4e classe)	12 305 $		

Source : Pour 1975 uniquement, les salaires des membres de la Sûreté (détectives) s'appliquent à ceux qui étaient membres de ce service avant le 1er décembre 1961 (vieille Sûreté). L'échelle de salaire pour 1980 comprend l'indexation. Les policières touchent les mêmes salaires que les policiers à partir de la convention de 1980. Pour 1985, le salaire des constables de 4e classe est celui de l'échelle des policiers embauchés après le 1er janvier 1984 (AFPCUM, *Conventions collectives intervenues entre la Cité de Montréal et la Fraternité des policiers de la Communauté urbaine de Montréal, 1975-1988*; ABR, Échelles salariales fournies).

la vie. Il en résulte un élargissement significatif de l'écart qui les sépare des salariés montréalais (québécois à partir de 1984).

La patrouille solo

La patrouille solo, le *one-man-car* comme elle est communément surnommée, consiste à faire patrouiller les policiers seuls dans les automobiles. Depuis 1970, le Service de police veut implanter la formule, mais elle répugne aux policiers pour des raisons de sécurité. Une large enquête auprès des policiers en 1976 montre que 92,5 % des policiers s'opposent à ce que la Fraternité en négocie la formule pour toutes les relèves de policiers[173]. L'année suivante, une commission parlementaire du ministère de la Justice étudie la possibilité de l'implanter pour les policiers de la Sûreté du Québec parce qu'elle se répand aux États-Unis et qu'elle permet des économies importantes. Dans son témoignage, le président de la Fraternité, Gilles Masse, en fait une question de sécurité pour la population également, car les policiers seuls hésiteront à intervenir dans certaines circonstances[174].

Pour accroître l'efficacité du Service et réduire les coûts, la CUM inclut la patrouille en solitaire dans ses offres finales en septembre 1983. Selon Michel Hamelin, principal négociateur patronal, la CUM est l'une des dernières agglomérations urbaines en Amérique du Nord à ne pas l'avoir instaurée[175]. Pour le président de la Fraternité, il n'en est pas question, mais il ouvre la porte en l'acceptant pour les policiers plus âgés qui pourraient se rendre seuls sur la scène d'un crime ou d'un accident pour recueillir toutes les informations et rédiger le rapport final[176]. Le comité de négociation de la Fraternité accepte finalement l'offre de l'employeur de tenter une expérience-pilote durant les quarts de jour dans la région Nord (districts 41 à 45[177]). Mais certains policiers opposent une résistance à cette entente en exigeant la tenue d'une assemblée générale pour blâmer le président Allard d'avoir accepté cette mise à l'essai[178]. La résolution de non-confiance est cependant défaite.

L'expérience-pilote, qui débute en mars 1984 pour une période de dix mois, n'est pas concluante aux yeux du syndicat, qui décide d'y mettre fin en octobre 1985. On préfère en discuter l'application dans le cadre du renouvellement de la convention collective[179]. Ce renouvellement s'effectue selon une sentence arbitrale rendue en décembre 1986 qui répond aux attentes de la Fraternité à ce sujet. En effet, elle interdit les patrouilles solo entre 20 h du soir et 7 h du matin et détermine qu'elles ne doivent jamais représenter plus de 50 % de l'ensemble des patrouilles. En outre, elles ne s'effectuent qu'en réponse aux appels jugés non dangereux, et une deuxième voiture doit toujours être prête à se porter au secours d'un policier en détresse[180]. La patrouille à un agent entrera en vigueur sur tout le territoire de la CUM le 1er avril 1988.

Portant, quinze ans plus tard, un regard critique sur ce dossier et sur d'autres qui ont retenu l'attention de la Fraternité à cette époque, André Sasseville, directeur de l'information-formation, et l'un de ceux qui ont le plus fermement lutté contre les coupures entre 1977 et 1988, explique :

> Quand vous êtes rendu à commander un salaire de 50 000 $ par année, il semble évident que l'employeur ne s'attend pas à ce que le policier fasse des tâches cléricales. De plus, les études démontrent que la patrouille en solo n'est pas vraiment plus dangereuse. Les gars et les filles sont tout simplement plus prudents. Avant de se lancer, ils font appel à l'aide auprès de deux, trois ou quatre voitures. On ne pou-

vait plus se battre uniquement sur une question de principe. Un moment donné, il faut aussi être réaliste et reconnaître que certains postes ou façons de faire étaient indéfendables.

Un changement amène toujours la critique. Avec le temps, on a assisté à la disparition de certaines fonctions qui étaient para-policières. Le policier a voulu se faire reconnaître comme un professionnel, pas comme un gardien de porte. Il veut faire un travail policier, de la filature, de l'enquête, de la prévention, des drogues[181].

L'imbroglio du régime de retraite

Encore une fois, voilà un sujet qui perturbe énormément les rapports avec la CUM tout au long de la période. Rappelons certains événements traités plus en détail au chapitre précédent. Dans la loi qui créait la CUM en 1971, le gouvernement lui faisait obligation d'entamer des négociations en vue d'unifier les 23 régimes de retraite des divers corps de police qui ont formé le Service de police de la CUM. De longues et difficiles négociations, ponctuées d'une marche vers le site des Jeux olympiques en avril 1975, aboutissent à la conclusion d'un accord en décembre 1977, presque six ans après l'intégration des forces policières.

Comme les dispositions du régime prévoient la rétroactivité de certains avantages au 1er janvier 1972, la CUM fait alors face à un déficit dans sa contribution au fonds de pension (50 millions de dollars[182]). Elle verse la contribution requise en 1978, mais réduit ses paiements l'année suivante sur la foi de nouvelles évaluations actuarielles qu'elle a commandées. Comme ces évaluations sont refusées par la Régie des rentes du Québec, la CUM en appelle à la Cour supérieure du Québec et à la Cour d'appel, lesquelles confirment la validité des dispositions de la loi sur laquelle s'appuie la Régie des rentes. Enfin, la Cour suprême refuse la permission d'en appeler en octobre 1983. Le retard de cinq ans avec lequel elle versera sa contribution a pour effet évidemment d'accroître encore davantage les dettes de la CUM.

La question est débattue avec la Fraternité au cours des négociations qui s'achèvent par une entente à la fin de 1983. Dans le texte final, en août 1984, la CUM promet de procéder sans délai à l'enregistrement du régime auprès de la Régie des rentes. Mais, encore une fois, elle produit des évaluations qui réduisent sa contribution et qui sont refusées par la Régie des rentes. Cette situation a pour effet de priver quatre cents policiers retraités ou leurs veuves de se prévaloir des bénéfices prévus. C'est à ce moment, en décembre 1984, que les policiers organisent des moyens de pression qui vont du refus de porter la casquette jusqu'au port des jeans. Ils sont excédés par la « mauvaise foi » de la CUM qui refuse d'effectuer une nouvelle évaluation actuarielle de ses obligations. Le gouvernement québécois leur donne finalement raison en votant la loi 25 qui force la CUM à verser sa contribution au fonds de pension. Les déficits actuariels accumulés depuis 1978 s'élèvent à environ 190 millions de dollars qui devront être amortis sur une période de 25 ans.

En 1989, le régime de retraite des policiers géré par l'Association de bienfaisance et de retraite des policiers de la CUM détient des actifs de plus d'un milliard de dollars. Il est toujours dirigé par un conseil d'administration composé en majorité de policiers élus en assemblée générale et de délégués du Comité exécutif de la CUM. Cette situation déplaît souverainement au président du Comité exécutif, Pierre DesMarais, qui trouve aberrant que l'employeur, qui injecte quatre fois plus d'argent que les policiers, n'ait pas le contrôle du fonds[183]. En 1984, quand le dossier est arrivé entre les mains du gouvernement québécois, il voulait obtenir ce contrôle, mais le statu quo a été maintenu par la loi 25. Un changement de cette nature n'aurait pas eu l'heur de plaire aux policiers. Précisons enfin que la générosité du régime de retraite des policiers s'apparente à celle d'autres groupes de travailleurs : il leur permet après 35 ans de service d'obtenir 80 % du salaire moyen de leurs trois meilleures années de service. S'ils quittent plus tôt, leur rente est diminuée (50 % après 25 ans de service).

* * *

La Fraternité oriente principalement son action dans deux directions au cours des années étudiées, l'une sur un mode défensif en résistant à une réduction des services et de son membership, et l'autre sous un jour offensif en cherchant à améliorer les conditions de travail de ses membres au moyen de la négociation collective.

La première avenue est plutôt décevante même si la Fraternité y consacre beaucoup d'énergie. En effet, elle ne réussit pas à empêcher la CUM de réduire ses services et de réorganiser le Service de police afin d'en réduire le coût. L'opération se traduit par une perte d'effectifs d'environ huit cents membres de 1974 à 1988. Sa crainte qu'une diminution de l'encadrement policier puisse se traduire par une hausse de la criminalité était fondée : on assiste en effet à une augmentation de la criminalité de 25 % sur le territoire de la CUM de 1979 à 1988[184].

Sur l'autre versant de son action, les efforts de la Fraternité sont plus heureux car elle réussit à relever sensiblement les conditions de travail de ses membres. Les conventions collectives obtenues permettent de maintenir le salaire réel des policiers, que ce soit en période de forte inflation à la fin des années 1970 ou lorsque la récession de 1981-1982 frappera durement les autres salariés. À son actif, on doit retenir aussi l'obtention de la semaine de travail de quatre jours en 1978 et la bonification du régime de retraite. Pour permettre à la CUM de réaliser des économies, elle accepte cependant une nouvelle échelle salariale pour les nouveaux policiers en 1983 et la mise en place de la patrouille en solitaire en 1988.

Les succès obtenus résident dans le fort courant de militantisme qui anime les policiers depuis le milieu des années 1960 et qui ne s'est pas démenti dans les années 1980. Leurs attentes sont élevées, ils sont toujours désireux de conserver des salaires comparables à ceux des policiers torontois et d'être à l'avant-garde parmi les policiers québécois pour ce qui est des conditions de travail. Pour faire valoir leurs revendications, ils n'hésitent pas à recourir assez souvent à de vigoureux moyens de pression qui désarçonnent les autorités du SPCUM et de la CUM. Le rôle essentiel que jouent les policiers dans l'organisation sociale leur confère évidemment un atout considérable dans le rapport de force qui les mesure aux autorités de la CUM.

La fermeté et la détermination des membres de la Fraternité rendent la vie difficile à ses dirigeants qui sont souvent pris à partie pour leur mollesse à les défendre. Depuis la démission de Jean-Paul Lapointe en 1966, ce n'est pas une sinécure que de diriger la Fraternité. Épuisés à la tâche, ses présidents ne restent pas en poste très longtemps. « Je ne suis plus capable de contrôler mes membres », lance le président Masse lorsqu'il remet sa démission en juin 1981[185]. La Fraternité apparaît alors comme un syndicat formé d'une base très militante, exigeant envers ses dirigeants et la société, déterminé dans son action, capable de moyens de pression énergiques. C'est à n'en pas douter l'un des syndicats les plus puissants au Canada pendant ces années.

CHAPITRE CINQ

La Fraternité : une forteresse assiégée (1988-1998)

Au cours des années 1988-1998, l'environnement général dans lequel baigne la Fraternité continue de lui être défavorable. En effet, la conjoncture économique ne s'améliore pas et la Communauté urbaine de Montréal cherche désespérément à diminuer ses dépenses. Le gouvernement du Québec entre même dans la danse en 1993 et 1997 en lui apportant son aide pour réduire la rémunération de ses employés. La Fraternité a donc peine à préserver les conditions de travail de ses membres et elle doit faire d'importantes concessions. Sur le plan social, elle doit aussi composer avec des accusations de brutalité qui pèsent sur certains de ses membres tout en devant subir, à son corps défendant, la réorganisation du travail la plus importante chez les policiers avec la mise en place de la police de quartier.

Les administrateurs de la Communauté urbaine de Montréal poursuivent leur objectif de comprimer les dépenses du Service de police en réduisant les effectifs et en restreignant les services à la population. En dix ans, c'est quatre cents policiers de moins que compte le SPCUM ; les effectifs se chiffrent à 4128 en 1998. Dans les villes de banlieue, il est plus que jamais à la mode de faire appel à des agences de sécurité pour combler les lacunes trop criantes.

Le poste des dépenses de la sécurité publique demeure toujours le plus important pour la CUM, dont le président du Comité exécutif est Michel Hamelin (1985-1993), qui sera remplacé par Vera Danyluk par la suite. Mais ces dépenses ont tendance à diminuer au profit d'autres secteurs de responsabilité, notamment le transport en commun. La situation financière de la CUM se complique car le gouvernement du Québec, pour réduire son déficit, lui refile des dépenses supplémentaires en 1992 et en 1997.

Dans les années 1990, les problèmes budgétaires du gouvernement québécois se compliquent singulièrement à cause de la faible croissance générale de l'économie. Frappée par une récession de 1990 à 1992, l'économie connaît pendant cette décennie une croissance encore un peu plus faible qu'au cours des années 1980, ces dernières étant pourtant particulièrement anémiques. La rémunération moyenne réelle des salariés ne bouge pas pendant ces années alors que le taux de chômage reste toujours très élevé, en moyenne de 11,3 % de 1988 à 1998. Comme dans les années 1980, les salariés font généralement du sur place; ils ne profitent pas de la croissance de la richesse, croissance faible mais quand même présente[1].

La situation économique et le taux élevé de chômage n'aident en rien le mouvement syndical, placé sur la défensive et ayant du mal à assurer la protection de ses membres. Craignant de perdre leur emploi, les syndiqués nourrissent des attentes modestes alors que les employeurs se trouvent en position de force. Comme pour la décennie précédente, leurs augmentations salariales ne dépassent pas le taux de l'inflation, et les syndicats doivent souvent jeter du lest en ce qui touche les conditions de travail et les avantages sociaux. La syndicalisation au Québec, qui a peu évolué depuis le début des années 1980, commence à connaître un retrait à partir du milieu des années 1990 (37,4 % en 1997[2]). Les conflits de travail se font de plus en plus rares, presque la moitié moins nombreux dans les années 1990 que pour la décennie précédente, pourtant calme à ce point de vue[3]. Ces conflits, loin d'être tous des grèves déclenchées par les travailleurs, comprennent pour plus du quart des lock-out décrétés par les employeurs[4]. L'affrontement n'est plus en vogue, il est remplacé par la concertation et le partenariat au nom de la protection de la capacité concurrentielle des entreprises. À partir du milieu des années 1980, les deux grandes centrales syndicales, la FTQ et la CSN, donnent dans ce discours qui touchera aussi la Fraternité en 1994 et en 1995.

Le désir de concertation comme moyen de stimuler la création d'emploi amène les deux centrales syndicales à participer aux sommets économiques organisés par le gouvernement du Parti québécois à l'automne 1994 et 1996. Une mauvaise surprise les attend cependant, une fois le sommet de 1996 terminé. Le gouvernement demande que soient rouvertes les conventions collectives du secteur public signées l'année précédente pour parvenir à l'élimination du déficit avant l'an 2000. On parvient finalement à une entente au début de 1997 en utilisant les surplus des régimes de retraite du secteur public. L'année suivante, c'est au tour des travailleurs du secteur municipal de passer sous le couperet, le gouvernement obligeant les municipalités à réduire de 6 % leur masse salariale. La Fraternité doit s'y soumettre non sans avoir résisté en conjonction avec les autres syndicats du secteur municipal.

Le militantisme demeure toujours vigoureux à la Fraternité, mais des signes d'essoufflement commencent à se faire sentir. Il est plus difficile de recruter de nouveaux militants dans les instances syndicales et les conventions collectives se signent sans trop de mal, sauf en 1993. Après la signature d'une entente en 1994, la Fraternité donne, pour un temps, dans le partenariat avec le SPCUM, une expérience décevante, comme nous le verrons, puisque l'année suivante la direction du Service de police décidera d'implanter rapidement 49 postes de quartier sans avoir associé la Fraternité à la conception du projet. Cette réforme nécessite une réorganisation profonde du travail des policiers, réorganisation dont les effets se feront encore sentir longtemps.

La vie interne : structure et leadership

Dans cette subdivision, nous prêtons attention à l'évolution des effectifs et au dynamisme que le président Yves Prud'Homme et le Conseil de direction impriment à la Fraternité. Les structures syndicales sont modifiées, mais la Fraternité demeure toujours aux prises avec les problèmes récurrents que sont ses rapports avec la Fédération des policiers du Québec et la volonté de l'employeur d'écarter les officiers de l'unité d'accréditation.

Recul des effectifs policiers

Comme on l'a vu au chapitre précédent, le Service de police de la CUM enregistre une baisse de plus de huit cents policiers entre 1974 et 1988. Cette tendance se maintient sensiblement au même rythme tout au long de la décennie suivante : la Fraternité voit en effet son effectif diminuer de quatre cents membres, passant de 4 520 en 1988 à 4 128 à la fin de l'année 1998 (*tableau 5.1*[5]). Dans la plupart des grandes villes canadiennes, les effectifs policiers diminuent aussi ou plafonnent depuis le milieu des années 1970[6].

Selon les plus récentes données de la Fraternité à qui le SPCUM doit fournir les noms de tous les policiers à son emploi, on compte seulement

3 923 membres au 1er décembre 1998, auxquels on doit ajouter 129 nouveaux officiers nommés commandants dans les postes de quartier, mais qui ne font pas partie de l'unité d'accréditation syndicale. Les effectifs policiers rejoignent ainsi ceux de la Ville de Montréal d'il y a 27 ans, tout juste avant la création de la CUM. C'est donc dire qu'en 1998, les policiers assurent la protection de l'ensemble de l'île de Montréal avec les mêmes effectifs qu'en 1971 alors qu'ils n'avaient à patrouiller que sur la seule superficie de la Ville de Montréal.

La baisse d'effectifs se répercute évidemment sur les dépenses du SPCUM qui accusent une diminution de 1994 à 1997, même sans qu'il soit tenu compte de l'inflation[7]. Ce recul résulte de la décision des dirigeants de la CUM de réduire le budget de l'organisme afin d'alléger la contribution des municipalités à ses revenus. Le Service de sécurité publique écope alors pour une

**Tableau 5.1 — Évolution des effectifs policiers et coûts
du Service de police de la CUM, 1988-1998**

	Effectifs policiers	Taux d'encadrement par millier d'habitants	Coût du Service (millions $)	Coût par habitant	Population CUM (milliers)	Budget de la CUM (millions $)
1988	4 520	2,58	314,7 $	179,55 $	1 752	797,3 $
1989	4 519 (− 1)	2,58	330,4 $	188,52 $	1 752	861,7 $
1990	4 519	2,53	353,6 $	198,24 $	1 784	917,2 $
1991	4 517 (− 2)	2,53	371,9 $	208,50 $	1 784	962,2 $
1992	4 518 (+ 1)	2,53	391,7 $	220,14 $	1 784	1 156,9 $
1993	4 392 (− 126)	2,54	387,7 $	218,29 $	1 775	1 155,1 $
1994	4 396 (+ 4)	2,31	393,4 $		1 779	1 139,6 $
1995	3 965 (− 431)		393,8 $			1 142,8 $
1996	3 948 (− 17)	2,32	381,6 $	212,03 $	1 779	1 124,2 $
1997	3 940 (− 8)	2,34	389,7 $	219,42 $	1 776	1 135,1 $
1998	4 157 (+ 217)		399,0 $			1 114,2 $

Sources: *Rapports annuels*, CUM, 1988-1998 et *Rapports d'activités*, SPCUM, 1988-1994. Les données de 1994 à 1998 proviennent des plans d'action et des prévisions budgétaires du SPCUM, 1988-1994, ainsi que des rapports annuels du ministère de la Sécurité publique, Direction des affaires policières et de la sécurité incendie du ministère de la Sécurité publique, *Données de l'administration des corps municipaux*, 1994, 1996 et 1997.

bonne part des compressions budgétaires. C'est pourquoi, même s'il représente toujours le poste de dépenses le plus important du budget de la CUM,
sa part relative s'est effritée, passant de 41 % en 1988 à 34,8 % en 1997[8]. Loin
de contribuer à alourdir le fardeau financier des contribuables de la région
montréalaise, le service policier, au contraire, a concouru à l'alléger, au prix,
il va sans dire, d'une diminution de la présence policière.

En 1993, cette présence est sensiblement la même que dans la région
métropolitaine de Toronto, compte tenu des populations respectives. C'est un
renversement des tendances car traditionnellement le taux d'encadrement
policier par habitant était plus élevé à Montréal qu'à Toronto. En 1993, il
demeure cependant toujours plus important que dans d'autres grandes villes
canadiennes comme Vancouver, Calgary et Winnipeg *(tableau 5.2)*.

En comparaison avec les autres corps policiers du Québec, les prix de
revient par policier au SPCUM en 1994 se situent au troisième rang derrière
ceux de la Sûreté du Québec et ceux de l'ensemble des municipalités de plus
de 5 000 habitants *(tableau 5.3)*. Ces coûts comprennent non seulement les
salaires et les avantages sociaux des policiers, mais aussi les dépenses d'organisation et l'achat de biens et services.

Les coûts du SPCUM n'ont donc rien d'exorbitant lorsqu'on les compare
à ceux d'autres services policiers. Comme nous l'avons fait remarquer, leur
décroissance au cours des dernières années est principalement attribuable à

Tableau 5.2 — Effectifs policiers des grandes villes canadiennes en 1993

Villes	Population	Effectifs policiers	Nombre d'habitants par officier de police
Toronto	2 241 100	5 507	407
Montréal	**1 753 200**	**4 020**	**397**
Calgary	732 300	1 177	622
Edmonton	629 100	1 126	559
Winnipeg	616 600	1 074	574
Vancouver	495 900	1 108	448
Ottawa	344 800	594	580
Québec	184 000	439	419
Régina	179 700	325	553

Source : Statistique Canada, catalogue n° 85-002, vol. 15 # 8.

la diminution des effectifs. Elle l'est aussi, comme nous le verrons, à l'embauche de nouvelles catégories de policiers moins bien rémunérés depuis le début des années 1990 (policiers cadets, policiers temporaires, constables auxiliaires) et à une nouvelle échelle salariale moins généreuse pour les jeunes policiers. Le SPCUM économise ainsi à la fois sur les heures supplémentaires et sur la rémunération globale à mesure que les aînés partent à la retraite.

**Tableau 5.3 — Prix de revient par policier
selon les différents corps policiers au Québec**

Corps policiers	1988	1990	1992	1994
Sûreté du Québec	100 564 $	129 287 $	116 301 $	101 165 $
SPCUM	70 585 $	78 682 $	88 817 $	94 484 $
Municipalités de 5 000 hab. et plus	69 691 $	80 357 $	91 055 $	98 071 $
Municipalités de 5 000 hab. et moins	61 543 $	72 625 $	87 651 $	89 511 $

Sources: Gouvernement du Québec, ministère de la Sécurité publique, *Données sur l'état de l'organisation policière au Québec,* 1991, 1992, 1993, 1994 et 1997. Les données des prix de revient par policier ne sont plus accessibles à compter de 1995. Pour 1990, sont exclues les dépenses extraordinaires de la Sûreté du Québec durant la crise d'Oka.

**Graphique 5.1 — Répartition du personnel policier
par années de service en 1993**

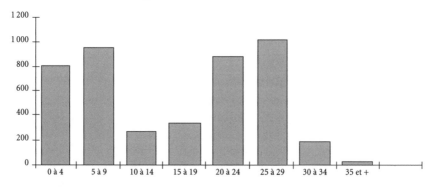

Source : SPCUM, Rapport d'activités 1993, p. 21.

Un nombre assez important de policiers, environ deux cents, prennent leur retraite chaque année depuis 1988. Depuis dix ans, c'est ainsi plus de 2 271 policiers qui ont quitté le service, tendance qui devrait se poursuivre à un rythme tout aussi marqué au cours des prochaines années. En effet, comme on peut le constater sur le graphique 5.1, la cohorte importante des policiers ayant de 20 à 30 ans de services en 1993 (près de 40 % des effectifs) devrait avoir quitté ses fonctions d'ici quelques années.

Ces départs représentent des économies pour le SPCUM, mais ils ne sont pas sans affecter l'efficacité policière car il devient très difficile d'intégrer les policiers d'expérience et les jeunes recrues dans les nombreuses petites unités que constituent les 49 postes de quartier mis sur pied en 1997. Ce phénomène est d'autant plus préoccupant que les policiers plus expérimentés ont tendance à se retrouver non dans les postes de quartier, mais dans les centres régionaux où ils effectuent des tâches plus spécialisées[9].

Le budget d'exploitation soumis par le SPCUM pour 1998 reflète bien les orientations qu'il s'est données depuis la dernière décennie. Le directeur adjoint y précise que ses dépenses sont au même niveau qu'en 1992, qu'il se propose de faire l'embauche de 265 policiers permanents (dont 25 policiers auxiliaires) et de 200 policiers temporaires afin de parvenir au seuil minimal de 4 147 policiers. Il fait remarquer aussi que 200 policiers permanents prendront leur retraite et qu'il a réussi à maintenir au minimum l'augmentation de la masse salariale grâce à la réduction de la contribution à la caisse de retraite des policiers, aux salaires à l'embauche moins élevés et à une diminution de moitié du nombre d'heures supplémentaires depuis 1991[10]. Pour sa part, le directeur Jacques Duchesneau se félicite d'avoir géré, au cours de son mandat, la décroissance de ses effectifs et de ses budgets, orientation tout à fait conforme à celle du Comité exécutif de la CUM, pour lequel il est nécessaire d'« atténuer les pressions sur le fardeau fiscal de nos contribuables, lequel est notoirement excessif[11] ».

Les femmes policières

Depuis le début des années 1980, le SPCUM progresse en matière d'embauche de femmes policières, si bien qu'en 1998 elle compte plus de 715 femmes. Leur nombre correspond approximativement à 17 % des effectifs du Service de police, pourcentage qui dépasse celui des effectifs féminins dans le corps policier de Toronto (10 %). En outre, plus de 10 % des femmes policières au SPCUM en 1994 ont été promues à un grade supérieur à celui de constable, comparativement à 7 % à Toronto[12]. Parmi les corps policiers

Les femmes policières prennent de plus en plus de place au SPCUM. Il arrive même que deux femmes soient affectées à la même auto-patrouille, comme c'est le cas pour Suzanne Laberge et Martine Millette (*La Presse*, 9 décembre 1987).

du Québec, celui de Montréal conduit la marche avec 11 % de femmes en 1994 par rapport à 4,1 % à la Sûreté du Québec, et à 6,8 % dans les corps policiers municipaux de villes de plus de cinq mille habitants[13]. Progressivement donc, les femmes prennent leur place au sein du Service et elles se fixent comme objectif d'être partie prenante, au même titre que les hommes, de l'ensemble du travail policier.

À noter que deux femmes subissent un sort tragique au cours de leur travail : Jacinthe Fyfe est abattue au cours d'une enquête à Dorval le 26 octobre 1985, et Odette Pinard, membre du comité de condition féminine de la Fraternité, subit le même sort le 27 novembre 1995, sauvagement abattue à l'intérieur de son propre poste dans le secteur Cartierville. Ce poste sert alors d'expérience-pilote à l'implantation de la police de quartier. Pour le président de la Fraternité, Yves Prud'Homme, la réduction des équipes de travail dans les postes de quartier, plus petits, crée un danger supplémentaire car il peut arriver maintenant qu'un agent se retrouve seul dans le local[14].

En décembre 1990, le Conseil de direction de la Fraternité crée un comité de condition féminine à la suite d'allégations de harcèlement sexuel[15]. L'année suivante, ce comité mène une enquête auprès des policières pour connaître leurs besoins particuliers et leurs aspirations. Le questionnaire porte sur quatre points jugés prioritaires : l'intégration dans un milieu de travail non traditionnel, les contraintes concernant la maternité, le système des mutations, promotions et cheminement de carrière, et les questions relatives aux uniformes et à l'équipement[16].

Toutefois, les membres du comité sont déçus car la direction de la Fraternité ne donne pas suite aux résultats de l'enquête. Pour les policières, tout se passe comme si la création de ce comité n'avait eu pour but que de faire taire les critiques, sans volonté véritable de satisfaire aux revendications des policières : « C'est évident que la Fraternité nous a utilisées, affirment-elles. Elle en profitait. Nous, on croyait qu'il y aurait des résultats concrets, mais rien n'a été fait. Unanimement, on s'est dit qu'on ne se ferait plus prendre[17]. »

D'ailleurs, cette frustration ne serait pas étrangère à l'absence des femmes dans les instances de la Fraternité et des organismes qui y sont rattachés. Aucune d'entre elles n'a fait partie du Conseil de direction de la Fraternité, et une seule, Lyne Fournier, est élue déléguée syndicale en 1989 pour un mandat. Son expérience n'est pas concluante. En novembre 1997, Christiane Malenfant est élue au Conseil d'administration de la Caisse d'économie. Comme

Christiane Malenfant, membre du premier comité de la condition féminine de la Fraternité. Elle est présentement membre du Conseil d'administration de la Caisse d'économie des policiers et policières de la CUM (Archives FPCUM, juillet 1994).

elles le disent : « Il faut faire notre temps. On commence à avoir 15 ans d'ancienneté et plus. On peut penser que d'ici quelques années, les femmes vont commencer à prendre une place plus grande. Une question de temps. Il nous fallait une bonne crédibilité. Vous savez, dans la police, la crédibilité, ça ne s'acquiert qu'avec le temps[18] ».

La direction de la Fraternité

Si la présidence de Jean-Paul Lapointe s'échelonne sur une période de 15 ans entre 1950 et 1965, Yves Prud'Homme est toutefois celui qui assume le plus longtemps l'orientation de la Fraternité depuis sa fondation. Élu en 1982 au poste de responsable de la discipline, il prend la direction de la Fraternité en 1988 et conserve ce poste jusqu'à sa démission en juin 1998 au moment où il décide de briguer et obtient effectivement la présidence de la Fédération des policiers du Québec. Sa présidence à la Fraternité est marquée par de nombreux événements hautement médiatisés, surtout en matière de déontologie policière, événements qui influencent la manière dont le public perçoit l'organisme durant toute la décennie. Sous le règne de cet ancien professeur de biologie devenu policier en 1971, la Fraternité trouve un fougueux porte-parole, un précieux atout au moment où certains de ses membres sont pris à partie[19].

Après avoir été responsable des dossiers disciplinaires pendant six ans, Yves Prud'Homme est élu à la présidence en 1988 avec une plate-forme en deux points : redonner un leadership vigoureux à la Fraternité en portant sur la place publique tous les dossiers touchant la sécurité publique, et entreprendre la défense systématique, contre vents et marées, de tous ses membres, quelle que soit leur situation[20] : « À mon arrivée à la présidence en 1988, la Fraternité était absente de la place publique. Il me semblait à l'époque que les gars et les filles de notre service de police méritaient d'être farouchement défendus et d'être représentés sur la place publique[21]. » Le bilan de son action confirme amplement la réalisation de cet objectif.

Estimant urgent d'instaurer un véritable « syndicalisme d'action », il imprime un nouveau dynamisme à la Fraternité en conjonction avec le Conseil de direction. Sous leur gouverne, les changements apportés au fonctionnement de la Fraternité sont nombreux. Pour bien asseoir son action, le Conseil se réserve, annuellement, à compter de 1988, une période intensive de réflexion où sont précisés la mission, les objectifs à atteindre et un partage des tâches plus systématique[22]. En 1990, le nom de la Fraternité est officielle-

Trois piliers de la Fraternité au cours de la dernière décennie : de gauche à droite, Jacques Dinel, secrétaire-trésorier ; Yves Prud'Homme, président ; Claude Lebel, vice-président (AFPCUM, 12 février 1992).

ment modifié pour devenir la Fraternité des policiers et policières de la CUM, après dix ans au cours desquels les femmes sont devenues de plus en plus présentes au sein de l'organisation[23]. La même année, le journal de la Fraternité, *La Flûte*, change de présentation pour prendre la forme d'un magazine, d'un format plus moderne, plus attrayant et répondant davantage aux attentes des jeunes[24]. Selon un sondage réalisé en 1989, il jouit alors d'un excellent taux de diffusion puisqu'il est lu par 98 % des membres[25]. En janvier 1992, *La Flûte Express* paraît pour la première fois. Un peu comme dans les années 1950 où la Fraternité faisait paraître *Le 7171* et *L'Écho du policier*, les dirigeants cherchent à fournir aux membres un « moyen de communication rapide et efficace sur tous les sujets de l'heure[26] ».

Le Conseil de direction fait aussi plus souvent appel à des sondages pour prendre le pouls des membres. Confié à la maison Serge Séguin Communication, un premier sondage réalisé en juin 1989 révèle que les policiers sont généralement satisfaits de leur syndicat et de ses dirigeants, tout comme ils le sont de leur salaire et de leurs conditions de travail, mais ils se sentent peu appuyés par le gouvernement et par les médias qui donnent du policier montréalais une image négative[27]. Même la direction de la Fraternité se fait reprocher d'avoir manqué de fermeté « dans la défense des policiers dont les cas on été publicisés ». Le cas le plus médiatisé à l'époque est celui de l'agent Gosset, démis de ses fonctions l'année précédente pour avoir abattu un jeune homme de race noire. Aussi, les répondants souhaitent-ils que les dirigeants de la Fraternité soient plus proches des membres et que leurs interventions publiques soient plus nombreuses et plus vigoureuses, surtout lorsqu'il est question de l'image du policier (majorité des répondants) et dans les dossiers touchant le racisme, le sexisme et la brutalité (un tiers des répondants).

La nouvelle dynamique imprimée à la Fraternité s'inspire largement des résultats de cette enquête. Les membres, qui déplorent la présence trop discrète du président de la Fraternité, seront bien servis par Yves Prud'Homme qui devient sans contredit, pendant ses dix années de présidence, le porte-parole coloré et abrasif des policiers montréalais. Défenseur inconditionnel de ses membres, il profite de toutes les tribunes médiatiques pour expliquer le travail policier. Son style impétueux en fait par contre la cible privilégiée des commentateurs journalistiques qui ne manquent pas de critiquer ses « outrances verbales ». Son caractère plaît cependant aux policiers puisqu'ils le réélisent par acclamation à trois reprises, en 1989, en 1991 et en 1997.

Seule est contestée l'élection de 1994 dans laquelle il fait face au controversé lieutenant Pablo Palacios, surnommé Dirty Harry dans le quartier de la Petite-Bourgogne à cause de ses pratiques peu orthodoxes qui l'apparentent à ce policier incarné par Clint Eastwood dans le film du même nom. Ses méthodes lui attirent la sympathie de bon nombre de policiers et de l'éditorialiste de *La Presse* qui se réjouit de voir un policier qui a « l'audace de se tenir debout face à M. Prud'Homme[28] ». Palacios veut refaire l'image de la Fraternité dans la population et privilégie des moyens plus autoritaires de lutte contre le crime[29]. Même s'il est défait, il réussit tout de même à récolter 33 % des voix exprimées sur un taux de participation record de 83 %[30].

Réélu en mai 1997, le président Prud'Homme ne termine pas son mandat, décidant, au mois de juin de l'année suivante, de réorienter sa carrière syndicale en devenant président de la Fédération des policiers du Québec. C'est Alain Simoneau, jeune lieutenant de 38 ans et joggeur infatigable, qui lui succède. Élu sans opposition en juillet 1998, il veut suivre les traces de son prédécesseur : « Moi aussi je crois à ça [l'approche revendicative] parce que la base du syndicalisme, ce sont les rapports de force[31]. » Ayant une bonne connaissance du dossier de la police de quartier, il se propose d'intervenir vigoureusement pour en corriger les lacunes et veut faire de ce dossier un élément majeur du renouvellement de la convention collective.

Avec l'élection de Simoneau, une nouvelle ère commence dans l'histoire de la Fraternité. Comme les vétérans Claude Lebel à la vice-présidence et Jacques Dinel, secrétaire-trésorier, ne convoiteront pas de nouveaux mandats en 1999, c'est une équipe entièrement renouvelée qui prendra alors la relève. On voit ainsi disparaître progressivement les militants qui ont façonné l'orientation de la Fraternité depuis l'arrêt de travail du 7 octobre 1969 et

Sondage sur la perception des policiers à l'égard de leur travail et de la Fraternité, 1989

	Tout à fait d'accord	Plutôt d'accord	Sans opinion	Plutôt en désaccord	Tout à fait en désaccord
2. Au niveau salarial ou monétaire, je suis satisfait de ma situation.	29,8	57,7	3,2	7,2	1,9
3. Au niveau des conditions de travail, je suis satisfait de ma situation.	13,1	50,1	6,3	24,4	6,0
5. Si j'ai un problème, j'ai confiance que la Fraternité me défendra.	12,3	44,6	19,0	17,5	6,4
6. Le travail de policier ne correspond pas à ce que je pensais au moment de ma formation.	13,8	24,7	9,5	36,8	15,0
7. Le plus souvent, j'ai l'impression comme policier de bien remplir ma tâche.	41,8	47,0	3,6	6,1	1,4
8. Sur la plupart des questions, le Conseil de la Fraternité remplit bien sa tâche.	7,0	51,0	24,1	16,0	2,3
9. Les médias donnent une bonne image du policier de la CUM.	0,9	9,7	6,8	44,0	38,4
10. Les gouvernements donnent une bonne image du policier de la CUM.	1,1	17,8	20,5	38,7	21,7
13. La Fraternité a manqué de fermeté dans la défense des policiers dont les cas ont été publicisés.	30,0	30,4	12,8	20,8	5,7
16. La Fraternité remplit bien son rôle de syndicat pour les policiers de la CUM.	7,4	60,8	6,3	24,4	6,0

Source : AFPCUM, Rapport final sur l'enquête d'opinion effectuée auprès des policiers de Montréal membres de la Fraternité pour le compte de la Compagnie Serge Séguin Communication, *août 1989, 24 p.*
(60 % des 4 400 membres de la Fraternité ont répondu au questionnaire).

Le président Prud'Homme en compagnie de Pablo Palacios, candidat défait aux élections de 1994 (AFPCUM, 10 mai 1994).

qui ont animé le fort courant de militantisme qui s'y développe tout au long des années 1970 et 1980. Cependant, ces événements ne font pratiquement plus partie de la mémoire collective de la majorité des membres actuels de la Fraternité.

Réforme des structures

La baisse du militantisme préoccupe grandement les dirigeants de la Fraternité durant toute cette décennie. Pour améliorer l'efficacité de l'organisme et favoriser une plus grande participation des membres, le Conseil de direction fait appel à la firme ISOGROUP en 1992 qui devra l'aider à réviser sa mission et son organisation. Tout en reconnaissant des éléments positifs à la structure syndicale, l'enquête fait ressortir certaines faiblesses dont les plus importantes concernent le manque de vision à long terme et l'imprécision des orientations et des objectifs à moyen terme[32]. L'année suivante, l'assemblée générale de la Fraternité endosse les recommandations de la firme[33]. Le nombre d'officiers du Conseil de direction passe de huit à six membres et leurs fonctions sont mieux définies. En plus des postes de président, de vice-président et de secrétaire-trésorier, on ajoute trois directeurs affectés à des tâches précises : relations de travail, recherche et communications, et relations avec les membres. On adopte aussi une nouvelle structure pour les représentants syndicaux avec la création de trois niveaux de représentation : 26 délégués responsables des postes et unités, 10 représentants des différents grades et 136 moniteurs syndicaux[34]. Cette structure est celle qui gouverne encore aujourd'hui la Fraternité.

La même firme effectue une autre enquête en 1995, portant cette fois sur l'organisation strictement interne des différents niveaux de représentation. Le rapport final fait ressortir, avec la baisse du militantisme, les difficultés de recrutement de nouveaux militants dans les instances syndicales. Afin de corriger cette lacune, on propose de mettre fin au bénévolat et de rémunérer les délégués syndicaux « pour favoriser l'implication à long terme » et « appuyer les efforts constants[35] ». La suggestion est adoptée par le Conseil de direction.

L'année suivante, l'implantation du système de la police de quartier provoque un réajustement du nombre de représentants syndicaux. On retient les principes qui sous-tendent la réforme initiale, soit la désignation d'un responsable par unité ou édifice — le délégué — ainsi que d'un moniteur pour assurer une présence syndicale auprès de tous les groupes de travail[36]. Avec cette dernière réforme, la Fraternité se retrouve donc avec un Bureau de direction composé de 6 personnes libérées à temps plein, assistées par un service juridique permanent formé de trois avocats et d'un coordonnateur avocat-policier. Ils sont épaulés dans leur fonction par une équipe de 80 délégués syndicaux et 260 moniteurs, soit un moniteur par « relève » dans les 49 nouveaux postes de quartier. Un groupe d'environ quinze employées assure la bonne marche du secrétariat.

Les membres honoraires de la Fraternité

Cinq personnalités ayant marqué la vie de la Fraternité pendant de longues années sont nommées membres honoraires de la Fraternité. En 1993, il s'agit d'abord du juge René Beaudry qui, comme avocat, a souvent représenté la Fraternité. Ses liens avec le syndicat remontent au 21 avril 1954 alors qu'il œuvrait au sein du Bureau de Guy Merrill-Desaulniers. Pour la Fraternité, Me Beaudry a été « une inspiration et un guide » dont « la fidélité envers l'organisation n'a eu d'égal que son engagement à l'avancement de la cause syndicale policière ».

En 1993, Pierre Harvey, économiste et professeur à l'École des Hautes Études commerciales, est aussi honoré pour l'aide précieuse apportée à la Fraternité depuis 1969. En effet, il a préparé de nombreux dossiers à caractère économique lors de chacune des négociations de convention collective. La Fraternité s'estime privilégiée d'avoir pu bénéficier de ses services.

En 1995, Me Louis-Claude Trudel reçoit le même honneur pour son engagement envers la cause syndicale. Avocat du même bureau que le juge Beaudry, il était conseiller légal de la Fraternité lors de la grève du 7 octobre 1969 et a participé activement aux nombreux dossiers lors de l'intégration des forces policières en 1972.

Enfin, le docteur Jean-Pierre Brière, physiatre, est lui aussi admis en 1996 comme membre honoraire de la Fraternité pour son travail auprès des membres depuis 1972 en tant qu'expert médico-légal. La Fraternité veut lui témoigner sa reconnaissance pour avoir grandement contribué à la défense des droits des travailleurs dans le domaine de la santé et de la sécurité du travail.

La même distinction échoit à Me Mario Létourneau en 1999, pour sa loyauté et son soutien à la Fraternité. Depuis 1969, il lui apporte une aide précieuse dans les dossiers d'arbitrage des conventions collectives et dans ceux touchant les griefs et les causes déontologiques.

Source : La Flûte, juillet 1993; FPCUM, Procès-verbal, Conseil de Direction, 24 février 1993, 6 mars 1995, 21 février 1996.

En 1998, après deux ans de fonctionnement, on se rend compte que la nouvelle structure imposée par l'implantation de la police de quartier affecte grandement la vie syndicale. Les cinq relèves des 49 postes de quartier et des 4 centres opérationnels rendent plus difficile la solidarité entre les membres. Leur fractionnement en petites unités de travail brise les liens qu'ils tissaient autrefois au sein de groupes plus importants. Selon le nouveau président, Alain Simoneau, la Fraternité est encore loin de mesurer tous les effets de cette réforme sur la vitalité de la Fraternité ; elle imposera, selon lui, une révision substantielle des pratiques syndicales[37].

Le contentieux avec la Fédération des policiers du Québec

Depuis la réintégration de la Fraternité au sein de la Fédération des policiers du Québec en 1985, les tiraillements persistent entre les deux organismes. Le malaise dépasse largement les conflits de personnalités ou l'importante cotisation que doit verser la Fraternité à la Fédération.

En juin 1990, la Fraternité lance le débat, au congrès de la Fédération, sur la révision de ses statuts et règlements afin qu'on lui fasse une place plus importante. Elle recherche un statut spécial au sein de la Fédération à cause de sa taille (elle compte la moitié des policiers municipaux du Québec) et du désir de ses dirigeants d'intervenir, en coordination avec ceux de la Fédération, auprès des autorités gouvernementales[38]. Certains syndicats policiers des autres municipalités, forcément plus petits, contestent cette prétention de la Fraternité de vouloir jouer un rôle de coreprésentation avec la Fédération alors qu'elle n'en est qu'un syndicat membre. Ne cherche-t-elle pas à usurper le rôle de la Fédération ?

Une proposition de la Fraternité, en 1990, voudrait que les trois principales associations policières du Québec, la Fraternité, la Fédération et l'Association des policiers de la Sûreté du Québec, qui représentent grosso modo cinq mille membres chacune, forment une coalition québécoise en association tripartite[39]. La Fraternité, qui deviendrait alors une entité distincte au sein de la Fédération, serait présente lorsque la Fédération interviendrait devant les différents paliers gouvernementaux. De plus, la Fédération lui réserverait le poste de premier vice-président du Bureau de direction et réduirait la cotisation de la Fraternité à 25 000 $ par an. Mais le Bureau de direction de la Fédération refuse carrément de lui accorder un statut distinct et de réviser la cotisation annuelle.

Devant l'impasse, la Fraternité décide, le 1er mai 1991, de ne pas renouveler son adhésion à la Fédération pour la prochaine année, tout en laissant la porte ouverte à de futures négociations[40]. Elles reprennent en 1995 quand la Fédération prend l'initiative de soumettre un protocole d'entente accordant le statut de membre associé à la Fraternité tout en acquiesçant pour diminuer sa cotisation annuelle à 25 000 $[41]. Ce statut particulier permet à la Fraternité de conserver sa pleine autonomie à l'égard de la Fédération et de ne pas être liée par ses décisions. La proposition est acceptée et la Fraternité revient au bercail en novembre 1995[42].

Par un curieux hasard de l'histoire, le président Prud'Homme, en grande partie responsable du retrait de la Fraternité en 1991, est élu président de la fédération provinciale en juin 1998. Il se propose alors de jouer le même rôle qu'il a toujours préconisé depuis sa première élection à la Fraternité en 1981, c'est-à-dire d'être un défenseur inconditionnel des droits de ses membres et de « profiter de toutes les tribunes pour forcer les décideurs à entendre la voix des policiers et policières [du Québec][43] ».

Revers à propos de l'unité d'accréditation syndicale

Comme pour les périodes antérieures, l'unité d'accréditation de la Fraternité, qui regroupe toujours les officiers jusqu'au grade de capitaine, est contestée par l'employeur et par la commission Malouf formée par le gouvernement du Québec. Pour la première fois, elle l'est aussi à l'intérieur de ses propres rangs par un petit groupe de lieutenants de la gendarmerie — les lieutenants en bleu — qui, en avril 1988, distribue un questionnaire de six pages aux quelque cent soixante lieutenants chargés de relève. Plusieurs hypothèses de réorganisation de la Fraternité sont formulées dans le questionnaire, dont la désyndicalisation des lieutenants (qui deviendraient alors cadres) et la possibilité de créer un syndicat autonome regroupant éventuellement tous les sergents, lieutenants et capitaines. L'initiative du questionnaire a pris naissance à la suite d'assemblées de lieutenants et de réunions avec Alain Saint-Germain, alors directeur des opérations et futur directeur du Service de police[44]. Les lieutenants de gendarmerie déplorent que le système policier favorise plutôt les lieutenants travaillant au sein de la Sûreté, et ils reprochent à la Fraternité de les négliger. Leur désyndicalisation et l'obtention du statut de cadre pourraient aussi leur permettre d'améliorer leurs conditions salariales.

Évidemment, le questionnaire crée un profond malaise au sein du Conseil de direction de la Fraternité. Le président Simard rencontre les lieutenants, faisant valoir qu'ils s'affaibliraient davantage en se retirant de la Fraternité et que deux accréditations différentes nécessiteraient des négociations à des moments différents, ce qui pourrait alourdir encore le climat dans les relations de travail[45]. Ce qu'ont compris d'ailleurs les répondants au sondage dont 72 % ne sont pas d'accord avec une éventuelle désyndicalisation et 62 % contre l'idée de créer un syndicat autonome regroupant les seuls officiers[46]. Ils craignent principalement de perdre leurs avantages sociaux et d'affaiblir leur pouvoir de négociation.

En décembre de la même année, le rapport du comité Bellemare portant sur les relations entre la police et les minorités ethniques effleure la question de l'unité d'accréditation de la Fraternité. Les auteurs du rapport s'interrogent sur le fait que les lieutenants « chargés de relève », occupant un poste d'autorité, soient syndiqués dans la même unité que leurs subalternes. Mais ils refusent de se prononcer catégoriquement sur cette question, laissant à d'autres instances le soin d'évaluer cette question[47].

Un autre rapport important, celui du juge Albert H. Malouf, rendu public en mars 1994, aborde beaucoup plus longuement l'épineuse question de l'accréditation syndicale. Mandaté par le ministre Claude Ryan pour enquêter sur l'administration générale du SPCUM après le cafouillage qui a abouti au décès de Marcellus François, le juge Malouf réserve dans son rapport un chapitre complet à ce « problème aigu[48] ». Il rappelle, en introduction, que cette question revient chaque fois que la Fraternité utilise des moyens de pression pour souligner son désaccord sur une décision ou une position prise par la direction du SPCUM.

Le rapport, qui dresse d'abord un tableau de la composition des syndicats policiers dans plus de cinquante villes parmi les plus importantes au Canada et aux États-Unis, relève quatre modèles principaux. Un premier modèle dans certaines villes américaines veut que tous les policiers, quels que soient leur fonction ou leur grade, fassent partie d'une même association qui n'est pas en fait un véritable syndicat. Un second modèle regroupe les constables et les officiers des grades inférieurs dans des unités distinctes et la syndicalisation des officiers de direction se fait dans une unité réservée aux officiers de grades plus élevés (au Canada, c'est le cas à Vancouver et Halifax). Un troisième modèle, dont la Fraternité fait partie, veut que tous appartiennent au même syndicat à l'exception de l'État-major qui n'est pas syndiqué. Une variante de ce modèle existe à Toronto où le syndicat de base regroupe les constables et les sous-officiers tandis que les cadres intermédiaires font partie d'un autre syndicat. À la Sûreté du Québec aussi, les constables et les sous-officiers font partie du même syndicat, mais les officiers supérieurs n'ont pas jugé bon de créer leur propre syndicat pour les représenter[49]. Le dernier modèle, plus complexe, n'autorise pas la syndicalisation des officiers et des constables dans la même unité d'accréditation et n'autorise pas les officiers de la haute direction à se regrouper en association. Cette formule existe dans quelques villes américaines, mais pas au Canada[50]. Le rapport conclut que la situation de la Fraternité n'est pas unique et qu'« il y a plus de corps de police où la présence de constables et d'officiers au sein d'une même unité syndicale est admise qu'il n'y en a où elle est interdite[51] ».

Les deux principaux arguments mis de l'avant par la direction du Service de police devant le juge Malouf pour justifier l'exclusion des officiers reposent sur la difficulté qu'ils ont à évaluer de façon critique leurs subalternes et sur la possibilité d'utiliser les quatre cents officiers pour assurer les services essentiels lorsque la Fraternité recourt à des moyens de pression. À ces arguments, la Fraternité répond que l'appartenance des officiers au même syndicat que les constables n'a pas nui jusqu'alors à la supervision et à l'application de la discipline et que la logique des services essentiels ne peut s'appliquer, étant donné que tous les services assurés par les policiers sont essentiels. Devant deux positions aussi diamétralement opposées et la complexité de la question, le juge Malouf n'offre pas de solution, écartant au contraire « toute tentative de régler cette question de manière autoritaire ou unilatérale » car elle serait « d'avance vouée à l'échec[52] ».

Quoi qu'il en soit, la tendance est déjà amorcée dans certaines municipalités du Québec d'écarter les officiers de l'unité d'accréditation des constables. Les élus municipaux, fait valoir une analyse commandée par l'Union des municipalités en 1990, ont déjà tous les pouvoirs nécessaires pour modifier les grades et les fonctions de leurs corps policiers, et ils n'ont pas à attendre un peu béatement une intervention du législateur pour augmenter le nombre de cadres au sein des directions policières[53]. Forte de cette interprétation, la Régie intermunicipale de police du Saint-Jérôme métropolitain — qui fusionne les deux corps de police de Saint-Jérôme et de Saint-Antoine — en profite pour transformer l'accréditation syndicale de la nouvelle Association des policiers de la Ville de Saint-Jérôme en excluant les « chargés de relève » et les « chargés d'enquêtes » parce qu'ils participent activement à la gestion du service. Le litige est porté par le syndicat devant un commissaire du travail et le juge en chef adjoint du Tribunal du travail, lesquels confirment que les deux fonctions à l'étude sont en autorité hiérarchique directe du côté de l'employeur[54]. Le cas de Saint-Jérôme fait dorénavant jurisprudence, et il risque fort de faire tache d'huile car le gouvernement provincial exerce de fortes pressions sur les municipalités pour qu'elles se regroupent et unifient leurs corps policiers.

À la CUM, la situation se présente sous un jour différent, quoique la volonté soit toujours présente d'intégrer dans des postes de cadres des fonctions autrefois assumées par des officiers syndiqués. L'occasion se présente en 1995 avec l'implantation de la nouvelle police de quartier. Le directeur Duchesneau en profite pour abolir presque complètement les fonctions de lieutenant et de capitaine avec la création de la fonction de « commandant » pour diriger les différentes relèves dans les 49 postes de quartiers. Ces nouveaux « commandants » deviennent automatiquement des officiers cadres et donc exclus de l'unité d'accréditation[55]. La Fraternité perd ainsi plus de deux cents membres, un revers cuisant à un moment où elle milite pour une nouvelle approche syndicale basée sur le partenariat avec l'employeur. Les directions du Service de police et de la CUM parviennent ainsi à atteindre un objectif que l'employeur poursuit depuis la reconnaissance de la Fraternité comme agent négociateur en 1944.

Les grands dossiers de la décennie

Au cours de cette décennie, en plus de voir au fonctionnement quotidien du syndicat, de préparer les négociations des conventions collectives et d'assurer les services réguliers à leurs membres, les dirigeants de la Fraternité sont préoccupés par deux dossiers majeurs : les cas de « brutalité policière », comme les médias les qualifient, et les transformations engendrées par la mise en place de la police de quartier. Dans les deux cas, la police est sur la défensive ; elle apparaît comme une forteresse assiégée.

Les accusations de « brutalité policière »

Tout au long de la décennie, trois cas de « brutalité policière » retiennent fortement l'attention des médias d'information : les affaires Anthony Griffin (novembre 1987), Marcellus François (juillet 1991) et Richard Barnabé (décembre 1993). Rappelons brièvement les faits.

Dans le premier cas, l'agent Gosset abat par erreur, le 11 novembre 1987, le jeune Griffin qu'il vient d'arrêter pour une affaire d'introduction par effraction et qui menace de s'enfuir. Gosset soutient que Griffin constituait un « danger potentiel » pour lui car il ne l'avait pas fouillé complètement. Le directeur du SPCUM, Roland Bourget, pense plutôt que l'agent a commis une faute professionnelle grave en sortant son arme et en tirant alors que sa vie n'était pas en danger[56]. Le directeur suspend aussitôt le policier de ses fonctions sans solde et procède à une enquête disciplinaire. L'affaire fait beaucoup de bruit dans les médias, les policiers étant accusés par la communauté noire d'avoir la gâchette facile surtout lorsqu'il s'agit de prévenus de race noire. En novembre 1987, plus de deux mille personnes défilent dans les rues de Montréal pour protester contre le geste de Gosset. Le comité de discipline de même que la Commission de police recommandent sa destitution. Mais dans les deux procès qu'il subit, l'un en 1998 et l'autre en 1994, il est acquitté de l'accusation d'homicide involontaire. Suspendu sans traitement pendant deux ans, il est réintégré à la fin de 1989 par un arbitre qui conclut que son geste est un accident. À la fin de 1991, il prend une retraite anticipée. Durant les procédures judiciaires, la Fraternité a assumé 80 000 $ en frais d'avocats pour le défendre[57] et lui a apporté un important soutien psychologique au cours des quatre années qu'a duré son épreuve.

Dans cette affaire, la Fraternité s'est engagée à fond quand le directeur Bourget suspend sans traitement le policier Gosset avant qu'il ait subi un procès et même une enquête. Elle accuse Bourget d'avoir fait fi de la présomption d'innocence et d'avoir cédé aux pressions des politiciens et à la « fureur publique ». On aurait préféré que Gosset soit muté ailleurs dans le Service jusqu'à ce qu'il subisse son procès[58]. Dans la pétition que la Fraternité organise en juillet 1988 parmi les policiers et que signent environ trois mille d'entre eux, la Fraternité est très sévère à l'égard du directeur Bourget : « Parlez en votre nom, au nom de la direction du Service, au nom des politiciens, au nom des minorités, mais ne parlez plus jamais en notre nom, vous feriez de la fausse représentation[59]. » À la fin de 1987, Bourget annonce qu'il prend sa retraite.

L'affaire Gosset a pour effet d'amener le gouvernement du Québec à adopter tout à la fin de 1988 une nouvelle loi (Loi sur l'organisation policière[60]) abolissant l'ancienne Commission de police créée en 1968 et dotée de la compétence de superviser les enquêtes policières, mais avec un pouvoir de recommandation uniquement. La nouvelle loi crée le poste de Commissaire à la déontologie policière, justement pour traiter les plaintes des citoyens à l'égard du comportement des policiers. Elle ouvre aussi la porte à la création de comités de déontologie chargés d'enquêter sur des questions particulières, de même qu'à celle d'un Tribunal de la déontologie policière comme instance d'appel. À Montréal, le Commissaire à la déontologie est appelé à intervenir dès 1991 dans un dossier fort litigieux qui s'apparente beaucoup à l'affaire Gosset, celui du sergent Michel Tremblay.

Le 3 juillet 1991, le sergent Tremblay abat par erreur un jeune Noir, Marcellus François, après une filature organisée à la suite d'une tentative de meurtre survenue la veille. Le drame secoue la communauté noire qui y voit une autre preuve de racisme de la part des policiers. Une marche de protestation réunissant environ huit cents personnes de la communauté noire est organisée au centre-ville de Montréal[61]. En janvier 1992, le directeur Saint-Germain rend public un rapport d'enquête dans lequel il critique sévèrement l'opération policière et mute le sergent Tremblay dans un autre service pour avoir fait preuve d'une « erreur de jugement[62] ».

Le blâme et la mutation choquent les policiers, tout comme la direction de la Fraternité, qui attribue le cafouillage au manque de ressources et d'effectifs. Elle n'apprécie pas non plus que le directeur ait condamné publiquement le sergent Tremblay avant de connaître les conclusions de l'enquête du coroner et du commissaire à la déontologie policière[63]. Le blâme, selon elle, doit être porté non par les policiers, mais par le directeur Saint-Germain qui, depuis trois ans qu'il est en poste, « a accepté les restrictions budgétaires imposées par les politiciens, privant son service du personnel nécessaire et ses policiers et policières d'outils essentiels[64] ». En conférence de presse, le président Prud'Homme va encore plus loin, accusant le directeur de n'être qu'« un pantin dirigé par les politiciens ». Il poursuit ainsi[65] :

> Nous venons de recevoir un coup de poignard dans le dos. Nous n'avons plus de chef. Le directeur ne se tient pas debout, n'a pas de colonne, n'a pas le courage de dire à la population que ça nous prend des budgets pour mieux fonctionner. À chaque crise, poursuit-il, on assiste à une opération de relations publiques destinée uniquement à blanchir les élus et la direction du service. Le policier est efficace dans la mesure où on lui fournit les moyens de l'être. Par son rapport, le directeur Saint-Germain indique à la population que lui-même n'a pas confiance en son service de police.

Il considère que Michel Tremblay est « un policier consciencieux qui a fait honnêtement son travail, avec les moyens, les informations, la formation et l'entraînement qu'on lui a fournis[66] ». S'il y a eu déficience, la faute en revient au manque de personnel, à la charge de travail trop lourde, au stress et au manque de ressources auxquels font face les policiers.

La Fraternité organise, le 13 février, une « marche du respect » où plus de deux mille policiers descendent la rue Saint-Denis jusqu'au Quartier général de la police en réclamant la démission du directeur Saint-Germain. Le mot d'ordre est sans équivoque sur les pancartes : « Urgent ! Chef demandé ». À la fin de la marche, les paroles proférées par le président de la Fraternité sont vitrioleuses envers le directeur : « Ce n'est pas une police, il n'a pas de sang de police dans ses veines. Nous sommes dirigés par un civil. Nous voulons un

« Marche du respect » où plus de 2 000 policiers descendent la rue Saint-Denis pour protester contre le comportement du directeur Alain Saint-Germain. Ils réclament d'abord un chef, mais surtout le respect (*La Presse*, 13 février 1992).

vrai chef. Un chef, ça doit nous équiper, nous former, nous appuyer, nous défendre contre tous les "dénigrants" de notre fonction et de notre profession[67]. » Mal soutenu par ses troupes, le directeur démissionne à la fin de l'année suivante. Ainsi la « marche du respect » devient-elle, par les répercussions qu'elle a eues, un événement majeur dans l'histoire de la Fraternité.

Comme les affaires Griffin et Marcellus François impliquent des membres de la communauté noire, les policiers sont alors souvent accusés d'avoir des comportements et des propos racistes. Les leaders de la communauté noire, notamment le président de la Ligue des Noirs, Dan Philip, dénoncent les policiers et la société québécoise pour son laxisme envers la violence faite aux Noirs. « Nous n'acceptons pas, dit-il, une société où chaque fois qu'un policier tire sur un jeune Noir, il trouve une excuse pour s'en sortir[68]. » Le président Prud'Homme admet que certains policiers peuvent faire preuve de racisme, mais « c'est parce que ce phénomène, tout malheureux qu'il soit, existe dans la société en général. Les policiers ne sont pas des Martiens. Ils sont des membres de la société[69] ». Comme les accusations de racisme persistent, le président fait éclater sa frustration à l'été de 1991 : « Mes gars et mes filles en ont ras le bol d'être traités de racistes et de meurtriers. [...] On est rendu à un point où, lorsqu'une personne des minorités visibles est impliquée dans un incident... les policiers hésitent de plus en plus à accomplir leur travail[70]. »

En réponse à ces événements, deux comités sont formés pour enquêter et suggérer des solutions : le comité Bellemare, par la Commission des droits de la personne en 1988, et le groupe de travail présidé par Claude Corbo, par le gouvernement du Québec en 1992. Le premier recommande principalement l'embauche d'un plus grand nombre de policiers venant des minorités ethniques et visibles, ce avec quoi la Fraternité est tout à fait d'accord pour autant que ces aspirants répondent aux critères d'embauche[71]. Dans la foulée de ce rapport, la SPCUM se dotera d'un programme d'accès à l'égalité pour les minorités visibles et ethniques.

En 1992, le second comité, le groupe de travail Corbo, recommande, entre autres, que le ministère encourage la CUM à poursuivre son programme d'accès à l'égalité pour le corps policier et qu'il institue un cours obligatoire sur la diversité culturelle et le racisme pour tous les étudiants inscrits en techniques policières[72]. Les recommandations sont bien accueillies à la fois par la direction de la Fraternité et par les représentants de la communauté noire. « La Fraternité, fait remarquer son président, est prête à collaborer pour faciliter le rapprochement entre les membres des minorités ethniques et la police[73]. » Mais, en août 1998, le Service de police n'a pas encore atteint ses objectifs d'accès à l'égalité : il compte 260 membres issus des communautés ethnoculturelles et 90 des minorités visibles sur un effectif total de 2910[74].

En décembre 1993 survient un autre cas de « brutalité policière » qui cette fois ne touche pas un membre de la communauté noire. Six policiers sont accusés d'avoir battu, en voulant le maîtriser, un chauffeur de taxi, Richard Barnabé, dans une cellule d'un poste de police. Il en est ressorti inconscient, a reposé dans un coma irréversible pendant plus de deux ans et est décédé en avril 1996. Le directeur Duchesneau a immédiatement suspendu sans solde les policiers car de graves accusations pesaient sur eux. En procès devant jury, quatre d'entre eux sont reconnus coupables en juillet 1995 d'avoir utilisé une force excessive. Le directeur maintient alors la suspension sans traitement en attendant la fin des poursuites judiciaires et le rapport du Commissaire à la déontologie policière. En décembre 1997, le Comité de déontologie destitue deux des policiers et suspend sans salaire les deux autres respectivement pour 140 et 120 jours[75].

Au départ, la Fraternité réagit prudemment dans ce cas-ci, son président évitant les déclarations fracassantes. Elle assume les frais d'avocat des policiers et le salaire versé aux agents suspendus, sous forme de prêts, parce que, déclare son président, « personne n'est censé être déclaré coupable jusqu'à preuve du contraire[76] ». Quand le verdict est rendu en juillet 1995, elle se porte à la défense des policiers, déçue de constater que le directeur maintient la suspension sans traitement pour quatre d'entre eux, ce qui place ceux-ci dans une situation intenable, privés qu'ils sont de tout revenu pour des périodes de temps parfois très longues ; elle aurait préféré que des tâches administratives leur soient assignées[77]. Mais surtout, elle blâme le sensationnalisme des médias, la faiblesse des effectifs, la diminution des budgets et des équipements, le manque de vision des dirigeants, la désinstitutionnalisation des personnes souffrant de troubles mentaux, etc. Elle regrette le manque de compréhension de la population à l'égard du travail policier[78] :

> Au cours d'une année, les policiers et policières sont impliqués dans près d'un million d'interventions sur le territoire de la CUM. Quotidiennement, le policier est confronté à des individus dangereux, criminels ou désespérés. Ses interventions et ses outils peuvent occasionner des blessures et même causer la mort, parfois à lui-même, parfois à ceux à qui il est confronté… Depuis dix ans, certains événements malheureux ont fait la manchette augmentant ainsi les cotes d'écoute et les tirages. Mais combien y en a-t-il eu ? Cinq, peut-être dix ? Dans chacun des cas, les policiers impliqués ont eu à s'expliquer ou à se défendre devant tous les tribunaux de droit commun ou administratif imaginables et de multiples commissions se sont penchées sur leur travail. Avec quel résultat ?

Le 15 juillet, la Fraternité fait paraître un message controversé dans les grands quotidiens montréalais sous forme d'interrogations au public sur la façon dont les policiers devraient se comporter dans des situations dangereuses[79]. Cette publicité et le comportement général de la Fraternité dans les cas de « brutalité policière » sont critiqués sévèrement dans les médias, qui lui reprochent son intransigeance et les outrances verbales de son président. Pour ce dernier, il est de son devoir de défendre ses membres et de s'assurer qu'ils soient traités de façon juste et équitable, surtout lorsqu'ils sont condamnés dans les médias avant même d'avoir été jugés par les tribunaux[80].

Comme on l'a vu, la Fraternité se fait un point d'honneur, même si c'est très onéreux, d'apporter une aide juridique à ses membres impliqués dans les trois cas de « brutalité » analysés plus haut. Pour se préparer à toute éventualité, elle se dote en mars 1995 de deux fonds spéciaux pour ses membres, un fonds d'aide et un fonds d'assistance juridique qui s'adressent notamment aux policiers démis de leurs fonctions sans traitement ou congédiés « à la suite d'actes posés de bonne foi dans l'exercice de leurs fonctions ». Le Fonds d'aide leur fournit une assistance sous forme de prêt sans intérêt qui doit être remboursé par la suite. Pour sa part, le Fonds d'assistance juridique s'applique aux cas de policiers ayant commis une « faute lourde » dans l'exercice de leurs fonctions, offense où, selon la convention collective, le Service de police n'acquitte pas les frais d'avocat. Pour créer ces fonds, la Fraternité a dû augmenter la cotisation syndicale pendant un an (de 1,25 à 1,45 %) et y verser de l'argent provenant du fonds d'administration générale et des surplus du fonds de l'assurance-vie[81].

D'autre part, la Fraternité s'applique à réduire la latitude du Service de police à définir ce qu'est une « faute lourde » d'un policier. Au cours de la négociation du contrat de travail de 1996, elle réussit à ajouter à la convention une clause qui lui permet de contester par grief et arbitrage la décision du Service d'invoquer ce genre de faute[82]. Le Service doit alors assumer tous les frais juridiques du policier impliqué jusqu'à ce que l'arbitre rende une décision. Si l'arbitre conclut qu'il y a eu faute lourde, le policier doit rembourser les frais. Il peut alors faire appel au fonds d'assistance juridique de la Fraternité où un comité *ad hoc* recueille tous les renseignements pertinents. C'est cependant le Conseil de direction qui décide de fournir ou non l'assistance juridique.

L'attention des médias envers les trois cas de « brutalité » décrits ci-dessus peut donner l'impression que la violence policière augmente depuis les dernières années, surtout qu'aux drames montréalais[83] viennent s'ajouter la fusillade de Rock Forest en 1983, la mort de Gaston Harvey au Manoir Richelieu en 1986, l'intervention de la Sûreté du Québec au cours de la crise d'Oka en été 1990 et le comportement des policiers durant les deux émeutes de la Coupe Stanley en 1986 et en 1993. Le recours plus fréquent aux différentes chartes des droits accentue aussi la visibilité des cas de brutalité exercée par les policiers. Mais, selon le criminologue André Normandeau, ces événements doivent être relativisés à la lumière de plusieurs considérations[84]. Les erreurs majeures (dix ou vingt par an) ou mineures (cent ou deux cents par an) ne représentent qu'une fraction du million d'interventions tout à fait correctes des policiers chaque année. De plus, à son avis, il y a nettement moins de bavures et de violence policières dans les années 1990-1995 que dans les années 1970 et 1980, et il y en aura moins d'ici l'an 2000, car les policiers valorisent davantage la reconnaissance non seulement en théorie mais en pratique des droits de la personne. Les drames survenus à Montréal ont servi, selon lui, de « canal d'éducation extraordinaire » pour sensibiliser les policiers à ces droits.

La création de la police de quartier

En octobre 1995, le directeur Duchesneau se livre à une vaste réorganisation de son service en transformant les 23 postes de police en 49 mini-postes de quartier, rattachés à quatre centres opérationnels. L'objectif recherché au moyen de cette réforme est de rapprocher les policiers des citoyens et de la communauté pour assurer l'ordre public et prévenir le crime. Elle s'inscrit dans une nouvelle approche philosophique du travail de la police en milieu urbain, appelée la police communautaire, qui se propose en collaboration avec la population, de multiplier les activités de prévention du crime plutôt que de se borner à le réprimer[85]. Le policier ne peut plus se contenter de demeurer dans son bureau ou de patrouiller en voiture en attendant de répondre aux appels de service, mais il doit se rapprocher physiquement de la population. C'est pourquoi sont créés des mini-postes de type communautaire dans les quartiers d'où rayonnent les policiers qui, en plus de répondre aux appels et de résoudre des problèmes, s'occupent de relations avec les organismes communautaires et accentuent leur présence directe en effectuant par exemple des patrouilles à pied ou à vélo.

Pour les tenants de cette nouvelle formule, la police traditionnelle est un échec car elle n'a pas d'effets significatifs sur le taux de criminalité et ne parvient pas à réduire le sentiment d'insécurité grandissant dans la population. En revanche, la police communautaire, grâce à sa méthode « proactive », va permettre de réduire sensiblement la criminalité elle-même et, du même coup, le sentiment d'insécurité de la population. Le projet s'inscrit dans un courant bien connu en criminologie, et il a été expérimenté dans plusieurs villes étatsuniennes depuis les années 1960 en réponse à l'augmentation de la criminalité, aux émeutes raciales et au sentiment d'insécurité qui prévaut dans les grandes villes. Les résultats de ces expériences sont cependant mitigés ; le principal reproche que certains spécialistes adressent à la police communautaire est d'être victime du « syndrome des moyens au détriment de la fin », c'est-à-dire de privilégier les changements dans la structure administrative au détriment de la résolution des problèmes auxquels font face les policiers[86].

À Montréal, l'idée de police communautaire est déjà présente dans le discours des directeurs du SPCUM bien avant la réforme Duchesneau et des projets sont à l'étude depuis longtemps. C'est dans cet esprit que le directeur Saint-Germain ouvre quatre comptoirs de service en 1994 et en 1995 pour rapprocher les policiers de la population. Mais c'est le directeur Duchesneau qui met vraiment en branle une réorganisation complète de la structure du SPCUM selon la philosophie communautaire et la fait adopter par le Conseil de la CUM en novembre 1995. La réforme proposée plaît aux élus de Montréal comme à ceux de la banlieue, car elle leur promet de vrais postes de police partout sur le territoire et 300 policiers de plus dans la rue. Et, surtout, elle laisse miroiter la possibilité d'économiser 50 millions de dollars sur vingt ans, un agréable cadeau au moment où la CUM cherche à réduire ses dépenses et où les municipalités s'appliquent à réduire leur contribution à son fonctionnement[87]. En rapprochant les policiers de la population, notamment les communautés culturelles, le projet redore également l'image du Service de police, malmenée à l'époque par les cas de « brutalité policière », et peut aussi, espère-t-on, revaloriser le travail policier. Dans le projet initial, on prévoit que les 23 premiers postes de quartier seront en opération le 1er janvier 1997 et les 26 autres le 1er janvier 1998.

Cependant, l'implantation de la réforme mise en œuvre par le directeur Duchesneau s'est faite très rapidement et sans consultation préalable de la Fraternité, ce qui va à l'encontre de l'esprit de la lettre d'entente annexée à la convention collective signée quelques mois plus tôt, en juin 1994 (Annexe K). Selon le directeur Duchesneau, la nouvelle convention devait inaugurer une ère de changement dans les rapports entre la Fraternité et le SPCUM et être l'amorce d'un partenariat entre la direction et le syndicat : « La Fraternité, disait-il, est maintenant un élément de solution, et non pas une partie du problème[88]. » La lettre d'entente prévoyait la formation d'un comité paritaire chargé d'étudier la réorganisation du travail. Le président Prud'Homme y voyait « une première étape vers une participation des policiers et policières à la vie interne de leur Service. Du rôle de figurants qu'ils tenaient jusque-là, désormais, ils seraient partie prenante dans l'organisation de leur travail[89] ».

La Fraternité participe à trois comités formés à la suite de la lettre d'entente, mais elle est absente de l'équipe de travail ayant le mandat de préparer un « Livre blanc » sur la police communautaire[90]. À la fin de février, le livre blanc, rebaptisé l'*Énoncé directionnel,* est soumis au Comité paritaire sur la réorganisation du travail. Les représentants de la Fraternité n'y voient qu'un document de travail[91]. Le directeur le soumet aussi aux élus de la Ville de Montréal et aux maires de banlieue qui sont enthousiasmés par la philosophie et les grands paramètres du projet[92]. Le directeur Duchesneau et le Comité exécutif de la CUM décident alors d'aller de l'avant rapidement : un modèle détaillé d'organisation de police de quartier (PDQ) avec un échéancier de mise en œuvre et une évaluation des coûts est proposé aux élus à la fin d'août ; des consultations publiques ont lieu en octobre ; la Commission de la sécurité publique l'approuve à la fin novembre ; finalement, le Conseil de la CUM l'adopte le 29 novembre 1995.

C'est en septembre 1995, après que l'échéancier précis de mise en œuvre du projet a été remis aux maires, que la Fraternité se rend compte que le projet est fort avancé, mais qu'elle n'a pas été mise dans le coup. « On s'est fait piéger », raconte Alain Simoneau, alors directeur de la recherche et des communications et délégué de la Fraternité au Comité portant sur la réorganisation du travail[93]. Le Comité n'a pas été mis au courant du projet précis de police de quartier élaboré par le directeur Duchesneau. Aux rencontres du 14 juin et du 11 août 1995, on discute encore de façon très vague sur certains aspects de la mission de l'*Énoncé directionnel*[94].

Placé devant le fait accompli, le président Prud'Homme reproche au directeur de contrevenir à l'exercice de partenariat qu'il préconisait antérieurement : « L'expérience nous a démontré que la définition du partenariat de la direction actuelle est différente à certains égards de la nôtre. Le syndicat ne peut et ne doit pas être qu'un simple agent de communication dont le travail se résumerait à aider l'employeur à faire accepter l'inacceptable aux syndiqués[95]. » Il s'étonne d'autant plus que, au congrès de la Fraternité en novembre 1994, le directeur s'était à nouveau engagé à ne pas procéder à la mise en œuvre de son projet sans l'accord de la Fraternité : « Il n'était pas question que M. Duchesneau impose la police de quartier. Le projet devait se réaliser avec l'aide des membres du syndicat. Aurait-il changé d'idée pour plaire aux élus ? En tous cas, c'est un drôle de partenariat[96] ! » Pour le directeur Duchesneau, il y a eu discussion avec le syndicat depuis deux ans, il est temps de passer à l'action[97]. Il exhorte les policiers à « raisonner » leur syndicat : « Ça fait deux mois que j'en fais la présentation aux policiers [police de quartier]. Ils sont avec moi. À la fin de mes exposés, ils se lèvent pour m'applaudir. Vous ne trouvez pas ça paradoxal[98] ? »

Bien que la Fraternité trouve intéressante l'idée de rapprocher le policier des citoyens, elle voit dans la police de quartier du directeur Duchesneau « un projet qui demeure inachevé, truffé d'inconnus et qui se résume à une série de vœux pieux qu'une analyse rigoureuse de la situation contredit[99] ». Aux yeux du syndicat, les effectifs policiers sont trop restreints pour assurer la réussite du projet : « On veut que les policiers deviennent des généralistes, fait remarquer le président Prud'Homme, et qu'ils règlent tous les problèmes de sécurité dans les quartiers, mais on ne dit pas où ils prendront le temps de faire ce travail social tout en répondant aux appels[100]. » Pour lui, les élus de la CUM ont complètement endossé le projet parce qu'ils y voyaient l'occasion de sabrer davantage dans le budget de la police : « Il constitue dans sa forme actuelle une coupure de budget déguisée sous la forme d'une réorganisation du travail[101]. » La réforme est d'autant plus mal accueillie qu'elle signifie également pour la Fraternité la perte de 200 membres, les postes de lieutenant et de capitaine étant remplacés par des fonctions de commandant non syndiqué. C'est encore une surprise pour la Fraternité car l'*Énoncé directionnel* de février 1995 prévoyait que le lieutenant serait « le maître d'œuvre et le "chef de police" du quartier[102] ».

Exemple des rapports qui doivent guider les policiers selon le projet de police communautaire (*La Presse*, 14 mai 1993).

En 1987, la Fraternité organise, pour la vingt-cinquième année consécutive, sa journée annuelle de fèves au lard. Les profits sont versés entièrement à des organismes de charité venant en aide aux enfants handicapés (*La Presse,* 9 novembre 1987).

Les élus cependant font fi de l'opposition de la Fraternité, et le Conseil de la CUM adopte la réforme à l'unanimité le 29 novembre 1995. La présidente de la CUM tend la main à la Fraternité, « convaincue qu'il est possible d'établir une collaboration franche et ouverte », mais le président Prud'Homme rejette l'invitation, « précisant qu'il ne croit plus à la notion de partenariat avec les élus[103] ». Mais en janvier 1996, la Fraternité revient sur sa décision et décide de participer au Comité d'implantation de la police de quartier[104]. Faisant contre mauvaise fortune bon cœur, elle veut intégrer à la convention collective, en cours de négociation, les modalités des changements qui ne manqueront pas d'affecter ses membres. Elle y parvient, puisque la convention signée en juillet comprend une lettre d'entente où sont précisées les modalités des mutations des officiers et d'affectations dans les nouvelles fonctions des postes de quartier. À la veille de l'ouverture des premiers postes de quartiers en janvier 1997, même si la Fraternité est toujours déçue de la rapidité avec laquelle la réforme s'est implantée compte tenu de l'ampleur et de la complexité des changements, elle entend collaborer à sa réalisation[105].

Les 23 premiers postes de quartier sont inaugurés officiellement le 15 janvier 1997, et les 26 autres le seront en février 1998. Lors de la mise en place de cette deuxième phase, le directeur Duchesneau est toujours fier de sa réalisation, mais il admet que la nouvelle philosophie qui l'inspire pourrait bien prendre de trois à cinq ans encore avant d'entrer dans les mœurs[106]. Il démissionne au printemps 1998 avant de poser sa candidature à la mairie de Montréal. Cependant, des nuages s'annoncent à l'horizon pour son modèle de police de quartier.

Après un peu plus d'un an de fonctionnement, un important sondage commandé conjointement par le Service de police et la Fraternité en mai et juin 1998 révèle que les policiers sont mécontents de l'implantation de la

Tableau 5.4 — Sondage sur la mise en place de la police de quartier (mai-juin 1998)

Questions	Policiers cadres	Policiers syndiqués
2. Je suis fier(ère) de travailler au SPCUM	95,6	84,7
4. Je me sens appuyé(e) par mon association syndicale ou professionnelle dans l'exercice de mes fonctions	74,1	75,3
5. Je trouve que les changements au SPCUM sont « excitants » et motivants	80,0	33,3
11. J'ai les ressources nécessaires pour exécuter mon travail (bureau, ordinateurs, uniformes et équipement)	53,9	28,4
13. Globalement, j'aime mon travail au SPCUM	92,2	84,6
15. Au SPCUM, les employés ont le goût de se surpasser	65,8	35,7
16. La PDQ a changé ma tâche	97,3	72,8
20. À ce stade de son implantation, la PDQ est un succès	67,5	22,4
25. Mon travail est plus valorisant depuis l'implantation de la PDQ	64,5	24,7
26. Depuis l'implantation de la PDQ, il y a une meilleure collaboration entre les unités du Service	42,5	12,9
27. Nous avons les effectifs suffisants pour que la PDQ fonctionne	33,0	5,9
30. La PDQ permet d'offrir de meilleurs services à la population, des services qui répondent davantage à ses besoins	86,7	41,8
39. Les processus, les façons de faire entre les différentes unités du SPCUM sont cohérents	33,0	30,0

Source : SPCUM, *Communiqué. Résultats de la consultation menée auprès du personnel du SPCUM en mai et juin 1998*, 2 octobre 1998, 4 p. (61 % des policiers et 89 % des cadres ont répondu au sondage.)

police de quartier, même si les cadres sont davantage satisfaits[107]. Les policiers sont toujours fiers de leur travail, mais ils estiment que l'implantation de la PDQ est un échec et que leur travail est moins valorisant depuis son implantation *(voir le tableau 5.4)*. Quant au service à la population, ils ne sont que 41,8 % à croire que le modèle en permet une amélioration. Policiers syndiqués et cadres estiment principalement que les effectifs sont trop faibles : seulement 5,9 % des policiers et 33 % des cadres les jugent satisfaisants.

Pour la porte-parole du SPCUM, ces résultats décevants s'expliquent par la nouveauté de la réforme ; il est normal qu'il y ait certains irritants compte tenu de l'ampleur du changement. Pour faire face au problème, la présidente de la CUM, Vera Danyluk, est prête à augmenter les effectifs de 200 nouveaux policiers[108]. Ce nombre ne fait toutefois que compenser les 200 départs à la retraite en moyenne par année depuis le début des années 1990 et il est à craindre que ces départs soient plus nombreux. Comme le prévoyait la Fraternité, il est difficile de conjuguer la police de quartier avec des effectifs qui se situent, théoriquement au moins, autour de 4 100 policiers, sans compter que les plus expérimentés prennent leur retraite ou ne travaillent pas dans les postes de quartier. Pour le nouveau directeur du SPCUM, Michel Sarrazin, pas question de remettre en cause le concept même si le sondage est plutôt dévastateur ; tout au plus procédera-t-il à certains ajustements, nécessaires compte tenu de la profondeur des changements[109].

Des négociations plus paisibles

Pendant les dix années qui nous occupent, les relations de travail sont moins perturbées que durant les années antérieures, qui avaient été marquées par des revendications majeures touchant un nouvel horaire de travail sur quatre jours, des ajustements au fonds de retraite et des réticences à accepter la patrouille en solitaire. Comme toutes ces questions sont réglées depuis 1988, les contrats de travail se règlent plus facilement au cours des dix années suivantes. Ainsi, la Fraternité parvient à des ententes négociées avec la CUM sans recourir à des moyens de pression 1989, en 1992 et en 1996. Seule la négociation de 1993 donne lieu à un affrontement majeur où l'on verra les policiers montréalais porter le jeans et faire la grève des contraventions aux automobilistes.

La menace la plus sérieuse pour la Fraternité vient non pas de la CUM, mais du gouvernement du Québec qui, à deux reprises, intervient dans le processus de la négociation collective. En 1993, il gèle la rémunération des policiers pour deux ans et impose une récupération salariale en 1997. Dans les deux cas, la Fraternité résiste, mais elle doit finalement se conformer à la loi.

Les ententes négociées de 1989 et 1991

Au début de la période, la négociation des conditions de travail avec la CUM s'ouvre sous un jour favorable. Après deux mois de négociations intensives, une entente survient en mars 1989 sur un contrat de travail de deux ans (1989-1990), entente qui remplit d'aise à la fois le président de la Fraternité et celui de la Commission de la sécurité publique, Guy Descary. Les policiers obtiennent notamment une hausse salariale intéressante (4,5 % en 1989 et 5 % en 1990), une participation accrue de la CUM aux plans d'assurances collectives et une prime de relève de nuit plus avantageuse[110]. En revanche, ils acceptent que les constables embauchés après le 1er janvier 1990 atteignent le sommet de leur échelle salariale (constable de première classe) après cinq ans au lieu de quatre. Le président Descary se réjouit de l'entente, car il a pu éviter que les négociations aboutissent devant un arbitre aux décisions imprévisibles et a obtenu que les policiers étendent la période de patrouille solo jusqu'à minuit au lieu de 20 h (jamais la nuit), ce qui permet la création d'une fonction dite « patrouille-solo » à laquelle sont affectés 240 policiers[111]. Cette fonction apparaît alléchante à plusieurs car elle garantit à ceux qui l'occupent de ne jamais avoir à travailler la nuit. L'entente est approuvée en assemblée générale par 61,2 % des policiers présents[112].

Le renouvellement de la convention collective pour 1991-1992 se déroule dans un climat beaucoup plus difficile car l'économie québécoise est entrée en période de récession depuis 1990. Les négociations traîneront en longueur. Le cahier de demandes syndicales est ratifié en assemblée générale en octobre 1990, puis comme la négociation piétine, la Fraternité fait appel au processus d'arbitrage. La CUM tient mordicus à n'accorder qu'une augmentation de 2 % en 1992 pour l'ensemble de ses employés, alors que la Fraternité maintient que les policiers montréalais doivent être les mieux payés au Québec compte tenu de leur plus grande charge de travail[113]. C'est à partir de ce moment que la comparaison salariale à la Fraternité ne se fait plus avec les corps policiers ontariens, mais avec celle d'autres corps policiers du Québec dont plusieurs ont effectué du rattrapage au cours des dernières années. Un arbitre est nommé par le ministère du Travail à la fin de 1991, mais il n'a pas à terminer son travail, les deux parties concluant une entente en mai 1992, ratifiée à 75 % en assemblée générale le mois suivant. La CUM obtient que les hausses salariales se limitent à 2 % en 1992, mais doit consentir des augmentations de 4,5 % en 1991 ainsi que des améliorations à la caisse de retraite et aux assurances collectives[114]. L'échelle salariale devient alors similaire à celle qui est en vigueur à la Sûreté du Québec.

Au cours de cette négociation, la Fraternité accepte la création d'une nouvelle catégorie de constables, les cadets-policiers, embauchés à temps partiel et affectés au travail de déviation de la circulation, au contrôle de foule et à l'émission de contraventions relatives au stationnement lors de circonstances particulières[115]. Ils sont surtout recrutés parmi les étudiants en techniques policières et travaillent sur appel, au minimum 4 heures par jour et au maximum 44 heures par semaine. Rémunérés sur une base horaire de 12,55 $ en 1992, ils ont des conditions de travail minimales : période de repas de trente minutes après cinq heures consécutives de travail, quatre pour cent de leur salaire comme paie de vacances, et congés accordés par la Loi sur les normes du travail. C'est une main-d'œuvre à bon marché qui permet à la CUM des économies importantes d'argent payé en heures supplémentaires. Elle n'est pas sans rappeler la catégorie cadet-constable créée en 1934, les « policiers à cinq piastres ». Le cadet de 1992 est cependant plus jeune et son emploi, temporaire. Sa tâche le familiarise avec le travail policier et peut l'inciter à poursuivre des études à l'Institut de police de Nicolet pour postuler par la suite un emploi au SPCUM.

L'objectif d'économie d'argent en faisant appel à de nouvelles catégories de policier deviendra une préoccupation majeure de la CUM tout au long des années 1990. Elle a son origine à la Conférence des maires de banlieue qui propose en 1988 l'institution de cadet-policier, qui deviendra réalité, et celle aussi d'une gendarmerie qui assurerait les services auxiliaires de protection publique comme l'application des règlements municipaux, la surveillance et le contrôle de foule[116]. Ces gendarmes, qui ne seraient pas armés, remplaceraient notamment les polices parallèles mises sur pied à la fin des années 1970. Le nombre de ces policiers atteint le millier en 1988, réparti dans une quinzaine de municipalités et surtout composé d'agents de firmes de sécurité privées. Pour former ces nouveaux gendarmes, la Conférence des maires de banlieue espère pouvoir créer une nouvelle Académie de police de la CUM, qui accueillerait les diplômés de techniques policières à leur sortie du cégep. Pendant leurs deux années de formation, ils joindraient les rangs des cadets de la police. Les nouveaux gendarmes seraient placés sous le contrôle du Service de police de la CUM, quoique le président du Conseil de sécurité de la CUM, Jean Corbeil, laisse entrevoir qu'il serait possible de doter certaines villes d'une

Cérémonie d'assermentation de deux contingents de cadets-policiers et policières (*La Presse*, 13 juin 1993).

gendarmerie locale. La présidente de la Conférence des maires de banlieue, Vera Danyluk, va encore plus loin en 1992, suggérant que le Service de police de la CUM ne garde que ses escouades spécialisées et que le travail de patrouille devienne la responsabilité de chaque ville de la CUM[117]. Flotte toujours dans l'air chez les maires le désir de récupérer le contrôle qu'ils exerçaient sur leurs services de sécurité avant l'intégration de 1972.

L'offensive des municipalités et le gel salarial de 1993 et 1994

Au début des années 1990, la pression de l'Union des municipalités du Québec se fait plus forte pour que le gouvernement du Québec modifie les dispositions du Code du travail touchant la négociation et l'arbitrage des conditions de travail des policiers et pompiers. Son congrès de 1991 propose de leur accorder le droit de grève alors que les municipalités auraient le droit de lock-out. L'exercice de ces droits ne pourrait se faire qu'à condition que soient assurés des services essentiels supervisés par le Conseil des services essentiels. En cas d'impasse dans les négociations, l'UMQ propose que le différend soit acheminé au Tribunal du travail qui déciderait du contenu de la convention collective en tenant compte de la jurisprudence et « des particularités propres à chaque milieu[118] ». Les municipalités en ont ras-le-bol du système d'arbitrage qui favorise, à leur avis, les syndicats de policiers en leur accordant des augmentations salariales excessives.

Au début de 1992, elles obtiennent du gouvernement la formation d'un comité interministériel sur le régime de négociation ; l'année suivante une loi est adoptée (loi 74) qui ne restaure pas le droit de grève et de lock-out, mais introduit une procédure de médiation qui se situe entre la conciliation et l'arbitrage d'un différend. La loi balise aussi davantage la décision d'un arbitre qui devra tenir compte des conditions de travail prévalant dans d'autres municipalités comparables et chez les autres salariés de la municipalité concernée avant de rendre sa décision. Au cours de l'étude du projet de loi, la Fraternité présente trois mémoires sur les réformes à apporter au régime de négociation des policiers[119]. Elle maintient que le système d'arbitrage est une méthode raisonnable de résolution de conflits, qu'elle n'a pas abusé de ce mécanisme puisqu'elle n'y a eu recours que deux fois depuis 1969 et que les augmentations salariales obtenues par les policiers de la CUM ne sont pas supérieures à l'augmentation du coût de la vie depuis 1978[120]. Pour ce qui est d'assujettir le droit de grève à l'obligation de fournir les services essentiels, elle trouve l'idée « ridicule » parce que toutes les fonctions du travail policier seraient nécessairement déclarées essentielles et qu'une grève fictive pourrait durer des mois, voire des années, sans le moindre espoir d'un règlement[121]. Enfin, même si elle se satisfait du statu quo en matière de règlement des conflits, elle n'est pas réfractaire à l'ajout d'une étape de médiation avant l'arbitrage pour autant que le rapport du médiateur soit soumis rapidement (30 jours) et que les parties n'aient pas plus de 10 jours pour les accepter ou les refuser.

Au cours de l'étude de la loi 74, le principal point de litige entre l'UMQ, la CUM et les organisations syndicales concerne les balises que les arbitres seraient tenus de respecter dans leur rapport d'arbitrage[122]. Les municipalités voudraient introduire des critères impératifs qui forcent les arbitres à tenir compte des conditions de travail des autres employés de la corporation municipale ou intermunicipale, tout autre critère devenant facultatif. La Fraternité et la Fédération des policiers du Québec s'y opposent. Finalement, le gouvernement n'en fait qu'un critère d'évaluation parmi d'autres lorsque l'arbitre doit rendre sa décision[123]. Les municipalités s'en plaignent, mais elles auront l'occasion de se réjouir un peu plus tard quand le gouvernement se rendra pleinement à l'un de leurs désirs, soit celui de leur donner la possibilité de geler pour deux ans le salaire de leurs employés.

À la fin de 1992, la Fraternité prépare les négociations pour la prochaine

Le président Prud'Homme haranguant les policiers (AFPCUM, 12 février 1992).

convention de travail dans une conjoncture toujours marquée par la récession économique. Comme la CUM n'a pas encore présenté d'offres salariales après six rencontres, la Fraternité demande en mai 1993 au ministère du Travail de nommer un médiateur, étape obligatoire avant de pouvoir faire appel à l'arbitrage selon les amendements apportés tout récemment au Code du travail (loi 74). Mais le processus change du tout au tout lorsque, le mois suivant, le gouvernement québécois décide de prolonger de deux ans, par législation, la durée des conventions collectives touchant les organismes publics et de geler, durant cette période, les échelles de salaires de tous leurs employés (loi 102). La loi, qui prévoit aussi une récupération de 1 % des dépenses relatives à la rémunération ou aux avantages sociaux, s'applique également aux municipalités, quoiqu'il soit possible pour celles qui le souhaitent de se soustraire à l'application de la loi à condition qu'elles le fassent savoir avant le 15 septembre 1993.

À l'été de 1993, comme rien ne progresse dans la négociation malgré la présence d'un médiateur (le syndicat soupçonne la CUM d'attendre l'application de la loi 102), la direction de la Fraternité organise une assemblée générale extraordinaire des policiers qui donne au Conseil de direction le mandat d'« utiliser tous les moyens jugés utiles et appropriés, en temps opportun afin

Assemblée au centre Étienne-Desmarteaux où la Fraternité conteste vigoureusement l'application de la loi 102 qui gèle les salaires pour deux ans (AFPCUM, 8 juillet 1993).

de conclure une entente concernant le renouvellement de la convention collective de travail et obliger la CUM à se retirer de la loi 102 ». Devant les deux mille cinq cents policiers et policières présents, le président Prud'Homme déclare[124] :

> Si les dirigeants de la CUM poursuivent dans la même voie et gèlent nos salaires
> pour les années 1993 et 1994, je vous promets qu'ils en auront pour leur argent. Je
> n'accepterai jamais que les policiers et policières de la CUM se situent au 40e rang
> au niveau salarial alors qu'ils ou elles se tapent 50 % de la criminalité de tout le Québec
> avec des effectifs compressés.

Pour signifier leur mécontentement, les policiers, après l'assemblée, demeurent dans les postes et ne répondent qu'aux appels d'urgence[125].

La CUM fait appel au Conseil des services essentiels qui ordonne aux policiers de cesser leurs moyens de pression. La Fraternité en appelle aussitôt à la Cour supérieure, contestant la juridiction du Conseil sur les policiers et pompiers puisqu'ils n'ont pas le droit de grève. Le jugement confirme les allégations de la Fraternité, mais la CUM porte la cause devant la Cour d'appel. En septembre, cette cour maintient, du moins temporairement, l'ordonnance du Conseil des services essentiels, ce qui a pour effet d'interdire aux policiers tout moyen de pression[126]. La décision de la Cour d'appel, qui ne sera rendue qu'en septembre 1995, renverse la décision du juge de la Cour supérieure, alléguant que les policiers sont soumis à l'autorité du Conseil des services essentiels[127]. Ce jugement permettra au Conseil de neutraliser les moyens de pressions que la Fraternité s'apprête à mettre en œuvre trois ans plus tard et aura probablement des conséquences importantes à plus long terme.

Toujours est-il que, en été 1993, l'application de la loi 102 pend au-dessus de la tête des policiers montréalais. La direction de la Fraternité engage des pourparlers avec les représentants de l'Association des policiers provinciaux du Québec et de la Fédération des policiers du Québec afin de former un front commun contre la loi[128]. En juin et juillet, suivant la directive de leurs syndicats, les policiers de la Sûreté du Québec et ceux de la moitié des municipalités du Québec ont recours à des moyens de pression : leurs policiers n'émettent de contraventions sur les routes que dans les cas où la sécurité du public est menacée[129]. Des discussions ont aussi lieu entre le président de la Fraternité et les représentants des syndicats d'employés de la Ville de Montréal et de la CUM (pompiers, cols bleus, cols blancs) pour combattre la loi 102[130]. Mais la Fraternité ne participe à aucun front commun intersyndical.

En septembre, la CUM décide de ne pas exercer son droit de retrait et d'appliquer le gel salarial à ses policiers selon la loi 102. Outre ce gel salarial mis en application en 1993 et 1994, elle offre 1 % d'augmentation pour 1995 et se propose de récupérer le 1 % de la masse salariale exigé par le gouvernement grâce à des arrangements administratifs au lieu de l'imposer aux policiers. La Fraternité fait alors des concessions importantes : elle accepte le gel de rémunération en 1993 et 1994, mais refuse l'offre de 1 % pour l'année suivante car elle repousserait la rémunération des policiers de la CUM au 34e rang parmi les corps policiers du Québec[131]. Elle recherche une augmentation de 4,5 %, l'équivalent de ce que viennent d'obtenir les policiers de Laval pour la troisième année de leur convention collective.

Commence alors l'escalade des moyens de pression pour forcer la CUM à relever ses offres salariales. À partir du 26 novembre 1993, les policiers troquent le pantalon pour le jeans et appliquent à la lettre la convention collective en exigeant, par exemple, d'être payés en argent et non en congés pour effectuer des heures supplémentaires[132]. Puis, n'ayant pas reçu signe de vie de l'employeur, ils n'émettent plus de contraventions à partir du 2 février 1994, les remplaçant par des avertissements. Ils privent ainsi les villes de la CUM de près de 83 000 $ par jour. Après cinq jours de cette médecine, une entente intervient rapidement avec la nouvelle présidente de la CUM, Vera Danyluk.

Assemblée générale de la Fraternité tenue à l'aréna Maurice-Richard en novembre 1993. Le lendemain, ils commencent l'escalade de moyens de pression (AFPCUM, 25 novembre 1993).

Signature de la convention collective de 1994, où s'ouvre une nouvelle ère de partenariat entre la Fraternité, le SPCUM et la CUM. Assis, de gauche à droite, Jacques Dinel, secrétaire-trésorier de la Fraternité ; Yves Prud'Homme, président ; Vera Danyluk, présidente de la CUM ; et Jacques Duchesneau, directeur du SPCUM (AFPCUM, 7 juin 1994).

Ratifié à 73,8 % par les policiers, le contrat comprend une augmentation de salaire de 2,5 % en 1995 (1 % en janvier et 3 % en juillet), et une amélioration au régime de retraite pour les policiers embauchés après 1984 (parité avec leur aînés pour l'indexation). La hausse salariale correspond à peu près à la progression du coût de la vie depuis 1992. En retour cependant, la Fraternité accepte l'embauche de policiers temporaires, 200 au maximum par année, affectés dans les périodes de pointe[133]. Leur salaire équivaut à 95 % de celui du policier permanent à l'embauche et ils ne peuvent travailler plus de 675 heures par année. La convention collective ne permet pas non plus que ces policiers soient utilisés pendant plus de deux ans, et ils bénéficient d'une priorité d'embauche à titre de policier permanent, à condition de satisfaire aux exigences du Service de police. En général, ils jouissent des mêmes avantages sociaux que les policiers permanents et de la protection de la convention collective de la Fraternité. Leur présence permet à la CUM d'épargner des sommes importantes, 7,6 millions par année, provenant surtout des heures supplémentaires payées aux policiers permanents[134]. La convention fait le bonheur de la direction de la CUM et du syndicat qui, selon son président, obtient des gains, du moins partiels, sur chacun de ses principaux objectifs[135]. Les policiers montréalais se retrouvent ainsi dans le peloton de tête des policiers les mieux rémunérés, légèrement derrière ceux de Laval.

La convention comprend aussi une lettre d'entente où les parties conviennent de former un comité paritaire ayant pour mandat d'étudier les questions relatives à la réorganisation du travail au Service de police. L'objectif est d'établir les paramètres d'un plan de carrière et d'obtenir des gains de productivité en étudiant diverses mesures dont l'opportunité de constituer, à l'intérieur du SPCUM, une force de réserve[136]. La présidente de la CUM et le nouveau directeur du Service de police, Jacques Duchesneau, y voient une nouvelle ère de réel partenariat avec la Fraternité[137]. Pour sa part, le syndicat accepte de « devenir partenaire dans le changement » pour autant, fait remarquer le président Prud'Homme, que la direction et le syndicat se considèrent comme des égaux[138]. Comme on l'a vu, cette volonté de concertation est mise à rude épreuve dès l'année suivante avec la décision unilatérale du SPCUM d'implanter la police de quartier.

Flexibilité et récupération salariale (1996-1998)

Cette période est aussi le moment où la Fraternité fait connaître ses demandes pour un renouvellement de la convention collective pour 1996. Les salaires sont au centre de l'enjeu, le président Prud'Homme se plaignant que le taux de rémunération des policiers montréalais est maintenant au 17e ou 18e rang en comparaison de celui des autres municipalités du Québec. On réclame donc notamment une augmentation de 7 % sur trois ans de même que des primes pour le travail en fin de semaine et une hausse du boni selon l'ancienneté[139]. Pour sa part, la CUM a donné comme directive au Service de police d'effectuer une coupe sévère de 6 % dans son budget, ce qui laisse peu de marge de manœuvre dans la négociation.

Pourtant, une entente de principe intervient relativement rapidement, sans difficulté, en juillet 1996. Le contrat de trois ans entériné à 75,8 % en assemblée générale prévoit une augmentation de 4,5 % pour les deux premières années, laissant la troisième année ouverte à des négociations ultérieures. D'autres avantages sont obtenus, notamment l'augmentation du nombre de congés annuels, la possibilité de constituer une banque de préretraite et de nouvelles dispositions touchant l'assistance juridique, dont nous avons déjà parlé[140]. La Fraternité réussit aussi à mieux encadrer les nouvelles affectations qui résulteront de la mise en place de la police de quartier[141].

Dans la négociation de 1996, la Fraternité fait plusieurs concessions pour en venir à une entente : elle cède au désir de la CUM de créer une nouvelle échelle salariale pour les policiers recrutés après le 1er janvier 1997, qui toucheront 7 368 $ de moins à l'embauche et qui deviendront policiers de première classe après six ans de service au lieu de cinq. De plus, une autre catégorie de constables verra le jour, les constables auxiliaires, dont le nombre sera limité à 100 par an et qui ne pourront accomplir que certaines tâches complémentaires (détention, administration, etc.[142]). Encore moins biens payés que les nouvelles recrues engagées après le 1er janvier 1997, ils recevront 3 590 $ de moins à l'embauche, écart qui atteindra 12 532 $ après six ans de service. Ils jouiront toutefois des avantages sociaux des policiers permanents et participeront à leur régime de retraite. En plus, quand un poste de policier temporaire s'ouvrira, ils auront priorité d'embauche s'ils satisfont aux exigences requises. Néanmoins, il peut devenir ainsi beaucoup plus long pour une jeune recrue de jouir des avantages des policiers permanents : cadet-policier avant d'entrer à l'Institut de Nicolet, constable auxiliaire après ses études pendant un certain temps et policier temporaire par la suite. La CUM trouve ainsi la flexibilité recherchée et, il va sans dire, réalise des économies substantielles. Le Service de police contribue ainsi à réduire le budget de la CUM qui peut se permettre, en 1996, une réduction de 8 millions des contributions des municipalités à ses revenus. Son budget est en baisse pour une troisième année consécutive[143].

Après la signature de la convention pour 1996-1998, la Fraternité peut espérer trois années de paix relative sur le front des relations de travail. Mais c'est sans compter sur la décision du gouvernement québécois, au début de 1997, de refiler une facture de 500 millions aux municipalités du Québec et de suggérer de réduire de 6 % leur coût de main-d'œuvre. Il leur promet de voter une loi spéciale dans ce but avant le 1er septembre si les syndicats d'employés municipaux refusent de collaborer ou de rouvrir les conventions collectives[144]. Alléguant que les conditions de travail des employés municipaux sont bien meilleures que celles des syndiqués de la fonction publique provinciale, il veut administrer aux employés municipaux la même médecine qu'il a imposée aux secteurs public et parapublic (récupération salariale, utilisation des surplus actuariels des caisses de retraite pour de nombreuses mises à la retraite).

En réaction, la Fraternité fait front commun, le 1er avril, avec la Fédération des policiers du Québec et les autres syndicats d'employés municipaux, dont plusieurs donnent des mandats allant jusqu'à la grève générale illégale si le gouvernement persiste dans cette voie[145]. La coalition lui refuse le droit de s'ingérer dans les relations de travail des municipalités et d'imposer ses vues par législation. En juin, après une rencontre avec le premier ministre Lucien Bouchard qui repousse la date butoir du 1er septembre, la coalition accepte de négocier avec les municipalités la réduction de la facture de 500 millions[146].

En février 1998, le gouvernement s'apprête à voter une loi d'exception qui imposera une récupération salariale de 6 % aux syndicats qui ne se sont pas encore entendus avec leur employeur. Plusieurs syndicats d'employés municipaux de la coalition débraient alors pendant une heure, en guise de protestation, le 11 février (75 % des cols bleus et blancs à Montréal). La direction de la Fraternité, qui a obtenu la veille, en assemblée générale, le mandat d'exercer des moyens de pression, propose aux policiers de suivre le mouvement en se limitant, de 8 h 30 à 9 h 30 du matin, à répondre aux appels urgents et en n'effectuant pas de patrouille pendant cette heure. Mais le Conseil des services essentiels, qui a désormais le pouvoir de régir le travail policier, l'interdit car il juge que ce moyen de pression pourrait « avoir des conséquences graves sur la santé et la sécurité des citoyens ». La Fraternité revient sur sa décision et respecte finalement la directive du Conseil[147].

L'entente conclue entre la CUM et la Fraternité est signée in extremis, le 19 février, tout juste avant l'adoption de la loi spéciale. La récupération salariale provient du partage en parts égales du surplus actuariel de la caisse de retraite des policiers. La CUM y puise 235 millions en s'accordant un congé de contribution pendant au moins cinq ans, ce qui signifie pour elle une économie de 31 millions par année, somme qu'elle utilise pour réduire ses dépenses tout en accordant aux municipalités qui forment la CUM une réduction de leur contribution financière[148]. Même avant cette ponction, la situation financière de la CUM est tout à fait saine, celle-ci ayant réussi depuis 1994 à accumuler de légers surplus budgétaires tout en réduisant la contribution financière des municipalités.

Quant aux policiers de la Fraternité, ils obtiennent une hausse salariale de 1,5 % au 31 décembre 1998 et la réduction de la cotisation au régime de retraite de 1,5 %. L'utilisation des surplus de la caisse de retraite leur permet également une bonification de leur régime de retraite[149]. On prévoit pour cette raison de plus nombreux départs, près de 400 au lieu des 200 mises à la retraite habituelles[150]. Ces départs sont aussi une économie pour la CUM, qui les remplace par de jeunes policiers rémunérés selon une échelle salariale moins généreuse. Ce gain est important car il devrait représenter 10 % de la masse salariale des policiers de 1998 à l'an 2000, selon le directeur adjoint du SPCUM[151]. L'entente est ratifiée par une forte majorité des membres de la Fraternité le 5 mars (97,7 %). Toutes les parties sont ainsi satisfaites, alors qu'au début de 1997 la volonté de récupération salariale du gouvernement laissait entrevoir une guerre à finir.

Évaluation des salaires

Malgré la récupération salariale de 1998 et le gel de 1993 et de 1994, les policiers montréalais voient leur rémunération croître au cours des dix dernières années dont il est question, du moins les policiers déjà à l'embauche du Service de police depuis 1988 *(tableau 5.5)*. En valeur nominale, le salaire du policier de première classe augmente de 34 %, ce qui est supérieur à la croissance de l'indice des prix à la consommation pour la même période (25 %). C'est donc dire que ce policier accroît son pouvoir d'achat de 9 % environ pendant ces années. Ces gains se font surtout en début de période, de 1988 à 1990 ; par la suite, les hausses salariales suivent de près la croissance des prix.

Si cette progression s'est faite, c'est que la Fraternité a accepté de faire plusieurs concessions qui permettent à la CUM de dégager une marge de manœuvre financière. On ajoute une année de service à celui qui veut devenir policier de première classe en 1993 (cinq au lieu de quatre), et une autre en 1997 pour les nouveaux policiers qui doivent aussi se contenter d'une échelle salariale beaucoup moins généreuse. Mais, surtout, de nouvelles classes de policiers moins bien rémunérés apparaissent : les cadets-policiers en 1992, les policiers temporaires en 1995 et les constables auxiliaires en 1997. On pourrait en conclure que les policiers les plus âgés conservent leurs conditions de travail au détriment des plus jeunes qui entrent dans le Service. Mais les policiers chevronnés sont également affectés par la décision de la SPCUM d'éliminer presque complètement les grades de lieutenant et de capitaine dans la foulée de la mise en place de la police de quartier. Les possibilités de promotion s'en trouvent fort aléatoires et le plan de carrière profondément modifié.

Comme le fait valoir le tableau 5.6, l'écart de rémunération entre les policiers et les autres salariés du Québec s'est élargi au cours des dernières années.

Tableau 5.5 — Échelle salariale des policiers de première classe (1988-1998)

	Rémunération annuelle des policiers de 1re classe	Rémunération annuelle moyenne au Québec	Écart en faveur des policiers	Indice du coût de la vie au Québec (1986 = 100)
1988	41 340 $	23 525 $	75,7 %	108,5
1989	44 346 $	24 429 $	81,5 %	113,3
1990	47 011 $	25 808 $	82,1 %	118,1
1991	48 421 $	26 848 $	80,3 %	126,9
1992	49 950 $	27 845 $	79,3 %	129,3
1993	51 432 $	28 205 $	82,3 %	131,1
1994	51 432 $	28 434 $	80,8 %	129,2
1995	51 946 $	28 581 $	81,7 %	131,5
1996	53 505 $	28 826 $	85,6 %	133,7
1997	55 432 $	29 379 $	88,6 %	135,6
1998	57 214 $	29 744 $	89,4 %	

Source : Rémunération au 1er janvier de chaque année. Pour 1988, il s'agit de l'échelle salariale des policiers embauchés avant le 1er janvier 1984. De 1988 à 1992, nous retenons l'échelle salariale exigeant quatre ans et plus de service, et, de 1993 à 1998, cinq ans et plus de service. De 1997 à 1999, il s'agit de l'échelle des policiers embauchés avant le 1er janvier 1997. Nous avons obtenu le montant de la rémunération annuelle au Québec en multipliant la rémunération hebdomadaire moyenne par 52 (AFPCUM, *Conventions collectives intervenues entre la Cité de Montréal et la Fraternité des policiers de la Communauté urbaine de Montréal, 1988-1998*; Statistique Canada, *Emploi, gains et durée du travail,* juin 1998, p. 129; *Prix à la consommation et indices des prix,* oct.-déc. 1997).

Tableau 5.6 — Échelle salariale des policiers de Montréal selon les grades (1985-1998)

	1990	1995	1998
Capitaines	48 855 $	62 566 $	76 144 $
Lieutenants	44 873 $	57 399 $	69 857 $
Sergents-superviseurs de quartier			66 681 $
Sergents	40 889 $	52 181 $	63 506 $
Constables (1ʳᵉ classe)	36 909 $	47 011 $	57 214 $
Constables (2ᵉ classe)	35 842 $	38 905 $	49 480 $
Constables (3ᵉ classe)	34 339 $	34 853 $	44 585 $
Constables (4ᵉ classe)	21 000 $	26 749 $	39 693 $
Constables (5ᵉ classe)			35 103 $
Constables (6ᵉ classe)			29 905 $
Constables à l'embauche			25 405 $

Source : AFPCUM, Conventions collectives intervenues entre la Cité de Montréal et la Fraternité des policiers de la Communauté urbaine de Montréal, 1985-1998.

Cela découle surtout du fait que ces salariés voient leur pouvoir d'achat régresser car leur rémunération progresse à un rythme plus lent que l'inflation, alors que celle des policiers montréalais s'accroît à un rythme légèrement plus élevé. En général, les employés municipaux du Québec n'ont pas connu de baisse de pouvoir d'achat au cours des années 1980 et 1990 comme les salariés du secteur privé et ceux des secteurs public et parapublic relevant du gouvernement du Québec. C'est pourquoi ce dernier vote, en février 1998, une loi de récupération salariale visant uniquement les employés municipaux. Les membres de la Fraternité s'en tirent sans trop de mal avec une augmentation de 1,5 % à la fin de 1998.

* * *

Pour la dernière décennie, la Fraternité nous apparaît donc comme une forteresse assiégée, cherchant à défendre les avantages obtenus par ses membres au cours des décennies antérieures dans une conjoncture économique et sociale qui lui est défavorable. En effet, à cause de la récession économique de 1990 les gouvernements sont aux abois, tandis que les travailleurs salariés en général voient leur condition se détériorer ou, au mieux, ne la voient pas s'améliorer. Cette situation n'est pas sans influencer la Fraternité et ses membres, qui se montrent beaucoup plus disposés à s'entendre avec l'employeur qu'au cours de la période antérieure. La plupart des contrats de travail sont conclus sans recours à des moyens de pression.

En général, la Fraternité réussit à maintenir les conditions de travail des policiers et même à les améliorer en ce qui concerne le régime de retraite et, dans une certaine mesure, les salaires. Mais pour en venir à des ententes, elle doit néanmoins faire des concessions significatives en acceptant, par exemple, la création de nouvelles catégories de constables moins bien rémunérés : les cadets-policiers en 1992, les policiers temporaires en 1995 et les constables auxiliaires en 1997. Elle se plie également au gel des salaires imposé par le gouvernement québécois en 1994 et en 1995 et à la récupération salariale qu'il exige en 1998. Enfin, elle accepte une nouvelle échelle salariale moins généreuse pour les nouveaux policiers embauchés après le 1er janvier 1997. Cette dernière concession lui attire bien des reproches. Aussi souhaite-t-elle l'abolir à l'aube de la négociation portant sur le contrat de travail de 1999[152].

Sur d'autres plans, elle subit aussi certains revers. L'image des policiers est ternie par les accusations de violence dans trois cas largement médiatisés dont deux ont fait bondir la communauté noire. On ne se gêne pas pour accuser

Dirigeants de la Caisse d'économie des policiers et policières de la CUM qui continue de jouer un rôle important auprès des membres de la Fraternité. De gauche à droite : M. Émile Bisaillon, président ; M. Paul Filteau, directeur général ; et M. Lafleur (AFPCUM, 29 novembre 1995).

En 1994, la Fraternité souligne le vingt-cinquième anniversaire de la grève du 7 octobre 1969. À cette occasion, elle réunit les militants actifs lors de cette journée mémorable. Dans la première rangée, de gauche à droite, Gilbert Custeau, ancien président de la Fraternité, André Guillotte, Guy Marcil, président de la Fraternité en 1969, et Raymond D'Astous. À l'arrière : Jean-Paul Bélanger, Réjean Landry, Jacques Ruel, André Delongchamps et Jean-Louis Julien (AFPCUM, 7 octobre 1994).

globalement les policiers de brutalité et de racisme. La Fraternité veille au grain et les membres sont largement satisfaits de l'énergie qu'elle met, notamment le président Prud'Homme, à défendre les policiers impliqués lorsque deux d'entre eux sont condamnés sur la place publique avant même d'être jugés. Mais, avec le temps, la situation s'est amendée, la direction du SPCUM étant plus prudente dans ses analyses, le gouvernement ayant mis sur pied de nouvelles instances touchant la déontologie policière, la CUM ayant entrepris un programme d'éducation sur les minorités culturelles et la Fraternité contribuant à faciliter le rapprochement entre les policiers et ces minorités.

Un autre dossier éprouve durement la Fraternité, soit celui qui a conduit à la mise en place de la police de quartier. En septembre 1995, elle est placée devant le fait accompli découlant d'une décision rapide des autorités de la CUM. « On s'est fait piéger », raconte Alain Simoneau. La pilule est d'autant plus amère à avaler qu'elle comporte la perte de deux cents membres, l'employeur ayant atteint un objectif qu'il poursuit depuis 1944, celui d'exclure la plupart des officiers de l'unité de négociation. La Fraternité réussit néanmoins à négocier les modalités de mutation et d'affectation des policiers dans les postes de quartier. Après deux ans de fonctionnement, la formule suscite un mécontentement généralisé parmi les policiers, ce qui n'est pas sans affecter leur travail et rendre plus difficile leur coopération avec l'employeur. Le discours critique tenu par la Fraternité lors de l'implantation de cette réforme devrait avoir pour effet de renforcer le sentiment d'appartenance des policiers à leur syndicat et d'affaiblir celui qui les lie au SPCUM.

Conclusion générale

La Fraternité des policiers et policières de la CUM représente, à beaucoup d'égards, un syndicat d'un type particulier dans le mouvement syndical québécois. Les policiers qui ont pour mission de maintenir l'ordre dans la société sont aussi des travailleurs salariés qui, comme tous les autres travailleurs, sont soucieux d'améliorer leur sort socioéconomique. Et ce n'est pas simplement parce qu'ils sont à l'emploi d'un organisme public que l'employeur leur accordera des conditions de travail équitables. Comme les entreprises privées soumises aux lois du profit, les municipalités doivent établir leurs priorités. Il arrive souvent que le coût de la main-d'œuvre, dont celle des policiers, leur apparaisse exorbitant et elles s'appliquent alors à en réduire la progression. De là le mécontentement des policiers et leur désir de négocier collectivement des conditions de travail en faisant appel au syndicalisme.

Le syndicalisme policier à Montréal est né à deux moments où les agents de police sont fortement insatisfaits de l'administration municipale, qui tarde à leur accorder des augmentations salariales comparables à celles des autres travailleurs salariés. L'Union ouvrière fédérale des policiers, fondée en 1918, et l'Association canadienne des policiers, organisée en 1943, sont mises sur pied alors que la Ville connaît des difficultés financières. Dans les deux cas, la Ville est sous la tutelle d'administrateurs nommés par le gouvernement québécois pour assainir ses finances. Comme ces administrateurs cherchent à réduire les dépenses, ils sont sourds au mécontentement des policiers, qui, pour se faire entendre, non seulement forment un syndicat, mais n'hésitent pas à faire la grève.

À cette époque, les policiers montréalais se sentent solidaires du reste du mouvement syndical, qui d'ailleurs apporte une aide essentielle à l'organisation de leur propre syndicat. Rappelons que l'Union ouvrière fédérale des policiers est affiliée au Congrès des métiers et du travail du Canada dès sa création en 1918 et que, en 1943, l'Association canadienne des policiers doit une fière chandelle à l'organisateur du Congrès canadien du travail au Québec, Paul-Émile Marquette. Les liens de solidarité syndicale se font notamment sentir au moment des grèves de 1918 et 1943 qui sont déclenchées conjointement avec d'autres syndicats du secteur municipal. Il est révélateur que le président Lavigueur promette, en 1943, de n'ordonner le retour au travail de ses policiers que conjointement avec celui des syndicats de pompiers et de cols bleus. C'est le gouvernement du Québec qui, en 1944, brise cette solidarité en interdisant par législation l'affiliation du syndicat montréalais au Congrès canadien du travail. Il récidive en 1950 en interdisant également tout lien avec les autres syndicats de policiers au Québec au sein de la Fraternité canadienne des policiers. Ainsi isolée, la Fraternité des policiers de Montréal deviendra un syndicat tourné sur lui-même, à faible préoccupation sociale, largement axé dans les années 1950 sur la négociation collective et les services à ses membres. Ce trait colore encore de nos jours le genre de syndicalisme pratiqué par la Fraternité.

À partir du milieu des années 1960 jusqu'aux années 1980, ses membres sont touchés par le vent de radicalisme et de contestation qui imprègne le mouvement syndical, même si la Fraternité doit en principe se tenir à l'écart de celui-ci. Les policiers, surtout les jeunes, ont des attentes élevées envers leurs conditions de travail et ils n'écartent pas le recours à la grève ou à d'autres moyens de pression. Un arrêt de travail survient en octobre 1969, mais, compte tenu de la fougue qui anime les policiers, des débrayages auraient pu également survenir en janvier 1967 ou en avril 1975. Leur militantisme leur vaut des gains considérables, notamment des hausses salariales qui doublent leur pouvoir d'achat de 1965 à 1975 et, élément important, l'application de la convention collective de la Fraternité, en 1971, à tous les policiers de la Communauté urbaine de Montréal. Ils obtiennent également la semaine de travail de quatre jours en 1978 et des améliorations substantielles au régime de retraite. Dans les années 1980 et 1990, la Fraternité doit faire des concessions, mais, dans son ensemble, elle réussit à maintenir l'excellence des conditions de travail de ses membres. Elles n'ont cependant rien d'extravagant si on les compare à celles des policiers torontois depuis les années 1940 et à celles des meilleurs corps policiers du Québec dans les années 1990.

Le syndicalisme policier doit composer avec une autre réalité qui conditionne largement son fonctionnement et impose des contraintes majeures. En effet, il regroupe des travailleurs ayant la caractéristique d'occuper une fonction éminemment essentielle, soit le maintien de l'ordre et de la sécurité publique. Une société ne peut se passer des services de la police sous peine de sombrer dans l'anarchie. C'est pourquoi la structure du service de police s'est longtemps apparentée à celle des forces armées, empruntant ses symboles, sa hiérarchie et son sens de la discipline. Comme les forces armées, la police assure l'autorité de l'État et il est essentiel pour les administrations publiques, croit-on, que les policiers respectent les ordres donnés et qu'une seule autorité régisse l'activité policière. C'est pourquoi, à Montréal comme ailleurs, les autorités municipales ont manifesté d'énormes réticences à reconnaître les syndicats de policiers et à négocier avec leurs représentants. Plus que tout autre syndicat d'employés municipaux, ils sont apparus comme une menace à l'autorité des élus.

Aussi la Ville de Montréal s'est-elle appliquée d'abord à l'éliminer, puis, lorsque c'est devenu impossible, à en encadrer sévèrement les activités avec l'aide du gouvernement québécois. Dans un premier temps, la Ville est parvenue à liquider à toute fin pratique l'Union ouvrière des policiers dans les années 1920, puis elle a voulu faire de même avec l'Association canadienne des policiers de Montréal en 1943, refusant de reconnaître le syndicat comme agent négociateur. Ce sont la grève qui a suivi et l'intervention du gouvernement québécois qui ont forcé l'administrateur de la Ville à s'asseoir à la table de négociation.

Mais le législateur s'empresse, dès 1944, de dresser des limites spécifiques au syndicalisme policier. Ainsi, l'affiliation à une centrale syndicale ou à toute autre organisation est-elle interdite, obligeant le syndicat montréalais à rompre son affiliation avec le Congrès canadien du travail. « Vous avez l'obligation de défendre l'ordre public », déclare le premier ministre du Québec. « Il ne faudrait pas, dit-il, que les policiers soient mis dans la position de devoir choisir entre la ville qui les emploie et une association en grève ». On craint donc que l'appartenance syndicale ne crée des solidarités qui compromettent l'autorité des élus. Puis, en 1950, le législateur interdit tout lien entre syndicats de policiers, ce qui provoque la dissolution de la Fraternité canadienne des policiers, laquelle a déjà regroupé bon nombre de syndicats de policiers au Québec. C'est à l'isolement syndical que la Fraternité est alors confinée.

En 1944, le législateur a dressé une autre frontière à l'action de la Fraternité en supprimant le droit de grève qui est remplacé par un processus d'arbitrage où les décisions sont finales et exécutoires. Une grève de policiers, fait valoir le secrétaire de la province, est « une attaque injustifiable contre le peuple lui-même ». De lourdes pénalités sont imposées aux contrevenants. On limite ainsi le rapport de force du syndicat tout en s'assurant qu'il ne puisse compromettre l'ordre public et l'autorité des élus. En outre, pour mieux assurer son autorité, la Ville de Montréal, puis la CUM, cherche aussi à plusieurs occasions à écarter les officiers de l'unité d'accréditation; elle n'y réussit qu'en 1995.

Malgré les contraintes imposées au syndicat montréalais, une grève survient en 1969 et des moyens de pression sont exercés par la Fraternité dans les années 1980 et 1990. Les autorités de la CUM y répondront par le biais du Conseil des services essentiels qui, selon une décision de la Cour d'appel en 1995, a maintenant juridiction sur le travail policier. Même si le Conseil n'a pas encore eu à prendre une décision dans un conflit, il y a lieu de croire qu'il définisse comme service essentiel l'ensemble des services policiers. Le rapport de force de la Fraternité s'en trouvera affaibli.

L'histoire de la Fraternité illustre avec éloquence les contraintes particulières auxquelles le syndicalisme policier a dû se soumettre pour survivre dans un état démocratique. L'historique soulève une question fondamentale : comment réconcilier le travail essentiel de maintien de l'ordre avec l'objectif premier de tout syndicat, soit l'amélioration des conditions de travail de ses membres. C'est un équilibre qui est constamment remis en question car les administrations municipales n'ont pas d'intérêt particulier à bonifier les conditions de travail de leurs policiers. Au contraire, pourrait-on dire, il est préférable pour elles de diriger les fonds perçus vers d'autres services à la population ou vers une réduction de la taxation. Elles peuvent alors être tentées de recourir aux contraintes mises en place par le législateur pour restreindre l'action syndicale policière afin de laisser végéter les conditions de travail des policiers. C'est pourquoi le syndicalisme vigoureux que défend la Fraternité depuis plus de cinquante ans est nécessaire pour veiller à la protection de ses membres.

Membres des conseils de direction des syndicats de policiers et policières de Montréal

Union ouvrière fédérale des policiers, nº 62 (1918-1940)

1918
Président : Albert Carle
Vice-président : Elie Brooks
Secrétaire-trésorier : Arthur Bouchard
Secrétaire-archiviste : Édouard Lebeau
Directeurs : Alfred Ouimet, Wilbrod Laflamme, J.-B.-D. Collin,
    Eugène Martin
Gardien : Louis Morel
Conducteur : Marcelin Bergeron
Syndics : Albert Carle, Edmond A. Lebeau, Wilbrod Carpenter

1919
Secrétaire-trésorier : J.-Eugène Pilon
Secrétaire-archiviste : Edmond Lebeau

1920
Président : Arthur Bouchard
Secrétaire-archiviste : J.-Eugène Pilon

1921
Président : Albert Carle
Secrétaire-archiviste : Réal Le Jeune

1922
Président : A. Lanteigne
Vice-président : J.-A. Filiatreault
Secrétaire-trésorier : Arthur Bouchard
Secrétaire-archiviste : Joseph Marie Duguay
Syndic : A. Vézina

1923
Président : A. Lanteigne
Secrétaire-trésorier : Albert Carle
Secrétaire-archiviste : Joseph-Marie Duguay

1924
Président : A. Lanteigne
Secrétaire : Charles Larivière

1925
Président : A. Lanteigne
Vice-président : F. Sénécal
Secrétaire-trésorier : Charles Larivière
Secrétaire-archiviste : C. Guimond
Syndics : A. Vézina, O. Grignon, P. Lemlin

1926
Président : A. Lanteigne
Vice-président : F. Sénécal
Secrétaire-trésorier : Charles Larivière
Secrétaire-archiviste : C. Guimond
Syndics : A. Vézina, O. Grignon, P. Lemlin

1927
Président : A. Lanteigne
Vice-président : A. Vanier
Secrétaire-trésorier : Charles Larivière
Secrétaire-archiviste : C. Guimond
Syndics : A. Vézina, O. Grignon, P. Lemlin

1928
Président : Louis Ouellette
Vice-président : A. Vanier
Secrétaire-trésorier : Charles Larivière
Secrétaire-archiviste : C. Guimond
Syndics : O. Grignon, P. Lemlin. Lessard

1929
Président : Louis Ouellette
Vice-président : A. Vanier
Secrétaire-trésorier : Charles Larivière
Secrétaire-archiviste : Armand Bajot
Syndics : P. Lemlin. Lessard

1930
Président : Louis Ouellette
Vice-président : Bouchard
Secrétaire-trésorier : O. Grignon
Secrétaire-archiviste : Armand Bajot
Syndics : Charles Larivière, H. Desroches, Lessard

1931
Président : Louis Ouellette
Vice-président : A. Beauchamp
Secrétaire-trésorier : Olivier Grignon
Secrétaire-archiviste : Armand Bajot
Syndics : Charles Larivière, H. Desroches

1932
Président : Louis Ouellette
Vice-président : Albert Beauchamp
Secrétaire-trésorier : Olivier Grignon
Secrétaire-archiviste : Armand Bajot
Syndics : Charles Larivière, H. Desroches

1933
Président : Louis Ouellette
Vice-président : A. Beauchamp
Secrétaire-trésorier : Olivier Grignon
Secrétaire-archiviste : Armand Bajot
Syndics : Charles Larivière, H. Desroches

1934
Président : Louis Ouellette
Vice-président : A. Beauchamp
Secrétaire-trésorier : Olivier Grignon
Secrétaire-archiviste : Armand Bajot
Syndics : Charles Larivière, H. Desroches

1935
Président : Louis Ouellette
Vice-président : A. Beauchamp
Secrétaire-trésorier : H. Desroches
Syndics : J. DeBellefeuille, O. Grignon, Marotte

1936
Président : Charles Larivière
Vice-président : A. Beauchamp
Secrétaire-trésorier : H. Desroches
Syndics : J. DeBellefeuille, Marotte

1937
Président : Charles Larivière
Vice-président : A. Beauchamp
Secrétaire-trésorier : H. Desroches
Syndics : J. DeBellefeuille, Marotte

1938
Président : Charles Larivière
Vice-président : A. Beauchamp
Secrétaire-trésorier : H. Desroches
Syndics : J. DeBellefeuille, Marotte

1939
Président : Charles Larivière
Vice-président : A. Beauchamp
Secrétaire-trésorier : H. Desroches
Syndics : J. DeBellefeuille, Marotte

1940
Président : Charles Larivière
Vice-président : A. Beauchamp
Secrétaire-trésorier : H. Desroches
Syndics : J. DeBellefeuille, Marotte

Association des policiers de Montréal (1943-1944)

1943
Président : Roger Lavigueur
Vice-président (1er) : Hormidas Bélair
Vice-président (2e) : Gordon Mackenzie
Secrétaire-trésorier : Urgel Chenier
Tuileur : Lucien Tessier
Gardien : A. Ducharme

1944
Président : Roger Lavigueur
Vice-président : Georges A. Cookson
Secrétaire : Lucien Marion
Conseillers : Émile Joyal, Albin Turner
Tuileur : Lucien Tessier
Garde : A. Ducharme

Fraternité canadienne des policiers, section de Montréal (1944-1950)

1945
Président : Roger Lavigueur
Vice-président : Georges A. Cookson
Secrétaire-archiviste : Lucien Marion
Conseillers : Émile Joyal, Albin Turner
Tuileur : Lucien Tessier
Garde : A. Ducharme

1946
Président : Roger Lavigueur
Vice-président : Georges A. Cookson
Secrétaire-archiviste : Lucien Marion
Conseillers : Georges-Henri Jacques, Albin Turner
Tuileur : Lucien Tessier
Garde : André Thuot

1947
Président : Roger Lavigueur
Vice-président : Georges A. Cookson
Secrétaire-archiviste : Hilaire Anctil
Conseillers : Georges-Henri Jacques, Albin Turner
Tuileur : Lucien Tessier
Garde : André Thuot

1948
Président : Jean-Paul Lapointe
Vice-président (1) : Georges A. Cookson
Vice-président (2) : Albin Turner
Secrétaire archiviste : Hilaire Anctil
Directeurs : Georges-Henri Jacques, Albin Turner, Gérard Soucy,
   Philippe Ménard
Représentant devant l'Etat-Major : Émile Joyal
Tuileur : Roger Picard
Garde : Léo Clermont

1949
Président : Jean-Paul Lapointe
Vice-président (1) : Georges A. Cookson
Vice-président (2) : Albin Turner
Secrétaire archiviste : Hilaire Anctil
Directeurs : Lucien Tessier, Georges-Henri Jacques, Gérard Soucy,
   Philippe Ménard
Représentant devant l'Etat-Major : P. Picard
Tuileur : Clovis Trudeau
Garde : Léo Clermont

Fraternité des policiers de Montréal (1950-1972)

1950 (avril)
Président : Jean-Paul Lapointe
Vice-président (1) : Georges A. Cookson
Vice-président (2) : Lucien Tessier
Trésorier : Gérard Soucy
Secrétaire archiviste : Hilaire Anctil
Directeurs : Émile Joyal, Georges-Henri Jacques, Philippe Ménard,
   Léo Clermont, Gérard Denault
Tuileur : Clovis Trudeau
Garde : Joseph Gauthier

1951 (avril)
Président : Jean-Paul Lapointe
Vice-président (1) : Georges A. Cookson
Vice-président (2) : Lucien Tessier
Trésorier : Gérard Soucy

Secrétaire : Hilaire Anctil
Directeurs : Émile Joyal, Georges-H. Jacques, Philippe Ménard,
    Léo Clermont, Gérard Denault
Tuileur : Clovis Trudeau
Garde : Joseph Gauthier

1952 (avril)
Président : Jean-Paul Lapointe
Vice-président (1) : Paul Couturier
Vice-président (2) : Lucien Tessier
Trésorier : Gérard Soucy
Trésorier de la revue : Albin Turner
Secrétaire : Hilaire Anctil
Directeurs : Roméo Huot, Georges-H. Jacques, Philippe Ménard,
    Jean-Paul Picard, Alfred Arbour
Tuileur : Roger Picard
Garde : Réal Chevalier

1954 (avril)
Président : Jean-Paul Lapointe
Vice-président (1) : Paul Couturier
Vice-président (2) : Lucien Tessier
Trésorier : Gérard Soucy
Secrétaire : Hilaire Anctil
Directeurs : Raymond Huot, Robert Connelly, Philippe Ménard,
    Jean-Paul Picard, Jean-Paul Guindon
Tuileur : Jean-Paul Dagenais
Garde : Réal Chevalier

1956 (juin)
Président : Jean-Paul Lapointe
Vice-président (1) : Paul Couturier
Vice-président (2) : Lucien Tessier
Trésorier : Gérard Soucy
Trésorier de la revue : Albin Turner
Secrétaire : Roméo Huot
Directeurs : Raymond Huot, Robert Connelly, Philippe Ménard,
    Jean-Paul Picard, Jean-Paul Picard, Jean-Paul Guindon
Tuileur : Jean-Paul Dagenais
Garde : Roger Lavigueur

1959 (mai)
Président : Jean-Paul Lapointe
Vice-président (1) : Paul Couturier
Vice-président (2) : Jean-Guy Ménard
Trésorier : Gérard Soucy
Trésorier de la revue : Albin Turner
Secrétaire : Fernand Côté
Directeurs : Philippe Ménard, Jean-Pierre Gagnon, Albert Rémillard,
    Jean-Paul Picard, Jean-Paul Guindon, André Guillotte,
    Jean-Paul Dagenais, Roger Lavigueur
Tuileur : Paul Laurin
Garde : Roger Laurier

1960 (mai)
Président : Jean-Paul Lapointe
Vice-président (1) : Paul Couturier
Vice-président (2) : Jean-Guy Ménard
Trésorier : Gérard Soucy
Trésorier de la revue : Albin Turner
Secrétaire : F. Côté
Directeurs : Philippe Ménard, Jean-Pierre Gagnon, Albert Rémillard,
    Jean-Paul Picard, Gérard Malépart, André Guillotte,
    Jean-Paul Dagenais, Roger Lavigueur
Tuileur : Paul Laurin
Garde : Georges Coallier

1961 (juin)
Président : Jean-Paul Lapointe
Vice-président (1) : Paul Couturier
Vice-président (2) : Jean-Guy Ménard
Trésorier-général : Jean-Paul Picard
Secrétaire : Fernand Côté
Directeurs : Philippe Ménard, Jean-Pierre Gagnon, Albert Rémillard,
    Jean-Paul Picard, Gérard Malépart, André Guillotte, Jean-Paul Dagenais,
    Roger Lavigueur
Tuileur : Paul Laurin
Garde : Georges Coallier

1963 (mai)
Président : Jean-Paul Lapointe

Vice-président (1) : Paul Couturier
Vice-président (2) : Jean-Guy Ménard
Trésorier-général : Jean-Paul Picard
Secrétaire : Fernand Côté
Directeurs : Philippe Ménard, Jean-Paul Gagnon, Albert Rémillard,
   Adrien Larose, Gérard Malépart, André Guillotte, Jean-Paul Dagenais,
   Roger Lavigueur
Tuileur : Paul Laurin
Garde : Georges Coallier

1964 (mai)
Président : Paul Couturier
Vice-président : Jean-Guy Ménard
TrésorierJean-Paul Picard
Secrétaire : Gérard Malépart
Directeurs : Philippe Ménard, Jean-Paul Gagnon, Albert Rémillard,
   Adrien Larose, Gérard Malépart, André Guillotte, Jean-Paul Dagenais,
   Roger Lavigueur
Tuileur : Paul Laurin
Garde : Georges Coallier

1965 (mai)
Président : Jean-Paul Picard
Vice-président : Paul Couturier
Secrétaire : Guy Marcil
Directeurs : Philippe Ménard, Jean-Paul Gagnon, Albert Rémillard,
   Adrien Larose, Gérard Malépart, André Guillotte,
   Pierre De La Rochellière, Roger Lavigueur
Tuileur : Paul Laurin
Garde : Georges Coallier

1967 (mai)
Président : Jean-Paul Picard
Vice-président : Gérard Malépart
Secrétaire : Guy Marcil
Trésorier : Jean-Guy Ménard
Directeur exécutif : Pierre De La Rochellière
Directeurs : Jean-Louis Julien, Jacques Ruel, Albert Rémillard,
   Adrien Larose, André Guillotte, Raymond D'Astous, Paul Laurin,
   Réjean Landry, Jean-Marc Demers, Charles Brunet

1968 (mai)
Président : Jean-Paul Picard
Vice-président : André Guillotte
Secrétaire : Guy Marcil
Trésorier : Jean-Guy Ménard
Directeur exécutif : Pierre De La Rochellière
Directeurs : Jean-Louis Julien, Jacques Ruel, Albert Rémillard,
Adrien Larose, André Delongchamps, Raymond D'Astous, Paul Laurin,
    Réjean Landry, Jean-Marc Demers, Charles Brunet

1969 (mai)
Président : Guy Marcil
Vice-président : André Guillotte
Secrétaire : Raymond D'Astous
Assistant-secrétaire : Jacques Ruel
Trésorier : Jean-Guy Ménard
Assistant-trésorier : Jean-Louis Julien
Directeur exécutif : Pierre De La Rochellière
Directeur : Jean-Marc Demers
Chef moniteur : Georges Coallier
Discipline : Adrien Larose
Assistant-discipline : Jean-Paul Bélanger
Visites aux malades : André Delongchamps
Loisirs : Réjean Landry
Tuileur : Paul Laurin
Garde : Gilbert Custeau

**Fraternité des policiers et policières
de la Communauté urbaine de Montréal (1971-1996)**

1971 (mai)
Président : Guy Marcil
Directeur exécutif : Gilbert Custeau
Ass.-directeur exécutif : Jean-Marc Demers
Secrétaire : Pierre De La Rochellière
Assistant-secrétaire : Jacques Ruel
Adjoint au secrétaire : Paul Laurin
Trésorier : Raymond D'Astous
Assistant-trésorier : Jean-Claude Marcil

Chef moniteur : Jean-Paul Bélanger
Discipline : Adrien Larose
Assistant-discipline : Charles Brunet
Visites aux malades : Georges Coallier
Loisirs : Réjean Landry
Tuileur : Jean-Guy Ménard

1973 (mai)
Président : Guy Marcil
Vice-président : Gilbert Custeau
Directeur exécutif : Réjean Landry
Ass.-directeur exécutif : Jacques Ruel
Secrétaire : Raymond D'Astous
Assistant-secrétaire : Jean-Louis Julien
Adjoint au secrétaire : Georges Coallier
Trésorier : Pierre De La Rochellière
Assistant-trésorier : Jean-Marc Demers
Chef moniteur : André Sasseville
Discipline : Adrien Larose
Assistant-discipline : Charles Brunet
Visites aux malades : Jean-Paul Bélanger
Loisirs : Daniel Heffernan
Tuileur : Paul Laurin

1974 (mai)
Président : Guy Marcil
Vice-président : Gilbert Custeau
Directeur exécutif : Jacques Ruel
Ass.-directeur exécutif : Jean-Marc Demers
Secrétaire : Raymond D'Astous
Assistant-Secrétaire : Jean-Louis Julien
Adjoint au Secrétaire : Georges Coallier
Trésorier : Réjean Landry
Assistant-Trésorier : Patrick De Caen
Chef-moniteur : André Sasseville
Discipline : Charles Brunet
Assistant-discipline : Claude Lebel
Visites aux malades : Jean-Paul Bélanger
Loisirs : Daniel Heffernan
Tuileur : Paul Laurin

1975 (mai)
Président : Gilbert Custeau
Vice-président : Charles Brunet
Directeur exécutif : André Sasseville
Ass.-directeur exécutif : Michel Lemay
Secrétaire : Raymond D'Astous
Assistant secrétaire : Georges Coallier
Adjoint au secrétaire : Raymond Billette
Trésorier : Jean-Paul Lemay
Assistant trésorier : Jean-Paul Bélanger
Chef-moniteur : André Sasseville
Discipline : Claude Lebel
Assistant-Discipline : Daniel Heffernan
Visites aux malades : Jean-Marc Demers
Responsable des loisirs : Patrick De Caen
Syndicaux : Robert Joron
Tuileur : Paul Laurin

1976 (juin)
Président : Gilles Masse
Vice-président : Pierre Lenoir
Secrétaire : Georges Coallier
Trésorier : Jacques Perron
Information-formation : André Sasseville
Discipline : Gilbert Côté
Fonction : Michel Allard
Serv. auxiliaires : Réal Déry

1978 (juin)
Président : Gilles Masse
Vice-président : Pierre Lenoir
Secrétaire : Réal Déry
Trésorier : Jacques Perron
Information-formation : André Sasseville
Discipline : Gilbert Côté
Fonction : Michel Allard
Serv. auxiliaires : Georges Painchaud

1981 (juin)
Président : Gilles Masse
Vice-président : Pierre Lenoir

Secrétaire : Réal Déry
Trésorier : Blaise Grégoire
Information-formation : André Sasseville
Discipline : Gilbert Côté
Fonction : Michel Allard
Serv. auxiliaires : Georges Painchaud

1982 (juin)
Président : Michel Allard
Vice-président : Pierre Lenoir
Secrétaire : Réal Déry
Trésorier : Blaise Grégoire
Information-formation : André Sasseville
Discipline : Yves Prud'Homme
Fonction : Georges Painchaud
Serv. auxiliaires : Patrick De Caen

1984 (juin)
Président : Michel Allard
Vice-président : Raymond Billette
Secrétaire : Jean Pellerin
Trésorier : Blaise Grégoire
Information-formation : André Sasseville
Discipline : Yves Prud'Homme
Fonction : Georges Painchaud
Serv. auxiliaires : Robert Babeu

1985 (juin)
Président : Louis Simard
Vice-président : Raymond Billette
Secrétaire : Jean Pellerin
Trésorier : Serge Daoust
Information-formation : André Sasseville
Discipline : Yves Prud'Homme
Fonction : Georges Painchaud
Serv. auxiliaires : Robert Babeu

1988 (juin)
Président : Yves Prud'Homme
Vice-président : Raymond Billette

Secrétaire : Jean Pellerin
Trésorier : Serge Daoust
Information-formation : Gérard Deslandes
Discipline : Marcel Hébert
Techniques : Georges Painchaud
Serv. auxiliaires : Pierre Michaud

1989 (décembre)
Président : Yves Prud'Homme
Vice-président : Raymond Billette
Secrétaire : Jacques Dinel
Trésorier : Jean Pellerin
Information-formation : Gérard Deslandes
Discipline : Marcel Hébert
Techniques : Georges Painchaud
Serv. auxiliaires : Pierre Michaud

1990 (juin)
Président : Yves Prud'Homme
Vice-président : Claude Lebel
Secrétaire : Jacques Dinel
Trésorier : Jean Pellerin
Information-formation : Gérard Deslandes
Discipline : Marcel Hébert
Techniques : Georges Painchaud
Serv. auxiliaires : Pierre Michaud

1991 (juin)
Président : Yves Prud'Homme
Vice-président : Claude Lebel
Secrétaire : Jacques Dinel
Trésorier : Raymond Billette
Information-formation : Gérard Deslandes
Discipline : Marcel Hébert
Techniques : Georges Painchaud
Serv. auxiliaires : Pierre Michaud

1993 (juin)
Président : Yves Prud'Homme
Vice-président : Claude Lebel

Directeurs (1) : Raymond Billette
Directeurs (2) : Marcel Hébert
Secrétaire-trésorier : Jacques Dinel
Relations de travail : Georges Painchaud
Communication-rech. : Gérard Deslandes

1994 (juin)
Président : Yves Prud'Homme
Vice-président : Claude Lebel
Secrétaire-trésorier : Jacques Dinel
Relations avec membres : Marcel Hébert
Relations de travail : Georges Painchaud
Recherche et communications : Alain Simoneau

1996 (juin)
Président : Yves Prud'Homme
Vice-président : Claude Lebel
Secrétaire-trésorier : Jacques Dinel
Relations avec membres : Richard Hanna
Relations de travail : Georges Painchaud
Recherche et communications : Alain Simoneau

Table des sigles

ABRPM	Association de bienfaisance et de retraite des policiers de Montréal
ABRPCUM	Association de bienfaisance et de retraite des policiers de la CUM
AFPCUM	Archives de la Fraternité des policiers et policières de la CUM
AVM	Archives de la Ville de Montréal
CCF	Commonwealth Cooperative Federation
CCT	Congrès canadien du travail
CECO	Commission d'enquête sur le crime organisé
CEQ	Centrale de l'enseignement du Québec
CIO	Congress of Industrial Organizations
CMTC	Congrès des métiers et du travail du Canada
CN	Canadien national
CPQ	Commission de police du Québec
CSN	Confédération des syndicats nationaux
CSP	Conseil de sécurité publique
CUM	Communauté urbaine de Montréal

FCP	Fraternité canadienne des policiers
FPCUM	Fraternité des policiers de la Communauté urbaine de Montréal
FPM	Fraternité des policiers de Montréal
FTQ	Fédération des travailleurs et travailleuses du Québec
GRC	Gendarmerie royale du Canada
NPD	Nouveau parti démocratique
PDQ	Police de quartier
RAP	Revue des agents de police
RCHTQ	Regroupement des chercheurs en histoire des travailleurs québécois
SPCUM	Service de police de la Communauté urbaine de Montréal
SQ	Sûreté du Québec
TNT	Travail non traditionnel
UMQ	Union des municipalités du Québec

Liste des tableaux et figures

Tableau 1.1 Échelle de rémunération annuelle des policiers
de Montréal (1918-1919)   27

Tableau 1.2 Salaires annuels des policiers montréalais (1920-1941)   42

Tableau 1.3 Échelle salariale des policiers de Montréal (1938-1944)   65

Tableau 1.4 Échelle salariale des policiers de Montréal (1944-1950)   75

Tableau 2.1 Effectifs policiers à Montréal (1950-1967)   86

Tableau 2.2 Comparaison du taux d'encadrement policier
au début des années 1960   87

Tableau 2.3 Échelle salariale des policiers de première classe
(1950-1965)   128

Tableau 2.4 Échelle salariale des policiers de Montréal
selon les grades (1950-1965)   129

Tableau 3.1 Effectifs policiers de la Ville de Montréal
et de la CUM, 1964-1975   137

Tableau 3.2 Taux d'encadrement policier par milliers
d'habitants en 1970   139

Tableau 3.3 Nombre de policiers et taux d'encadrement
policier dans les municipalités formant
la CUM (1970)   176

Tableau 3.4   Échelle salariale des policiers de première classe
                (1965-1975)   188

Tableau 3.5   Échelle salariale des policiers de Montréal selon
                les grades (1965-1975)   189

Tableau 4.1   Évolution des effectifs policiers et coût
                du Service de police à la CUM, 1974-1988   200

Tableau 4.2   Taux d'encadrement policier de certaines villes
                nord-américaines en 1978   201

Tableau 4.3   Pourcentage des dépenses affectées à certains
                postes budgétaires de la CUM, 1974-1988   202

Tableau 4.4   Évolution des effectifs de différents corps
                policiers, 1972-1985   202

Tableau 4.5   La « police parallèle » à la CUM, 1er décembre 1981   233

Tableau 4.6   Échelle salariale des policiers de première
                classe (1975-1988)   252

Tableau 4.7   Échelle salariale des policiers de Montréal
                selon les grades (1975-1985)   253

Tableau 5.1   Évolution des effectifs policiers et coûts
                du Service de police de la CUM, 1988-1998   262

Tableau 5.2   Effectifs policiers des grandes villes canadiennes
                en 1993   263

Tableau 5.3   Prix de revient par policier selon les différents
                corps policiers au Québec   264

Graphique 5.1   Répartition du personnel policier par années
                de service en 1993   264

Tableau 5.4   Sondage sur la mise en place de la police
                de quartier (mai-juin 1998)   291

Tableau 5.5   Échelle salariale des policiers de première
                classe (1988-1998)   305

Tableau 5.6   Échelle salariale des policiers de Montréal
                selon les grades (1985-1998)   306

Notes

CHAPITRE PREMIER • LA CONQUÊTE DU DROIT À LA NÉGOCIATION COLLECTIVE (1918-1950)

1. Jean Turmel, *Étude rétrospective de l'organisation du Service de police de la cité de Montréal*, mémoire de maîtrise (criminologie), Université de Montréal, 1974, p. 26-31.

2. Éric Giroux, *Les Policiers à Montréal : travail et portrait socio-culturel, 1865-1924*, mémoire de maîtrise (histoire), Université du Québec à Montréal, 1996, p. 84-111.

3. Sur cette période de l'histoire syndicale, voir Geoffrey Ewen, « Quebec : Class and Ethnicity » dans Craig Heron (dir.), *The Workers' Revolt in Canada*, 1917-1925, Toronto, University of Toronto Press, 1988, p. 87-143.

4. *La Patrie*, 28 août 1919, dans Geoffrey Ewen, « La contestation ouvrière à Montréal en 1919 », *Bulletin du Regroupement des chercheurs en histoire des travailleurs québécois*, vol. 12, n° 3 (automne 1986), p. 38.

5. *La Presse*, 11 septembre 1918, p. 1.

6. Il faut dire aussi que l'American Federation of Labor a refusé d'affilier des syndicats de policier jusqu'à son congrès de septembre 1919 malgré des demandes pressantes venant de partout aux États-Unis (Allen Z. Gammage et Stanley L. Sachs, *Police Unions*, Springfields, Charles C. Thomas, 1972, p. 32-33).

7. *La Presse*, 16 septembre 1918, p. 12. Il est à noter que le syndicat s'est affilié à la section Québec du Parti ouvrier en décembre pour faire échec à la conscription (*La Presse*, 7 décembre 1918, p. 2).

8. Les salaires des ouvriers de la construction sont basés sur 44 semaines de travail par année, ceux des mouleurs et des machinistes sur 50 semaines et celui des conducteurs de tramway sur 52 semaines (Ministère du travail, *Salaires et Heures de travail au Canada, 1921-1920*, Ottawa, 1921, 32 p.).

9. *The Labour Gazette*, août 1919, p. 862.

10. *La Patrie*, 28 septembre 1918, p. 1.

11. Michèle Dagenais, « Une bureaucratie en voie de formation. L'administration municipale de Montréal dans la première moitié du XXᵉ siècle », *Revue d'histoire de l'Amérique française*, vol. 46, n° 1 (été 1992), p. 181-193.

12. Jean Turmel, *op. cit.*, p. 114.

13. *La Patrie*, 9 septembre 1918, p. 12.

14. *La Patrie*, 9 septembre 1918, p. 12.

15. *Ibid.*

16. *La Presse*, 9 décembre 1918, p. 9.

17. Les trois officiers de la police démissionnent la semaine suivante (*La Presse*, 14 décembre 1918, p. 11).

18. Le tribunal est autonome; il ne relève pas de la loi fédérale de conciliation.

19. Archives de la Ville de Montréal (AVM), *Décision du Bureau chargé de l'arbitrage relativement aux salaires et conditions de travail en rapport avec certains employés du département de la police de Montréal et la Corporation de la ville de Montréal*, 27 janvier 1919, 14 p.

20. Le constable de Toronto, au sommet de l'échelle, touche 1550 $ (*The Labour Gazette*, décembre 1919, p. 1507).

21. Le syndicat réclame que tous les policiers de sexe mâle, y compris les capitaines, puissent en devenir membres. Le tribunal ne s'y oppose pas et son rapport prévoit des échelons salariaux pour les détectives, sergents, lieutenants et capitaines. À cette époque, les syndicats de policiers au Canada et aux États-Unis incluent les officiers (*The Labour Gazette*, décembre 1919, p. 1507).

22. AVM, *Décision du Bureau chargé de l'arbitrage...*, p. 4.

23. À la fin de la Guerre, la question de l'affiliation des syndicats de policiers à une centrale syndicale est à l'ordre du jour dans plusieurs municipalités au Canada, aux États-Unis et en Grande-Bretagne. Voir le *Rapport du ministère du Travail, 1919*, Ottawa, 1920, p. 15-21.

24. AVM, *Lettre de Alban Germain, avocat, à Charles Laurendeau, avocat de la Cité de Montréal*, 23 juin 1919; *Lettre de Charles Laurendeau à Alban Germain*, 24 juin 1919.

25. Geoffrey Ewen, *Quebec: Class and Ethnicity*, p. 115 et 118.

26. AVM, *Mémoire du Conseil exécutif de l'Union ouvrière fédérale des policiers au chef de police, Pierre Bélanger*, 3 juin 1920; *Demandes de l'Union ouvrière fédérale des policiers au président et aux membres de la Commission administrative de la cité de Montréal*, 25 juillet 1921.

27. *La Gazette du travail*, 1922, p. 574 cité dans Terry Copp, *Classe ouvrière et Pauvreté. Les conditions de vie des travailleurs montréalais 1897-1929*, Montréal, Boréal Express, 1978, p. 38.

28. David Jay Bercuson, *Confrontation at Winnipeg*, Montreal, McGill/Queen's University Press, 1974, p. 150-154.

29. On peut ajouter aussi au tableau les suites de la grève des policiers de Toronto le 18 décembre 1918 parce que la direction a mis à pied les leaders du syndicat affilié au CMTC. Le gouvernement provincial forme une Commission royale d'enquête sur l'administration des services de police en Ontario. Déposé en 1919, le rapport majoritaire reconnaît le droit des policiers de former une association qui ne doit pas cependant s'occuper de négociation collective et être affiliée à une autre organisation ouvrière. Le spectre de la grève de Winnipeg plane sur les commissaires. Le syndicat abandonne son affiliation au CMTC à la fin de 1919 (Greg Marquis, « Police Unionism in Early Twenthieth-Century Toronto », *Ontario History*, vol. LXXXI, n° 2 (juin 1989), p. 119; *The Labour Gazette*, août 1919, p. 907-910).

30. Allen Z. Gammage et Stanley L. Sachs, *Police Unions*, Springfield, Charles C. Thomas Publisher, 1972, p. 42-43.

31. F. J. K. Griezic, *La Grève des policiers et des pompiers de Québec en 1921 : le secteur public contre le gouvernement municipal*, manuscrit, 25 p.

32. AVM, *Constitution et Règlements. Union ouvrière fédérale des policiers*, n° 62, 1921, 46 p.

33. Paul-André Linteau, *Histoire de Montréal depuis la Confédération*, Montréal, Boréal, 1992, p. 412-413.

34. *La Patrie*, 20 mars 1923, p. 7.

35. AVM, *Manifeste de l'Union ouvrière fédérale des policiers aux citoyens de Montréal*, 31 mai 1922; lettre de J. A. A. Brodeur, président du Comité exécutif au Conseil des métiers et du travail de Montréal, 16 juin 1922.

36. *La Patrie*, 23 décembre 1922, p. 7.

37. *La Patrie*, 2 juin 1922.

38. *La Patrie*, 8 juin 1922; 12 juin 1922.

39. AVM, Résolution adoptée à une assemblée de la Fédération des employés municipaux tenue le 12 juillet 1922; *La Presse*, 13 juillet 1922, p. 11; *La Patrie*, 20 juillet 1922, p. 3.

40. Ministère du Travail du Canada, *Salaires et Heures de travail au Canada*, Ottawa, 1930, p. 16.

41. AVM, Rapport sur l'assemblée des employés municipaux sous la présidence du sergent Bouchard, sans date.

42. Le 15 septembre, le rapport est endossé unanimement et sans discussion par le Conseil de ville. Certains échevins se plaignent plus tard que le président du Comité exécutif a laissé entendre que la question serait débattue au cours de séances subséquentes (AVM, Extrait du procès-verbal de l'assemblée mensuelle ajournée du Conseil municipal, 15 septembre 1922 ; *La Patrie*, 21 février 1923).

43. *La Patrie*, 20 février 1923, p. 8 ; 21 février 1923, p. 3 ; 23 février 1923, p. 3.

44. Sans doute pour infléchir l'orientation du Conseil municipal, Carle et Duguay se présentent à l'élection municipale d'avril 1924 avec l'appui du Conseil des métiers et du travail de Montréal. Sur une lettre portant l'en-tête de l'Union des policiers, ils ont sollicité les membres du syndicat des policiers et des pompiers pour qu'ils souscrivent à leur campagne électorale. Ils sont défaits ; Carle obtient 2198 voix et son opposant 2670 voix (*La Patrie*, 8 avril 1924, p. 16).

45. *La Patrie*, 20 mars 1923, p. 7.

46. *La Patrie*, 22 mars 1923, p. 3.

47. AVM, Extrait du procès-verbal de l'assemblée spéciale ajournée du Conseil municipal de Montréal, 28 décembre 1923.

48. Ministère fédéral du Travail, *The Labour Gazette*, août 1927, p. 922-924.

49. Les procès-verbaux du Comité exécutif de l'Union des policiers font état de 4 100 $ payés à Mᶜ Sullivan en juin 1927 (Archives de la Fraternité des policiers de la CUM (AFPCUM), Procès-verbal du Comité exécutif de l'Union fédérale des policiers nᵒ 62, 16 et 27 juin 1927).

50. AVM, Fonds P45, arh. 54-1-10-5, Rapport de la Commission d'enquête Coderre, *Le Devoir*, 14 mars 1925.

51. AFPCUM, Procès-verbal du Comité exécutif de l'Union fédérale des policiers nᵒ 62, 13 février 1934, 8 septembre 1936.

52. *Le Devoir*, 28 août 1943, p. 3.

53. Jean Turmel, *op. cit.*, p. 172-178.

54. Jacques Rouillard, *op. cit.*, p. 201.

55. Paul-André Linteau, *op. cit.*, p. 414.

56. AVM, Service de police, Directive du directeur Fernand Dufresne, 6 mai 1943.

57. *La Gazette officielle du Québec*, vol. 75, nᵒ 32, 7 août 1943, p. 1395 ; FPCUM, « Quarante ans d'histoire », *La Flûte*, novembre 1976, p. 5.

58. Entrevue de Évelyn Dumas avec Roger Lavigueur, 5 juin 1968, p. 4-5.

59. *La Presse*, 18 août 1943, p. 3, 25.

60. FPCUM, « Quarante ans d'histoire », p. 21 et 22.

61. *La Patrie*, 13 août 1943, p. 13.

62. Pour la Commission d'arbitrage Brossard, cette stratégie a fortement contribué à mécontenter les policiers avant la grève de décembre 1943 (AVM, Dossier 71,917. *Rapport du conseil d'arbitrage nommé, en vertu de la loi des grèves et contre-grèves municipales pour régler un conflit entre, d'une part, la cité de Montréal représentée par la Commission municipale et, d'autre part, les associations de policiers et pompiers de Montréal*, 4 mars 1944, p. 9).

63. Leur rémunération après trois mois d'entraînement est ainsi fixée pour chaque période de six mois : 20 $, 25 $, 45 $ et 60 $ (Résolution du Comité exécutif de la Ville de Montréal, 14 août 1934, *Revue des agents de police*, décembre 1972, p. 72).

64. *La Patrie*, 25 août 1943, p. 22.

65. *La Patrie*, 26 août 1943, p. 3 ; *Le Devoir*, 27 août 1943, p. 4.

66. À cette assemblée, le journaliste du *Devoir* (28 août 1943, p. 3) mentionne 200 policiers tandis que celui de *La Patrie* (28 août 1943, p. 21) fait état de 90 policiers.

67. *Le Devoir*, 28 août 1943, p. 3.

68. *La Patrie*, 31 août 1943, p. 22.

69. Lettre de L. Tessier, R. Lavigueur, L. Marion et H. Bélair au Comité social de la police, 1ᵉʳ septembre 1943, Documentation L. Tessier ; *La Patrie*, 1ᵉʳ septembre 1943, p. 17 ; *Le Devoir*, 2 septembre 1943, p. 4.

70. Lucien Tessier, *Mes activités au sein du département de la police de Montréal, du 10 septembre 1934 au 1er mars 1966,* Documentation Lucien Tessier, p. 17-19.
71. Témoignage de Roger Lavigueur à Évelyn Dumas, 5 juin 1968, p. 7.
72. « Quarante ans d'histoire », *La Flûte,* novembre 1990, p. 8.
73. AVM, Dossier Police et incendie. Guy Merrill-Desaulniers, *Mémoire présenté par la Fraternité canadienne des employés municipaux, local n° 1, par l'Association canadienne des employés du département des incendies de Montréal, et par l'Association canadienne des policiers de Montréal, trois locaux ayant reçu leur charte du Congrès canadien du travail,* sans date.
74. *La Patrie,* 14 octobre 1943, p. 13.
75. *The Gazette,* 6 novembre 1943.
76. AVM, Dossier Police, Incendie. Avocats de la Cité de Montréal, *Mémoire de la Cité de Montréal au Conseil d'arbitrage institué pour régler le différend entre la Cité de Montréal et certains des employés de cette dernière,* 4 novembre 1943, p. 4.
77. *La Patrie,* 3 novembre 1943, p. 9 ; 10 novembre 1943, p. 7.
77. *La Patrie,* 12 novembre 1943, p. 5. Cette suggestion est venue du conseiller juridique du syndicat, Me Desaulniers, « pour sauver la situation » (Archives de la FPCUM, *Procès-verbaux du l'Assemblée de l'exécutif général de la Fraternité canadienne des policiers,* 6 août 1948).
79. AVM, Dossier 71,917. *Rapport du Conseil d'arbitrage institué pour régler le différend survenu entre la Cité de Montréal et ses employés,* 19 novembre 1943, p. 13.
80. AVM, Dossier 71,917. *Rapport minoritaire de C. A. Sylvestre, membre du Conseil d'arbitrage institué pour régler le différend survenu entre la Cité de Montréal et ses employés,* 22 novembre 1943, p. 12.
81. AVM, Dossier 71,917. *Texte pour Monsieur Honoré Parent. Faits qui ont précédé la demande d'arbitrage,* p. 6 (sans date).
82. *La Patrie,* 13 décembre 1943, p. 9.
83. AVM, Dossier 71,917. Lettre de Honoré Parent à Paul-Émile Marquette, 13 décembre 1943.
84. Entrevue réalisée par Évelyn Dumas avec Roger Lavigueur, 5 juin 1968, p. 16.
85. AVM, Dossier 71,917. *Rapport du conseil d'arbitrage nommé, en vertu de la loi des grèves et contre-grèves municipales pour régler un conflit entre, d'une part, la cité de Montréal représentée par la Commission municipale et, d'autre part, les associations de policiers et pompiers de Montréal,* 4 mars 1944.
86. AVM, Dossier 71,917. Rapport du capitaine J. Ennis au directeur du Service de la police, 23 février 1944.
87. AVM, Dossier 71,917. Lettre de Roger Lavigueur à J. O. Asselin, président du Comité exécutif de la Ville de Montréal, 25 mars 1944. À l'été le membership diminue beaucoup ; il y a moins de 50 % des membres qui paient leurs contributions syndicale (FPCUM, « Quarante ans d'histoire », p. 8).
88. Ministère fédéral du Travail, *Salaires et Heures de travail au Canada, 1944,* p. 54 et 73.
89. AFPCUM, *Convention intervenue le 22 août 1944 entre la Cité de Montréal et la Fraternité canadienne des policiers, section de Montréal.*
90. *Le Canada,* 28 janvier 1944, p. 2. L'Ontario ne permet la négociation collective de ses policiers municipaux qu'en 1947. Comme au Québec, les policiers n'ont pas le droit de grève et d'affiliation à une centrale syndicale. Leur conflit de travail est réglé par arbitrage (Greg Marquis, *Policing Canada's Century : A History of the Canadian Association of Chiefs of Police,* Toronto, University of Toronto Press, 1993, p. 216).
91. Ces syndicats devront aussi se désaffilier de leur centrale. L'ex-président de la centrale, Alfred Charpentier, proteste faisant valoir qu'on ne s'est jamais plaint que ces policiers aient manqué à leurs devoirs. Cette centrale revendique depuis sa fondation le droit de syndicalisation des policiers tout en reconnaissant que leur droit de grève soit remplacé par l'arbitrage obligatoire avec décision exécutoire (*Le Travail,* décembre 1943, p. 1)
92. *Le Devoir,* 25 janvier 1944, p. 1.
93. AFPCUM, *Lois et règlements devant servir à la gouverne de la Fraternité canadienne des policiers,* 27 août 1947, p. 1.

94. *La Presse,* 17 mars 1947 ; *Revue des agents de police,* janvier 47, p. 15 ; août 1949, p. 10.

95. *Revue des agents de police (RAP),* octobre 1948, p. 64.

96. *RAP,* février 1946, p. 10.

97. *RAP,* décembre 1949, p. 55-61.

98. *RAP,* juin 1947, p. 32-36.

99. *RAP,* octobre 1948, p. 31-33.

100. AFPCUM, *Convention collective intervenue le 18 août 1949 entre la Cité de Montréal et la Fraternité canadienne des policiers, section de Montréal,* 14 p.

101. *Annuaire statistique du Québec,* 1953, p. 564 ; Ministère du Travail, *Salaires et Heures de travail au Canada,* 1950.

102. Ministère du Travail, *Salaires et Heures de travail au Canada,* 1950, p. 78, 79, 100, 141.

103. *Le Devoir,* 17 mars 1947.

104. *Le Devoir,* 25 mars 1947, p. 10 ; AFPCUM, Procès-verbaux de l'assemblée de la Fraternité canadienne des policiers, section Montréal, 19 mars 1947.

105. AFPCUM, Manifeste de la Fraternité canadienne des policiers (FCP), 7 p.

106. AFPCUM, Procès-verbal de l'assemblée de la FCP, section de Montréal, 21 avril 1948.

107. *Ibid.,* 16 février 1949.

108. Lettre du père Pierre Trudel, 14 janvier 1949, dans *RAP,* février 1949, p. 9-13.

109. Duplessis n'apprécie guère la présence de Desaulniers comme conseiller juridique de la Fraternité. Il a été président de la section québécoise du parti CCF pendant la Deuxième Guerre et candidat de ce parti dans Montréal-Saint-Henri aux élections provinciales de 1948.

110. AFPCUM, Procès-verbal de l'assemblée de la FCP, 3 février 1949.

111. AFPCUM, Procès-verbal de l'assemblée de la FCP, 1er juin 1949 ; *RAP,* août 1949, p. 34-36.

112. AFPCUM, Procès-verbal de l'assemblée de la FCP, 25 août 1949.

113. *RAP,* juin 1947, p. 9-11.

114. *RAP,* août 1949, p. 52. Ce projet de loi donne lieu à un front commun des centrales syndicales (*RAP,* août 1949, p. 119).

115. AFPCUM, Procès-verbal de l'assemblée de la FCP, 16 septembre 1949, 6 décembre 1949.

116. Le paragraphe 2 de la loi se lit ainsi : « Une association qui admet dans ses cadres des membres d'un corps de police municipale, ou des personnes qui sont à la fois membres d'un tel corps de police et d'une brigade municipale de pompiers et qui n'est pas formée exclusivement de salariés de la même catégorie et au service d'une même corporation municipale, ou qui est affiliée à une autre association, n'a pas qualité pour négocier une convention collective, ni pour y être partie, ni pour être reconnue par la Commission des relations ouvrières de la province de Québec comme représentant d'un groupe de salariés » (Statuts du Québec, 14 George VI, chap. 37).

117. *Le Devoir,* 24 mars 1950, p. 10.

118. AFPCUM, Assemblée spéciale de la Fraternité des policiers de Montréal pour les membres du Bureau de la Sûreté, 2 juin 1952, p. 19. À la suggestion de son conseiller légal, Me Guy Merrill-Desaulniers, la Fraternité des policiers de Montréal adopte une résolution le 3 avril pour faire désavouer la loi 67 par le gouvernement fédéral ou la Cour suprême parce que ultra vires et anticonstitutionnelle. La démarche semble avoir échoué (*Le Canada,* 4 avril 1950, p. 1).

119. *La Presse,* 3 avril 1950, p. 7.

120. AFPCUM, Procès-verbal de l'assemblée de la FCP, section de Montréal, 3 avril 1950.

121. Ainsi, au début des années 1930, elle congédie plusieurs membres du syndicat catholique des employés municipaux de la Cité de Montréal fondé en 1929 (*La Vie Syndicale,* novembre 1937, p. 1). Le Syndicat catholique des fonctionnaires municipaux mis sur pied en 1920 se limite à « des représentations polies et courtoises » dans les années 1930 (*La Vie Syndicale,* mars 1938, p. 2). Voir aussi Michèle Dagenais, *Dynamiques d'une bureaucratie. L'administration municipale de Montréal et ses fonctionnaires, 1900-1945,* thèse de doctorat en histoire (Université du Québec à Montréal), 1992, p. 310-328.

CHAPITRE DEUX · LA FRATERNITÉ : UNE ORGANISATION
DE SERVICES (1950-1965)

1. Paul-André Linteau, *Histoire de Montréal depuis la Confédération*, Montréal, Boréal, 1992, p. 427.
2. *Ibid.*, p. 460 et 493.
3. Communauté urbaine de Montréal, Rapport du Conseil de la Sécurité publique (1970) ; Sylvain Bissonnette, *L'Intégration des forces policières sur le territoire de la Communauté urbaine de Montréal, genèse et évolution*, mémoire de maîtrise (histoire), Université de Montréal, 1993, p. 8.
4. Cité de Montréal, *Rapport annuel du Service de la police*, dans Jean Turmel, *Le Service de police de la Cité de Montréal (1909-1971)*, mémoire de maîtrise (criminologie), Université de Montréal, 1974, p. 208 et 254.
5. Cité de Montréal, *Rapport annuel du directeur des finances*, dans Jean Turmel, *op. cit.*, p. 204 et 251.
6. *Montréal-Matin*, 15 février 1949.
7. *Revue des agents de police (RAP)*, décembre 1956, p. 11-12.
8. *Procès-verbal*, Exécutif, 7 octobre 1959.
9. *La Revue* publie le texte complet du mémoire de la Fraternité à l'intention du Comité exécutif de la Ville sur cette question (*RAP*, octobre 1959).
10. *RAP*, février 1962, p. 9.
11. Il s'agit d'une victoire spécifiquement montréalaise puisque le mois précédent le gouvernement permettait à des villes comme Laflèche, Lachute et Sorel l'embauche de firmes privées dans le domaine de la sécurité publique en adoptant un projet de loi d'intérêt privé (projet de loi 100, article 1142).
12. Jean Short, « Canada Needs Police-Women », *Municipal Review of Canada*, janvier 1946.
13. *La Presse*, 30 avril 1946.
14. *The Montreal Gazette*, 16 décembre 1946.
15. *La Presse*, 15 mars 1947.
16. *Montréal-Matin*, 28 janvier 1948.
17. *Montréal-Matin*, 3 février 1949.
18. *La Presse*, 3 février 1949.
19. *La Patrie du dimanche*, 10 septembre 1961.
20. *La Presse*, 26 avril 1962.
21. *La Presse*, 19 mai 1962.
22. Le dossier paraît dans les éditions de *La Presse*, les 3, 4 et 5 juin 1963.
23. *RAP*, juin 1959, p. 19.
24. *RAP*, mai 1951, p. 12.
25. *Procès-verbal*, Assemblée générale, 25 octobre 1955.
26. *Procès-verbal*, Exécutif, 29 mai 1957 et *RAP*, juin 1957, p. 9-13 et 23.
27. Fernand Morin, *Rapport. Commission d'enquête sur les relations du travail entre la Ville de Montréal et la Fraternité des policiers de Montréal Inc.*, 1968-1969, paragraphe 39 et note 36.
28. *Procès-verbal*, Assemblée générale, 21 mai 1952.
29. *Procès-verbal*, Assemblée générale spéciale des membres de la Sûreté, 2 juin 1952.
30. *Procès-verbal*, Exécutif, 28 mai 1952.
31. *Procès-verbal*, Exécutif, 11 juin 1952. Le conflit entre Joyal et Lapointe se poursuit plus tard alors que ce dernier l'évince du poste de président du fonds de pension en 1953.
32. *Procès-verbal*, Exécutif, 13 mars 1954.
33. Cette question des indemnités versées aux président et trésorier posent constamment des problèmes au sein de l'Exécutif. À titre d'exemple, en 1958, ces montants sont de 9 600 $ pour le président et de 8 700 $ pour le trésorier (*Procès-verbal*, Assemblée générale annuelle, 21 mai 1958). Ajoutées à leur salaire régulier, ces sommes correspondent à des revenus assez importants pour des représentants syndicaux.
34. En janvier 1966, le sujet des négociations à rabais fait l'objet d'un dossier complet sous forme d'affi-

davits de la part des membres du comité négociateur. Tout juste avant l'élection où Jean-Paul Lapointe décide de se présenter à nouveau au poste de président, on cherche encore à démontrer cette thèse (AFPM, dossier Jean-Paul Lapointe, Lettre de André Guillotte, Jean-Paul Picard, Paul Couturier, Jean-Guy Ménard et Gérard Malépart; voir aussi les témoignages de Paul Couturier, président par intérim, 4 janvier 1966, 7 p., et celui de Jean-Paul Picard, 4 p.).

35. *Procès-verbal,* Assemblée générale annuelle, 20 mai 1964.
36. *La Presse,* 23 novembre 1965, p. 3 et 4.
37. *Procès-verbal,* Exécutif, 28 janvier 1964 et 2 juillet 1964.
38. AFPCUM, Dossier Jean-Paul Lapointe, n° 640 000 et n° 660 000; Jean-Guy Ménard explique en détail les raisons motivant le départ de Jean-Paul Lapointe dans la *RAP* de janvier 1966.
39. *Journal de Montréal,* 17 juillet, 1964. Le journal titre son article: « Le capitaine Jean-Paul Lapointe quitte son poste de président de la Fraternité le cœur gros, avec amertume ». Le président Lapointe donne sa version des faits: « Comme vous avez pu le constater vous-même, un différend existe entre le président et l'Exécutif tant sur la direction du syndicat que sur la méthode de négociations des griefs et du contrat de travail à venir. D'une manière plus particulière, ce différend s'est aggravé lorsque j'ai voulu appuyer un programme d'amendements à la Constitution afin que l'Exécutif soit à l'avenir formé de membres élus par chacun des grades sur la base proportionnelle, sauf le président, le trésorier, le secrétaire et les vice-présidents, qui auraient été élus par tous les membres. »
40. À l'assemblée, il se justifiera de ne pas avoir présenté de défense lors de sa démission en disant qu'il n'avait pas tous les documents nécessaires en main (*La Presse,* 23 novembre 1965, p. 3-4).
41. Manifeste de Jean-Paul Picard, candidat à la présidence de la FPM, *RAP,* décembre 1965, p. 23.
42. *Procès-verbaux,* Assemblées générales des 16 septembre, 14 et 23 octobre 1964 et 27 janvier 1965.
43. *Procès-verbal,* Exécutif, 18 septembre 1963.
44. *Procès-verbal,* Exécutif, 24 juillet 1964; CSN, *Procès-verbal du congrès,* 1962, résolution n° 10.
45. De larges extraits du jugement Caron sont publiés dans *Le Devoir* du 9 octobre 1954. Le 16 octobre, il publie un cahier spécial de 40 pages sur l'enquête Caron où le rapport textuel occupe les deux tiers du document.
46. Jean-Paul Brodeur, *La Délinquance de l'ordre. Recherches sur les commissions d'enquête I,* Cahiers du Québec, collection « Droit et Criminologie », Montréal, Hurtubise HMH, 1984, p. 149.
47. Portant sa cause en appel, le directeur Langlois est acquitté en 1957 et réinstallé à son poste. On peut ainsi mieux comprendre l'accueil délirant que lui réservent les membres de la Fraternité réunis en assemblée générale le 27 mars 1957. En fait, ce qu'on acclame c'est l'honneur fait à la réputation de tout le corps policiers (*Procès-verbal,* Assemblée générale, 27 mars 1957).
48. Jean-Paul Gilbert, *La Police de Montréal. Étude monographique de la professionnalisation des Services de Police,* mémoire de maîtrise (criminologie), Université de Montréal, avril 1965, p. 37.
49. *Procès-verbal,* Exécutif, 11 octobre 1957.
50. *RAP,* août 1946. Ce texte sur l'unification des services par un service métropolitain de police est celui de Harold Poitras, chroniqueur judiciaire au journal *The Montreal Star.* Puisqu'on le publie dans la *Revue des agents de police,* on peut tenir pour acquis que la Fraternité est sensiblement d'accord avec ses recommandations.
51. Cité de Montréal, *Un organisme métropolitain pour le grand Montréal* (rapport Croteau), Montréal, décembre 1958, p. 69.
52. *Procès-verbal,* Exécutif, 4 novembre 1958.
53. *Procès-verbal,* Assemblée générale, 19 novembre 1958.
54. Le nombre de policiers dans les principales villes est le suivant: Verdun : 92; Saint-Laurent : 78; Westmount : 58; Saint-Michel : 55; Outremont : 50; Montréal-Nord : 44; Lachine 42 (*RAP,* mai 1964, p. 9).
55. Jean-Paul Gilbert, *op. cit.,* p. 39.
56. *Le Devoir,* 26 novembre 1960.
57. *Le Devoir,* 4 janvier 1961.
58. *RAP,* août 1965, p. 9 et 11.
59. *RAP,* septembre 1964, p. 11.

60. *Procès-verbal,* Exécutif, 7 septembre 1960.
61. *Procès-verbal,* Assemblée générale, 28 septembre 1960.
62. Jean-Pierre Kesteman, « L'UMQ : 70 ans, 1919-1989 », *Revue URBA,* vol. 10, n° 3 (mai 1989), p. 21.
63. *Procès-verbal,* Assemblée générale, 21 mars 1962.
64. *Procès-verbal,* Exécutif, 15 mai 1962.
65. *Procès-verbal,* Assemblée générale, 25 octobre 1963.
66. *Procès-verbal,* Assemblée générale, 27 novembre 1963.
67. *Procès-verbal,* Assemblée générale, 16 septembre 1964.
68. *La Presse,* 6 février 1965.
69. *RAP,* juin 1965, p. 9.
70. Pour une description plus détaillée de ce projet, il faut lire l'historique publié en 1992 par l'Association de bienfaisance et de retraite des policiers de la Communauté urbaine de Montréal (ABRPCUM, Rapport annuel. *Cent ans d'histoire, 1892-1992,* Montréal, 1992, 80 p.).
71. *RAP,* mars 1951.
72. *RAP,* août 1951, p. 18-39.
73. *Procès-verbal,* Exécutif, 27 janvier 1953.
74. ABRPCUM, *op. cit.,* p. 42.
75. *RAP,* mai 1957 ; mars 1964, p. 15.
76. *La Patrie,* 9 février 1958.
77. ABRPCUM, *op. cit.,* p. 46.
78. *RAP,* novembre 1964, p. 9-13 ; juillet 1965, p. 37-39.
79. ABRPCUM, *op. cit.,* p. 48.
80. *RAP,* septembre 1951, p. 11. Voir aussi : *Procès-verbaux,* Assemblée générale, 20 juin 1951 et Exécutif, 8 août 1951.
81. *RAP,* novembre 1951, p. 14.
82. *Procès-verbal,* Assemblée générale, 20 janvier 1954.
83. *Procès-verbal,* Assemblée générale, 17 mars 1954.
84. *La Presse,* 22 avril 1954.
85. *RAP,* juin 1954, p. 9-15. Pour la liste complète de toutes ces personnalités, voir : *RAP,* août 1954, p. 9-13.
86. *Procès-verbal,* Exécutif, 21 août 1954.
87. *La Presse,* 8 septembre 1954.
88. *La Patrie,* 30 juin 1955.
89. *Procès-verbal,* Exécutif, 1er août, 1955.
90. *Procès-verbal,* Exécutif, 5 février 1961.
91. *RAP,* février 1946, p. 10.
92. *RAP,* septembre 1946, p. 28.
93. *RAP,* mai 1950, p. 18.
94. C'est le taux moyen enregistré chez les familles ouvrières six ans plus tard, en 1960, selon une étude réalisée à cette époque (Marc-Adélard Tremblay et Gérald Fortin, *Les Comportements économiques de la famille salariée du Québec : une étude des conditions de vie, des besoins et des aspirations de la famille canadienne-française d'aujourd'hui,* PUL, 1964, p. 186).
95. *RAP,* février 1955, p. 27.
96. *Procès-verbal,* Exécutif, 21 février 1959.
97. *RAP,* février 1964, p. 27.
98. *RAP,* février 1964, p. 3.
99. À cette époque, la famille du défunt reçoit en plus au décès du policier 350 $ provenant de la collecte des pièces de 25 sous et 250 $ de l'Association athlétique (*RAP,* octobre 1947).
100. Le nouveau programme est à la charge exclusive de la Fraternité (*RAP,* novembre 1950, p. 12-15).
101. Jean-Claude Allard, *Petite histoire de la Coopérative, 1949-1985,* document interne, non daté et non paginé.

102. Nicole Forget, Marie-Claire Malo et Francine Harel Giasson, « La solution de Berthe Louard : l'idéal coopératif, 1937-1968 », *Bulletin du RCHTQ*, n° 67, automne 1997, vol. 23, n° 2, p. 5-20.

103. *RAP*, décembre 1949, p. 57.

104. *RAP*, mars 1952, p. 24.

105. *RAP*, février 1963, p. 39.

106. *La Presse*, 31 janvier 1962.

107. *Procès-verbal*, Assemblée générale, 27 novembre 1963. La démobilisation des membres fait l'objet de plusieurs discussions à l'Exécutif où on cherche de nouveaux moyens pour susciter la participation (Procès-verbaux, Exécutif, 22 et 27 janvier 1959).

108. Entre 1945 et 1960, plus d'un million de Canadiens déménagent dans des villes dites « dortoirs ». La revue *Maclean's* qualifie alors cet exode vers les banlieues de plus grand phénomène du XXᵉ siècle (Doug Owram, *Born at the Right Time : A History of the Baby-Boom Generation*, Toronto, University of Toronto Press, 1997, p. 55).

109. AVM, 71917/66, Extrait du *Procès-verbal* d'une séance du Comité exécutif de la Ville de Montréal, 11 mai 1945. On ne retrouve plus le mémoire présenté à ce sujet par Guy Merrill-Desaulniers à la Commission Brossard. On y fait directement référence lorsque cette question refait surface en 1950 (*Procès-verbal*, Exécutif, 4 décembre 1950 ; *Le Devoir*, 6 décembre 1950).

110. AVM, Dossier 90100, article 42.

111. *Procès-verbal*, Exécutif, 8 novembre 1950.

112. *RAP*, février 1951.

113. *Procès-verbal*, Exécutif, 1ᵉʳ août et 20 septembre 1955.

114. *Procès-verbal*, Exécutif, 11 mai 1961.

115. *Le Devoir*, 17 mai 1961 et *Procès-verbal*, Exécutif, 11 mai 1961.

116. *Procès-verbal*, 17 mai 1961 et *The Montreal Star*, 17 mai 1961.

117. *La Presse*, 11 avril 1951.

118. *RAP*, février 1952, p. 11.

119. *RAP*, mai 1953, p. 11 ; juillet 1953, p. 15.

120. *RAP*, mai 1953, p. 9-53 ; *Le Devoir*, 30 avril 1953, p. 3 ; 1ᵉʳ mai 1953, p. 3 ; *La Presse*, 1ᵉʳ mai 1953, p. 11.

121. *RAP*, juillet 1953, p. 19.

122. *RAP*, septembre 1953, p. 15.

123. *RAP*, novembre 1953, p. 13.

124. *RAP*, novembre 1953, p. 9-27.

125. AFPCUM, *Procès-verbal de l'Exécutif*, 27 janvier 1965 ; *Le Devoir*, 13 mars 1965.

126. *RAP*, octobre 1965, p. 9.

127. *La Presse*, 6 octobre 1965.

128. *La Presse*, 26 octobre 1965.

129. *RAP*, mars 1967, p. 17.

130. *RAP*, janvier 1956, p. 177-178.

131. *RAP*, septembre 1957, p. 13.

132. *Ibid.*, p. 9.

133. *RAP*, novembre 1953, p. 13.

134. APCUM, Fraternité des policiers de Montréal, Contrat de travail, 1ᵉʳ décembre 1959 au 30 novembre 1961, p. 5.

135. *RAP*, août 1959, p. 11.

136. AFPM, Contrat de travail, 1ᵉʳ décembre 1959 au 30 novembre 1961, p. 10 et 11.

137. AFPM, Contrat de travail, 1ᵉʳ décembre 1961 au 30 novembre 1962, p. 10, 11 et 25.

138. *RAP*, juin 1958, p. 9.

139. *RAP*, mars 1964, p. 9.

CHAPITRE TROIS • LA FRATERNITÉ SE RADICALISE (1965-1975)

1. Jacques Rouillard, *Histoire du syndicalisme québécois*, p. 447-448.
2. François Delorme, Gaspar Lassonde et Lucie Tremblay, *Grèves et Lock-out au Québec, 1966-1976*, ministère du Travail et de la Main-d'œuvre, 1977, p. 21.
3. Marc Laurendeau, *Les Québécois violents*, Montréal, Boréal, 1974, p. 87.
4. *Le Devoir*, 20 avril 1967, p. 3.
5. Ville de Montréal, *Données statistiques*, Service de police — Rapport annuel 1970.
6. Pierre DuBois, « Satisfaction au travail des policiers municipaux du Québec », dans Denis Szabo et Guy Tardif (dir.), *La Police*, p. 36-48, annexe 8 du vol. 3 du *Rapport de la Commission d'enquête sur l'administration de la justice en matière criminelle et pénale* (commission Prévost) ; Pierre DuBois, *Les Répercussions psychologiques du travail policier*, dans *RAP*, mai 1975, p. 17 ; Pierre DuBois, *Inventaire général des attitudes des membres de la FPCUM*, 1976, p. 69 ; Jacques Dagenais, *Étude sur la satisfaction au travail des policiers du SPCUM*, mai 1977, p. 50.
7. Pierre DuBois, *Inventaire général...*, p. 69.
8. Cité de Montréal, *Rapports annuels du Directeur des finances*, dans Jean Turmel, *Étude rétrospective de l'organisation du Service de police de la Cité de Montréal (1909-1971)*, mémoire de maîtrise (criminologie), Université de Montréal, 1974, tableau 19.
9. Soulignons que Jean-Paul Picard milite contre l'élection du président au suffrage universel. Selon lui, le président doit être élu d'abord comme directeur au même titre que les autres membres de l'Exécutif pour être désigné par la suite comme pour toutes les autres fonctions. Son intention est de réduire l'importance trop grande accordée au poste de président dans le but d'éliminer les luttes de personnalités qui avaient si durement affecté la Fraternité dans le passé.
10. *RAP*, mai 1966, p. 11.
11. Pour une bonne synthèse de l'évolution des structures administratives de la Fraternité, voir Réjean Landry, « Repenser la structure administrative de la Fraternité des policiers », *RAP*, septembre 1975, p. 17-21.
12. Les huit fonctions sont les suivantes : président, vice-président, secrétaire, trésorier, directeur de la formation et de l'information, directeur du service de fonction, directeur des services de support et directeur à la discipline (*AFPCUM, Procès-verbal*, Exécutif, 8 mars 1976). Le mandat des deux permanents est fixé à 4 ans avec une période de probation de 12 mois et seuls les membres actuels du Bureau de direction peuvent poser leur candidature à ces deux postes. Cette décision ne fait pas l'unanimité puisque plusieurs souhaitent que ces postes soient ouverts à tous les membres (*FPCUM, Procès-verbal*, Exécutif, 20 avril 1976).
13. FPM, *Procès-verbal*, Exécutif, 26 janvier 1967.
14. *La Presse*, 17 décembre 1974. On peut lire dans le *Montréal-Matin* du 31 mai 1976 : « En quittant la police de la CUM, Guy Marcil éprouve beaucoup plus d'amertume que de nostalgie. Lui qui avait réussi à dicter le respect du policier chez les dirigeants, lui qui avait apporté une dimension syndicale nouvelle à la Fraternité des policiers constate aujourd'hui, non sans peine, que la Fraternité se relève péniblement de tiraillement internes qui l'ont considérablement affaiblie. Le manque d'unité, selon Guy Marcil, provient principalement de l'incurie des têtes dirigeantes du service, du manque de planification, des trop nombreuses études de prétendus experts sur l'intégration et de cette absence d'identité réelle à une direction forte. »
15. *FPCUM, Procès-verbal*, Exécutif, 20 avril 1976.
16. Elle y contribue pour une somme de 3 000 $ (AFPM, *Procès-verbal*, Exécutif, 17 février 1970).
17. *RAP*, janvier 1972, p. 53-59.
18. *The Montreal Star*, 18 avril 1970.
19. *RAP*, août 1967, p. 29.
20. *La Presse*, 29 juin 1970 et 4 juillet 1970.
21. *Le Devoir*, 29 juin 1972.
22. *Ibid.*, 25 juin 1975.

23. Pierre DuBois, « Satisfaction au travail des policiers municipaux du Québec », dans Denis Szabo et Guy Tardif (dir.), *La Police*, p. 36-48, annexe 8 du vol. 3 du *Rapport de la Commission d'enquête sur l'administration de la justice en matière criminelle et pénale* (commission Prévost), p. 36-48. L'enquête est réalisée auprès de 830 policiers.

24. Pierre DuBois, *Les Répercussions psychologiques du travail policier*, dans *RAP*, mai 1975, p. 15.

25. *Ibid.*, p. 16-17.

26. *Ibid.*, p. 25-43.

27. *Le Jour*, 22 mai 1975.

28. *Le Jour*, 21 mai 1975.

29. *RAP*, février 1971, p. 3.

30. Sur les conflits entre les dirigeants de la Caisse et l'Exécutif de la Fraternité à propos de ce projet de construction, voir : *Procès-verbal*, Exécutif, 17 avril, 2 mai et 10 juin 1968.

31. *RAP*, février 1970, p. 41.

32. *RAP*, mai 1974, p. 9.

33. *AFPCUM, Procès-verbal*, Exécutif, 25 juin 1975.

34. *La Flûte*, octobre 1976.

35. Pierre DuBois *et al.*, *Inventaire général des attitudes des membres de la Fraternité des policiers de la CUM*, 1976, p. 38.

36. *AFPCUM, Procès-verbal*, Assemblée générale annuelle, 21 mai 1974.

37. *RAP*, octobre 1974.

38. En janvier 1967, le Barreau du Québec réclame une enquête portant spécifiquement sur la brutalité policière (*Le Devoir*, 16 janvier 1967). Plusieurs organismes dont la Fédération des policiers municipaux dénoncent les pots-de-vin offerts aux dirigeants municipaux et aux directeurs des services de police, le patronage au moment de l'embauche et des promotions, et l'incompétence de certains policiers (*Le Devoir*, 2 août 1967).

39. Outre le président Yves Prévost, les autres commissaires sont : le juge Paul Martineau, Harry Gould, Guy Merrill-Desaulniers et Laurent Laplante. Rappelons que Guy Merrill-Desaulniers était le conseiller juridique de la Fraternité jusqu'en septembre 1967, moment de sa nomination au poste de juge à la Cour supérieur du Québec. Sa présence comme commissaire influence probablement la prise de position de la Commission à propos du droit de grève.

40. Le texte du mémoire de la Fédération est publié dans la *RAP*, septembre 1967, p. 49-61.

41. *La Société face au crime*, Commission d'enquête sur l'administration de la justice en matière criminelle et pénale au Québec (commission Prévost), annexe 2 : *Enquête d'opinion publique sur la police au Québec*, p. 105. Cette enquête a été réalisée par Denis Szabo, professeur et directeur de l'École de criminologie de l'Université de Montréal.

42. *Ibid.*, vol. 5, *Omnibus*, 31 mars 1970, p. 79.

43. *Ibid.*

44. Loi de police, projet de loi n° 14, S. Q. 1968, c. 17.

45. Denis Lemieux, *La Commission de Police du Québec*, Laboratoire de Recherche sur la justice administrative, Faculté de droit, Université Laval, septembre 1976, p. 68.

46. Jean Carol Boucher, *Le Contrôle de l'activité policière*, Cowansville, Les Éditions Yvon Blais inc., 1992, p. 8.

47. *Ibid.*, p. 7.

48. FPM, *Procès-verbal*, Exécutif, 3 avril et 29 mai 1968.

49. Le policier ne peut se porter candidat qu'en dehors du district judiciaire où il travaille (*RAP*, mai 1968, p. 9-11).

50. La Fraternité peut aussi se féliciter d'être bien représentée à la Commission puisque Me Normand B. St-Georges, premier secrétaire de la Commission entre 1968 et 1973 et membre régulier par la suite, est lui-même un ancien policier montréalais(AFPM, *Procès-verbal*, Exécutif, 13 août 1968).

51. Gouvernement du Québec, *La Police et la Sécurité des citoyens*, Éditeur officiel, 30 juillet 1971, p. 121.

52. *RAP*, janvier 1972, p. 11.

53. *Ibid.*, p. 15, 17 et 19.

54. *RAP,* mai 1972, p. 11. Voir aussi l'éditorial de Claude Gravel, « La colère de Guy Marcil », *La Presse,* 18 septembre 1971.

55. *RAP,* février 1971, p. 15.

56. *Ibid.*, p. 16.

57. C'est le cas plus particulièrement des 272 personnes arrêtées le 24 juin 1968 à l'occasion du défilé de la Saint-Jean-Baptiste (le lundi de la matraque) qui, sous la direction de Serge Mongeau — porte-parole du Mouvement pour la défense des prisonniers politiques —, cherchent à obtenir justice contre les mauvais traitements subis (*Le Devoir,* 2 juin 1971). Une pratique se généralise alors rapidement chez les policiers de Montréal, celle d'enlever leur numéro d'immatriculation avant les manifestations, rendant ainsi plus difficile leur identification.

58. *La Presse,* 26 juin 1970. Ailleurs, Guy Marcil réaffirme cette thèse du conflit latent depuis fort longtemps : « C'est depuis dix ans que les problèmes s'accumulent à la police de Montréal : enquête Way et Gaubiac, « one man car », discipline interne, caisse de retraite, etc. » (*Le Devoir,* 4 février 1970).

59. *La Presse,* 3 janvier et 6 janvier 1967 ; *Montréal-Matin,* 4 janvier 1967.

60. *La Presse,* 2 février 1967 ; *Le Devoir,* 26 août 1970. Le résultat final est : 1 158 pour et 882 contre (AVM, Dossier 1209.E-3, Lettre de Guy Marcil à la Ville de Montréal). Le fait que seulement 2 000 membres se présentent au moment du vote est significatif de l'atmosphère qui règne à ce moment.

61. *The Montreal Star,* 23 octobre 1969.

62. Ce volet est longuement développé par Howard Goldblatt, *The Montreal Policemen's Strike, Industrial and Labor Relations Forum,* vol. 7, n° 1, 1971, p. 81-154. Nos renseignements sur le climat de l'époque sont tirées des ouvrages suivants : Jean-François Cardin, *Comprendre octobre 1970. Le FLQ, la crise et le syndicalisme,* Montréal, Méridien, 1990 ; Louis Fournier, *FLQ. Histoire d'un mouvement clandestin,* Montréal, Québec/Amérique, 1982 ; Louis Fournier, *Histoire de la FTQ, 1965-1992,* Montréal, Québec/Amérique, 1994 ; Marc V. Levine, *La Reconquête de Montréal,* VLB éditeur, 1997.

63. Le climat de contestation qui prévaut partout en Occident se manifeste également par des grèves chez les policiers de certaines villes américaines. Deux grèves, légales cependant, surviennent même au Canada, à l'extérieur du Québec, à Sydney et Westville, Nouvelle-Écosse, en 1971 et 1978, et à Bathurst, Nouveau-Brunswick, en 1979 (Dennis Forcese, « Le syndicalisme policier : relations de travail dans les forces policières canadiennes », *Journal du Collège canadien de police,* vol. 4, n° 2, 1980, p. 88-90, 96-100).

64. *Le Devoir,* 16 septembre 1970.

65. *La Presse,* 17 septembre 1970 ; *Le Devoir,* 17 septembre 1970. Selon Marcel Saint-Aubin, futur directeur du Service de la police de Montréal, la rencontre fait suite à l'adoption de la loi 295 en décembre 1968 (*Le Devoir,* 22 septembre 1970). Selon Guy Bourdon, la « Protection civile » élabore un plan d'action dès le mois de décembre 1967 suite aux manifestations virulentes des membres de la Fraternité (*Montréal-Matin,* 22 septembre 1970).

66. *La Presse,* 24 février 1968 ; *The Montreal Star,* 24 février 1968. Voir aussi les analyses de Vincent Prince, « Le malaise au sein de la police de Montréal », *Le Devoir,* 1ᵉʳ mars 1968, et de Paul Sauriol, « Montréal doit se serrer la ceinture », *Le Devoir,* 5 mars 1968.

67. Rapport Morin, *Rapport. Commission d'enquête sur les relations de travail entre la Ville de Montréal et la Fraternité des policiers de Montréal inc.,* 1968-1969, [par. 24 (iii)].

68. *Ibid.* [par. 37].

69. AVM, Dossier n° 690129, Lettre de Lucien Saulnier aux membres du front commun, 14 janvier 1969.

70. *Le Devoir,* 30 janvier 1969.

71. Pierre DuBois, « Satisfaction au travail des policiers municipaux du Québec », dans Denis Szabo et Guy Tardif (dir.), *La Police,* p. 37, annexe 8 du vol. 3 du *Rapport de la Commission d'enquête sur l'administration de la justice en matière criminelle et pénale* (commission Prévost).

72. *La Presse,* 23 novembre 1968 ; *RAP,* janvier 1969, p. 9.

73. Cette question est abordée en détail dans le mémoire de la Fraternité présenté à la commission d'enquête Morin : *Mémoire présenté à la Commission d'enquête sur les relations de travail entre la Ville de Montréal et la Fraternité des policiers de Montréal,* 27 avril 1970, 89 p.

74. Rapport Morin, *op. cit.* [par. 29 et 30 + note (25)].
75. La Fraternité aurait dépensé 70 000 $ dans les négociations (*La Presse*, 4 octobre 1969).
76. *Dimanche-Matin*, 5 octobre 1969.
77. Rapport Morin, *op. cit.* [par. 42].
78. La clause portant sur l'auto-patrouille à un homme prend davantage d'importance car, le 6 octobre, l'agent torontois David Goldsworthy est décédé parce qu'il était seul dans son auto. La revendication du « one man car » est scandée toute la journée au centre Paul-Sauvé.
79. Le salaire accordé est de 8 030 $ pour la première année du contrat alors que les policiers de Toronto viennent de se faire concéder un montant de 9 112,60 $. Les demandes de la Fraternité se chiffraient à 9 200 $ pour la première année et à 9 800 $ pour la deuxième année du contrat (*La Presse*, 7 octobre 1969).
80. *Le Devoir*, 8 octobre 1969 ; *The Montreal Star*, 8 octobre 1969 et 24 octobre 1969. La sentence minoritaire de Jacques Brûlé, arbitre nommé par la partie syndicale au tribunal d'arbitrage, est reproduite dans *La Flûte*, septembre 1978, p. 15.
81. Cette phrase se retrouve au cœur de l'enquête menée par la Commission de police. Le juge Ludovic Laperrière cherche à démontrer que le président de la Fraternité, en lançant cette phrase, a incité ses membres à débrayer illégalement (Commission de police du Québec, *Rapport d'enquête sur la conduite de certains membres du corps de police de la Ville de Montréal*, dossier P-70-92, 25 février 1971, 158 p. + annexes).
82. Sur le rôle majeur joué par Pat De Caen durant toute la durée du conflit, voir : Commission de police, *op. cit.*, p. 50-85.
83. Tous les détails entourant les activités avant, pendant et après la journée du 7 octobre 1969 sont fidèlement relatés dans le rapport d'enquête de la Commission de police en plus d'un volumineux dossier de presse — 4 cartables — accessible aux Archives de la Fraternité.
84. Commission de police du Québec., *op. cit.*, p. 31-32. Le sergent De Caen affirma n'avoir reçu aucune instruction de quiconque pour faire ces gestes (p. 84, 148).
85. Témoignage de Pat De Caen, Commission de police du Québec, *op. cit.*, p. 57.
86. *Ibid.*, p. 45.
87. *The Montreal Star* ; *La Presse*, 7 octobre 1969.
88. *Le Devoir*, 8 octobre 1969 ; 21 septembre 1970.
89. Québec, *Débats de l'Assemblée nationale du Québec*, 29e législature, 4e session, 21 octobre 1969, p. 3208.
90. Entrevue avec Marcel Pepin, 17 avril 1998.
91. Entrevue avec Guy Marcil, 21 janvier 1998.
92. Il s'agit d'une loi adoptée en 1967 imposant le retour au travail des employés de la Commission de transport de Montréal.
93. *La Presse*, 8 octobre 1969.
94. *Ibid.*, 1er octobre 1970.
95. En revanche, les pompiers, qui ont fait grève en même temps que les policiers, se voient refuser la révision de leur sentence arbitrale.
96. AVM, Bobine 170, Dossier 930.1, *Rapport du Comité exécutif aux membres du Conseil municipal de la Ville de Montréal*, 23 octobre 1969, p. 5. À cette occasion, le président du Comité exécutif se dit même prêt à reconnaître le droit de grève aux policiers (p. 16).
97. *Ibid.*, p. 8. Voir aussi l'éditorial de Jean-Claude Leclerc, « La parité avec les policiers de Toronto », *Le Devoir*, 4 octobre 1970.
98. Rapport Morin, *op. cit.* [par. 50 et 52].
99. *Ibid.* [par. 55].
100. AFPM, *Mémoire présenté à la Commission d'enquête sur les relations de travail entre la Ville de Montréal et la Fraternité des policiers de Montréal*, 27 avril 1970, p. 84-89. Voir aussi *La Presse*, 13 juin 1970.
101. *La Presse*, 7 mai 1970 ; *Le Devoir*, 7 mai 1975. Voir les éditoriaux de Vincent Prince, « Le droit de grève aux policiers », *Le Devoir*, 8 mai 1975, et Jean Pellerin, « Les policiers et la grève », *La Presse*, 30 juin

1970. Si l'éditorialiste de *La Presse* est relativement favorable à accorder ce droit, le Conseil du patronat, quant à lui, dénonce vertement cette porte ouverte à l'anarchie (*Le Devoir*, 26 mai 1970).

102. Les sanctions touchent essentiellement six policiers. La plus radicale recommande l'exclusion du sergent Pat de Caen du Service de police, mais aucune suite n'est donnée à cette recommandation. Pat de Caen sera d'ailleurs intimement mêlé à d'autres « moyens de pression » en 1975. Selon Claude Ryan, cette Commission n'aurait jamais dû voir le jour puisqu'elle ne fait qu'envenimer les conflits entre la Fraternité et les dirigeants politiques. De plus, selon lui, il s'agirait là d'une « nouvelle tentative de M. Paul en vue de montrer au public qu'il est le vrai gardien de la justice et de l'ordre » (*Le Devoir*, 28 janvier 1970).

103. Commission de police, *op. cit.*, p. 153-154.

104. *Le Devoir*, 25 mars 1971. L'éditorialiste du journal *Le Devoir* confirme cette analyse de la Fraternité : « Les autorités provinciales, une fois remises de leur peur, voulurent plutôt casser les reins de la Fraternité des policiers de Montréal, de loin le plus puissant et le plus influent syndicat d'agents de la paix au Québec. Le gouvernement a changé depuis à Québec, mais non l'intention d'en finir avec ce syndicat » (*Le Devoir*, 26 mars 1971).

105. Nous tirons nos informations pour les prochains paragraphes de Gérard Divay et Jean-Pierre Collin, *La Communauté urbaine de Montréal : de la Ville centrale à l'Île centrale*, Montréal, INRS-Urbanisation, 1977, p. 41-66.

106. *Rapport de la Commission d'étude des problèmes intermunicipaux dans l'île de Montréal* (commission Blier), Québec, Imprimeur de la Reine, 1965, p. 44.

107. FPVM, *Mémoire présenté à la Commission d'enquête Blier*, 11 mai 1964, 13 p.

108. Québec, *Avant-projet de loi de la Communauté urbaine*, ministère des Affaires municipales, Documents de la session, 1969, article 22.

109. André Dubois, *La Communauté urbaine de Montréal : les forces en présence*, mémoire de maîtrise (science politique), Université de Montréal, 1974, p. 155-170.

110. Conseil de sécurité publique, *Rapport 1970 du Conseil de sécurité publique de la CUM*, Montréal, 1970, p. 107-125.

111. Jacques Benjamin, *La Communauté urbaine de Montréal : une réforme ratée*, Montréal, L'Aurore, 1975, p. 37.

112. Le Comité du regroupement des policiers des banlieues s'en plaint aussi (*AFPCUM, Représentation de la Fraternité des policiers de Montréal inc. et du Comité du groupement des policiers des banlieues de l'île de Montréal à la Commission municipale du Québec en regard du règlement n° 26 de la CUM*, sans date).

113. *RAP*, février 1972, p. 9-13 ; mars 1972, p. 65-77 ; avril 1972, p. 24-25.

114. *RAP*, avril 1972, p. 9-15.

115. FPCUM, *Mémoire du Comité du groupement des policiers des banlieues de l'île de Montréal*, 16 décembre 1971, 9 p.

116. Sylvain Bissonnette, *L'Intégration des forces policières sur le territoire de la Communauté urbaine de Montréal, genèse et évolution*, mémoire de maîtrise (histoire), Université de Montréal, 1993, p. 67-75. Voir aussi Jean-Louis Morgan, *La Police. Le Service de la police de la CUM de 1972 à l'aube du troisième millénaire*, Montréal, Stanké, 1998, p. 40-44.

117. Commission de police du Québec, *Décisions, ordonnances et recommandations relatives au plan d'allocation des ressources humaines et physiques du Service de police de la Communauté urbaine de Montréal*, 15 novembre 1975, vol. 1, p. 39.

118. FPCUM, *Mémoire de la Fraternité des policiers de la CUM sur le plan d'allocation des ressources humaines et physiques du directeur Daigneault*, 20 janvier 1975, 22 p.

119. ACUM, AH-097, *Lettre de Gilbert Custeau à la Commission de police du Québec*, 29 avril 1975.

120. Commission de police du Québec, *Décisions...*, vol. 1 et 2, 15 novembre 1975.

121. *RAP*, février 1974, p. 9-13 ; Jean-Louis Morgan, *op. cit.*, p. 34-35.

122. *La Presse*, 16 décembre 1972.

123. Pierre DuBois, *Inventaire général des attitudes des membres de la FPCUM*, 1976, p. 72 et 73.

124. FPCUM, *Procès-verbal*, Exécutif, 5 février, 10 août, 22 octobre 1973.

125. *Ibid.*, 3 mai 1974.
126. *La Presse*, 26 janvier 1967; *The Montreal Star*, 26 janvier 1967.
127. *RAP*, mars 1967, p. 17.
128. *RAP*, novembre 1969, p. 9.
129. *Le Devoir*, 10 août 1974.
130. *Ibid.*, 1er mai 1975.
131. *Ibid.*, 2 mai 1975.
132. *La Presse*, 28 août 1975.
133. *Le Devoir*, 15 septembre 1975.
134. *La Presse*, 12 septembre 1975.
135. *Montréal-Matin*, 12 septembre 1975.
136. *La Presse*, 9 septembre 1975; 10 septembre 1975; 11 septembre 1975.
137. *Ibid.*, 10 septembre 1975.
138. Selon le sondage de Pierre DuBois, 56,5 % des policiers sont d'avis que la Fraternité n'a pas su tirer son épingle du jeu lors de cette négociation (*Inventaire général des attitudes des membres de la FPCUM*, 1976, p. 55).
139. ACUM, Dossier 438, Entente entre le Conseil des sécurité publique et la Fraternité des policiers de la Communauté urbaine de Montréal Inc., 18 septembre 1975.
140. *La Presse*, 15 septembre 1975.
141. Selon la constitution, il faut la signature de 50 membres pour tenir une assemblée spéciale; la pétition comprenait 125 noms (*Montréal-Matin*, 25 septembre 1975).
142. *Le Jour*, 7 octobre 1975.
143. *RAP*, janvier 1972, p. 49.
144. Pierre DuBois *et al.*, *Inventaire général des attitudes des membres de la FPCUM*, 1976, p. 65.
145. *RAP*, février 1969, p. 33.
146. *RAP*, mars 1971, p. 9 et 10.
147. *RAP*, mars 1971, p. 9-11.
148. *La Presse*, 3 mars 1971.
149. *Le Devoir*, 26 mars 1971.
150. En 1971, l'ABRPM évalue à 5,6 millions de dollars la somme que devrait verser la Ville au fonds de pension pour compenser les deux années où elle n'a versé aucune contribution. Cette somme représente les intérêts sur le déficit du fonds de pension pour éviter que ce déficit n'augmente. La Ville conteste cette somme devant les tribunaux. La guérilla judiciaire qui s'engage ne se termine qu'en 1977 par une entente où la Ville reconnaît une dette de 150 millions de dollars envers le régime de rentes des policiers. La Ville promet de liquider cette dette sur une période de 50 ans (ABRPCUM, *100 ans d'histoire, 1892-1992*, 1992, p. 49).
151. *Journal de Montréal*, 15 avril 1975.
152. *Le Devoir*, 3 mai 1975.
153. *Ibid.*, 10 juillet 1975.
154. ABRPCUM, *100 ans d'histoire*, p. 53 et 54.

CHAPITRE QUATRE • LA FRATERNITÉ EN CONTEXTE DE DÉCROISSANCE DES SERVICES (1975-1988)

1. Déclaration de Jean Corbeil, président de la Conférence des maires de banlieue, *La Flûte*, août 1981, p. 9.
2. Gérard Divay et Jean-Pierre Collin, *La Communauté urbaine de Montréal: de la ville centrale à l'île centrale*, Montréal, INRS-Urbanisation, 1977, p. 53-60.
3. Jean-Pierre Collin, « La régionalisation des forces politiques contemporaines dans la ville de Montréal. Regards sur les élections municipales, 1970, 1984 », dans Guy Bourassa et Jacques Léveillée (dir.), *Le Système politique de Montréal*, Montréal, ACFAS, 1986, p. 362-364.

4. Marie-Odile Trépanier, « Metropolitan Government in the Montreal Area », dans Donald N. Roth-blatt et Andrew Sancton (dir.), American/Canadian Metropolitan Intergovernmental Governance Perspectives, Berkeley, Institute of Governmental Studies Press, 1993, p. 60-61.

5. Jacques Rouillard, Histoire du syndicalisme québécois, Montréal, Boréal, 1989, p. 388-393.

6. Jacques Rouillard, « Le mouvement syndical », dans Denis Monière, L'Année politique au Québec, 1987-1988, Montréal, Québec/Amérique, 1989, p. 150-155.

7. En dollars constants (1981 = 100), les dépenses du Service de police passent de 233,3 millions de dol-lars en 1975 à 224,1 millions en 1988 pendant que celles du budget total de la CUM croissent de 397,4 à 567,8 millions.

8. La Flûte, mars 1985, p. 4.

9. La Flûte, avril 1984, p. 3.

10. La Flûte, novembre 1986, p. 4 ; Rapport du Service de police présenté au président du Comité exécu-tif de la CUM, M. Michel Hamelin : Événements de la manifestation du dimanche 25 mai 1986, dis-tricts 25 et 33. Rapport de situation, 30 mai 1986 (AFPCUM, 860525).

11. La Flûte, octobre 1987, p. 3.

12. Le Journal de Montréal, 9 mars 1987.

13. CUM, Rapport annuel 1988. Le nombre d'années de service est aussi révélateur de cet écart alors que les deux blocs les plus importants se concentrent chez les plus de 20 ans d'expérience et les moins de 5 ans d'expérience.

14. The Gazette, 28 août 1970.

15. La Flûte, août/septembre 1979, p. 21.

16. La Presse, 16 avril 1986 ; 13 mai 1987.

17. La Presse, 28 septembre 1987.

18. The Gazette, 7 juin 1988.

19. La Presse, 23 mars 1989. Voir Jean-Louis Morgan, op. cit., p. 72-76.

20. Travail non traditionnel Inc. (TNT), Rapport sur l'intégration des policières du Service de police de la Communauté urbaine de Montréal, 14 décembre 1988, p. 46.

21. Pierre DuBois et al., Inventaire général des attitudes des membres de la FPCUM, 1976, p. 8.

22. Ibid., appendice F, p. 2-8.

23. Ibid., appendice F, p. 7.

24. La Presse, 1er octobre 1981 ; La Flûte, octobre 1981, p. 10-11.

25. La Flûte, janvier 1979, p. 8.

26. Journal de Montréal, 19 juin 1981 ; La Presse, 19 juin 1981 ; La Flûte, août-septembre 1981, p. 2.

27. FPCUM, La Situation de la police de la CUM, mémoire présenté au premier ministre du Québec, l'Ho-norable René Lévesque, La Flûte, août 1981, 15 p.

28. La Presse, 26 août 1981.

29. À ces élections, sept candidats se font la lutte. Claude Fleurent reçoit 2 234 votes et est élu à 50,5 % des 4419 suffrages exprimés ; entrevue avec Claude Fleurent, 20 août 1998.

30. La Flûte, octobre 1981, p. 3. Durant sa campagne électorale, il fait ressortir le nécessaire dialogue à rétablir « avec les autorités plutôt que de rompre toute communication par une violence verbale ou idéologique, stérile et inutile » (Dimanche-Matin, 19 juillet 1981). Voir aussi : André Cédilot, Claude Fleurent veut rétablir le dialogue avec la direction (La Presse, 26 août 1981).

31. La Presse, 30 septembre 1981.

32. La Flûte, décembre 1981-janvier 1982, p. 3.

33. Dimanche/Dernière Heure, 27 décembre 1981.

34. Michel Allard obtient une majorité de 742 voix alors que 84,7 % des policiers se sont prévalus de leur droit de vote.

35. La Presse, 18 mars 1982, 12 mai 1982.

36. La Presse, 18 mars 1982.

37. La Flûte, mai 1985, p. 3.

38. La Presse, 8 mai 1985.

39. Les résultats sont les suivants : Louis Simard, 1858 ; Claude Fleurent, 1097 ; Gilles Masse, 638 (*La Flûte,* juin-juillet 1985, p. 5).

40. *La Presse,* 22 juin 1985.

41. *Ibid.*

42. AFPCUM, Lettre de Monique Boisvert, présidente, à Raymond Billette, 6 août 1985.

43. *Le Journal de Montréal,* 17 novembre 1987.

44. Entrevue avec Yvon Séguin, 22 septembre 1998. Il était membre du Conseil d'administration de la caisse à cette époque.

45. *Le Journal de Montréal,* 27 novembre 1987.

46. *Le Journal de Montréal,* 30 juin 1988.

47. *Le Devoir,* 12 août 1988 et 1er octobre 1988.

48. Syndicat des employées du personnel de bureau, *Que faites-vous ? Policiers syndiqués !,* communiqué non daté (février 1988 ?) ; *Pourquoi vos employées sont en grève,* 9 novembre 1987 ; *Les policiers et leur syndicat devraient avoir honte,* 16 mars 1988.

49. FPCUM, *Procès-verbal,* Conseil de direction, 29 octobre 1987.

50. *La Presse,* 15 avril 1977.

51. ACUM, *Extrait du procès-verbal de la séance du CSP de la CUM,* 19 juin 1978, 14 septembre 1979 ; *La Flûte,* janvier 1979, p. 7.

52. *La Flûte,* novembre 1978, p. 3.

53. *Le Journal de Montréal,* 19 septembre 1979. La position de Henri-Paul Vignola sur l'unité d'accréditation de la Fraternité est longuement développée dans son étude parue en 1982 : *Police. Le défi des années 2000,* Montréal-Paris, Stanké, p. 31-35 et 53-57.

54. *La Flûte,* août/septembre 1980, p. 3.

55. *La Presse,* 27 décembre 1985.

56. *Le Devoir* et *Le Journal de Montréal,* 5 mars 1986 et *La Flûte,* mars 1986, p. 3.

57. UMQ, *Une réflexion sur la police municipale,* comité d'étude sur la police municipale, mai 1986, p. 31 et 64-65.

58. UMQ, *Une réflexion sur la police en milieu municipal,* mémoire présenté au Solliciteur général du Québec, octobre 1986, p. 13.

59. *Lettre de Gilles Masse à André Nadon,* 20 février 1981, et texte de la conférence de presse de la Fédération, le 23 février 1981 (AFPCUM, # 820000).

60. FPCUM, *Procès-verbal,* Assemblée générale, 18 février 1982 (résolution 4225).

61. *La Presse,* 15 décembre 1981.

62. Lettre d'André Nadon, président de la Fédération des policiers municipaux du Québec, à tous les délégués de la Fraternité, 10 mai 1982 (AFPCUM, # 820000).

63. FPCUM, *Procès-verbal,* Conseil de direction, 7 octobre 1982 et Assemblée générale, 12 octobre 1982 (résolution 4297).

64. FPCUM, *Procès-verbal,* Assemblée générale spéciale, 17 octobre 1985 (résolution 4653).

65. *La Flûte,* avril 1986, p. 3.

66. Pierre DuBois *et al., Inventaire général des attitudes des membres de la FPCUM,* 1976, p. 54 et appendice F, p. 5.

67. Le texte de la conférence de presse du 9 janvier 1978 est publié dans *La Flûte,* février 1978, p. 7.

68. *Ibid.,* p. 7.

69. Résolution adoptée le 19 janvier 1978 (*La Flûte,* février 1978, p. 7)

70. Yvon Charbonneau, *Lettre à Gilles Masse,* président de la Fraternité, 25 janvier 1978 (*La Flûte,* mars 1978, p. 10).

71. *Lettre de Gilles Masse à Michel Roy,* directeur intérimaire du journal *Le Devoir,* 28 juillet 1978 (*La Flûte,* septembre 1978, p. 15).

72. *Montréal-Matin,* 12 juin 1978.

73. *La Flûte,* août-septembre 1979, p. 12.

74. FPCUM, *Procès-verbal,* Bureau de direction, 11 février 1980 (résolution 4028).

75. *La Flûte,* décembre 1980/janvier 1981, p. 19; décembre 1984, p. 11; décembre 1986/janvier 1987, p. 18; décembre 1987/janvier 1988, p. 22; décembre.-janvier 1990, p. 4-5.

76. *La Presse,* 15 décembre 1984.

77. Gouvernement du Québec, *Loi constituant le service de police de la Communauté urbaine de Montréal et modifiant de nouveau la Loi de la Communauté urbaine de Montréal,* chapitre 93, article 205d.

78. *La Presse,* 14 mars 1977.

79. *La Presse,* 21 avril 1977 et 24 mai 1977.

80. Recueil des lois du Québec, *Loi sur le Conseil de sécurité publique et le Service de police de la CUM,* chap. 71, 12 août 1977.

81. *Ibid.,* p. 1191.

82. FPCUM, *La Situation de la police de la Communauté urbaine de Montréal,* mémoire remis au premier ministre de la province de Québec, l'Honorable René Lévesque (*La Flûte,* août 1981, p. 14).

83. Assemblée nationale du Québec, 32ᵉ législature, 2ᵉ session, projet de loi 46, 1982.

84. *La Flûte,* juin 1982, p. 2.

85. Pierre DuBois, *Inventaire général des attitudes des membres de la FPCUM,* 1976, p. 66.

86. *La Flûte,* février 1979, p. 3.

87. *La Revue du Service de police,* mai 1978, p. 2; juin 1978, p. 4.

88. Jacques Dagenais, *Étude sur la satisfaction au travail des policiers du SPCUM,* mai 1977 (le rapport est publié dans *La Flûte,* juillet et août 1977). L'enquête a été menée à partir de 200 entrevues auprès de policiers syndiqués, 34 entrevues auprès de représentants de l'état-major, 6 entrevues auprès de membres du CSP, en plus d'un sondage-questionnaire auprès de 1 483 policiers (taux de participation de 79 %). Rappelons que cette étude vient confirmer les résultats d'études antérieures sur l'insatisfaction au travail des policiers montréalais, celles conduites par le psychologue industriel Pierre DuBois en 1969 et 1976.

89. *Ibid.,* p. IX.

90. *Ibid.,* p. 97.

91. *La Flûte,* janvier 1979, p. 2.

92. *La Flûte,* juin-juillet 1979, p. 3.

93. *La Flûte,* novembre 1979, p. 3.

94. *Convention collective de travail entre la CUM et la Fraternité des policiers de la CUM, 1980-1982,* art. 37, p. 2.

95. *La Flûte,* février 1982, p. 18-19.

96. *La Flûte,* août-septembre 1982, p. 8.

97. *La Flûte,* mars 1983, p. 9-13.

98. *L'Enfant-citoyen,* cahier spécial n° 7, *La Flûte,* décembre 1978.

99. *Le Devoir,* 30 mai 1979.

100. *La Presse,* 29 mai 1979.

101. *Le Devoir,* 1ᵉʳ et 4 juin 1979.

102. Gilles Masse, *Des luttes qui peuvent sembler inutiles!, La Flûte,* juin-juillet, 1979, p. 3.

103. FPCUM, *L'injonction et les relations de travail,* mémoire présenté au ministre de la Justice et au ministre du Travail et de la Main-d'œuvre, novembre 1979. Le texte en entier est publié dans un numéro spécial de *La Flûte,* décembre 1979, 16 p.

104. *La Flûte,* décembre 1980-janvier 1981, p. 6.

105. *La Presse,* 19 octobre 1982.

106. *La Flûte,* octobre-novembre 1982, p. 5.

107. *La Flûte,* novembre 1982, p. 8; *Revue du Service de police de la CUM,* janvier 1982, p. 19.

108. FPCUM, *Projet de loi 200 modifiant la Charte de la Ville de Montréal,* Mémoire présenté à la Commission parlementaire sur les projets de loi privés (*La Flûte,* mars 1980, p. 4-5 et 17).

109. *La Presse,* 10 décembre 1980.

110. *Ibid.*

111. *La Flûte,* mai 1987, p. 5.

112. *Le Journal de Montréal,* 17 mars 1983.
113. *Revue Cités et Villes,* novembre 1961 ; *La Presse,* 28 novembre 1973.
114. *Montréal-Matin,* 31 août 1974.
115. *La Flûte,* juin-juillet 1981, p. 3 ; FPCUM, *Mémoire présenté à la Commission parlementaire siégeant sur le projet de loi 27,* le 9 décembre 1981, 23 p. ; FPCUM, *Mémoire à la Commission de sécurité publique de la CUM sur les services ambulanciers dispensés par le SPCUM,* 16 mars 1983 (*La Flûte,* avril 1983, p. 13-18) ; FPCUM, *Mémoire présenté au groupe de travail sur l'organisation policière au Québec,* juillet 1977, p. 67-71.
116. *Le Devoir,* 22 avril 1983, p. 6.
117. *La Flûte,* juin-juillet 1983, p. 8 ; FPCUM, *Mémoire à la Commission de sécurité publique de la CUM sur les services ambulanciers,* p. 31.
118. *La Flûte,* mai 1983, p. 3.
119. *Le Journal de Montréal,* 29 novembre 1983.
120. *La Flûte,* juin-juillet 1984, p. 9.
121. Lettre de Gilles Masse à Henri-Paul Vignola, 28 octobre 1977 (AFPCUM, # 841022).
122. *La Flûte,* juin/juillet 1984, p. 9.
123. *La Flûte,* décembre 1986/janvier 1987, p. 10B.
124. ACUM, Extrait du *Procès-verbal* d'une séance du Comité exécutif, 19 octobre 1983 (83-1723).
125. *La Flûte,* février 1986, p. 8.
126. *La Presse,* 20 août 1987.
127. *Le Devoir,* 18 février 1977 ; *Montréal-Matin,* 1er février 1977.
128. *La Presse,* 22 février 1977 ; *Le Devoir,* 10 mars 1977.
129. *Le Devoir,* 10 mars 1977 ; *La Presse,* 14 mars 1977.
130. *Le Devoir,* 20 avril 1977.
131. Québec, *Rapport du groupe de travail sur l'organisation et les fonctions policières au Québec,* janvier 1978, p. 77 et 127.
132. *Le Devoir,* 7 décembre 1977.
133. *Le Devoir,* 14 décembre 1977 ; *La Flûte,* février 1978, p. 8.
134. Pierre DuBois *et al., Inventaire général des attitudes des membres de la FPCUM,* 1976, p. 109.
135. *La Flûte,* février 1978, p. 8.
136. *La Revue municipale,* février 1978.
137. AFPCUM, Message du président Gilles Masse aux policiers, Code-a-phone, 30 décembre 1977.
138. *Le Devoir,* 7 janvier 1978.
139. AFPCUM, Message du président Masse aux policiers, Code-a-phone, 6 janvier 1978.
140. *Le Devoir,* 11 janvier 1978.
141. *Le Devoir,* 4 février 1978.
142. *Le Devoir,* 14 janvier 1978.
143. *Le Devoir,* 17 février 1978.
144. *La Flûte,* mars 1978, p. 9 ; *Dernière-Heure,* 24 septembre 1978.
145. *La Flûte,* avril 1978, p. 17.
146. *Ibid.,* p. 3.
147. *Revue du Service de police,* décembre 1981, p. 5.
148. *Le Devoir,* 1er et 4 juin 1979.
149. *Revue du Service de police,* janvier 1979, p. 2 ; Jean-Louis Morgan, *op. cit.,* p. 71-72.
150. *La Presse,* 6 juin 1980.
151. *Convention collective de travail entre la CUM et la Fraternité des policiers de la CUM, 1980-1982,* art. 37, p. 2.
152. *La Flûte,* octobre 1983, p. 4.
153. *La Presse,* 25 octobre 1983.
154. L'indexation partielle est moindre pour les policiers embauchés après 1984 (IPC-3 au lieu d'IPC-1) ; l'écart sera effacé en 1994.

155. AFPCUM, *Procès-verbal de l'Assemblée générale spéciale*, 1ᵉʳ février 1984; *La Presse*, 11 janvier 1984.

156. *La Presse*, 6 décembre 1984.

157. *Le Devoir*, 12 décembre 1984.

158. AFPCUM, *Procès-verbal de l'assemblée spéciale du Conseil de direction*, 18 mars 1985; *La Presse*, 20 mars 1985.

159. *Le Journal de Montréal*, 9 mai 1985.

160. *Ibid.*

161. *La Flûte*, octobre 1985, p. 8.

162. *La Presse*, 3 décembre 1986.

163. *La Flûte*, décembre 1986/janvier 1987, p. 2C.

164. Il s'agit du comité Robillard et de la commission d'étude sur les municipalités, tous deux formés en 1985 (UMQ, *Mémoire concernant le régime d'exception prévu au Code du travail du Québec pour les policiers et pompiers municipaux du Québec*, janvier 1992, p. 23-25). La Chambre de Commerce de Montréal est également favorable à accorder le droit de grève (*La Presse*, 3 et 4 mai 1986; *Le Devoir*, 11 juin 1986; 22 septembre 1986).

165. *La Flûte*, octobre 1986, p. 4.

166. AFPCUM, *Procès-verbal du Conseil de direction de la FPCUM*, 26 juin 1987.

167. *La Presse*, 14 août 1987; *Le Devoir*, 14 août 1987.

168. *La Presse*, 27 août 1987.

169. La frustration du président est grande car la CUM a déjà signé des ententes avec la très grande majorité de ses employés qui comportaient une augmentation salariale de 4 % uniquement pour 1988 (CUM, *Allocution de Monsieur Michel Hamelin, président du Comité exécutif de la Communauté urbaine de Montréal présentée devant la Commission parlementaire sur l'économie et le travail relativement à la loi modifiant le Code du travail et la loi sur le ministère du Travail*, 16 février 1993, p. 3).

170. APCUM, Jugement du juge Jacques Vaillancourt, Cour supérieure, 25 novembre 1988; *Le Devoir*, 4 octobre 1988; 18 novembre 1988.

171. De 1975 à 1982, la croissance de l'indice du coût de la vie est de 88 % et les salaires de 81,5 %. Pour 1982 à 1988, les prix et les salaires s'élèvent de 40 %.

172. Pour une comparaison des salaires des policiers de la CUM avec d'autres groupes de travailleurs, voir Yves Rabeau et Jean-Michel Cousineau, *Une étude sur la rémunération des policiers de la Communauté urbaine de Montréal*, Montréal, Éconobec, 1986, 131 p.

173. Pierre DuBois *et al.*, *Inventaire général des attitudes des membres de la FPCUM*, 1976, p. 44.

174. *La Presse*, 22 avril 1977.

175. *Le Devoir*, 7 novembre 1983.

176. *La Presse*, 30 septembre 1983.

177. *La Presse*, 9 décembre 1983.

178. *La Presse*, 10 décembre 1983.

179. *La Flûte*, février 1986, p. 5; *La Presse*, 23 octobre 1985.

180. *La Relève*, mars 1988.

181. André Sasseville, *Entrevue*, 23 juillet 1998.

182. *La Flûte*, février 1986, p. 10; décembre 1984, p. 3; Vonik Tanneau. *Cent ans d'histoire. Histoire de l'ABR, 1892-1992*, Montréal, ABR, 1992, p. 57-60.

183. *La Presse*, 27 décembre 1985.

184. *Rapport annuel de la SPCUM*, 1981; *La Relève*, avril 1989.

185. *Le Journal de Montréal*, 19 juin 1981.

CHAPITRE CINQ • LA FRATERNITÉ : UNE FORTERESSE ASSIÉGÉE (1988-1998)

1. Le PIB réel croît de 2,4 % par année dans les années 1980 et de 1,1 % de 1990 à 1995 (ministère des Finances du Québec, *L'Économie du Québec: revue des principales tendances*, Québec, 1996, p. 17).

2. Ernest B. Akyeampong, « Aperçu statistique du mouvement syndical ouvrier », *L'Emploi et le revenu en perspective,* hiver 1997, p. 53.

3. De 1981 à 1989, il y a en moyenne 272 conflits de travail par année contre 139 de 1990 à 1997 (*Le Marché du travail,* diverses années).

4. De 1990 à 1997, les conflits de travail dans le secteur privé de juridiction québécoise comprennent 23,2 % de lock-out, et pour 5,7 % des conflits un mélange de grève et lock-out.

5. Pour l'année 1998, le nombre officiel « autorisé » tel qu'adopté par le Conseil d'administration de la CUM est de 4157. Au 31 août 1998, le nombre « réel » n'était que de 4128 selon le Service de gestion du personnel de la SPCUM.

6. Ronald T. Stansfield, *Issues in policing : A Canadian Perspective,* Toronto, TEP, 1996, p. 17.

7. Entre 1988 et 1997, le taux d'inflation est de 27 % contre 23,8 % pour les dépenses du SPCUM.

8. Denis Bélanger, *Analyse de l'évolution de la situation financière de la CUM : historique et perspectives, 1984-2000,* avril 1996, p. 16B, 25 ; CUM, *Budget 1998,* p. 6-8.

9. *La Presse,* 11 novembre 1996, 7 mars 1998.

10. SPCUM, Présentation de monsieur Claude Rochon, directeur adjoint, direction exécutive, *Plan d'action et budget 1998 du SPCUM,* 8 décembre 1997, p. 13-15.

11. SPCUM, Notes pour une allocution du Directeur Jacques Duchesneau, *Plan d'action et budget 1998 du SPCUM,* 8 décembre 1997, p. 20 ; CUM, *Notes pour une allocution de Vera Danyuk, président de la CUM lors de la présentation aux membres du Conseil du budget 1998 de la CUM,* 8 décembre 1997, p. 3.

12. *The Gazette,* 4 décembre 1995. En effet, parmi les 437 policières actives au SPCUM en 1994, on compte 1 officière de direction, 3 lieutenantes, 1 lieutenante-détective, 32 sergentes et 6 sergentes-détectives (*La Relève,* mars 1994, p. 1).

13. Gouvernement du Québec, Ministère de la Sécurité publique, *Données sur l'état de l'organisation policière au Québec en 1994,* 1995, p. 1. Ces données ne sont plus accessibles dans les rapports annuels depuis 1995.

14. *Le Devoir,* 29 novembre 1995 ; *La Presse,* 29 novembre 1995.

15. FPCUM, Conseil de direction, *Procès-verbal,* 19 décembre 1990.

16. *La Flûte,* juin 1991, p. 17. Le premier comité de condition féminine est composé de : Lyne Fournier, Josette Gagné, Danielle Hunter, Christiane Malenfant et Odette Pinard. Voir aussi : Questionnaire-sondage présenté aux policières du SPCUM par le Comité de la condition de la femme, octobre 1991, 12 p.

17. Entrevue avec Lyne Fournier, Christiane Malenfant et Danielle Hunter, 23 octobre 1998.

18. *Idem.*

19. Pour un portrait plus détaillé de la carrière d'Yves Prud'Homme, voir : Anne Richer, « J'étais destiné à être policier et syndicaliste », *La Presse,* 18 octobre 1993, et Michel Vastel, « Prud'Homme sept-heures », *L'actualité,* 15 mars 1993, p. 42-48.

20. Entrevue avec Yves Prud'Homme, 15 octobre 1998.

21. *La Flûte,* octobre 1998, p. 6.

22. FPCUM, Conseil de direction, *Procès-verbal,* 12, 13 et 14 août 1988.

23. FPCUM, Assemblée générale annuelle, *Procès-verbal,* 13 mars 1990.

24. *La Flûte,* mars 1990, p. 7. De mensuelle qu'elle était depuis sa création en 1946, la revue est dorénavant publiée cinq fois par année seulement.

25. Communication Serge Séguin, *Rapport final sur l'enquête d'opinion effectuée auprès des policiers de Montréal, membres de la Fraternité,* août 1989, p. 15.

26. *La Flûte-Express,* janvier 1992, p. 1.

27. Communication Serge Séguin, *op. cit.,* 7 p. (60 % des 4400 membres de la Fraternité ont répondu au questionnaire).

28. *La Presse,* 11 mars 1994.

29. *La Presse,* 10 mars 1994.

30. Yves Prud'Homme obtient 2 258 votes contre 1 193 en faveur de Pablo Palacios (AFPCUM, Communiqué, *Résultats officiels du scrutin du 14 juin 1994*).

31. *La Presse*, 22 juillet 1998 ; *The Gazette*, 26 août 1998.

32. ISOGROUP, *Évaluation de l'organisation syndicale de la FPCUM*, 25 juin 1992, 42 p., et *Évaluation et Révision de l'organisation*, 13 novembre 1992, 44 p.

33. FPCUM, Assemblée générale annuelle, *Procès-verbal*, 9 mars 1993. Voir aussi : *La Flûte Express*, 1ᵉʳ février 1993.

34. La nouvelle structure vise surtout une meilleure représentation à tous les échelons : « Le délégué syndical aura sous sa responsabilité un moniteur sur chaque groupe ou équipe incluant le groupe 6 et un moniteur par section du même édifice. Cela constituera le Conseil syndical. De plus, il y aura deux représentants par grade (sergent et capitaine) répartis en deux régions délimitées par le boulevard Saint-Laurent » (*La Flûte Express*, 30 juillet 1994.)

35. ISOGROUP, *Étude de la rémunération et des moyens d'encouragement des représentants syndicaux. Points saillants du rapport final*, 23 février 1995, p. 12.

36. FPCUM, Assemblée générale extraordinaire, *Procès-verbal*, 19 décembre 1996.

37. Alain Simoneau, *Entrevue*, le 7 décembre 1998. Voir aussi : FPCUM, Alain Simoneau, *Séminaire annuel 1997*, 3, 4 et 5 septembre 1997, 29 août 1997, p. 3-5.

38. AFPCUM, Assemblée spéciale du Conseil de direction, *Procès-verbal*, 1ᵉʳ mai 1991.

39. AFPCUM # 820000, Lettre d'Yves Prud'Homme à Jean-Guy Roch, président de la Fédération, 22 novembre 1990, p. 4.

40. FPCUM, Bureau de direction, *Procès-verbaux*, 1ᵉʳ mai 1991 et 20 juin 1991 ; Assemblée générale extraordinaire des membres, 22 octobre 1991.

41. FPCUM, Communiqué de presse, le 23 juin 1995 ; *La Presse*, le 25 juin 1995.

42. FPCUM, Bureau de direction, *Procès-verbaux*, 21 juin 1995 et 15 novembre 1995.

43. AFPCUM, Yves Prud'Homme, Allocution prononcée lors du congrès de la Fédération des policiers du Québec, du 15 au 19 juin 1998.

44. *La Presse*, 28 avril 1988.

45. AFPCUM, Bureau du président, Rencontre sur la désyndicalisation des officiers, 4 juillet 1988.

46. AFPCUM, dossier 890000, sondage enquête auprès des lieutenants de gendarmerie du SPCUM, 12 août 1988.

47. *Le Devoir*, 8 décembre 1988.

48. Rapport Malouf, *Rapport de l'inspection de l'administration du Service de police de la Communauté urbaine de Montréal, de ses activités et celles de ses membres*, mars 1994, tome I, chapitre 7 : « Impact d'une même accréditation syndicale pour les policiers et les officiers sur le déroulement d'une opération policière », p. 87-112.

49. Sans distinction des deux variantes, ce modèle existe à : Austin, Baltimore, Buffalo, Chicago, Columbus, Honolulu, Jacksonville, Memphis, Minneapolis, Oklahoma City, Pittsburg, Philadelphie, Salt Lake City, San Antonio, San Diego, San José, Toronto, Towson (Maryland), Tulsa, Washington (DC) et Winnipeg (*ibid.*, p. 98).

50. On le retrouve à Boston, Détroit, New York, Seattle, Las Vegas, Miami, Milwaukee (*ibid.*, p. 98).

51. *Idem*, p. 99.

52. *Idem*, p. 110.

53. Michel Dupuy, *Le Statut de l'officier de police au sens du Code du travail*, allocution prononcée par Mᵉ Michel Dupuy de l'étude Bélanger, Sauvé lors du congrès 1990 de l'Union des municipalités du Québec, p. 7.

54. Association des policiers de la Ville de Saint-Jérôme et Association des policiers de Ville de Saint-Antoine c. Régie inter municipale de police de Saint-Jérôme métropolitain et Ville de Saint-Jérôme et Ville de Saint-Antoine, Tribunal du travail, District de Montréal, Juge Bernard Lesage, le 25 mai 1995 (# 500-28-000045-955), p. 23.

55. *La Presse*, 27 novembre 1995 ; 28 novembre 1995.

56. *La Relève*, juillet 1988, p. 1 ; *La Presse*, 9 avril 1994.

57. Le SPCUM remboursera la Fraternité après le verdict d'acquittement à l'issue du deuxième procès (*La Presse*, 5 avril 1995).

58. *Le Journal de Montréal*, 15 juillet 1988.
59. AFPCUM, Lettre à M. Roland Bourget de la part des policiers et policières de la CUM, 4 août 1988.
60. Loi sur l'organisation policière et modifiant la Loi de police et diverses dispositions législatives, projet de loi 86, L.Q. 1988, c. 75. Cette loi est sanctionnée le 23 décembre 1988. Notons aussi que c'est le 13 octobre 1990 que prenait effet « le règlement sur la discipline interne des policiers et policières de la CUM » (*La Flûte Express*, janvier 1992, p. 3).
61. *La Presse*, 27 juillet 1991.
62. *Le Devoir*, 30 janvier 1992; *La Presse*, 30 janvier 1992.
63. AFPCUM, *Le Vrai responsable : Saint-Germain*, 31 janvier 1992, 6 p.; *Le Journal de Montréal*, 8 février 1992.
64. *Ibid.*, p. 3.
65. *Le Devoir*, 1er février 1992.
66. *Ibid.* Le coroner chargé d'enquêter sur la mort de Marcellus François dénoncera les graves lacunes dans le fonctionnement du SPCUM et estimera que le sergent Tremblay a commis une grave erreur lorsqu'il a tiré un coup de feu, mais qu'il ne saurait être tenu responsable pour la kyrielle d'erreurs commises à cette occasion (Bureau du coroner, *Communiqué de presse* La mort de Marcellus François : une série d'erreurs du SPCUM, 7 mai 1992).
67. *Le Devoir*, 14 février 1992.
68. *Le Devoir*, 8 juillet 1991.
69. *La Presse*, 9 juin 1988.
70. *Le Journal de Montréal*, 23 août 1991; *La Presse*, 23 août 1991.
71. FPCUM et FPQ, *Mémoire présenté au Comité d'enquête sur les relations entre les corps policiers et les minorités ethniques et visibles*, 8 juin 1988; *La Flûte*, août/septembre 1988; *La Presse*, 9 juin 1988; SPCUM, *Lancement du programme d'accès à l'égalité dans l'emploi au SPCUM, Allocution de Yves Prud'Homme*, 11 avril 1991.
72. *Rapport du Groupe de travail du ministère de la Sécurité publique du Québec sur les relations entre les communautés noires et le Service de police de la CUM*, 13 décembre 1992, p. 44-49.
73. *La Presse*, 16 janvier 1993.
74. *La Presse*, 5 août 1998.
75. *Le Soleil*, 13 décembre 1997.
76. *Le Devoir*, 3 mars 1994. La Fraternité a décidé de ne pas assumer les frais juridiques de la policière Manon Cadotte car elle a refusé d'être défendue par l'avocat choisi par le syndicat.
77. *La Presse*, 29 septembre 1995.
78. FPCUM, Communiqué de presse, Les autorités doivent nous fournir l'équipement requis pour notre travail, 14 juillet 1995; *Le Devoir*, 15 juillet 1995 : *La Presse*, 15 juillet 1995.
79. Une interrogation fait bondir les commentateurs : « Lorsque nous songeons que nous avons nous aussi un conjoint, des enfants, une vie à vivre en dehors de la profession, ne devrions-nous pas laisser les événements se dérouler et n'intervenir que lorsqu'il n'y a plus aucun danger ? » (AFPCUM, Message important, 14 juillet 1995).
80. AFPCUM, Yves Prud'Homme, *Allocution prononcée au colloque CMARR*, 2 mars 1990, p. 4-5 et 10.
81. *La Flûte*, mai-juin 1995, p. 6-7.
82. *Convention collective de travail entre la CUM et la FPCUM*, 1er janvier 1996 au 31 décembre 1998, p. 26.2.
83. En mars et en mai 1995, surviennent la mort violente de Paolo Romanelli et celle de Martin Omar Suazo, tous deux abattus par des policiers. Ces événements sont moins médiatisés parce que le geste des policiers était davantage justifié (*La Presse*, 14 mars 1995, 20 novembre 1995).
84. André Normandeau, *La Presse*, 30 juin 1995.
85. SPCUM, *Énoncé directionnel du Service de police de la CUM*, 27 février 1995, 47 p. Nos renseignements proviennent aussi du volume publié sous la direction d'André Normandeau, *Une police professionnelle de type communautaire*, tomes I et II, Montréal, Méridien, 1998, et de ses articles dans *La Presse*, 16 janvier 1992, 3 novembre 1995, et *Le Devoir*, 29 novembre 1995.

86. Jean-Paul Brodeur, « Une police taillée sur mesure : une réflexion critique », dans André Normandeau (dir.), *Une police professionnelle de type communautaire,* tome II, Montréal, Méridien, 1998, p. 277-307.

87. *La Presse,* 16 mars 1995, 30 octobre 1995 ; *Le Devoir,* 27 novembre 1995.

88. *Le Journal de Montréal,* 30 avril 1994.

89. *La Flûte,* mai-juin 1995, p. 12.

90. Alain Simoneau, Entrevue, le 7 décembre 1998.

91. FPCUM, *Mémoire sur le projet « police de quartier » présenté à la Commission de la sécurité publique présidée par Mme Kettly Beauregard, présidente,* 24 octobre 1995, p. 4 ; *La Flûte express,* 16 novembre 1995, p. 2.

92. CUM, Commission permanente du Conseil, *Rapport de la Commission de la sécurité publique de la Communauté urbaine de Montréal sur le projet d'énoncé directionnel du Service de police,* 22 novembre 1995, 10 p. ; *Évolution,* janvier-mars 1995, p. 7.

93. Alain Simoneau, *Entrevue,* 7 décembre 1998.

94. *La Flûte Express,* 16 novembre 1995, p. 2.

95. *La Presse,* 6 octobre 1995.

96. *La Presse,* 28 novembre 1995.

97. *Le Journal de Montréal,* 28 novembre 1995 ; AFPCUM, Lettre de Jacques Duchesneau à Yves Prud'Homme, 22 novembre 1995.

98. *La Presse,* 30 octobre 1995.

99. FPCUM, *Mémoire sur le projet « police de quartier »,* présenté à la Commission de la sécurité publique…, p. 13.

100. *Le Journal de Montréal,* 27 octobre 1995.

101. *La Presse,* 6 octobre 1995.

102. SPCUM, *Énoncé directionnel du Service de police de la CUM,* 27 février 1995, p. 27.

103. *La Presse,* 30 novembre 1995.

104. *La Presse,* 23 janvier 1996 ; *Le Devoir,* 12 janvier 1996.

105. *La Presse,* 11 janvier 1997.

106. *La Presse,* 13 février 1998.

107. SPCUM, *Communiqué. Résultats de la consultation menée auprès du personnel du SPCUM en mai et juin 1998,* 2 octobre 1998, 4 p. (Les policiers ont répondu à 61 % au sondage).

108. *Le Devoir,* 3 octobre 1998.

109. *La Presse,* 31 décembre 1998.

110. *La Flûte,* mai 1989, p. 3.

111. *Le Journal de Montréal,* 30 mars 1989 ; *La Presse,* 1er avril 1989.

112. *La Presse,* 7 avril 1989, p. C11.

113. *La Flûte,* rapport annuel de 1991, p. 34.

114. *La Flûte,* juillet 1992, p. 9 ; CUM, *En direct,* vol. 6, 2, 1992.

115. *Convention collective entre la CUM et la FPCUM,* 1991-1992, p. 191-193.

116. *La Presse,* 8 septembre 1988 ; *Le Devoir,* 8 septembre 1988.

117. *La Presse,* 4 novembre 1992.

118. UMQ, *Mémoire concernant le régime d'exception prévu au Code du travail du Québec pour les policiers et pompiers muncipaux du Québec,* janvier 1992, p. 28.

119. FPCUM, *Commentaires présentés par la FPCUM au Comité interministériel sur le régime de négociation entre les municipalités et les policiers et les pompiers municipaux,* 2 avril 1992, 44 p. ; FPCUM, *L'arbitrage de différends chez les policiers et les pompiers municipaux,* 30 septembre 1992, 16 p. ; FPCUM, *Mémoire présenté par la FPCUM à la Commission de l'Économie et du travail. Étude détaillée du projet de loi 74,* 16 février 1993 ; *La Presse,* 6 mai 1991.

120. Elle admet que les hausses de salaire ont été supérieures pour les policiers en province car la « standardisation » du métier de policier amène l'uniformisation de leur rémunération par tout le Québec.

121. La CUM n'est pas favorable non plus à l'octroi du droit de grève à ses policiers ; elle préfère le pro-

cessus d'arbitrage *(Allocution de Michel Hamelin présentée devant la Commission parlementaire sur l'économie et le travail relativement à la loi modifiant le Code du travail et la loi sur le ministère du Travail (projet de loi 74)*, 16 février 1993, 11 p.

122. *Ibid.*, p. 9.

123. La question revient sur le tapis en 1995 quand le gouvernement forme un Groupe de travail sur l'arbitrage de différends chez les policiers et pompiers municipaux. Il recommande le maintien du statu quo (*La Presse*, 15 décembre 1995).

124. *La Flûte*, juillet 1993, p. 3.

125. *Le Devoir*, 9 juillet 1993.

126. Cour supérieure, Jugement de l'honorable Herbert Marx, 25 août 1993 ; *Le Devoir*, 9 septembre 1993.

127. *La Presse*, 16 septembre 1995.

128. *La Presse*, 16 juin 1993 ; 24 juillet 1993 ; 29 juillet 1993. En juillet, l'Association des policiers provinciaux ne souhaite plus former un front commun lorsque le gouvernement du Québec cesse d'exiger l'acceptation du gel des salaires comme condition préalable au renouvellement de sa convention collective.

129. *La Presse*, 25 juin 1993 ; *Le Devoir*, 6 juillet 1993.

130. *La Presse*, 13 juillet 1993.

131. *Le Devoir*, 26 novembre 1993.

132. *La Flûte*, février 1994, p. 6.

133. *Convention collective de travail entre la CUM et la FPCUM*, 1er janvier 1993 au 31 décembre 1995, annexe E.

134. CUM, Communiqué : La convention collective des policiers et policières du SPCUM : « Un règlement satisfaisant pour les parties », Mme Vera Danyluk, 29 avril 1994.

135. *Le Journal de Montréal*, 30 avril 1994.

136. *Convention collective de travail...*, annexe K.

137. *Le Journal de Montréal*, 30 avril 1994.

138. Allocution du président Yves Prud'Homme au 22e congrès de la FPCUM, 16-18 novembre 1998, *La Flûte*, décembre 1994, p. 4.

139. *La Presse*, 29 septembre 1995 ; 6 juin 1995.

140. *La Flûte*, octobre 1996, p. 6 ; *La Presse*, 6 septembre 1996, *Convention collective de travail entre la CUM et la FPCUM*, 1er janvier 1996 au 31 décembre 1998, p. 26.2.

141. *Convention collective de travail entre la CUM et la FPCUM*, 1er janvier 1996 au 31 décembre 1998, annexe O ; *La Presse*, 17 août 1996.

142. *Ibid.*, annexe F.

143. CUM, Message de la présidente, *Rapport annuel*, 1996, p. 6.

144. *Le Devoir*, 27 mars 1997.

145. *La Presse*, 30 mai 1997.

146. *La Presse*, 13 juin 1997.

147. *La Presse*, 11 février 1998 ; 12 février 1998 ; *La Flûte*, avril 1998, p. 3.

148. La CUM s'était d'ailleurs donné unilatéralement congé de contribution à la caisse de retraite des policiers et de ses autres employés depuis un certain nombre d'années. La Fraternité a enclenché une poursuite judiciaire à ce propos qu'elle a abandonnée après l'entente. Le congé de contribution en 1998 permet à la CUM d'épargner 31 millions par année du côté de la caisse des policiers et 6 millions chez ses cols bleus et blancs (*La Presse*, 12 février 1998 ; 13 mars 1998).

149. *La Flûte*, avril 1998, p. 4.

150. Cette bonification permet aussi aux policiers qui faisaient partie des corps de police des banlieues d'obtenir des avantages similaires à ceux de leurs collègues de Montréal, soit, par exemple, la possibilité d'une retraite après 31 ans de service avec 70 % de leur salaire (*La Presse*, 7 mars 1998).

151. *La Presse*, 20 février 1998 ; 22 mars 1998.

152. *La Presse*, 13 janvier 1999, p. 1.

Table des matières

Préface 9

Avant-propos 13

CHAPITRE PREMIER • La conquête du droit à la négociation
collective (1918-1950) 15

L'Union ouvrière fédérale des policiers, n° 62 (1918-1940) 16
    La fondation du syndicat 18
    La grève de décembre 1918 24
    La loi des grèves et contre-grèves de 1921 30
    Casser le syndicat 33

L'Association canadienne des policiers de Montréal (1943-1944) 43
    Le Comité social de la police de Montréal 46
    Le Conseil d'arbitrage de 1943 53
    La grève de 1943 60

La Fraternité canadienne des policiers, section
de Montréal (1944-1950) 67
    Un nouveau cadre législatif en matière de relations
    de travail 67

Pour une fédération provinciale
de syndicats de policiers municipaux 69

La négociation collective à Montréal 73

La répression duplessiste 75

CHAPITRE DEUX • La Fraternité : une organisation
de services (1950-1965) 83

La Fraternité : une organisation efficace 85

Progression considérable des effectifs 86

Les premières femmes policières 88

La vie interne : croissance, crise et virage 91

L'institution du système des moniteurs 91

Crise politique majeure à la direction 94

Une nouvelle philosophie syndicale 98

Les grands dossiers métropolitains 99

L'enquête du juge Caron, 1950-1954 99

*L'intégration des forces policières
sur l'île de Montréal* 101

*La réorganisation et la décentralisation
du Service de police* 102

*La création de la Fédération provinciale
des policiers municipaux* 103

La Fraternité : une entreprise de services
aux membres 105

La réorganisation et le rapatriement
du fonds de pension 106

La construction du premier Centre social
de la Fraternité 110

La Caisse d'économie des policiers de Montréal 113

Les programmes d'assurance-vie
et d'assurance-maladie 115

La Coopérative de consommation 117

La négociation des conditions de travail 120

Contestation de l'unité d'accréditation syndicale 121

Les contrats de travail : entente et arbitrage 122

Évaluation de la négociation 126

CHAPITRE TROIS • La Fraternité se radicalise (1965-1975) 133

Une vie syndicale mouvementée 137

Évolution des effectifs et encadrement policier 137

Vie syndicale 140

Solidarité avec le mouvement syndical 142

La Fédération des policiers municipaux du Québec 143

Le travail policier 144

Les services aux membres 146

Les grands dossiers : l'État et la police 149

La grève du 7 octobre 1969 153

Aux sources du conflit 154

Le débrayage du 7 octobre 1969 159

Les conséquences de la grève 169

Les commissions d'enquête 172

L'intégration des forces policières de l'île de Montréal 173

La lutte entre Montréal et la banlieue 174

Une bénédiction pour la Fraternité 177

La négociation des conditions de travail 180

La saga des négociations 181

Évaluation des conventions collectives 187

CHAPITRE QUATRE • La Fraternité en contexte de décroissance des services (1975-1988) 195

Un syndicalisme plus politique 199

Baisse progressive des effectifs policiers 199

   Les femmes policières 203

Vie démocratique 207

   Élections à la présidence 209

   La Fraternité comme employeur 214

Lutte pour conserver intacte l'unité d'accréditation
syndicale 216

Conflit avec la Fédération des policiers municipaux
du Québec 217

Les efforts de rapprochement avec le mouvement
syndical 218

Les rapports de la Fraternité avec la CUM 222

   Crise à la Communauté urbaine de Montréal 222

   Les méandres de la cogestion 225

   La lutte contre les coupures et la décentralisation
des services 229

      La Section d'aide à la jeunesse 229

      La patrouille de nuit 231

      La Section des groupes tactiques et autres services 231

      Les polices parallèles 232

      Les policiers-ambulanciers 234

      *Le port de la barbe et le lieu de résidence
obligatoire* 237

Les aléas de la négociation collective 238

   L'obtention de la semaine de travail de quatre jours 239

   Les négociations à l'orée d'un nouveau contexte
économique (1983-1988) 245

   Analyse des conventions collectives 251

      Évaluation des salaires 251

      La patrouille solo 253

      L'imbroglio du régime de retraite 255

CHAPITRE CINQ • La fraternité : une forteresse assiégée (1988-1998) 259

La vie interne : structure et leadership 261
 Recul des effectifs policiers 261
  Les femmes policières 265
 La direction de la Fraternité 268
 Réforme des structures 273
 Le contentieux avec la Fédération des policiers du Québec 275
 Revers à propos de l'unité d'accréditation syndicale 276

Les grands dossiers de la décennie 279
 Les accusations de « brutalité policière » 279
 La création de la police de quartier 285

Des négociations plus paisibles 292
 Les ententes négociées de 1989 et 1991 293
 L'offensive des municipalités et le gel salarial
  de 1993 et 1994 295
 Flexibilité et récupération salariale (1996-1998) 301
 Évaluation des salaires 304

Conclusion générale 311

Annexe 315

Table des sigles 331

Liste des tableaux et figures 333

Notes 335